40個諮商師
必知的諮商技術

Bradley T. Erford ◎著

陳增穎 ◎譯

Second Edition

40 TECHNIQUES
EVERY COUNSELOR SHOULD KNOW

Bradley T. Erford

目錄

關於作者

Bradley T. Erford 博士是馬里蘭洛約拉大學（Loyola University Maryland）教育系學校諮商方案組的教授。他是美國諮商學會（American Counseling Association, ACA）會員，曾於 2012 至 2013 年擔任美國諮商學會的理事長，榮獲的獎項包括：ACA 研究獎、ACA 傑出研究獎、ACA Arthur A. Hitchcock 傑出專業服務獎、ACA 專業發展獎、ACA Carl D. Perkins 政策關係獎、諮商與教育評量學會（Association for Assessment in Counseling and Education, AACE）的 AACE/MECD 研究獎、AACE 執業楷模獎、AACE 理事榮譽獎、諮商師教育與督導學會（Association for Counselor Education and Supervision, ACES）的 Robert O. Stripling 傑出標準獎、馬里蘭諮商與發展學會（Maryland Association for Counseling and Development, MACD）年度諮商師獎、MACD 年度諮商師宣傳獎、MACD 專業發展獎、MACD 諮商師貢獻獎等殊榮。

Erford 博士著作等身，包括：《諮商專業導論》（*Orientation to the Counseling Profession*）（Pearson Merrill, 2010, 2014）、《危機介入與預防》（*Crisis Intervention and Prevention*）（Pearson Merrill, 2010, 2014）、《學校團體工作》（*Group Work in the Schools*）（Pearson Merrill, 2010）、《團體工作：歷程與應用》（*Group Work: Process and Applications*）（Pearson Merrill, 2011）、《學校諮商專業轉型》（*Transforming the School Counseling Profession*）（第一、二、三、四版；Merrill/Prentice-Hall, 2003, 2007, 2011, 2015）、《學校諮商專業：原理、方案與實務手冊》（*Professional School Counseling: A Handbook of Principles, Programs, and Practices*）（第一、二、三版；Pro-Ed, 2004, 2010, 2016）、《危機評估、介入與預防》（*Crisis Assessment,*

Intervention, and Prevention）（第一、二版；Pearson Merrill, 2010, 2014）、《給諮商師的臨床、人格與行為評估指南》（*The Counselor's Guide to Clinical, Personality, and Behavioral Assessment*）（Cengage, 2006）。

　　他也是以下六本書的作者和共同作者：《諮商評量》（*Assessment for Counselors*）（第一、二版；Cengage, 2007, 2012）、《諮商研究與評估》（*Research and Evaluation in Counseling*）（第一、二版；Cengage, 2008, 2014）、《精熟諮商師考照》（*Mastering the NCE and CPCE*）（Pearson Merrill, 2011, 2015）、《40 個諮商師必知的諮商技術》（*40 Techniques Every Counselor Should Know*）（Merrill/Prentice-Hall, 2010, 2015）、《魏氏兒童智力量表第四版在教育上的應用》（*Educational Applications of the WISC-IV*）（Western Psychological Services, 2006），以及《團體活動：提升表現》（*Group Activities: Firing Up for Performance*）（Pearson Merrill, 2007）等書。他亦是《美國諮商學會諮商百科全書》（*The American Counseling Association Encyclopedia of Counseling*）的總編輯（ACA, 2009）。

　　Erford 博士的研究專長主要為心理教育測驗的發展與技術分析。他的研究專文已發表於 60 種以上的期刊、100 本書的章節和數十種已出版的測驗中。他曾任 ACA 政策委員會和 ACA 願景委員會代表、AACE 的理事長與財務主管、ACA 南美部主席與監事、ACA 高風險測驗任務小組主席、ACA 測驗使用者標準化任務小組主席、ACA 專業整合委員會主席、ACA 公共意識與支持委員會主席（國家榮譽小組委員會共同主席）、AACE 評量工具篩選委員會和年會主席；MACD、馬里蘭測驗與評量學會（Maryland Association for Measurement and Evaluation, MAME）、馬里蘭諮商師教育與督導學會（Maryland Association for Counselor Education and Supervision, MACES）、馬里蘭心理衛生諮商師學會（Maryland Association for Mental Health Counselors, MAMHC）的理事長。他也曾擔任 *Journal of Counseling & Development* 的副主編。

　　自 1993 年以來，Erford 博士即在馬里蘭洛約拉大學任教，具有專業臨床諮商師證照、專業諮商師證照、全國合格諮商師證照、心理學家證照、學校心理學家證照。遷居洛約拉之前，他是維吉尼亞州切斯特菲爾德（Chesterfield）郡公立學校的心理學家／諮商師。他的私人執業領域為兒童與青少年的評量與處遇。學經歷是：維吉尼亞大學哲學博士、巴克內爾大學（Bucknell University）碩士、葛洛夫城市學院（Grove City College）學士。Erford 博士教授任教的課程有：測驗與評量、全人生命發展、諮商研究與評估、學校諮商和壓力管理。

關於譯者

陳增穎

現職：南華大學生死學系所副教授

學歷：國立臺灣師範大學教育心理與輔導學系博士

美國伊利諾大學香檳校區訪問學生

經歷：諮商心理師高考及格

國高中輔導教師

諮商與心理治療實務工作者及督導

譯作：《敘事治療入門》（2008，心理出版社）

《諮商概論：諮商專業的第一本書》（2012，心理出版社）

《團體諮商：概念與歷程》（2014，心理出版社）

《諮商技巧精要：實務與運用指南》（2015，心理出版社）

《悲傷諮商：原理與實務》（2016，心理出版社）

《40 個諮商師必知的諮商技術》（2017，心理出版社）

《社會心理學》（2019，心理出版社）

《兒童與青少年諮商：理論、發展與多樣性》（2021，心理出版社）

《青少年心理學》（2022，心理出版社）

導論

iv　　對某些人來說，介紹諮商技術的書令人頭痛，甚至深惡痛絕。從他們的觀點來看，諮商是歷程，也是門藝術，是諮商師與個案間依 Carl Rogers 提出的真誠一致、同理心和尊重等核心條件所建立起來的關係；搭配有效的溝通技巧，如：Ivey 和 Ivey 的精微諮商技巧取向，再加上 Glasser、Ellis、Adler 或 Perls 等人提倡闡述的理論來催化諮商歷程。我完全同意這點！全世界的諮商師教育課程方案都堅守崗位，負責培養諮商師做到上述要求，更上一層樓。

　　但是本書的內容編排，乃是有感於每位專業諮商師都是訓練有素的溝通專家，具備深厚的理論取向基礎，懂得運用核心催化條件。不過，難免有諮商陷入僵局、落入無法推動個案達成既定諮商目標的泥沼。受訓諮商師碰到困境的機會非常多，他們很希望能有明確、直接的指引方向來告訴他們此時該如何繼續向前。若能善用重要的諮商理論中衍生出來的專業技術，將能重新啟動諮商歷程。

　　上述的特殊訓練需求就是撰寫本書的動機。一章介紹一個技術，每一個技術都有理論淵源、豐富的文獻資料支持，告知諮商師其適用性與有效性。這些技術以其最相關的理論歸類聚集（見表 A）。但我認為所有的技術本質上都是統合一貫的，最後終將萬法歸宗，因為未來的諮商必然走向更為整合的取向。而眼下各種不同的理論陣營會宣稱某些技術和做法為其獨有專屬，所以表 A 只好據此做出人為的劃分。

表 A　本書介紹的技術，依主要的理論取向分類	
理論取向	技術
第一部分：焦點解決短期諮商	量尺技術；例外技術；跳脫問題的談話；奇蹟問句；標示地雷區
第二部分：阿德勒和心理動力	我訊息；彷彿技術；潑冷水法；互說故事；矛盾意向法
第三部分：完形和心理劇	空椅法；誇大身體動作；角色互換
第四部分：正念	視覺／引導式心像；深呼吸；漸進式肌肉放鬆訓練（PMRT）
第五部分：人本—現象學	自我揭露；面質；動機式晤談；優點轟炸
第六部分：認知—行為	自我對話；重新框架；思考中斷法；認知重建；理情行為治療（REBT）；讀書治療；書寫；系統減敏感法；壓力免疫訓練
第七部分：社會學習	示範；行為預演；角色扮演
第八部分：行為取向—正增強	普力馬原則；行為計畫表；代幣制；行為契約
第九部分：行為取向—懲罰	消弱；隔離；反應代價；過度糾正

　　本書中的每個技術依標準化的方式呈現。首先介紹技術的源起，有些技術的歷史悠久，有單一理論取向做靠山，有些則統整或擷取自數個理論取向。接下來說明各個技術的基本實施步驟或程序，以及文獻記載過的常見變化形式。為了證明每個技術都可運用在實際的諮商情境中，範例自然不可或缺。幾乎每個範例都摘錄自實際的諮商對話逐字稿，這些逐字稿都經過濃縮和簡化，刪剪掉個案和諮商師漫不經心的贅詞（例如：嗯、哈、無關緊要的想法和離題的句子！）最後，要從現存的文獻研究中去評估每個技術的實用性和效果。文獻能告訴我們每個技術該如何使用，以及它的效用如何。這些資訊讓讀者依實徵證據做出決定，俾使個案獲致最佳利益，提升治療效果。

　　根據效果和實用性，本書精挑細選出每個技術，協助個案朝向其所

認定的目標前進。當然，撰寫可測量的行為目標很重要，本書一開始即要強調這點。

諮商目標

　　Erford（2010, 2015）指出，可以用 ABCD 模式撰寫出好用、具體、可測量的目標。所謂 ABCD 模式是指：（A）觀眾（audience）；（B）行為（behavior）；（C）條件（conditions）；和（D）描述（description）預期的表現水準。在個別諮商中，觀眾（A）指的是個案；以其他形式的諮商而言，觀眾則是指伴侶、家庭、團體或系統等組成結構。行為（B）則通常指稱個案的改變，是諮商師使用介入策略後觀察得到的結果。條件（C）是指進行特定的做法或行動。在諮商情境中，通常是指實施介入策略、改變脈絡或環境。描述預期的表現水準（D）通常是指目標的量化指標：行為增加或減少的幅度。

　　諮商目的（counseling goals）和諮商目標（counseling objectives）的區別在於具體和可測量的程度。諮商目的的涵蓋範圍很廣，不容易直接測量。另一方面，諮商目標則兼顧具體和可測量兩個特質。合理的諮商目的可為：「增強個案管理壓力和焦慮的能力。」注意：「目的」這個詞較模糊、難以測量。要設定符合該目的的諮商目標，必須特別強調可以測量的具體行動。例如，從這個目的可衍生出的具體目標是：「學會思考中斷法後，個案一週的強迫性思考會減少50%。」另一個可能的目標為：「學會深呼吸法後，個案會每週每天練習深呼吸，每天練習三次，每次練習至少五分鐘。」第三個例子是：「實施不定期的延長隔離時間後，個案的不合作行為會從現在的每週平均 25 次，降到每週五次以下。」要注意該怎麼向觀眾（個案）清楚交待目標、陳述問題行為、解決問題行為，以及預期表現的水準（Erford, 2010, 2015）。

　　在諮商關係的早期階段即要設立諮商目標，理由有五。第一，無論是以往或現在的重要研究文獻均形成共識，指出：最初八次的諮商晤談是成功的一半（Budman & Gurman, 1988; Howard, Kopta, Krause, &

Orlinsky, 1986），其中諮商效果的最佳指標之一，即諮商師和個案是否能儘快就諮商目標達成協議（Tracey, 1986），一般來說，是指最初兩次的諮商晤談。

顯而易見地，在諮商關係早期即設定諮商目標，是個案獲致成效的關鍵。這並不是說個案馬上就能明白求助問題的本質，而是說能夠很快設定諮商目標的個案，較有可能獲致成功的效果。也就是說，擅於帶領個案設定諮商目標的專業諮商師，能很快地成功協助個案獲致期待的結果。這並非假定在諮商早期就要能辨識出「真正的問題」。有許多時候，就算是處理明顯的表面問題，仍有助於個案—諮商師建立信任感，進而探究個案較不願在諮商關係早期透露的深層心理議題。

第二，諮商目標為諮商歷程提供明確、可操作的前進指標，也能讓個案與諮商師得知是否已達成進展。也就是說，目標是用來定期瞭解諮商進展的狀況，具體顯示諮商的介入是否達到效果。在方案評估裡，我們稱之為「形成性評量」（formative evaluation），因為定期檢查才能告訴諮商師是否應保持原狀，繼續正在進行諮商取向，還是該修正取向以改善個案的結果。

第三，目標是行動開始後的指標。指標在諮商中占有重要的地位，因為它們會驅策個案、帶動前進的力量。的確，諮商的重心是要推動個案朝向諮商目的前進，而目標就是要鼓勵個案再接再厲，在諮商結束後，仍能靠一己之力邁向人生目標。

第四，精心設計出來的目標，能讓諮商師從豐富的諮商文獻中，擷取對個案有益有效的取向、介入策略和技術。諮商有豐富的效果研究文獻做後盾，這些文獻告訴諮商師何者是解決個案問題的最佳做法。本書每一章的技術，都包括「效果與評價」一節。這個部分的特色是諮商文獻做出來的效果研究，可以引導專業諮商師看出每個技術的效用，包括該技術可處遇的議題和成效。這樣的資訊是要讓專業諮商師明瞭使用各個諮商技術的適切性。

最後，可測量的目標讓個案與諮商師明白，諮商何時算成功了，可以重新設定新的目標或結束諮商了。目標是諮商成功的指標。請留意，

這五個設定目標的理由是要同時激發諮商師和個案的動機，活化諮商歷程。瞭解本書的目的並探討完諮商目標的發展與效果後，接下來讀者要考量的是另一個重點——如何應用在多元文化上。

多元文化諮商與技術

　　有人說，所有的諮商都是多元文化諮商，每位前來晤談的個案各具相異的文化經驗，有其獨特的世界觀，例如：種族、性別、性取向、社經地位、年齡、宗教和靈性信仰等。個案的世界觀會影響他們對理論取向、技術或介入方式的接受度。具備多元文化勝任能力的諮商師必須瞭解，諮商中採用理論是為了回答「為什麼」的問題。例如：為什麼個案要求助諮商？為什麼會產生困境？為什麼是現在過來？連結這些問題後，具備多元文化勝任能力的諮商師理解到人類的經驗或有侷限，但對經驗的知覺或詮釋卻是無限寬廣。引申來說，即是：「人類的情感表達有一定的範圍，但是，對情感所賦予的意義卻是流動的，依文化和脈絡的因素變異更動。」（Orr, 2014, p. 487）。Orr 主張諮商師必須持續調整諮商理論，以符合不同個案因文化與脈絡因素交織互動而產生的需求。只要將這些文化差異因素考慮進去，團體內的差異幾乎與團體間的差異相去不遠。因個案的脈絡而調整理論，使諮商師得用獨特的方式架構個案的問題，這會帶來新的挑戰，也是該如何運用技術解決問題的契機。也就是說，諮商師可以選擇一個主要的理論取向為基底，同時將技術整合至理論中，推動經歷背景互異的個案前進。

　　那麼，一位具備多元文化勝任能力的諮商師，該如何調整理論，以契合個案獨特的世界觀呢？這個問題的答案因個案動態的情境脈絡而異，Orr（2014）提出了四個通則如下：

1. **闡明假設**：所有的理論皆對心理健康和世界觀提出某些假設。在你將理論應用到個案之前，必須先熟悉它們的相關基本假設。
2. **認清限制**：沒有一個理論適用於所有人。在和個案工作之前，必

須先瞭解你所選用的理論有哪些限制。認清你的理論取向有何落差或灰色地帶，採用其他策略彌補差距。

3. **簡化概念**：理論的詬病是專門術語太多，相似的現象人言言殊。以 Freud 率先提出的治療同盟為例，後續的理論採用的名稱各異，有的稱之為合作夥伴，有的稱之為建立關係等等，但都是描述相同的歷程。請試著少用專門術語，改用簡明易懂的方式說明理論的概念。

4. **多元介入**：許多理論都有其特殊的介入策略，這些介入策略或許是理論的基石，但絕非該理論所獨享。以空椅法為例，它是讓個案想像與衝突的對象談話，進行角色扮演，彷彿此人正在現場一般。心理劇和完形學派經常使用這個技術，但若稍加修正，它亦可應用到眾多理論取向上，無論諮商師的主要理論取向為何。這個技術特別適用於具有集體主義世界觀的個案身上。在此情況下，可以用空椅法想像某些家族成員或鄰居、長輩或其他支持者，以強化治療效果。

接下來，請啟程享受《40 個諮商師必知的諮商技術》之旅吧！一路順風！

新版特色

第二版（編按：本書為原文書第二版）的特色包括：
- 新增數章正念取向的技術，凸顯這個新興諮商取向的重要性。
- 新增人本─現象學諮商取向的技術，著重於個人中心、精微諮商技巧和跨文化的應用。
- 在認知─行為取向部分新增「書寫」這一章，以提升諮商晤談期間的工作效能，聚焦諮商目標。
- 介紹 Miller 與 Rollnick（2002）發展出來的動機式晤談，辨明諮商動機的輕重。

- 新增自我揭露、同理的面質與優點轟炸等章。
- 增補、編輯或豐富每章範例中逐字稿的內容。
- 更新與增添資料。第二版的參考文獻引用 2010 年後的資料超過 20%，2000 年後的資料超過 57%，但仍保留經典文獻。

譯者序

　　不管是新手或資深諮商師都知道，除了諮商理論和諮商師這個人之外，諮商技術更是進行諮商時不可或缺的工具。基本諮商技巧，如：專注、傾聽、簡述語意、情感反映、同理心等殊為必要外，諮商師都希望能與個案一同深入問題核心，面對問題乃至化問題於無形。此時諮商師要鑽研學習的，恐怕不只打好上述的基本功而已。如本書作者所言，諮商師要善用重要的諮商理論衍生出來的專業技術，以實徵研究證明有效和實用的技術，重新啟動諮商歷程。

　　譯者覺得本書的特色，在於作者實事求是、有憑有據的態度。諮商是門藝術，也是科學。既是科學，表示具有堅實的理論基礎，且實施程序經得起反覆驗證。一直到現在，仍有些民眾以為諮商是聊天，會有這樣的誤解，譯者認為專業諮商師要負絕大部分的責任。諮商師與個案的對話應有諮商目標為指引，因此諮商師運用任何諮商技術時，心中定然有一把尺。譯者認為諮商師可用 5W+1H 問自己：對象是誰（who）？該使用哪一個技術（which）？目的是什麼（what）？從什麼理論根據而來（where）？何時使用（when）？如何使用（how）？本書的解說完全做到這六點！尤其每章的逐字稿範例，起了社會學習的作用，不會讓讀者以為這些技術過於高不可攀，而是可模仿學習的歷程。最後，當然是希望諮商師能夠評估是否達到諮商目標，方是與個案連袂見證諮商的成效。

　　感謝心理出版社林敬堯總編輯與執行編輯高碧嶸小姐。合作數年以來各自堅守崗位默默耕耘，十分感激。譯者自踏入大學任教，兢兢業業培育諮商助人專業工作者，常有感於自己也不能停下學習的腳步。翻譯本書各章節的同時，經常忍不住點頭如搗蒜，如發現新大陸般的喜悅。

也希望以此書和各位讀者共勉之。

增穎　於南華大學學海堂

第一部分

焦點解決短期諮商取向技術

　　由於管理照護和當責倡議制度強調節約成本與時間效益，自 1980 年代以來，焦點解決短期諮商取向逐漸受到歡迎。焦點解決短期諮商取向的名稱人言言殊，但近來在諮商領域中，最顯眼的莫過於焦點解決短期諮商（solution-focused brief counseling, SFBC）。焦點解決短期諮商立基於社會建構主義模式，它觀察到人們會從個人敘事出發，詮釋生活事件、得出個人意義。焦點解決短期諮商師重視治療同盟，強調同理心、合作、好奇和相互尊重的態度，不刻意渲染專家的權威。眾多先驅學者的論述與經典研究，皆有助於我們瞭解焦點解決短期諮商取向。de Shazer（1988, 1991）、O'Hanlon 與 Weiner-Davis（2004）是焦點解決短期諮商最常被提及的學者與理論學家。他們認為傳統的治療方式過於關注個案的問題，卻沒有看到個案成功的地方（成就與解決）以及例外發生的時刻——也就是問題沒有發生的時候。Berg 與 Miller（1992, p. 17）簡而有力地指出焦點解決短期諮商的三大基本準則：(1)「沒壞掉的，不用修」；(2)「有效的，就多做」；(3)「無效的，別再做」。一眼就讓人看出這個取向的親民作風與基本訴求。

　　Walter 與 Peller（1992）指出焦點解決短期諮商的三大準則可擴充為以下五點：(1) 專注在可帶來建設性改變的成功上；(2) 讓個案明白雖然有問題存在，但依然能夠發現問題不存在的例外時刻，給予個案解決問題的靈感；(3) 小的、正向的改變，會帶來更大的、正向的改變；(4) 所有的個案都能透過例外來看出、詳述、複製成功，解決自己的問題；(5) 要以正向、可測量、行動的用語陳述諮商目標。Murphy（2008）與 Sklare（2005）將上述焦點解決短期諮商的準則和假設應用在兒童與青

少年上，發現不需要洞察，依然能成功地改變個案的行為。Sklare 的結論是：洞察不能解決問題，有效的行動才會帶來解決之道。

　　這個部分的章節包括五種治療技術：量尺技術、例外技術、跳脫問題的談話、奇蹟問句、標示地雷區。這些技術並非焦點解決短期諮商獨有；的確，上述技術皆可用於整合取向的諮商學派（見 Erford, 2014a）。量尺技術（scaling）是最常使用的技術之一，適用於任何年齡、任何理論學派。基本上，量尺分成 10 分（或 100 分），然後要求個案評定他們當前相關議題所處的位置，例如難過是 1，快樂是 10；平靜是 1，非常生氣是 10；恨是 1，愛是 10；完全沒興趣是 1，非常有興趣是 10。量尺技術有助於判斷個案在各個議題當前的狀態，若能重複、定期地採用量尺技術評定個案的進展情形，效果更為顯著。量尺技術是一個快速、有用的評量工具，已在諮商中普遍使用。

　　例外技術（exception）是焦點解決短期諮商取向不可或缺的技術，因為例外是個案「問題」的解答。諮商師探究和詢問個案問題沒有發生的時刻，找出例外，提供個案其他的解決行動。跳脫問題的談話（problem-free talk）是要諮商師把諮商的介入方向從問題焦點轉移到解決焦點，焦點解決短期取向的諮商師堅信若個案只專注在問題上，恐怕會越來越洩氣消極。一直探究問題的源頭和持續下去的原因，無法發揮治療的價值，最好是把觀念轉換成發現問題的例外與解決之道，鼓勵個案採取行動、邁向成功。奇蹟問句（miracle question）即是用來協助個案將看問題的觀點重新建構到成功的願景，激勵個案採取能獲致成功的行動。

　　最後一個用來鞏固治療效果的技術稱為「標示地雷區」（flagging the minefield）。鞏固治療效果對於任何領域求助的個案都是相當重要的。絕大多數的個案雖然尋求幫助，但卻不遵從諮商師的治療計畫。不管他有什麼理由，治療效果終究會功虧一簣。例如，病人告訴醫生病況，但卻不遵循醫囑，就算醫生對病人開藥，病人也可能不按照醫生的吩咐吃藥。標示地雷區這個技術原本是在結案期間實施，鼓勵個案預想在諮商中習得的效果和策略可能無法奏效的情境，請他們未雨綢繆，事

先思考該做的事，好順利度過難關。鞏固治療效果是諮商的重要議題；如果諮商結束後，所有為了改變有問題的想法、感覺和行為而付出的努力隨即回到原點，那麼治療還有什麼好處呢？

焦點解決短期諮商取向的多元文化考量

　　焦點解決短期諮商尊重多元文化，適用於各種不同文化背景的個案。它反對診斷，把重點放在個案的參考架構，鼓勵他們採取已有成效、並適合其參考架構的行動。焦點解決短期諮商取向主張個案才是個人問題出路的專家，諮商師的角色是協助個案認清已經奏效的方法。諮商師鼓勵個案修正行動，激勵他們邁向成功。喜歡馬上行動、直接介入和具體目標的個案，特別偏好焦點解決短期諮商取向，例如：多數男性、阿拉伯裔、亞裔和拉美裔（Hays & Erford, 2014）。Meyer 與 Cottone（2013）也指出美國原住民對焦點解決取向和量尺技術的反應良好。焦點解決短期諮商是最有效的跨文化取向之一，它賦能個案的自我價值、信念與行動，不會試圖否定或改變（Orr, 2014）。

CHAPTER 1

量尺技術

源起

量尺技術（scaling）有助於諮商師和個案化繁為簡、把複雜的問題變得更明確具體（Murphy, 2008）。量尺技術原本屬於諮商的行為取向，但今日已廣受焦點解決短期諮商、也就是 de Shazer 和策略學派家族治療使用（Lethem, 2002）。

由於個案的想法、感覺和行為並非總是合理或真確，因此可用量尺技術把抽象的概念化為可行的目標（Sklare, 2005）。例如，諮商師可以問：「在 1 到 10 的量尺上，1 代表最糟的情況，10 代表最好的情況。你今天的狀態是幾分呢？」量尺問句亦可協助個案設定任務，鼓勵他們向下一個數字順序邁進。以此為之，量尺技術可用來評量個案的進步狀況。量尺技術賦予個案控制感，對諮商負起責任，協助他們具體說明改變的目標，也評估目標達成的進度。

實施方式

量尺問句通常是請個案在 1 到 10 之間挑個數字，指明他們現在位於哪個定點（Murphy, 2008）。諮商師通常會設定 10 為量尺的最優端（也就是數字越高，結果或經驗越正向）。因此可用量尺技術界定目標，或協助個案往已設立好的目標前進，以具體的行為指標當作目標，顯示他們已來到目標達成的 10 分位置。

設立目標後，即可運用量尺技術協助個案往目標行進。當個案界

定好目標的所在位置（如 10 分代表達成目標），諮商師可問個案有哪些小步驟可幫他往下一個數字順序挺進（Corcoran, 1999）。可詢問的問句有：「你做了什麼，讓你能進步到 6 ？接下來要怎麼做？」（Lethem, 2002）量尺技術也讓諮商師有機會嘉許個案的進展，例如問個案：「你是如何從 1 進步到 5 的？」

變化形式

對兒童除了採用 1 到 10 分的量尺外，還可用繪圖的方式表示（Lethem, 2002）。例如，諮商師用許多從皺眉到微笑的臉部表情，或指向改變的數字狀階梯。在團體中運用量尺技術時，必須詢問每個成員的數字，再來探索隱含於各個差異分數背後的理由。此外，關係量尺問句亦可用來協助個案確認周遭人的看法（Corcoran, 1999），可以問個案：「你認為爸媽（或老師）會說你在哪個位置？」比較他們的答案和個案的自我評分，常能令個案意識到他們該採取什麼行動，才能讓別人知道他們進步了（Corcoran, 1997）。

004

範例

以下是數段適用量尺技術的場景，它能協助個案與諮商師以更實際合理的方式審視或評估問題。

範例一：用量尺技術降低災難化思考

瑪麗亞（瑪）：想到第一天當老師而不是當學生的日子，我就嚇壞了……當老師 ……真是讓人心驚膽跳。

諮商師（諮）：心驚膽跳？

瑪：（說話速度變快）沒錯，心驚膽跳。就好像站在懸崖邊，一想到這件事就令我反胃，我不認為我做得來。

諮：就算是現在，也看得出從妳剛剛說話開始，妳就非常緊張。

瑪：沒錯！一想到……一想到……真的到那一刻時，如果我控制不住的話，我該怎麼辦才好？你知道那是什麼情景吧？我根本動彈不得。

諮：好，沒關係。請妳先閉上眼睛幾秒鐘，想像第一天到校的光景，好嗎？妳正站在講台前。（停頓一下）妳準備開始上課，這班的學生妳從來沒教過。（停頓一下）妳的新教室裡坐滿了新生（停頓一下），他們坐在位子上盯著妳瞧。（停頓一下）現在，走向前，感受情緒正在湧現。不要克制或壓抑情緒。（說話速度非常慢）去感受這些焦慮、懼怕和擔心，感受任何浮現出來的情緒。好，請妳描述一下剛才的感覺如何？

瑪：嗯，我有反胃想吐的感覺。我的手心溼黏、冒汗，我有點擔心學生會怎麼看我、會不會喜歡上我的課。你知道嗎？接下來幾分鐘或開始上課前會發生什麼事，有太多念頭閃過腦海。我對我的情緒和想法，真的很不安……。

諮：好，從 1 到 10 分來看，10 是指真的、真的很焦慮——好像妳不可能站在講台上授課；而 1 是指信心滿滿、自在舒坦，妳認為妳是幾分呢？

瑪：嗯……我猜是 6 分吧！

諮：不錯，聽起來沒那麼恐怖。妳應該可以在 6 分的情況下授課吧？

瑪：是的，我想我可以。這並不是最舒服或最完好的狀態，但你說對了，我一定可以克服。只是有時候感覺太糟了……彷彿焦慮是很見不得人的事。

諮：嗯哼，說的也是。

瑪：我只是覺得有什麼地方出錯就糟了，我是那麼的努力才走到這一步。

諮：好的，那麼，讓我們來試一下。我想妳以前應該也想過了。告訴我，第一天當老師，實際上會發生的最糟情況是什麼？

瑪：嗯，（輕笑）我的確有想過……有時候我會想像剛開始有幾個學生對上課沒興趣。接著沒興趣的學生越來越多，甚至竊竊私語、交頭接耳。然後彷彿有人起頭一般，他們開始咯咯地笑，越說越大聲，

根本不把我放在眼裡。很快地，全班亂成一團，像脫韁的野馬一樣，早就把上課拋在腦後。

諮：喔，所以妳早就想過了！同樣地，1 到 10 的量尺中，10 表示發生大難臨頭、工作報銷、令妳痛心疾首的事件，妳絕對不會想再經歷一次；而 1 是指沒什麼大不了。妳認為剛才的場景落在幾分呢？

瑪：5。

諮：現在，先別說妳的焦慮合理與否，但至少妳比較能客觀地看待它了。讓我們繼續用量尺評量另一件事情。好，想想日常生活中可能會發生的最糟情況……生命中最糟的事情……妳心愛的人被謀殺了、妳的孩子被綁架了、可怕的事發生了……想像一下。現在，重新評量上課這件事，10 是災難，1 是小意思，妳會把它放在幾分呢？

瑪：1 或 2 吧！眼光放遠一點，它真的沒什麼大不了。如果其他老師看到我控制不住班級，會讓我覺得有點尷尬，但除此之外，實在是沒什麼好在意的。

諮：好，假設那天最壞的情況其實只有 1 或 2，你的焦慮水準在 1 到 10 的量尺上會有什麼變化？

瑪：降低多了，好多了。不會比第一天的兵荒馬亂更糟了。

範例二：用量尺技術評估改變的動機

諮商師（諮）：艾美，到目前為止，莫莉已經報告她的進度與該如何達到目標……這是和妳一起生活的必要條件……她正朝她的目標穩健前進中。也就是說，她的生活正往好的方向進展。

艾美（美）：是的，她進步了不少。

諮：好，為了確保並監控妳妹妹的進展，讓我們來設定一套監測系統，幫妳瞭解她的狀況——也就是她的需求，如此一來看到她逐漸達成目標，妳也會比較放心一點。

美：好的。

諮：請想想近日莫莉的改變動機和承諾達成目標的程度。若跟妳最初兩
　　次來看我的時候比較，在 0 到 100 分的量尺上，100 是指對莫莉的
　　進步非常有信心，相信她一定能達成目標；但 0 是指妳對她毫無信
　　心，不覺得她有什麼進步，甚至看不出她在努力——妳會評幾分
　　呢？

美：嗯……（思考中）。我想大概是 65 分吧！

諮：65 分？

美：是的。

諮：好的，那是 35%，在我們達到 100 分之前，還有 35 分的距離，這
　　個分數算不錯的了！是什麼因素讓她的進步達到 65 分呢？請跟我
　　多說一些 65 分是怎麼來的。

美：唔，我為什麼只給 65 分的理由是，眼見開學迫在眉睫，還沒看到
　　她開始存學費。我不知道她需要多少經費援助，這讓我有些擔心。
　　但於此同時，上個週末她一直認真準備 GED（譯注：美國高中同
　　等學力測驗）。我想她是真心想上大學，所以我給的分數才會那麼
　　高。但學費仍是個問題。

諮：好，所以 65 分是因為看到她努力地準備 GED，註冊某些先修課
　　程；但另外欠缺的 35 分是沒錢或沒看到她存錢？

美：對，我認為我的給分很公平。（看向莫莉）

諮：莫莉，妳對 65 分有何看法？這個分數可以代表妳的進步和動機
　　嗎？

莫莉（莫）：嗯，當妳一開始問艾美那個問題時，我以為我應該有 80
　　分，甚至 85 分。但聽完她的解釋說明後……我想 65 分也挺合理的
　　（思考中）。我不知道，或許還是可以比 65 分稍微高一點點吧！
　　我覺得我的改變動機很強，我不奢求任何人瞭解，但我自己知道。

諮：沒錯，行動勝於一切。惟有看到妳的行動，其他人才能據此判斷妳
　　的動機。

範例三：用量尺技術評估人際關係

諮商師（諮）：我聽到你們兩個都說「無法」和對方溝通。凱文，你說塔馬拉「動不動就要吵架」，而塔馬拉說凱文「都無視我的存在，什麼話都不跟我說」。（停頓）但你們兩個都認為在關係中自己比對方略勝一籌吧？

凱文（凱）：對。

塔馬拉（塔）：至少我有嘗試跟他溝通，但他卻像沒事的人一樣。如果我們不能好好談談，就沒辦法解決問題呀！

諮：我同意妳的說法，溝通是解決困境和表達感受的重要管道。或許我們應該把注意力放在改善溝通的方式。凱文，你的看法呢？

凱：我不擅長說話，以往每件事似乎都進行得還不錯——直到現在才出狀況。我希望你能幫一下塔馬拉，請她講話時不要小題大作。

諮：我要做的是協助你們自我改進，還有改善你們的溝通方式。來，這裡有兩張紙，你們一人一張。請在紙張下方寫下你自認在溝通方面做得有多好，給自己評分，範圍是 1 到 10，1 表示你是個很糟糕的溝通者，10 表示你很棒。（凱文和塔馬拉以往想也不想就脫口而出。）現在，請花點時間想想，然後在紙張上方寫下對方和你溝通的方式。寫完以後，我們會暫且把焦點從你個人身上移開，但最後你們仍然會留意到對方的想法和缺點。好，現在請想想對方跟你說話的方式，給分的範圍是 1 到 10 分。1 代表對方很差勁……他／她所說的每件事都是無中生有、沒事找事；10 代表你覺得對方是位非常有效的溝通者，你們兩人的對話結果令人相當滿意，也達到對話的目的。（給雙方幾分鐘的時間寫下數字。）好了，我想聽聽你們的說明。

塔：我先說。你想知道的是我們對自己的評分，還是給對方的分數？

諮：妳想先說哪一個都可以。

塔：好，我給自己 8 分，因為可能有一兩件小事我做得比較好。就事論事，更多時候我是個有效的溝通者。

諮：嗯哼。

塔：然後我給凱文4分。

凱：（打斷塔馬拉）只有4分？

塔：是呀，4分。只要一講到他的事，結果就會變得很糟糕。

諮：凱文你呢？你寫了什麼？

凱：我給自己9分，因為我才不是問題製造者。我給塔馬拉6分。

諮：好消息是你們並沒有給對方1分，也就是你們都認為對方的溝通方式還算不錯。好，接下來我要問你們，是否願意完全刪掉給自己的分數？

塔：為什麼要這麼做？

007　諮：塔馬拉，假設妳真的處於8分的位置，而凱文你真的有9分，我們今天就不用在這裡談了。你們兩個幾乎都是完美的溝通者，但情況並非如此，所以我要你們放棄自以為是的溝通技巧，把目光焦點放在對方如何看你／妳。如果想要獲得進步，就必須認真看待對方的觀點。塔馬拉，凱文對妳的看法，和妳對凱文的看法一樣重要。凱文，這個道理也適用於你。若一再認為自己臻於完美，就不可能更上一層樓。同意的話，請快速寫下給自己的分數，然後做個交易。來，假設塔馬拉的分數是6，而凱文的分數是4。

塔：我要把他的分數改成5分。

諮：好的，凱文，你是5分。

凱：我可以把她的分數也改成5分嗎？這樣我們的分數就一樣了。

塔：不可以！（輕笑）

凱：（微笑）

諮：現在你們都有一個新的分數了，請你們思考為什麼自己的分數沒有達到10分？

凱：（想了一會兒）嗯，我防衛心比較重，有時候她想跟我說話，我卻對她不理不睬。

諮：說得很好。塔馬拉，妳呢？妳的新分數如何？妳覺得自己為什麼沒有拿到10分呢？

塔：我猜是因為我並沒有挑對談話的時機。嗯，我常想掌控對話，又很
　　愛生氣。

範例四：用量尺技術評估舊包袱和個人的反應

蒂夏娜（蒂）：我動怒了。我再也沉不住氣，甚至不知道我為什麼會大
　　動肝火。她實在是太……我就只能……尖叫……嗯，沒錯，我真的
　　狂吼尖叫。當然不是直接對她尖叫，但一掛斷電話，我就在房間裡
　　嘶聲大吼。就像那天一樣，她打電話來祝我生日快樂，但那天根本
　　不是我的生日，而是我妹妹的生日。我開玩笑地說她老了、記憶
　　變差了。接著我忍不住掛斷電話，因為已經怒火中燒。一掛斷電
　　話，我立刻尖叫……哭了。我真的不懂……為什麼要讓她踩我的底
　　線……為什麼要為這點蠢事傷心。因為她根本是無心的，她的年紀
　　真的越來越大了。

諮商師（諮）：妳母親打來的這通電話是我們今天談話的好例子，或許
　　可以協助妳洞察自己的反應。

蒂：好，但要怎麼做？

諮：妳那天掛掉電話後的反應，若從 1 到 100 分來看，1 代表一點反應
　　也沒有，也沒有任何情緒起伏；但 100 卻是反應非常激烈、無法控
　　制情緒。關於妳那天的反應，妳會給自己幾分呢？

蒂：（低頭不語，坐立不安）嗯，讓我想想……我猜大概有 90 分吧！
　　我瀕臨失控、怒不可遏……差點被情緒吞沒了。

諮：好，現在請妳捫心自問妳母親那天的電話。那天並非妳的生日，而
　　是妳妹妹的生日。請妳評估在 1 到 100 分的量尺上，1 表示沒什麼
　　大不了，100 表示這個人對妳做了很可惡的事。妳會給妳媽媽幾分
　　呢？

蒂：也對她的言論給個分數嗎？

諮：是的，範圍是 1 到 100。

蒂：我知道她不是有意的，我可能會打 15 分吧！

諮：很好，蒂夏娜。妳對她的言論分數是 15，但妳的反應卻有 90 分。

蒂：對，沒錯。呃，我們怎麼會這樣？這是怎麼一回事？（微笑）

諮：讓我們想想 16 到 89 分之間究竟發生了什麼事。一般說來，對方言論的衝擊性只有 15 分，但我們卻以 90 分的反應回應，這表示我們的反應大有文章。妳會怎麼解釋這些分數差距呢？妳母親究竟踩到妳什麼地雷？

蒂：（低頭想了好一會兒，終於忍不住啜泣）這麼說來真的很丟臉，我知道我應該走出過去的陰影。我很想謝謝她現在才想當一個好母親，真是可悲的嘗試。但她還是搞不清楚狀況，所以我才會想大吼大叫。每次跟她說話，就等於在提醒我她有多差勁，跟她說話就是個笑話！（嚎啕大哭）在我們還小的時候，她就拋棄我們，跟男朋友遠走高飛。她不喜歡孩子，她的男朋友比我們還重要，所以她選擇了他。我們這一輩子都不知道為什麼她要離開，我們到底做錯了什麼？天啊，那已經是多久以前的事了，她也道歉不下數百次了，可是她仍然不是……她永遠不夠格當我的母親。（氣呼呼地）我們不夠重要，沒辦法讓她留下來；我們不夠重要，所以她到現在還搞不清楚我們的生日！

範例五：用量尺技術評估就學青少年的自殺意念

諮商師（諮）：瓊安，請妳評估在 1 到 10 分的量尺上，妳對自己的生命有何看法呢？ 1 代表非常滿意和快樂，10 代表難以忍受。妳的生命落在哪一個數字？

瓊安（瓊）：9 之類的吧！

諮：好，妳最近告訴我，妳有自我傷害、甚至自殺的可能性。在 1 到 10 分的量尺上，1 是指完全沒有想要傷害自己，10 是指一定會自殺。妳說妳現在的位置在幾分？

瓊：大概是 8，甚至一樣是 9 分吧！

諮：（沉默了一會兒）瓊安，我不知道這是不是妳的真心話，但我留意

過其他和妳此刻心情類似的學生，發現一個有趣的現象。我注意到
他們並不是真的想死……他們並不想讓性命懸於 9 分。（停頓）瓊
安，妳的情況是否也是一樣呢？

瓊：我從沒那麼想，我的意思是（大聲說出）：「我不是真的想死，我
也不想把自己的性命放在 9 的位置。」（又想了一會兒）你知道
嗎，我懂那種感覺……但如果我不知道該如何從 9 分離開，那我除
了死別無選擇。

諮：是的，沒錯，我可以瞭解。如果妳願意的話，可否現在就讓我們一
起想想看，該如何從 9 分離開……

瓊：只要有助於離開 9 分的事情都好。

諮：好的，就讓我們來試試如何遠離 9 分。妳覺得可以做些什麼，好讓
妳的生命有所不同、比 9 分更好呢？只要是跟學校、人際關係、父
母等等有關，任何妳想得到的事都行……

效果與評價

　　量尺技術常用來評量具體目標進展的程度，因而有助於進行效果研
究（Lethem, 2002）。量尺技術的應用情境極廣，舉凡評估：解決問題
的進度、發現問題解決的信心和動機、問題的嚴重性、自傷傷人的可能
性、自尊程度等，不勝枚舉（De Jong & Miller, 1995）。量尺技術也常
用於少年司法系統及其家庭（Corcoran, 1997），以及兒童福利服務的
家庭（Corcoran, 1999）。提升家庭問題複雜、社經地位低落，或來自
多元文化背景未成年人的治療目標。

　　量尺技術常與焦點解決短期諮商取向融合，至少已有三個以中學生
為主的效果研究發表。Franklin、Biever、Moore、Demons 與 Scamardo
（2001）的研究指出，將量尺技術納入焦點解決短期諮商取向，有
71% 的中學生行為案例獲得改善。但有一個研究顯示治療效果沒有差
異。Newsome（2004）以治療前的在校平均成績（GPA）為共變項，

對高危險群中學生運用焦點解決短期諮商團體模式，結果卻發現他們的出席率和在校平均成績並無進步。最後，Springer、Lynch 與 Rubin（2000）結合量尺技術與較全面性的焦點解決短期諮商取向，研究焦點解決互助團體對家長入監服刑的拉美裔學童的效果。結果顯示教師認為中學生的內外在主述問題困擾程度低於臨床顯著標準〔內在困擾的效果值（ES）=1.40，外在困擾的效果值（ES）=.61〕。於此同時，青少年參與者的自我陳述結果亦顯示外在問題的效果值為 .86，但內在問題困擾程度並無差異（ES=.08）。

　　Lindforss 與 Magnusson（1997）以瑞典的成人罪犯為研究對象，結果指出採用量尺技術的焦點解決短期諮商歷程，經過 12 到 16 個月的追蹤期後，其再犯和重罪率皆降低不少。Meyer 與 Cottone（2013）的研究發現納入量尺技術的矯治策略，對美國原住民具有相當的功效。Lee（1997）的研究指出採用焦點解決短期家族治療取向後，有 65% 的家庭成功地達成多項治療目標。

CHAPTER 2

例外技術

源起

　　據 Presbury、Echterling 與 McKee（2002, p. 75）所述：「發現例外是解答諮商（resolution counseling）的典型技巧。例外（exception）（也就是問題沒有發生的時刻）即使是暫時的，但的確是個案的問題已有解答的證明。」例外技術的源起假設為：所有的問題都有被排除在外的時候。身為人類，難免會以為問題無時無刻不在，看似亙古常存、絲毫沒有減弱的跡象。但若知道問題其實也有例外時刻，就可以否決它的重要性了。這是因為我們的大腦會對資訊進行篩選、處理和儲存的歷程。然而，幾乎每種情境都只存於某段時間，就算多麼短暫，該時段問題就不能稱之為問題。諮商師必須仔細聆聽並指出例外時刻，催化出解決之道。以此為之，個案即可重新點燃希望，相信自己有能力去影響環境。

實施方式

　　例外技術可用非指導的方式進行，亦即諮商師堅持不懈地聆聽問題獲得改善（就算只有一點點），或不再發生的例子（例如：「她從不聽我說話，能夠讓她聽話的只有她外婆。」）。這樣的抱怨或問題描述，隱含未被留意和善用的例外（Linton, 2005）。

　　「問題並非始終不變。例外永遠都在」（Presbury et al., 2002, p. 74）。但由於個案往往沒有意識到或相信例外狀況確實存在，因此諮商師必須注意和有效利用例外，畢竟，要尋求諮商的個案說出沒有問題干

擾的時刻實有盲點。個案比較會告訴諮商師他們碰到的困境，期待諮商師解決問題。此外，以往諮商師受到的訓練是傾聽問題的細節，要想運用例外技術，諮商師必須重新接受訓練，傾聽潛在的解決之道、優勢和個人的資源。

　　例如，試想一位 16 歲的女孩抱怨家裡每週上演的衝突。她和雙胞胎哥哥每天都為了小事爭鬧不休，兩人幾乎不可能忍受對方同時待在屋子裡。某次前來晤談時，她略為提到上個禮拜發生的事：「我和東尼去購物中心，他開車載我們去，當他跟女朋友逛街時，我就和我的朋友到處去玩。」這是個例外，但粗心的諮商師很容易聽而不聞！其實可以善用這個例外，趕緊請個案詳述當天她和哥哥的相處情況有何不同，不但沒有吵架，還合作無間。如果諮商師能指出這個例子，而個案的回答是：「我猜他那天不想當個混蛋吧！」諮商師可進一步誘導詢問：「也許吧，可是讓我們假想情況遠非如此簡單……或許你們做了什麼不一樣的事，所以才有這個例外發生。」

　　也可以用下列直接的問句來進行例外技術：「告訴我，有沒有哪個時候……」或「你差一點就……？」這類問題的答案也有助於往後提出奇蹟問句（請見第 4 章）。諮商師可以問個案是否曾發生過任何奇蹟，或請個案儘量回想奇蹟發生的時刻。諮商師接著再聆聽個案做了什麼不同的事，得以讓問題消失或改善。

變化形式

　　例外可在聆聽後指出來，也可以直接詢問。它常與奇蹟問句搭配使用（請見第 4 章），也可結合量尺技術（請見第 1 章）。若無法立即辨識例外，可以指派個案一項任務，請他們闡述問題的例外情況。任務的形式不一，可以當作家庭作業，告訴個案：「在這次和下次談話前，請你留意奇蹟發生的片刻……。」（注意要在問題較不嚴重或結果較好的時候）

　　若直接詢問例外情況，諮商師必須小心謹慎，因為該技術的特定

用語可能會讓個案覺得諮商師高人一等，或他的擔憂不值得一提。指出例外時，要確保陳述問題的方式在個案聽來是有希望的、是鼓舞人心的回憶（如：「哇，你是怎麼辦到的？大多數人都做不到呢！」Sklare, 2005）。直接詢問例外情況前，要先肯定個案的擔憂和觀點，以尊重的態度探問：「你的狀況的確特別困難。但請你回想一下曾做了什麼，讓你的心情比現在更好一些？」

除了委婉措詞外，也可以把詢問例外的重點放在境況或環境（如：「當時身邊的狀況和其他時候有何不同？」或「當問題看似不那麼引人注目時，當時誰在你的身邊？」）。或可詢問一些後續問題，強調個案的資源（如：「你可以做哪些不一樣的事，好讓問題的例外情況產生？」或「從我們上次談完後，你有沒有做什麼讓例外情況得以發生？」）。無論如何詢問後續問題，諮商師均以假設例外存在的前提探問，請個案詳述細節，協助他們找出解決之道。

範例

史丹，16 歲，男性。最近曠課情形日趨嚴重，病假是他最常用的理由。接受醫師的檢查後，醫師建議史丹的媽媽讓史丹接受諮商，因為史丹抱怨身體不好的情形並非生理問題所致。史丹的情緒穩定，人又聰明，但缺乏社交技巧和自信心。很快地他就談到非常厭惡新學校，不知道該如何交朋友，每天都被訕笑。

史丹（史）：我希望我沒有回來這裡，我在這裡根本格格不入。這裡壁壘分明，小圈圈一堆。如果不是在這裡長大或不是很有錢……他們就……他們就會對你展開猛烈抨擊。

諮商師（諮）：你是指其他的同學嗎？

史：對，真差勁，太差勁了。他們一開始就盯上我，從沒給我好日子過。

諮：是怎麼個差勁法？

012

史：就是不管我做什麼，都無法取悅他們的那種差勁。他們只會沒完沒了地在我身上挑毛病，看我不順眼，讓我不得片刻安寧。只要我一走進學校，他們就糾纏著我不放，直到放學才停止。這是看不見盡頭的折磨。

諮：可以瞭解你為什麼不喜歡上學。

史：真的，誰想每天過那種生活？從開學第一週他們就撬開我的置物櫃，我不知道他們是怎麼辦到的……我根本還沒進入狀況……我得到的只有嘲笑。不管怎麼說，他們亂翻櫃子，找到一些我寫在筆記本上的歌詞，大肆散發，張貼在各處。從那時候開始，惡作劇就沒停過。

諮：哇，聽起來像是侵犯隱私。

史：對，那些都是我的個人物品。你知道嗎？很多內容都是關於我想念女朋友和老家的心情寫照，因為這樣，我還得到愛哭鬼的封號。他們取的綽號有：「史丹是娘砲」、「史丹娘娘腔」、「史丹死人妖」。真是荒謬可笑、可惡至極。我做什麼都沒有用，我發誓總有一天會失控，我說真的。

　　此時的諮商師想鼓勵史丹多說一點自己的遭遇，提供支持與認可。諮商師接下來會以溫暖支持的態度詢問史丹例外狀況，但不會讓他覺得此事不堪一提。

諮：聽起來你的狀況真的很難熬，但你幾乎撐了一整個學期。大部分的人可能早就「失控了」，可是你沒有。你怎麼這麼堅強？

史：我不認為我很堅強。很明顯地，我無法阻止它不要發生，只好用蹺課的方式拒絕上學。

諮：可是你並沒有「失控」，你一定有想辦法熬過來。

史：我試著告訴自己那沒什麼……那些人不重要……未來也不會成為我生命中的重要他人……這些人都是過客，事情總有一天會好轉。

諮：所以你嘗試看遠一點，瞭解到那只是你生命中的一小部分，不必一直耿耿於懷，這樣就不會深陷其中，感覺沒那麼可怕了。

史：對，我試過，也滿有效的。我也想過心情真的很低落、覺得自我沒
　　價值時該怎麼做；我也想過我以前的學校還有許多好朋友，他們真
　　的很喜歡我。這些想法也有幫助……讓我覺得我不是個輸家。

諮：很好。眼光放遠一點，想想你曾被愛和被善待的時光，能避免你
　　「失控」。

史：沒錯。可是問題仍然存在，沒有因為這樣而消失。它只是讓我的心
　　情不會再糟下去而已。

諮：有道理。史丹，請告訴我，自從你換到新學校以來，有沒有什麼時
　　候是問題比較沒那麼嚴重的？

史：都很嚴重呀！

諮：我確信，肯定是。（停頓）但或許那些嘲笑或捉弄也有短暫停歇、
　　他們對你還算友善的時刻？

史：他們根本不友善，不過的確有喘口氣的時候……通常是第四節課
　　時。

諮：第四節課？

史：就是歷史課。他們在歷史課時就沒那麼壞。

諮：為什麼歷史課這麼特別？

　　　諮商師想要評估例外的情境或形勢。

史：喔，因為傑森有上那堂課。

諮：傑森是誰？

史：他是個很酷的傢伙，每個人都尊敬他，他對我很好。當他在場時，
　　其他的混蛋都不敢欺負我。

諮：非常好！真是個好消息！是吧？這位受人敬重的酷男孩欣賞你、接
　　納你？

史：對，真的很感謝他。若不是他，我肯定受不了！

諮：好的，很高興有傑森這個人。史丹，請再告訴我，有傑森在身邊
　　時，你的表現有何不同？

013

諮商師再次運用例外技術，喚起史丹回想起他曾做過的事。

史：什麼意思呢？

諮：我只是確認一下在第四節課時，你是否有什麼不一樣。你覺得呢？

史：我大概有鬆了一口氣吧！那是一定的。

諮：肯定沒錯。那是什麼感覺？

史：我會比較冷靜、放鬆，不會太神經質和緊張兮兮的。我跟別人有良好的互動，沒那麼彆扭。

諮：很好，還有呢？

史：你是指我還有什麼表現嗎？

諮：是的。你在第四節課時有出現什麼不同的行為呢？

史：嗯，可能不會垂頭喪氣，只看著自己的腳、低著頭走路。

諮：很好。所以你走路的姿勢看起來如何？

史：唔……嗯，我從沒想過……我的意思是，我必須承認如果我不要光看著地板、低著頭走路，或許我該抬頭挺胸，看起來會更有活力。

諮：沒錯，你覺得第四節課的你看起來較有自信，是嗎？

史：當然。

諮：不像是會被欺負的對象？

史：對。

諮：為什麼那些人在第四節課時比較會放過你？只因為傑森在場嗎？

史：我沒想過……也許……呃……或許不是吧！

諮：有沒有想過還有其他你可做的事情？就算傑森不在的時候？試試看……這麼說吧，用這星期每天的第二節課試試，然後看看會有什麼結果。

史：好吧……或許值得一試！

史丹現在的情緒高昂，因為諮商師認同他，他也瞭解他的悲慘遭遇有例外時刻，更重要的是，他瞭解到他的作為在例外中扮演一定程度的分量，也就是他對環境具有掌控權。

效果與評價

　　一般而言，發現問題的例外時刻是焦點解決短期諮商取向的基本信條，有助於找出個案已有的優勢和資源，是看出問題不再是問題的絕佳實例。這麼一來，個案也會開始學著用內控的角度看自身的處境，強化他們的責任感。請個案就某個中等程度的問題，至少回想出一個例外情況，可以改善個案的心情，傳達焦點解決取向的好處。例外技術亦可協助個案看到短暫的休兵片刻，或可成為解決問題的關鍵。

　　文獻顯示運用焦點解決取向的技術對不同的對象和場域都有不錯的效果，例外技術亦包括在內。運用在家族諮商時，有兩個效果研究證明在焦點解決諮商取向的歷程下使用例外技術的效果。Zimmerman、Prest 與 Wetzel（1997）在焦點解決伴侶諮商時使用例外技術，大大改善雙方相互的適應狀態。Lee（1997）的研究報告則指出，採用例外技術等的焦點解決諮商取向，完成多項家庭目標的成功率高達 65%。

　　數個研究證實結合焦點解決諮商取向與例外技術對學齡青少年的效果。Littrell、Malia 與 Vanderwood（1995）探討三種不同的短期諮商取向對高中生的效果。結果發現每個過程都採用例外技術的話，有助於減少個案對問題的不滿情緒。他們也發現短期（單次療程）取向和長期的焦點解決取向效果一樣。Corcoran（1998）採用焦點解決取向，並把重點放在問題的例外情況，能有效處遇高危險群的國高中學生。Corcoran（1999）接著證實運用例外技術和其他焦點解決取向的方法於兒童保護服務機構個案的效果。這些個案素來抗拒治療，是非自願型的個案。另外，Newsome（2004）的研究對象是中學生，他發現焦點解決短期諮商取向的團體無法改進高危險群學生的出席率，但卻大大地提升了學業成績。其他的研究紀錄例外技術結合其他焦點解決取向技術，顯示這種療法可以改善班級的問題行為（Quigney & Studer, 1999），以及精神病院患者（Oxman & Chambliss, 2003）、家庭成員（Reiter, 2004）和少年罪犯（Corcoran, 1997）的暴力傾向。

014

CHAPTER 3

跳脫問題的談話

源起

　　George、Iveson 與 Ratner（1990）等學者創立的「跳脫問題的談話」（problem-free talk），是一個用來跟個案建立關係的重量級焦點解決取向技術。藉由此番談話，諮商師鼓勵個案或個案的家人討論生命中的正向積極面、最近發生的好事和進展不錯的地方，從「人」的角度認識個案。如同其他焦點解決取向技術一樣，它是諮商師刻意引導個案說出優點和資源的做法。目的是彰顯能力、興趣、資源和優勢等存在的事實，與期待不適、疾病、壓力和症狀等消失的心態同等重要。

　　採用跳脫問題的談話有幾個目的。第一，可用在諮商初期建立關係，顯示諮商師把個案、伴侶或求助的家庭當「人」看待，培養友善融洽的關係。第二，許多初次求助的人對諮商一知半解，因此它可緩和諮商過程中的緊張不安。第三，平衡個案誤解的諮商關係權力差距；諮商師也是人，不是無所不知的專家。不過，焦點解決短期諮商之所以會如此重視跳脫問題的談話，乃因它讓諮商師有機會從主述問題之外的角度看個案。透過這樣的視角，指認個案的優勢和資源，並可作為將來解決類似問題的參考。

實施方式

　　諮商初期、整個諮商歷程、其他助人服務，以及任何時候想引介家人接受諮商時，皆可特意採用跳脫問題的談話。初次晤談和後續諮商開

始前，常以跳脫問題的談話當作一般社交式寒暄。雖然看似隨意，但其實諮商師是有意聆聽個案這段談話中透露出的特殊才華與潛能。這些才華與潛能應加以留心注意，並可在稍後當作問題的例外情境、描繪願景的素材、部分的解決方案等。

　　若諮商初期跳脫問題的談話並非自然流露，諮商師可詢問特定的問題加以引導。典型的問句如：「在進一步探討你的問題前，我想多瞭解你。你的興趣和專長是什麼？」其他相似的句型包括：「對於你做得好的地方，你的感覺如何？」「你過去都是如何因應的？」「別人對你有哪些好的評語？」另外的說法還有：「請告訴我在問題發生之前，你的生活狀況如何？那時的你是怎樣的一個人？」諮商師應以興味盎然、真心誠意的態度和個案對話。在雙方一來一往對話之時，諮商師應仔細聆聽個案說出的美好經驗和良好特質。

　　不管是諮商初期、探討個案的主述問題前，抑或等待一段充足的時間，也讓個案盡情說明問題後，諮商師才審慎地採用跳脫問題的談話。否則，突然把晤談重點轉移到跳脫問題的談話，有時會讓個案誤以為諮商師麻木無感、沒有禮貌、令人惱怒或自命清高（Lowe, 2004）。Lowe 提醒有些個案或許會覺得冗長的跳脫問題談話多說無益，因為他們只想趕快討論手邊擾人的問題；有的甚至心生不滿，造成光談優點只會適得其反。

016

變化形式

　　跳脫問題的談話可用於諮商初期，以逐步認識個案。整個諮商期間，若想從問題充斥的故事敘說中喘口氣，或有意誘導個案思考解決的資源時，亦可使用跳脫問題的談話。要介紹新的成員進入諮商時，跳脫問題的談話可舒緩新成員緊張的心情，亦可一窺成員間跳離問題情境時的互動與關係。催化此種談話方式的問句或說法有：「請多談談你這個人，讓我可以多瞭解你。」以及「此時你的生活有哪些好事發生？」大致說來，跳脫問題談話的時機、意圖、形式不一。Sharry（2004）也建

議可在家族治療時稍加變化，採用遊戲或練習作業的方式，請家庭成員互相假裝是其中一位家人，大談他們最寶貴的優點、最喜愛的家族旅行或相聚時刻，或思索和畫出家庭的座右銘。

範例

潔琳，17 歲，和她 35 歲的媽媽最近經常爆發激烈衝突，互嗆難聽的話，偶爾還會丟東西砸對方，出言恫嚇，如：「我要去死，讓妳後悔一輩子。」潔琳曾是大家眼中的「乖孩子」，在同一個地方打工已經超過一年了。在學校從不惹麻煩，遵守家規，唯獨不時會晚歸，不過學業平均分數還維持在中上程度。然而，她和媽媽的衝突模式幾乎毫無變化，如她們所言，常常「打成一片」。截至目前為止，潔琳堅持單獨前來諮商，不讓媽媽跟過來，且談的話題都和母親無關。受諮商師之邀，今天媽媽陪潔琳過來，希望把談話重點放在彼此的關係衝突上。兩人一進到諮商室，立即展開以下的對話。

諮商師（諮）：媽媽妳好，很高興妳今天能過來這裡！

母親（母）：你好，沒想到潔琳會邀請我過來。我只是想多給她一些空間……你知道她……很特別！

潔琳（潔）：隨便妳怎麼說啦！（嬉鬧的語氣）

諮：妳們這星期有發生什麼好事嗎？

母：天哪，我們這星期很棒！我真以潔琳為榮。有位大嬸跟女兒一起去她打工的商場逛街，突然就對她發飆，因為她和她女兒正和某個男生爭執不下。按理說，如果潔琳也回嗆那位大嬸，我一點也不會怪她。我的意思是，拜託，她女兒又不是四歲小孩！她應該管好她自己，可是潔琳只是微笑點頭，並沒有為此生氣。

　　諮商師注意到這是個例外，趕緊讚美潔琳。

諮：哇，潔琳，妳真了不起。妳是怎麼克制自己不說出口的？

諮商師簡短地嘉許潔琳，並詢問例外的細節。

潔：我不希望搞砸工作，我真的很尊敬我的老闆。

　　這是一條非常有用的訊息，可用來減輕潔琳和母親間的衝突：
　　尊重對方的能力，以合宜的態度回應，避免紛爭。

諮：很好，非常好，還有呢？這星期還有發生什麼好事嗎……妳們兩個
　　現在的相處狀況如何？

母：潔琳每個禮拜五晚上都待在家裡陪我，我們吃 pizza、看電影。我
　　真不敢相信她還願意分點時間給我，跟我一起享樂！

潔：喔，媽……我聽了都快哭了！（向媽媽撒嬌，靠向媽媽並握住媽媽
　　的手臂）

017

　　諮商師很驚喜地看到潔琳和媽媽能用這麼和樂融融的方式相
　　處，因為先前的資訊顯示她們的關係劍拔弩張。這段互動提供
　　諮商師一個非常重要的訊息，瞭解她們的憧憬和例外時刻。不
　　過，最有助益的地方是看到她們相親相愛、皆大歡喜的模樣，
　　可讓諮商師思考這對母女或許有其十分獨特的互動模式，但可
　　能還需稍微修正。

效果與評價

　　如同其他焦點解決取向的技術一樣，跳脫問題的談話有助於看出個
案被忽視或未受重視的優勢與能力。看到這些隱而不顯的優點、因應時
機和潛在的資源，可減少無助感、提升動機。有些學者擔心它會阻礙個
案投入諮商；不過，研究顯示個案反倒放鬆不少，提供諮商師更多有用
的訊息（Hogg & Wheeler, 2004）。

　　此外，Bowles、Mackintosh 與 Torn（2001）發現，若護理師能善
用該技術，經常以此方式與病人互動，會讓病人覺得護理師不是只對他

們的病情感興趣，還把他們當人看待。Smith（2005, p. 103）就曾以一位病人為例，說明跳脫問題的談話如何幫了大忙：「支持性就業服務人員在戴夫的要求下陪同他一起前來。他似乎對自己的行為深感慚愧，初次見面時就拒絕跟我討論。前兩次晤談我們幾乎都花在跳脫問題的談話上。」在這個案例中，Smith 說道幸好用了跳脫問題的談話，才得以發掘戴夫的長處。如此亦可合理推測，該技術能有效處遇自卑、抗拒談話、固執不從或非自願的個案。

　　這個技術也已融入許多焦點解決取向評估其效果，其中之一即Bucknell（2000）在課堂上以此訓練準教師。Lynch（2006）的研究記載用於藥物濫用者的效果，宣稱：「跳脫問題的談話反倒鼓勵藥物濫用者細說他／她成功因應生活諸多面向的實例。」（p. 42）最後，Zimmerman、Prest 與 Wetzel（1997）發現進行伴侶諮商時，以焦點解決取向併用跳脫問題的談話，可以調節改善雙方的互動模式。

CHAPTER 4

奇蹟問句

源起

　　Erickson 的水晶球技術（crystal ball technique）鼓勵個案想像一個沒有問題存在的未來，接著指出他們可以如何解決問題，好讓想像的未來實現。水晶球技術因而被視為奇蹟問句（miracle question）的基石，加上 de Shazer 為個案無法設立目標、深感挫折之際，奇蹟問句終於一躍成為焦點解決諮商最受矚目的關鍵技術。

　　以歷史觀之，諮商向來把目光放在問題上。奇蹟問句驅使個案告訴諮商師他們真正的需求是什麼，而非僅說明自己不想要什麼，方能把問題焦點的視角轉成激盪解決之道的視野。例如，個案希望憂鬱症狀減輕、家長希望孩子守規矩，或配偶希望對方不要把自己做的事視為理所當然，但這些問題都只關注改變的表層樣貌。如果希望上述情形不要再發生，必須具備哪些要素？有什麼不同的地方？個案如何得知改變發生了呢？

　　進一步探討個案的想法，可以發現他們早已具備解決策略或至少能腦力激盪出幾個之前未意識到的可能性。諮商的進展通常不為人知，或被視而不見了。換句話說，如果個案從沒想過所謂「好轉」的情景，那麼他們該如何得知改變已然發生了呢？藉由詳述問題消失的具體證據，奇蹟問句設定了評估進步發生的判斷標準。除了界定清楚進展的細節外，就在運用奇蹟問句的過程中，一心一意朝解決之路前進，加強個案對美好未來的期待，由他們負起責任，激發出內在資源，努力獲致自己想要的成果。

實施方式

　　奇蹟問句特別有助於設立目標，但其實整個諮商歷程皆可使用。用它來設立目標時，可以請個案釐清並具體描述對諮商的期望。此外，奇蹟問句強調存在而非虛無的事物，傾向於設定正向而非負向的目標。若諮商師能在晤談時不著痕跡的提問，奇蹟問句的效果更為顯著（Stith et al., 2012）。運用奇蹟問句時，諮商師要避免越俎代庖幫個案解決問題，但應要耐心地協助個案瞭解如何跨越現實與奇蹟間的鴻溝，相信改變終有可能成真。

　　奇蹟問句的代表句型如下：「假設某個晚上入睡後，奇蹟突然發生，你的問題得到解決，你是怎麼看出來的？生活會有哪些不同？」（de Shazer, 1988, p. 5）。不過，重要的是諮商師要協助個案讓計畫中的解決方案付諸行動，並把重點放在自己身上。假使個案說她會知道奇蹟發生，是因為一覺醒來看到丈夫正在清掃房子，還會把早餐送到床前。此時諮商師須把焦點重新拉回到個案身上，細問個案該有何不同的作為，而非光等待他人行動，除非此人也來接受諮商。例如，如果個案說奇蹟勢必要靠他人改變行為，此時諮商師需讓個案明白自己的行動會引發互惠效應與漣漪作用。諮商師可以說：「如果妳先生會清掃房子，把早餐送到床前，妳對他會有什麼不同的行為表現？」協助個案瞭解即使她個人行為的小改變，也可能引發他人行為更多的改變，獲得掌控情勢的力量。

　　運用奇蹟問句時，Murphy（2008）建議幾個相當有用的說法：

　　如果問題突然消失了，明天上學的時候，你的表現會跟往常有何不同？奇蹟發生的第一個徵兆是什麼？還有呢？

　　假設你的生活就像兩部電影。第一部電影的你生活問題充斥，但第二部電影的你生活順遂如意。我已經知道第一部電影的內容了，請你告訴我第二部電影的內容會是什麼呢？誰會在電影中演出？他們在影片裡

的行動是？你在第二部電影的行為有何不同呢？

如果某人揮動魔杖，讓問題消失了，你會如何看出事情不一樣了？

對兒童可用魔杖、魔法藥丸和神燈等問句，因為他們難以理解奇蹟的概念。無論用哪一類型的問句，均須鼓勵兒童多方思考解決策略，深入想像問題迎刃而解的未來情景。用假想的第三方觀察者角度來提問也不錯，可用來進一步澄清改變後的模樣。

變化形式

奇蹟問句可釐清和檢視問題的例外情況，當個案回答奇蹟問題後，可以接著請他們思考最近是否有任何改善的徵兆出現，或奇蹟早已在不同時刻發生。如果有的話，他們做了什麼讓事情得以異於尋常或好轉？或他們還可以再多做什麼？奇蹟問句特別強調行為改變的必要性，而非僅改變認知或情緒。它的假設是：如果能做出不同的行為表現，個人的情緒和想法就會跟著變化。

奇蹟問句可搭配量尺技術（請見第 1 章），這麼一來在個案描述完沒有症狀出現的情況後，即可請他們思考若有小小的或中度的改善，將會是什麼情景。例如，諮商師可以問個案：「如果有一個最理想的結局，即生命中沒有這個問題存在，即使只有些改善，那會是什麼情景？換句話說，若請你描述結局的情節，在 1 到 10 的量尺上，10 代表最棒的結局，那麼你會如何描述 5 的結果？」奇蹟問句亦可搭配「彷彿技術」（請見第 7 章），即請個案表現奇蹟彷彿已經發生的行為。

範例

傑西，14 歲，男性，被轉介前來諮商的原因是態度不佳，常與父母一言不合，破壞家庭和諧氣氛。過去半年來，他跟爸媽的爭執越演越烈，和兄弟姊妹的關係也每況愈下，不做家事也不聽話，功課還一落千

丈。他不想對這些問題負責，不爽每個人都把矛頭指向他。

傑西（傑）：說真的，我不認為這有什麼大不了的。我厭倦每個人都要
　　　管我。

諮商師（諮）：所以你不覺得有什麼好大驚小怪的囉？

020

傑：對。如果大家都不要管我……

諮：你會做得很好。

傑：完全不會出問題。但現實情況根本不是這樣，對吧？

諮：是呀，似乎不是。（停頓）你覺得其他人為什麼會看得那麼嚴重
　　呢？

傑：我的「態度不佳」。隨便啦！天知道，他們讓我快捉狂了。

諮：你的「態度不佳」？

傑：對，大家都說我態度頑劣、惡名昭彰什麼的。

諮：你不能接受這種說法。

傑：當然，我不接受。所以我不用來這裡諮商。

諮：那我們可以做什麼來證明你不用諮商呢？

傑：什麼意思？

諮：嗯，你和我要怎麼讓他們知道，你不需要來諮商呢？

傑：就告訴他們我不用來就好啦！

諮：假設事情不是靠我一個人說不用來就不用來……假設我們得秀出證
　　據，告訴他們你不需要來這裡了，我們可以怎麼做？

傑：不知道。

諮：好，假設你可以穿越時空，假設你有辦法坐著時光機到未來幾個月
　　後，那時你的問題……要你來諮商的問題已經解決了。幾個月後的
　　你，一覺醒來，所有事情都好轉了，你會注意到生活會有哪些不一
　　樣的地方，讓你自己知道不用再來諮商了？

傑：我會注意到每個人都再也不會管我。

　　個案的目標錯誤（如：希望某樣東西消失），或把重點錯放在
他人身上。諮商師的任務是引導個案把方向轉移到個人的正向

目標上。

諮：他們的行為怎樣？

傑：他們會對我很好。

諮：好，如果他們對你很好，那你會怎樣？

傑：我會很高興。

個案說出自己的情緒。諮商師的工作是再度嘗試引導個案設立
行為與行動導向的目標。

諮：很好。如果他們對你很友善，你就會很開心，那你會怎麼做？

傑：我會微笑，也對他們很好。

諮：好，什麼叫做「對他們很好」？

傑：我大概會跟弟弟玩，跟他好好相處，讓他跟我一起出門逛逛。

諮：不錯，所以你會跟弟弟好好相處，讓他跟你一起出去玩。還有呢？

傑：我不會跟爸媽吵架。

諮：不會跟爸媽吵架？意思是你會有什麼不一樣的表現呢？

諮商師再度嘗試要將「希望某樣東西消失」改成「希望某件事
情存在」。

傑：我會說：「是的，媽」和「是的，爸」，畢恭畢敬的。我還可能會
告訴他們今天在學校發生了什麼事。

諮：你會用恭敬的語氣跟他們說話，跟爸媽好好相處，告訴他們你今天
過得如何。

傑：對。如果我們可以像那樣好好相處的話，我也會做好我該做的家
事，他們會以我為榮，不會瞧不起我。

諮：該怎麼得知他們以你為榮呢？

傑：他們會告訴我呀。他們一定很驚訝、喜出望外。

諮：如果他們告訴你，他們以你為榮，而且心中十分歡喜，你的心情會
如何？

傑：我會想要表現得更好，甚至會想提升我的學業成績。

021　諮：看吧！你的表現不一樣，他們的態度也會跟著改變。接下來你會做
　　　什麼，好讓事情往更好的方向進展呢？

　　　　協助個案把焦點轉到自己的行為，而非堅持要別人改變是很重
　　　　要的。他們可透過漣漪效應，從改變自身做起，再帶動他人改
　　　　變。

傑：喔，我懂了。

諮：想想看，如果你能穿越時空，看到問題解決了，你會跟弟弟好好相
　　處，尊敬爸爸媽媽，告訴他們你的種種行動和心情，做好家事，讓
　　他們以你為榮，這麼一來你也會很開心，甚至想搞好學校課業了？

傑：對，我能想像那種場景。我想接下來會有一堆事要做了，是吧？

效果與評價

　　奇蹟問句不僅特別適用於界定解決策略與形成具體目標，它還能使
對未來失去樂觀或希望的個案受惠。由於情緒負荷過重，個案常安於現
下的感覺、思考和行動。透過奇蹟問句，諮商師開發並喚起個案的希望
感，允諾問題會得到改善。此番激勵和動力是引導改變有效發生的不可
或缺因素。

　　奇蹟問句也把治療的焦點從問題導向轉到解決導向。它辨識出與眾
不同之處，導引出可改善、明確和實際可行的目標。最後，它可作為評
估諮商進展的工具，因為已設立好具體、可達成的目標，而不是模糊和
陳腔濫調的抱怨。

　　直至今日，並沒有文獻顯示單獨運用奇蹟問句的效果，不過焦點解
決治療技術（如：例外、量尺、跳脫問題的談話等技術）的效能，包括
奇蹟問句，都特別記載它們適用於各類對象和議題。奇蹟問句特別適合
搭配其他焦點解決短期諮商的技術，獲得的效果令人刮目相看。例如，
Atkinson（2007）綜合數種焦點解決取向技術，評估菸、酒和其他藥物

使用者的動機水準。Burwell 與 Chen（2006）運用這些技術協助尋求生涯諮商的個案自己成為改變的主體和問題解決者。Franklin、Streeter、Kim 與 Tripodi（2007）評估焦點解決技術運用在另類學校的效果，發現可減少高危險群青少年的中輟率。另有研究則把重點放在奇蹟問句和焦點解決技術對伴侶（Treyger, Ehlers, Zajicek, & Trepper, 2008）和成癮症（Emlyn-Jones, 2007）的效果。

　　有幾個研究致力於瞭解奇蹟問句和焦點解決短期諮商取向對中學生的效果。Franklin、Biever、Moore、Demons 與 Scamardo（2001）的研究報告指出，在焦點解決短期諮商中採用奇蹟問句後，（教師認為）有 71% 的中學生行為案例獲得改善。Springer、Lynch 與 Rubin（2000）對父母入監服刑的拉美裔學生進行焦點解決互助團體（內含奇蹟問句），結果發現教師認為這群中學生的內在與外在困擾程度皆低於臨床顯著判斷標準〔內在困擾的效果值（ES）=1.4，外在困擾的效果值（ES）= .61〕。此外，青少年自陳外在困擾的效果值為 ES= .86，但內在困擾卻無顯著差異（ES=.08）。最後，Newsome（2004）以高危險群中學生為研究對象，在焦點解決短期諮商團體中運用奇蹟問句，結果顯示出席率雖無改善，但在校平均成績（GPA）卻有顯著進步。

CHAPTER 5

標示地雷區

022　**源起**

　　我們都曾看過醫生，聽醫生的話吃藥或遵從醫囑。但你真的對醫生的話照單全收嗎？同樣地，諮商師指派家庭作業給個案，請他們在晤談期間實踐，但個案都有乖乖聽話嗎？標示地雷區（flagging the minefield）（Sklare, 2005）即是協助個案將在諮商室所學類化到未來可能面臨的情境，是一個鞏固治療、預防復發的技術。經歷數次的諮商晤談後，許多個案仍難以學以致用。在治療的各個轉換時期，例如從現在的諮商目標轉移到下一個目標，或是欲採行另一個技巧或策略，特別是結案時，這些時候若能採用標示地雷區技術，有助於個案辨識他們可能難以因應或變通的困境，以及在諮商所學可能不足以應付的情況。在安全的諮商關係下，預先考量潛在的問題狀況，諮商師可藉此提醒個案思考如何適應現實。標示地雷區即是總結歸納與避免重蹈覆轍的計策：幫助個案把諮商的洞察與修正後的行為、想法和感覺，類推到日常生活中。

實施方式

　　標示地雷區通常用於諮商歷程快結束時（如：結案），之所以如此命名，乃因諮商師和個案事先標記可將所學舉一反三的未來情況，鑑往知來，不致於功敗垂成。就像礦工在地雷區做記號，才不會引爆造成傷亡。諮商師和個案設想未來可能會發生、但尚未討論的情景，諮商師詢

問個案該如何運用先前在晤談中學到的知能來解決問題，然後預想該如何防患未然。若個案估想到某一情境，諮商師即可協助他們回想複習，用這個方法來幫個案觸類旁通，將諮商中的學習應用至外在世界和未來的事件。

範例

　　為使諮商中的改變能類化到將來面臨到的問題，首先要點出潛伏的陷阱和障礙物，化危機為轉機。許多諮商師會擔心討論這類事件會讓個案輕視諮商，覺得諮商白費工夫。然而，辨識這類問題是諮商的必經過程，也是賦予個案獨立思索未來困境的能力。增加個案的信心是賦能的一環；因此，諮商師尤須嘉許個案的進步，鼓勵他們自強不息。標示地雷區時，找出警訊和潛藏的圈套是很重要的。主動找出問題、發展應變策略，也是讓改變維持下去的要素。

023

諮商師（諮）：最好是不要靠制度約束，而是自己負起行為責任、尊重他人，如此一來就不需要治療的介入了，不是嗎？你們都做得很好，看看你們的進展，事實證明你們辦到了。好，接下來現在我們要進行的收尾活動叫做「標示地雷區」，基本上就是展望未來、做好應對考驗你們全家人進步的準備。標示地雷區是要你們指出阻礙成功的絆腳石，也要想出方法來克服。你們都知道戴蒙曾讓人非常頭痛，這麼說或許有些輕描淡寫，你們甚至一度相當氣餒。也許將來還不時會有類似的情況發生，所以我們要想想未來肯定會故態復萌的狀況。不管你們現在學到的親職技巧有多好，也不管隔離、代幣制、反應代價、過度糾正或正增強策略等方法（譯注：請見本書第八部分和第九部分的章節）過去多麼管用，它們也有失效徒勞的時刻。有時候他會有所謂的「情緒動盪期」，變得相當煩躁和情緒化，看似無計可施。所以請讓我們及早準備並一起商討可能出現的局面，想好因應對策，好嗎？請問有哪些狀況是你們覺得滿具有挑

戰性的？

母親（母）：有時候我們全家雖然在一塊兒，但做的事情似乎引不起他的興趣，不過他必須跟我們一起行動，因為那是家庭活動。他滿心不願意，因此他會讓我們知道他不高興。

諮：對，他得參加家庭活動，但他並不想加入。

母：是呀，這種情況不好處理，因為我們可能是在餐廳或其他……。

諮：公共場合，是嗎？

母：公共場合非常難以應付。

諮：好的。你們已經說明兩種未來不用說一定會發生的情況，你們也明白就算是現在，這些狀況都談何容易。麻煩的地方不只容易失控，還有可能會讓你們在諮商中所學的技巧使不上力……主要是因為他被迫參加家庭活動或去公共場合。

母：我同意。這些狀況的確比較棘手。

諮：沒錯。所以我要請你們想像其中一個場景，你們會如何處理呢？

父親（父）：唔，我第一個想到的家庭活動情景是，我們常要求戴蒙配合他兄姊的活動。因為我們是一家人，所以要相互支持，而戴蒙也是家中的一份子。嗯，例如，當他哥哥參加高爾夫球賽時，我們一家人都要到場加油觀賽。先把我對戴蒙的期許設想得合理一點或許比較好。我認為我們必須實事求是，瞭解他的承受程度。

024　諮：正是如此。好，所以請事先提醒自己，戴蒙大概只能觀賽一定的時間，你們對他的專注力持續時間要有合理的期待……。

父：對，要叫某些成人看完整場比賽都有困難了，更何況是小孩子。當然，有些比賽特別難看！我想起某天全家人竟然花了大約四小時的時間逛街。雖然老婆和女兒很開心，前三個小時戴蒙還挺得住，但後面就瀕臨極限了。我們應該意識到這一點，好好地規劃一天的行程，而不是假設他那三個小時表現的很好，就要求他接下來三個小時也要乖乖的。這根本不是在獎勵他的優良表現。事實上，他可能把它視為處罰。我們必須尊重他的意見，設身處地為他想想，「將心比心」和「命令」是兩回事。

諮：很好。目前聽到你們說，對他的行為和情緒要有合理的期待，這有助於標記出潛在的地雷區。還有，瞭解他的限制，明白他正盡他所能地努力，而不是強人所難。另外，要預期有哪些家庭活動是戴蒙較不樂意參加的。

母：沒錯。同樣地，事先告訴他，而不僅是希望他不要注意到已經花了一整天的時間做他不想做的事，這種做法也比較好。或許我可以提前預告他今天的行程要花多少時間，這是家庭活動，每個人都要參與。但我可以用普力馬原則（譯注：請見第 33 章）作為延宕獎勵法，幫助他度過這些情境。例如先跟他說：「戴蒙，今天早上我們要去看你哥哥的高爾夫球賽，但只要比賽一結束，你就有整個下午的時間可以玩你的遙控汽車。」

諮：完全正確。看來你們似乎都準備好應對措施了。請問一下，有哪些策略是你們過去已經嘗試且奏效的呢？

母：有的有效、有的沒效。大多跟你剛才提到的情緒……你剛才把它叫做什麼？

諮：情緒動盪期。

母：嗯哼。有時沒辦法預料這種情形。

諮：是的，如果能預料的話會很有幫助。

父：我想最主要的是找到一個替代方法，不要硬逼他做不喜歡的事。例如，如果我們知道他不滿意那天的規劃，我們可以找別的家長或朋友，跟他們說：「有一場曲棍球比賽，可是戴蒙不想跟我們去。」所以他可以到朋友家玩，等比賽結束再去接他回家。問題在於有時我們會對他讓步，導致他把我們耍得團團轉。

諮：對，我瞭解。的確有些活動不一定非要他參加不可。要這個年齡的孩子乖乖看完整場比賽實在太勉強了。我贊成詢問他的意見，聽聽他在那段時間想做什麼。

母：我同意有些活動他不必參加，也不是每個孩子都很喜歡那些活動。我們可以先知會他，讓他做決定，而不是玩諜對諜的遊戲，這樣我們也輕鬆些。

025　諮：很好，非常好。不過這些家庭活動比較不像是把公共場合當成潛在
地雷區的例子。接下來讓我們談談戴蒙在公共場合的行為舉止。你
們認為處理戴蒙的這種情況會碰到什麼困難？

父：我認為他知道在公共場合他的不良行為比較能得逞，因為我們慣於
遷就他，好得到片刻的安寧。

諮：說得好。如果他事先知道的話，我敢打賭公共場合是他不良行為上
演的舞台。

母：這幾天的確是這樣，不過他在家裡和獨處時已經好多了。但在公共
場合，他還是……嗯，他還是老樣子。

諮：這也是戴蒙的「舊媽媽和舊爸爸」在公共場合的行為造成的結果
嗎？可不要小看孩子的模仿能力哦！

母：喔，我沒想過，但一定有吧！當別人冷眼旁觀、竊竊私語或投來責
難的眼光時，我們的做法仍舊一樣。

諮：嗯哼。這些責難的眼神讓你們看起來更像墨守成規的媽媽和爸爸
了？

父：我們挺在乎社會觀感的。要是陌生人認為我有個被寵壞的小孩，或
我是個刻薄的父親……嗯，我寧願讓他們認為戴蒙被寵壞了。

諮：好，所以這類情形有任何例外嗎？

母：我記得曾有一次，我不管全世界的眼光，即使他在大庭廣眾之下撒
野，我仍堅持要求戴蒙聽話。

諮：那一次為什麼會不一樣？

母：我記得我們出城玩，我完全不在乎別人怎麼看我或孩子，因為沒有
人認識我，我和他們不會有再次見面的機會。

諮：是的，我懂。也許我們可以將同樣的思考方式應用於待在城裡的日
子。好，還有什麼是你們能做的呢？有哪些資源可以讓公共場合的
問題變得容易處理些，但又不會將你們習得的有效技巧棄而不用？

　　諮商師繼續指出二到三種潛藏的地雷區、大致的問題解決策略，並
點出問題發生時可用的資源。當問題真的出現時，此種介入策略讓個案

較願意創新思考。與其束手無策地放棄，個案反倒樂於迎向挑戰、堅持
到底鞏固治療成效。

效果與評價

　　標示地雷區可用來協助個案瞭解如何善用諮商所學克服未來可能
會面臨的問題。這個技術運用的對象和議題廣泛，包括：「戒菸、改變
飲食習慣、增加體能活動、降低壓力、減少酒精用量」（Ockene, 2001,
p. 43）、可待因成癮（Barber, Liese, & Abrams, 2003）、社交技巧訓練
（Piccinin, 1992）、學業問題（Fearrington, McCallum, & Skinner, 2011）、
憂鬱症（Akerblad, Bengtsson, von Knorring, & Ekselius, 2006）、情感疾患
和藥物治療（Byrne, Regan, & Livingston, 2006）、調節改善伴侶雙方
的互動型態（Zimmerman, Prest, & Wetzel, 1997）。

　　某些因素能增進標示地雷區的效果，Miller 等學者（2001）建議諮
商師做好個案可能會不遵從醫囑的心理準備，但在整個諮商過程中，還
是要向個案解釋行動的重要性。如果個案樂意與諮商師攜手合作，他們
才有可能持續接受治療（Patton & Kivlighan, 1997）。個案對問題的看
法，以及自認為需不需要治療，也會影響標示地雷區這個技術的成敗
（Davidson & Fristad, 2006）。處遇兒童時，若家長能鼓勵兒童參與和
配合，這個技術的效果會更好（Nock & Kazdin, 2005）。

026

阿德勒和心理動力取向技術

　　第二部分介紹的技術均源於心理動力，其中幾個技術特別是由 Alfred Adler 提出的。他是 Freud 的同事，也是個體心理學的創始者。Adler 是一位相當受人敬重的理論學家，Albert Ellis（1993, p. 11）就曾說：「比起 Freud，Alfred Adler 堪稱現代心理治療之父。」Adler 是建構主義的先驅，認為個案會建構和敘說現實，也就是所謂的虛構的想像（fiction），然後把這些虛構的想像當作真實或事實。他的社會興趣（social interest）理論主張從生命早期，個體就要培養對周遭他人的興趣，但有些人的環境卻遏制他發展正常的社會興趣，導致心理疾病和適應問題。

　　Adler 提出了幾個理論觀點。生活型態（lifestyle）意指個人為因應生命的挑戰而發展出的獨特目標、信念和計畫。出生序是指個人對家中排行的心理反應，形塑了個人的知覺、經驗與人格。例如，老大通常是高成就、負責任的人；而老么則備受寵愛，顯得較不負責任或無能。Adler 也相信個體人格裡的優越感或自卑感，甚至會演變成優越情結或自卑情結。早期記憶也很重要，它顯示個案童年早期事件記憶的重要性和意義。阿德勒和心理動力學派諮商的主要目標，在協助個案認識與同化和他們原本虛構的想像大相逕庭的事件和情境，如此一來個案就能經驗到成長，發展出其他的補償方式來因應生命的挑戰。

　　阿德勒學派的諮商師運用各種經驗、行為和認知技術，強化人際關係與瞭解個人的內在世界。這個部分介紹的技術包括：我訊息、彷彿技術、潑冷水法、互說故事與矛盾意向法。「我訊息」（I-messages）協助個案對自己的想法、感覺和行為負責，同時也鼓勵其他人仿傚。諮

商師教導個案捨棄指責或批評，改用簡單的句型結構向他人表達需求和願望。彷彿技術（acting as if）則是邀請個案發揮想像力，轉變成一個幻想的角色，刻意表現出不同的行為態度（如：假裝成虛構的人物角色）。潑冷水法（spitting in the soup）是阿德勒諮商常用的矛盾技術。採用這個技術時，諮商師故意鼓勵個案增加有問題的想法、感覺或行為，藉此讓個案瞭解他們其實能控制症狀，由此帶來改變。

028

互說故事（mutual storytelling）原為心理動力技術，是 Richard A. Gardner 博士發展出來的。Gardner 用這個技術協助無法透過直接口語討論的兒童與青少年揭露治療內容。個案說一個故事，諮商師分析此故事的主題和隱喻。接著諮商師用同樣或相似的角色重說這個故事，但較富含有益於治療的訊息，包括故事中各種角色碰到衝突情境時，可採用的替代解決策略。

許多理論取向都宣稱矛盾意向法為其特有，但運用時應小心。矛盾意向法（paradoxical intention）一般是指重新框架個案的問題行為，要求個案做他原本想停止的事，但只限於在特定情況下（如：時間、地點）做出該行為。矛盾意向法能有效減少問題行為，讓個案明白他們其實對自己的所做所為具有控制能力，由此打破問題行為表現的循環。

阿德勒和心理動力取向的多元文化考量

阿德勒取向重視社會興趣，尊重每一位個案的世界觀和文化背景。阿德勒學派的諮商師瞭解自卑感和優越感的重要性，對一向不被認可、受到壓迫、心生氣餒或被邊緣化的個案，坦率地指出他們的感覺和議題。阿德勒學派的平等觀也有助於抵消自卑感和污名化，對來自不同文化、民族、性別和性取向的個案特別有益。阿德勒學派推崇合作的精神，亦有別於競爭性強的美國社會。

阿德勒取向特別適用於非洲血統的個案。他們重視集體主義、社會興趣、共同設定目標和商討介入策略，探討跨世代的家庭議題。阿德勒取向看重家人和鄰里社區的態度，引起這類文化的人共鳴（Hays &

Erford, 2014）。

　　某些文化的個案（如：拉美裔、美國原住民）或許會很喜歡互說故事這個技術。這個心理動力取向的技術對拉美裔民族特別有效。心理動力取向的情緒面向亦十分受女性青睞。相反地，心理動力取向引發的情緒張力強烈、互動頻繁，尤其須大量揭露個人感覺和家族方面的訊息，恐會讓阿拉伯裔或亞裔望之卻步。另一方面，心理動力取向諮商師的權威風格，或許較能吸引阿拉伯裔或亞裔等族群。此外，分析師傾向打破沙鍋問到底，有時會給人冷酷無情之感。因此，採用這個取向的諮商師須格外留意。

　　心理動力取向應用在跨文化時，有幾個限制（Hays & Erford, 2014）。例如，並非所有的文化都強調或認同潛意識歷程，遑論分析潛意識的動機與行為；以及心理動力取向習於診斷和病理化某些文化的特定行為（如：助長依賴而非獨立的育兒方式、看似性別不平等的治療觀）。此外，無法負擔長期治療費用的個案可能會對這個取向的治療速度存疑。最後，這個取向追求的並非具體的諮商效果，這會讓某些個案不耐於投入大量時間等待改變發生。

CHAPTER 6

我訊息

源起

　　許多諮商理論取向都強調第一人稱的重要性，如：阿德勒學派、完形學派、個人中心學派和存在治療。例如，Perls 與其他完形學派的治療師都鼓勵個案說自己的事情時，用「我」代替「它」、「你」、「我們」等字眼（Corey, 2015）。「我訊息」（I-messages）〔或稱「我聲明」（I-statements）〕驅使個案為個人的感覺、行為或態度負責，不要怪罪他人。「我訊息」也協助個案瞭解她必須採取行動、做出改變。

　　1970 年代，Thomas Gordon 將「我訊息」的概念帶進家庭研究。Gordon 重視關係的特性與自主，他認為「我訊息」是連結彼此的利器。「我訊息」不詆毀他人，可激發改變的意願，也不會破壞發言者和聽者之間的關係（Gordon, 1975）。

　　用「我訊息」表達感受，可以減少對方的反擊，較不會引發抵抗或紛爭（Corey, 2015）。不像「你訊息」般充滿評價和控訴的意味，「我訊息」既不評價、也不下命令。相反地，「我訊息」清楚指明發言者的心聲，說出發言者對事情的主觀看法，也給其他人表達意見的空間，讓衝突中的雙方重啟對話，以開放、互相尊重的溝通方式解決問題（Hopp, Horn, McGraw, & Meyer, 2000; Warnemuende, 2000）。

　　「我訊息」有時亦稱「負責訊息」（responsibility messages）（Gordon, 1975）。個體常渾然不覺個人行為對他人有何影響。然而使用「我訊息」時，發言者為個人的感覺負責，並告知聽者他的感受。發言者也說明問題行為的影響，希望聽者明白，並負起行為改變的責任。

實施方式

當個體企圖虛與委蛇、不想為個人的行動或感受擔當責任時，可以鼓勵他改用第一人稱的說法（Corey, 2015）。例如，若個案說：「這種事不會再發生了。」可以要求他改成：「我不會再讓這種事發生了。」

簡單的「我訊息」認可問題、感覺或想法的確存在。發言者說出上述三者之間的關聯，因此顯得較不那麼咄咄逼人。當個體想指出問題，但又怕他人築起心牆時，即可使用簡單的「我訊息」。另一方面，當簡單的行為改變即可解決問題，或發言者希望雙方可以討論某一較複雜的問題時，則可採用複合的「我訊息」（Burr, 1990）。複合的「我訊息」包含三個部分：問題描述（通常指的是行為）、問題對發言者造成的影響，以及發言者的心情。Gordon 建議「我訊息」遵循以下的遣詞順序：行為、影響、感覺（Gordon, 1975）。此種遣詞順序言明行為的結果影響感覺，而非行為本身。

使用「我訊息」時，諮商師通常可採下列句型：當你_____（做出某行為）時，我覺得_____（感覺），因為_____（行為的結果）。「我訊息」應明確具體，把焦點放在行為而非人格問題上。「我訊息」的行為後果部分，可為必然結果（consequential）或解釋結果（interpretive）（Remer, 1984）。必然結果著重的是具體的後果，解釋結果則側重行為的動機。例如：「當你留一堆髒碗盤在水槽時，我覺得很生氣，因為我會把它想成你是故意要惹惱我」（p. 58）。

許多人常把情緒和行為混為一談。在教導個案「我訊息」前，可以先舉幾個例子探討情緒和行動表現間的差別。實際示範「我訊息」和「你訊息」的差異也很有用。經過實際示範後，兒童能區分兩種說法產生的反應差異，顯示「我訊息」比較有效。

變化形式

　　「我訊息」有時可包含四個部分，發言者向聽者說出他期望發生的事（Frey & Doyle, 2001）。說出傳統的「我訊息」句型後，發言者再加上：「還有，我想要＿＿＿＿。」這一句。亦即，發言者採取主動的角色，為問題找出解決方法。另一種變化形式是使用「我們陳述法」（we-statements）。發言者說出他認為團體或關係出了問題。例如，團體領導者可以說：「我們似乎喜歡停留在談論表面的議題。」不像「我訊息」，「我們陳述法」既不探究問題的源頭，也不認為這是單一個人的責任或僅有一個解決方法。因此，「我們陳述法」看待問題的方式不會引發防衛心或抗拒感。「我們陳述法」認為眾人應同舟共濟，大家必須合作無間才能找到解決問題的方法。「我們陳述法」常用來激勵團體要團結一致，啟動問題解決的歷程。但是，若發言者企圖規避個人問題，歸咎於團體，或發言者想用這種說法支配或控制他人，就是誤用「我們陳述法」。

範例

　　回想一下介紹量尺技術那章（第 1 章）時，塔馬拉和凱文的諮商晤談逐字稿。從他們的對話顯示，兩人都同意接受對方對個人觀點和溝通能力的評分。他們也同意能否有效溝通，會影響他們的婚姻走向，所以願意試著同心協力處理更困難的問題。根據先前晤談的進展，諮商師開始教導塔馬拉和凱文「我訊息」的重要性，準備用這個技術取代過去無效的溝通方式。

諮商師（諮）：好，你們都想改善彼此的溝通方式，這點無庸置疑。為了你們的關係幸福著想，改善溝通方式勢在必行。

塔馬拉（塔）：對。我希望我們都有共識，和對方講話時，要用積極和善意的方式溝通。

諮：沒錯。就我所知，凱文認為妳都故意跟他吵架，所以他才會對妳充
　　耳不聞、敬而遠之。塔馬拉，妳似乎認為凱文刻意忽略妳，使妳更
　　想主導對話的內容，變得更容易生氣。

凱文（凱）：聽起來像是惡性循環。

諮：正是如此。

塔：我常想：「如果他願意聽我說話，我就不會那麼咄咄逼人和生氣
　　了！」但他想的或許是：「如果她不要那麼嘮嘮叨叨，輕聲細語一
　　點，我就不會忽視她或關上心門了！」

諮：一點也沒錯。既然你們都知道，所以你們想用不同的方式溝通嗎？　031

塔：（停頓一下）嗯……嗯……我不知道。

凱：有幫助的話當然好，可是我不知道要做到什麼程度才能達到那種境
　　界。

諮：好。以前曾聽你們說過，最常讓你們關係緊張的議題是家務分工和
　　家庭責任……。

　　　諮商師故意開啟話題，引發塔馬拉和凱文熱烈討論，這樣他才
　　能觀察他們平常的互動模式。

凱：是沒錯啦……不過我想談的不是這個。

諮：你想談什麼？

凱：嗯，這麼說吧……她根本貪得無厭。她對我做的一切都不滿意。

塔：因為你做的不夠啊。你以為出點力氣做點家事，我就要感激涕零、
　　俯首稱謝嗎？我每天可是做一百件家事！

凱：（倒抽一口氣，臉頰微微抽搐）

塔：你沒有什麼要說的嗎？

凱：說了有什麼用？

塔：沒有。你自己知道，你說的都是藉口，因為我說的都是事實。

諮：好，不介意的話，請容我打斷你們。從你們剛剛的對話，我已經知
　　道你們平常慣用的溝通方式，也知道該從哪裡做起了。我聽到你們
　　把過多的焦點放在對方身上，導致爭執越演越烈。這麼一來，就是

想免除負起個人感覺和行動的責任，相反地，卻會讓對方更加防衛……結果，兩個人都在捍衛自己，攻擊、責怪對方，或封閉自己的心。接下來，我要教你們一個溝通技巧，讓你們可以表達自己的感覺、行動和態度，而不是指著對方的鼻子大罵。繼續討論你們剛才的話題，但請你們用下面的句型說話：「我覺得」……塔馬拉，請用「我覺得……」開始，妳會怎麼說？

塔：我覺得……你把我做的一切視為理所當然。

諮：很好。用「當你……我覺得你把我做的一切視為理所當然」的句子再說一次。

塔：當你期待我負起更多的家事責任時，我覺得你把我做的一切視為理所當然。

諮：很好，再多說一點，像這樣：「當你期待我負起更多的家事責任時，我覺得你把我做的一切視為理所當然，因為……。」

塔：好，我想一下……當你期待我負起更多的家事責任時，我覺得你把我做的一切視為理所當然，因為我覺得你應該可以多做一些事來幫我的忙。

諮：太好了，塔馬拉。凱文，現在換你了。請你用「我覺得……」來回答塔馬拉的話。

凱：呃……好……我覺得……我不知道……我覺得很火大。

諮：嗯哼，「當妳……我覺得很火大。」

凱：當妳說我什麼都沒做時，我覺得很火大。

諮：很好，接著用：「當妳說我什麼都沒做時，我覺得很火大，因為……。」

凱：因為……。

諮：等一下，請你從頭開始，我們要這樣練習：「我覺得很火大……」

凱：當妳說我什麼都沒做時，我覺得很火大，因為妳完全沒看到我為妳做的事。

諮：非常好。聽到對方這麼說，你們有什麼感覺呢？

凱：這麼說感覺成熟、尊重多了。我以自己為榮。

塔：（笑）沒錯，以前沒有多讚美他幫忙做家事，現在想起來怪不好意思的。

諮：啊，兩位都說的很棒。這種溝通方式叫做「我訊息」，用這種方式說話不但可以讓你和對方說話時心情好一點，也比較可以知道對方的觀點，瞭解他或她為什麼會有這種想法，同時也能感同身受對方的處境。

塔：我有同感。

諮：很好。那麼，我希望你們繼續對話。我偶爾會插話來幫你們練習，直到你們熟練為止。

塔：只要繼續說下去就好了？

諮：對呀。繼續用：「當你……我覺得……因為……。」這種句型說話。我們要刻意練習，讓它越來越順口。

塔：好吧。我先開始，還是凱文你想先開始呢？

凱：妳先說吧。

塔：嗯，我要回答你最後那些話。我常忽略你的好意，因為我很生氣，因為……。

諮：「當你……。」

塔：喔，對。凱文，我常忽略你的好意，因為我很氣你不多做一點事，因為我覺得你並不關心我。我已經被家事壓垮了。當你一肚子火的時候，很難看到別人的優點，你懂嗎？

凱：相信我，我懂。好，好，輪到我了。嗯，老實說，當妳怪東怪西時，我有時並不在乎妳做了那麼多家事，因為我覺得不管我做什麼都不夠，妳都不會注意我……。

效果與評價

「我訊息」可用在多種情境。Gordon（1975）認為「我訊息」對兒童特別有用，無論是教養和校園紀律訓練皆然。「我訊息」亦常在伴侶諮商時取得良好的效果。「我訊息」可用在各式各樣的衝突情境，

032

有效解決紛爭（Kammerer, 1998）。「我訊息」常被用來教導人們以正面、非暴力的方式控制怒氣（Phillips-Hershey & Kanagy, 1996），運用肯定訓練協助過度攻擊或被動的個案（Hollandsworth, 1977）。Martinez（1986）發現「我訊息」能有效處理常見的課堂行為問題。像是 Cohen 與 Fish（1993）的研究也發現「我訊息」有助於處遇特定問題行為，如：嘲弄、爭執、打嗝和分心行為等。

　　相當多研究探討「我訊息」應用於紀律訓練與衝突情境的效果。Peterson 等學者（1979）的研究檢視運用「我訊息」對學生課堂行為的影響，發現「我訊息」可減少談話中斷（但並非每位參與者皆能達到）。Remer（1984）研究錄下處於衝突情境時，研究參與者面對「我訊息」的反應。他發現「我訊息」的回應內含三項要素（行為—感覺—結果）時，研究參與者會自我評比較願意改變行為、更願意敞開心胸協商問題。他們也說涵蓋三項要素的溝通方式，比起其他只涵蓋一或兩項要素來得更有效果。

　　其他兩個研究探討「我訊息」處理衝突情境的效果。兩個研究都採用自我報告的形式，檢視肯定式陳述與攻擊式／指控式陳述產生的反應差異。肯定式陳述即為「我訊息」，攻擊式／指控式陳述則為「你訊息」（Kubany & Richard, 1992）。Kubany、Richard、Bauer 與 Muraoka（1992）發現女性參與者認為肯定式陳述比較不會令人反感、較不會引發敵意情緒和行為，更能喚起同情心和願意和解等。他們的結論為：在親密關係中使用指控式陳述表達怒氣，會導致敵意、疏離，妨礙衝突解決。Kubany 與 Richard（1992）將上述研究應用至青少年，發現結果幾乎一模一樣。男女青少年的自我評比顯示，「你訊息」比「我訊息」更容易引發生氣和敵意反擊。儘管這些研究多採自我報告而非行為觀察，但結果依然建議「我訊息」比「你訊息」或他種溝通方式，更能有效化解衝突情境。最後，使用「我訊息」時應具備文化敏感度，留意文化特殊性。例如，Cheung 與 Kwok（2003）的研究即發現華人父母鮮少主動使用「我訊息」表達憤怒的情緒，但卻常用它來傳達擔憂與挫敗的心情。

CHAPTER 7

彷彿技術

源起

彷彿技術（acting as if）的理論基礎為阿德勒學派。阿德勒學派的目標是增進個案的社會興趣與社群感（Carlson, Watts, & Maniacci, 2006）。評估的四個標準如下：(1) 減少症狀；(2) 強化生活功能；(3) 培養個案的幽默感；(4) 改變個案的觀點。彷彿技術改變的不只是個案的觀念，亦能協助他們改變行為，接著強化個案的生活功能。光要個案改變對事情的看法是不夠的，他們也必須採取有別於以往的行動。

Adler 認為每個人都在創造建構自我生命的認知地圖，這些地圖指引個人前進的方向（Carlson et al., 2006）。這些認知地圖都是虛構的。然而，Adler 主張個體表現的「好像」這是真實存在的地圖，深信不移地據此生活。但 Adler 也相信，藉由改變這些地圖，就可以幫助個案表現更具建設性的言行作為。彷彿技術邀請個案假扮某個角色，展現該角色的行為舉止與生活態度，幫助他們做到原本以為辦不到的事。

實施方式

彷彿技術是指諮商師要求個案表現出他好像具備有效因應問題情境的技能（Seligman & Reichenberg, 2013）。許多個案會用「如果我是⋯⋯就好了」當藉口（James & Gilliland, 2003）。當此時，諮商師教導個案演出他渴望變成的人物角色，想像這個角色會如何運用個人所長處理當前的問題情境（Carlson et al., 2006）。透過嘗試新的角色，個案

學習身體力行，在扮演的過程中改頭換面、煥然一新。

彷彿技術給個體超越自我限制的實踐機會（Corey, 2015），讓個案試著控制自己，不要重複舊有的行為模式。承諾是彷彿技術成功的關鍵要素之一。如果個案真心想改變，他們必須承諾願意為了解決問題而採取行動、有所作為。

變化形式

有些諮商師在實施彷彿技術前，會先詢問個案幾個反思問題。諮商師問問題的目的在幫助個案思考，假設他們實際扮演「好像我是……」時，應表現哪些不同的想法、感覺和行動，幫助他們融入角色。也就是在現實生活中採取行動前，先想像該如何行事，先做好準備。諮商師亦可先「標示地雷區」（見第5章），探討在現實生活中練習「好像我是……」時會面臨到的挑戰。

Watts將改良後的彷彿技術稱為「角色揣摩」（reflecting as if）（Watts, 2003; Watts & Garza, 2008; Watts, Peluso, & Lewis, 2005; Watts & Trusty, 2003）。這個三階段的改良版鼓勵個案花點時間想想該如何採取不同的行動、感覺和思考方式，方能契合他們欲改變的目標。首先，諮商師會問個案幾個問題，協助他們揣摩並瞭解角色行為的變化。其次，諮商師與個案攜手合作，共同擬定與個案的目標相契合的「假裝」行為。最後，由個案選擇最易在現實生活中付諸實踐的行為，試行漸進，累積成功經驗，再逐步嘗試更具挑戰性的行動。諮商師與個案利用接下來的晤談梳理上述過程，嘉許個案的成就，修正未來的方向策略。

Watts與Garza（2008）也建議諮商師協助兒童畫不同的我來代表自己，看看他們是否有能力假裝問題並不存在。接著諮商師藉由詳細的討論催化個案瞭解改變的途徑，培養改變的能力，並在晤談時練習如何「假裝」，接下來再把實驗擴展到晤談室外的時空，最後在關鍵時刻表現出來。

範例

　　蘭妮，16 歲，與交往一年的男朋友分手八個月了。當時的她心煩意亂，不想上學，免得跟前男友不期而遇。她的媽媽雖然跳腳不贊同，但態度猶疑不決，過度縱容蘭妮，沒有堅守親子界線，竟允許她辦理休學，改成在家自修。待在家裡四個月後，蘭妮根本沒有完成任何學校交待的作業。甚者，蘭妮的行為變本加厲，四個月前竟然衍生厭食和自殘的行為，情緒陰晴不定，態度乖張跋扈。經過四個月每週一次的晤談後，她已停止自殘和厭食，學校的課業也漸入佳境。她的情緒穩定不少，行為收斂，鮮少爆發脾氣，但仍然有些許的生理症狀、悶悶不樂。新學期即將在數週後開始，她下定決心回去上學。

蘭妮（蘭）：我想成為正常人，我只是想跟其他同年齡的女孩子一樣。

諮商師（諮）：意思是妳想回去上學嗎？

蘭：是的，我不想一直待在家裡……把自己關在家裡……如果我把自己關在家裡……你知道我爸頭腦有點問題……他就是這樣，整天躲在家裡。喔，天啊！如果我變得像他一樣怎麼辦？這就是我不去上學的原因嗎？我是不是也瘋了？（她的想法影響了她的身體動作。她躬起身體，手抱膝蓋，把頭埋在膝蓋之間，開始搔頭抓髮。）

諮：蘭妮，我們正在努力解決這件事。妳知道該怎麼停止。

蘭：（手的動作雖然停止了，但依然把頭埋在膝蓋間。她深深吸了幾口氣，靜默數分鐘）我不想把自己關在家裡，我跟爸爸不一樣，我也跟媽媽不一樣，我就是我。我不是怪胎，我沒有瘋，我真的不是瘋子。我正在好轉，我很好，我很好，我很好。（再深呼吸一口氣，抬起頭，挑眉勉強擠出一點微笑）

諮：妳做得很好。

蘭：是的，我會變好的。

諮：很好。妳希望像其他同年齡的女孩子一樣「正常」？

蘭：對，正常的女孩子，而不是瘋子。我以前的朋友都認為我瘋了，才
　　會把自己關在家裡。他們知道我並不是在家自學。我不能老是待在
　　家裡。我應該是個正常的 16 歲女孩。

036　諮：妳認為「正常的 16 歲女孩」是什麼樣子？

蘭：如果是我的話，我會去上學、購物、游泳。以前我會避開這些地
　　方，因為我不想看見馬修。自從跟他分手後，我再也沒去過那些地
　　方，真是虧大了。如果我再看到他，我可能還是會逃開，那麼我所
　　有的努力都白費了。

諮：所以，妳認為如果妳重回那些地方，恐怕妳會變回原來的蘭妮。

蘭：是呀，我最害怕的就是這一點。我不想變回原來的樣子。我的意思
　　是，我也可以接受現在這樣的生活，可是我不想走回頭路。你知道
　　他對我的影響有多大嗎？不是說他對我有多好，但當他說要跟我分
　　手的時候，我簡直生不如死，我覺得我的人生完蛋了。我連自己是
　　誰都搞不清楚。我一直把自己當成馬修的女朋友，但現在我不知道
　　蘭妮是誰了，我完全迷失了自己。我覺得每個人都在瞪我……在我
　　背後竊竊私語。他跟別的女孩子談笑風生，我卻被晾在一旁……形
　　單影隻。我快瘋了，不知道該何去何從。我刺破他的輪胎，威脅
　　要自殺，在他家一哭二鬧三上吊，賴著不肯走。我趴在地上哭著
　　求他回頭，不要跟我分手，真是可笑極了。我沒辦法回學校面對這
　　一切，關在家裡整整兩個星期，但情況不但沒有好轉，反而越來越
　　糟，所以媽媽只好繼續讓我待在家裡。（停頓一會兒）可是我現在
　　想回學校去了，我不想再讓分手這件事控制我的人生。想到我的人
　　生會變成那樣，就不禁渾身發抖。

諮：妳知道妳可以穩住自己的。

蘭：怎麼做？我不知道我會有什麼反應，萬一我控制不住呢？

諮：如果妳願意事先排練，像演員一樣學習演戲的藝術……裝裝樣
　　子……弄假成真……。

蘭：你的意思是？（興味盎然、引領而望的模樣）

諮：妳之前談到想成為女演員，妳的確有成為閃亮明星的特質。（蘭妮

和諮商師相視而笑。）如果我們為妳量身訂做一個新的角色人物，假設妳可以扮演另外一個人呢？

蘭：聽起來很不錯。

諮：當妳回學校後，妳想成為什麼樣的人？

蘭：哇……（認真思考，對這個提議很有興趣。）……我想成為正常、健康的女生……我想成為冷靜、穩重、成熟、有自信的女孩，心情不會受到高中校園無聊八卦的影響。我想要快樂的做自己，而不是個卑躬屈膝、刺破前男友輪胎、自殘、讓人看笑話的女生。我想要處變不驚、不受外界影響。回到學校後，事情絕不只有面對馬修那麼簡單，還有其他人會交頭接耳，猜我這陣子到哪裡去了、為什麼要回到學校來。我必須應付這些事，可是我怕我辦不到，我沒有那麼冷靜和堅強。

諮：讓我們來設想妳的新角色吧。

蘭：像電影演員一樣？

諮：沒錯，就像電影演員一樣。曾經聽過的人物也可以。或者有哪位電影明星正好有妳喜歡的個性和能力……

蘭：（突然像洩了氣的皮球，提不起勁）這不是叫我不要做自己嗎？

諮：換個角度說，是希望妳和過去說再見，打造一個全新的自己。以前的妳發揮不了作用，雖然妳不確定該怎麼做，但妳知道妳的理想形象是誰。假裝妳是……看妳想演誰都可以。最簡單的方式，就是演一個妳早就熟悉不過的角色。

蘭：演戲！我喜歡！我最愛演戲了。（興致勃勃的樣子）你別笑我，我想到的是電影「亂世佳人」（*Gone with the Wind*）裡的郝思嘉。坦白說，我講的正是她。沒有什麼事情能難倒她，沒有！

諮：嗯，她也碰過一兩個令她脆弱無助的時刻。記得衛希禮離開她上戰場的時候嗎？還有最後白瑞德也離她而去的時候？讓我們來想想看，被兩個最愛的男人拒絕和分手，她是怎麼面對的呢？

蘭：她的確也有慌亂不安的時刻，但她馬上振作自己，比我快多了。就好像什麼事都沒發生過一樣。

諮：正是如此。

蘭：而且啊，她會等待風暴過去，在別人沒察覺的情況下才發愁擔憂……。所以她能瞞過任何人，沒有人知道她的弱點。

諮：妳怎麼看出來她很堅強？

蘭：她走進房間的樣子、她臉上的神情，還有她的聲音很沉著冷靜。這就是她面對問題情境的態度。

諮：即使她有不知所措的時刻，她也會很快地振作精神、談笑自若。郝思嘉很會「重新調整」自己，就好像她在扮演某種角色，只要按個鈕，就可以重新啟動，彷彿就被那個角色附身一樣。回到學校去的話，妳可以假裝妳就是郝思嘉嗎？請妳這個禮拜回去想想，妳會如何應付回學校後，可能會發生的各種不同狀況？

蘭：一點也沒錯。我這禮拜會再看一次電影，注意郝思嘉擁有哪些我可以學習的特質。

效果與評價

　　彷彿技術的適用範圍很廣，只是個案想不到他其實具備應對挑戰的技能。害羞靦腆的男性可以假裝自信滿滿（Carlson et al., 2006）；被盛氣凌人或沙文主義的丈夫支配輕視的女性，可以假裝她有足夠的勇氣與丈夫抗衡（Seligman & Reichenberg, 2013）。此外，若讓接受醫療照護的兒童假裝成他們心目中的超級英雄，他們接受治療的效果會更好。

CHAPTER 8

潑冷水法

源起

　　潑冷水法（spitting in the soup）源於古老的德國諺語，這要歸功於 Ansbacher 與 Ansbacher（1956）的撰文介紹。潑冷水法是阿德勒學派的矛盾技術，透過辨明與指出個案症狀行為背後隱含的目的，以減少個案的症狀。Adler 認為即使個案選擇保留症狀行為，但內心也明白她正在利用症狀獲得好處。對多數個案而言，這樣就足以讓症狀失去吸引力，照字面的隱喻來說，這碗湯食之無味了。如果症狀失去興味，也看似無法從症狀獲益，個案通常會放棄症狀。

　　諮商師雖不鼓勵個案持續症狀行為，但也毋須命令個案停止症狀。相反地，諮商師瞭解症狀存在的目的。目的自有其用處，諮商師與個案通力合作，採用不同的、更有利於社會的方式滿足需求。根據 Rasmussen 與 Dover（2006, p. 387）的說法：「理解個案亦有想盡快好轉的渴望，諮商師與個案同心協力，一起找出更好的方法，達成其所嚮往的目標。」如果沒有教導個案用新的、更適應的方法達到目標，個案就會用症狀取代適應行為。Adler 相信，為維持症狀，個案必定心一橫豁出去了。矛盾技術顯示個案雖無意製造症狀，但症狀背後的目的反倒呼之欲出。

實施方式

　　諮商師實施潑冷水法技術前，應先建立和諧、信任的諮商關係。

否則個案抗拒此技術的可能性會大增。實施前，諮商師可問下列問題，形成暫時性的假設：「你如何從該行為／情緒獲益？」「你的行為／情緒會帶來什麼好處？」「如果明天這個行為／情緒消失了，你會失去什麼？」

　　為有效運用潑冷水法，須瞭解此技術的目標和引發改變的潛力。實施潑冷水法時，須謹記 Adler 的觀點，多數的不適應行為源於缺乏社會興趣、自卑感作祟或人際關係出現問題。Oberst 與 Stewart（2003）主張不良的行為或症狀通常是為了逃避生命任務，或想得到權力、注意或關愛。

　　Rasmussen 與 Dover（2006, p. 387）指出：「個案自創能達到期望目標的生活方式，但他們採用的方法欠妥。」典型的動機和不適應症狀包括：發怒以獲取權力、恭順和支配權，假借憂鬱症狀得到他人的撫慰和支持，擺出無能為力的模樣以推諉卸責，或缺乏自我照顧的能力，藉此壓榨重要他人的愛。就像會哭的小孩有糖吃，或避難就易、投機取巧。年紀大一點的兒童、青少年甚至成年人，仍會重施故技，樂此不疲。

　　透過潑冷水法，諮商師指出個案正從症狀獲益（Carlson et al., 2006）。諮商師認為若個案要繼續表現症狀，無可厚非，不過得讓個案瞭解為何她需要這個症狀。雖然個案仍想繼續表現該症狀，但症狀已經「流失美味」。換句話說，諮商師指出個案自我挫敗行為背後的動機，讓該行為魅力盡失，打壞個案的如意算盤（Seligman & Reichenberg, 2013）。若個案執意喝這碗湯（如：故技重施），這碗湯也不再可口入味（James & Gilliland, 2003）。亦即，諮商師破壞了個案這碗湯的滋味。

　　使用該技術時，若個案抗拒改變，諮商師須檢視個案抗拒的理由。一般說來，個案明知喝下這碗湯的後果，卻仍舊抗拒改變，表示有諮商師料想不到的其他目的隱身於後；或覺得諮商師不夠贊同、理解或支持他們；或諮商師令人不快、過於直接、不討人喜歡；和／或個案缺乏改變的動機（Rasmussen, 2002）。若有上述情形，諮商師應該重新界定

目標，採用能加強個案動機的方法，用心經營諮商關係。

變化形式

現有的文獻並未提到這個技術有什麼變化形式，依諮商師、個案、主述症狀和觸發因素而定。

範例

黛妮，46 歲，診所轉介她來治療慢性疼痛。黛妮說她的症狀跟憂鬱症脫不了關係，一再抱怨她的身體疼痛，害她無法好好發揮生活功能。一直到現在，身體疼痛也找不出合理的醫學解釋，只好求助諮商。

諮商師（諮）：所以妳不時會感覺身體疼痛不堪，但不確定何時開始的。可以請妳回憶一下疼痛還沒開始前的生活嗎？

黛妮（黛）：我生長在一個大家庭，我有四個兄弟姊妹，我是長女。在我年紀很小的時候，媽媽就過世了……那時我才 11 歲。媽媽死後，爸爸開始酗酒，他以前不會這樣。從那時候開始，我們就像是失去雙親的孤兒。

諮：那時候的生活一定很辛苦。

黛：我沒特別留意，因為都忙著做家事。媽媽走了，爸爸又醉醺醺的，沒有人照顧這個家，全部的責任都落在我頭上。我必須照顧一家子人，包括我爸，沒有一時半刻好過。（沉默了很長一段時間，呼吸短促）某天，我決定嫁人，這樣才能遠走高飛，脫離這個家，把責任推給我妹妹。很快地，我就懷孕了，生了第一個女兒……再生一個……我又再照顧每個人……。好累……真的好累。

諮：聽起來妳從沒好好休息過。

黛：沒有空休息。然後查理，我先生，他幾年前離家出走了……。我們的婚姻名存實亡。他不時會打電話回家、寄錢過來，但不知道搬到

哪個州去了……。我女兒對他的離開怒不可遏。她們開始頂撞我。
我的弟弟們就算已經長大成人，卻還要靠我接濟。一個不知進出監
獄幾回了，仍要人家幫他收拾善後；一個是酒鬼，老是要我救他。
我妹妹是個殘疾人士，我有時要幫她照顧孩子。而我爸的健康每況
愈下，我盡最大的努力看護他，每個禮拜幫他採買日常用品、維持
家裡整潔。（她沉浸在回憶中，搖搖頭，把頭埋進手裡。）現在最
要緊的是，醫生沒辦法為我的疼痛找到解決的藥方。

諮：看起來似乎沒完沒了。

黛：沒錯。為什麼這些事會發生在我身上？

諮：一點都不公平。

> 到目前為止，諮商師皆以支持性的話語，認可個案的感覺和經
> 驗。這是非常重要的做法，因為個案埋怨身體病痛，並沒有獲
> 得醫生的重視。因此諮商師決定問一個特別的問題，但有可能
> 提高個案的戒心。不過，若個案的感覺得到認可，比較不會引
> 發個案的防衛心。

黛：根本就不公平。我的生活已經夠苦了，老天爺真不公平……我到底
　　還要受折磨多久。我受夠了。

諮：沒錯，真的受夠了。受夠了這種日子、這種害人生病的生活。

黛：你是什麼意思？

諮：妳不是想要生病嗎？

黛：不！我才沒有！我為什麼要生病？我是受害者。

諮：讓我換個方式問妳。妳有從生病當中獲得任何好處嗎？

黛：沒有。

諮：如果明天妳突然痊癒了，妳會失去什麼？

黛：嗯，對，（說話急促）我會損失這天上掉下來的休假……我的家人
　　會希望我再照顧他們……我弟弟又會來找我要錢……我妹妹要我
　　幫忙……我女兒老是氣我恨我……（停頓）……喔……天啊……
　　嗯……聽起來我好像因為生病得到不少好處。

諮：看起來生病是妳唯一想到能從照顧其他人中脫困、換別人來照顧妳
　　的方法。如果這樣會讓妳好過一點的話，繼續生病也沒關係；如果
　　生病能滿足妳的需要，生病也不錯。

　　個案可能會故技重施，繼續喝下這碗湯，但這碗湯已經走味
了，她知道湯裡面被添加了什麼成分。換句話說，個案的身體
或許依舊不適，自覺是個受害者，但生病的效果已大不如前。
她應當另謀其他更健康的方式來滿足需求。

效果與評價

　　沒有實徵證據證明單獨運用潑冷水法的效果，因為它通常搭配其
他阿德勒學派的技術使用（如：我訊息、彷彿技術、生活型態評估）。
Doyle 與 Bauer（1989）建議可用潑冷水法治療患有創傷後壓力違常的
兒童，協助他們轉化扭曲的自我概念。Herring 與 Runion（1994）採用
阿德勒學派的技術，包括潑冷水法，處遇不同族群的兒童與青少年，
增進他們的社會興趣，改善生活型態。Harrison（2001）主張可用潑冷
水法和阿德勒學派的原理來治療性侵害倖存者，以及伴有自我傷害、憂
鬱症、飲食異常的患者。矛盾技術的實徵研究效果與應用範疇，請見第
10 章。

CHAPTER 9

互說故事

源起

說故事在人類的歷史上具有悠久的傳統，這些故事，包括：聖經、寓言、童話等，在在影響人類的行為。故事反映一個文化的法律、倫理和日常生活的規則，控制人類的行為，引導做決定的歷程。這些理由都使得說故事在諮商中扮演助益的角色。

互說故事（mutual storytelling）的淵源可追溯自遊戲治療，包括在1913 年首先運用故事於兒童身上的 Hug-Hellmuth（Gardner, 1986）。1920 年代，Anna Freud 與 Melanie Klein 兩位學者雙雙受到 Hug-Hellmuth 的影響，將遊戲治療納入兒童的分析療程中。Anna Freud 在晤談前，先用遊戲和個案培養治療同盟。相反地，Melanie Klein 則認為遊戲是兒童最主要的溝通方式。1930 年代初，Conn 與 Solomon 注意到許多兒童不會分析自創的故事。Conn 與 Solomon 商討把故事當作象徵，作為跟個案溝通的方式，帶來治療性的改變。心理分析治療師 Richard A. Gardner 從 Conn 與 Solomon 的工作中吸取靈感，在 1960 年代早期發展出說故事技術。

由於抗拒分析的親身經驗，Gardner 不認同心理分析中潛意識的需求要帶到意識中覺察（Allanson, 2002）才能得到治療進展的理念。他反而認為象徵或隱喻才能繞過意識的檢查，直接被潛意識接收（Gardner, 1974）。他也相信個案會抗拒聽到自己做錯的事，但卻可以經由討論他人不當的行為（如：小說中的角色）來降低抗拒，並從故事角色的行為結果學到教訓（Gardner, 1986）。在特別的時刻，聽到一

個跟個人有關的角色故事，聽者較有可能接收互說故事中要傳達的訊息，並整合到他的心理結構裡。Gardner 從聽故事的專注和焦慮程度來判斷他的詮釋有多正確，以及個案有多瞭解他所傳達的訊息（Allanson, 2002）。諮商師越瞭解個案的背景，這個技術就用得越好。

實施方式

在使用互說故事前，先和個案發展良好的治療關係，盡可能地多瞭解個案的文化背景是很重要的。如此方能有助於諮商師瞭解個案的隱喻，並在重述個案的故事時派上用場。

互說故事的第一個步驟，是鼓勵個案自我創作虛構的故事。個案創作故事的內容不拘，但必須包含起頭、中間和結尾，逐漸增加故事中的角色和動作（Arad, 2004）。雖然方法很多，但 Gardner 較喜歡請個案假裝自己是廣播或電視節目請來的嘉賓。這個節目要看個案有多會編故事。這個故事必須是原創的，不可以是從他處讀到、聽到或看到的真實發生事件（Smith & Celano, 2000）。故事也必須包含品德或教誨寓意。

多數個案並沒有說故事的困難，反覆練習後，甚至可以說得更好更豐富。但如果個案不知道該怎麼開始，就須幫他一把。例如，以緩慢的聲調加上大量的停頓說：「從前……很久以前……在一個很遠……很遠……遠在山上……遠在沙漠……遠在海洋的地方……住著……」（Gardner, 1986, p. 411）。Gardner 不時以手指著個案，指示個案應該說出此時此刻內心的任何想法，並不斷地用「然後呢……」、「接下來發生了什麼事……」等話語催促個案，使個案能繼續說故事。除了少數極度抗拒的個案外，這種提詞方式常能有效地推動個案說故事。

當個案說故事時，諮商師應作筆記，方有助於分析故事內容，也要開始構思諮商師的改編故事。個案說完故事後，諮商師一定要問個案這個故事有何品德或教誨寓意。諮商師亦可要求個案為故事命名，或個案是故事中的哪個角色，甚至個案想成為或不想成為故事中的哪些角色

042

（Gitlin-Weiner, Sandgrund, & Schaefer, 2000）。

在內心默默詮釋個案的故事時，Gardner 建議可考量的準則如下：

1. 看出哪些角色代表個案、哪些角色象徵個案的重要他人。記住，兩個或多個角色都可能代表同一個人的不同面向。

2. 感受故事的整體氛圍和場景設定。

　　a. 它是一個愉快、平淡、恐怖，抑或攻擊性強的故事呢？

　　b. 詮釋會依故事的場景設定在家中、學校、社區、叢林或荒蕪人煙的風景，而有很大的不同。

　　c. 個案用哪些字詞表達情緒？

　　d. 個案說故事時的神情如何（如：眉飛色舞、面有慍色、無精打采、面無表情）？

　　e. 區分獨特的和普通的內容。

3. 詮釋的方向多不勝數，選擇一個此時此刻最貼切個案品德或寓意的詮釋。

4. 問問自己：「比起個案故事中所提到的因應方式，什麼是更好、更成熟的應對方法？」

　　a. 諮商師提供個案數個選項，是未來碰到困難時可運用的替代解決方式。諮商的目的是開展新的想法、感覺和行為，而非因循舊規。

　　b. 提供多重、激勵人心的選項，而非狹隘、自我挫敗的選項。

　　c. 諮商師的品德或教誨寓意應該傳達出較佳的解決方法。

5. 諮商師重說故事時，須觀察個案的反應。神情專注、焦慮升高抑或其他反應，在在暗示諮商師或許已接近個案的核心重點。

Kottman（1990）補充說，諮商師也應該把重點放在個案如何看待自己、他人和世界，以及有哪些模式和主題浮現。由於故事的詮釋方式不止一種，諮商師必須考量個案自身的品德觀或習得經驗（Gardner, 1986），這樣才有助於選擇最適合此時此刻個案的主題。據此，諮商師應該自問：「在這個故事中，最不恰當的衝突解決方式是哪一個？」

（p. 414）。

看出較成熟或較健康的適應模式後，諮商師用個案的角色、場景和最初的情境，說一個稍微不同的故事。諮商師的故事通常會綜合許多類似的角色和行動，但蘊含的卻是較佳的衝突解決方法。目的是提供個案更多和更好的問題解決替代方式、獲得洞察，以及培養覺察新觀點和可能性的能力。

諮商師說完故事後，可要求個案指出諮商師的故事中所要傳達的寓意或品德觀念，個案自己想出來的最好。如果個案說不出來的話，諮商師也可以幫他說。注意，故事通常不只傳達一個寓意，但每個寓意都應該表明一個較好的問題解決方法。

個案說故事時，最好能錄音和錄影。不像其他如：繪畫、洋娃娃或玩偶組成的故事，錄音錄影設備不會限制或改變個案的故事。此外，錄音錄影讓個案可以回顧故事數次（個案和諮商師的版本皆同），有多次接收諮商師欲傳遞訊息的機會。可以指派聆聽或觀看錄音錄影的故事內容作為家庭作業。

變化形式

互說故事有助於揭露潛意識或前意識歷程的諸多內容，特別適用於抗拒談話治療的個案。和許多投射性技術一樣，個案在無意間向諮商師透露很多重要的訊息。互說故事原本是用在兒童和青少年身上，但亦適用於成人和家庭。

市面上已有數種互說故事的輔助遊戲或樣版程式。Gardner 設計了一套「說故事卡遊戲」（The Storytelling Card Game），個案可以截取選擇角色和背景圖樣，推動故事開展。Erford（2000）則開發出「互說故事遊戲」（The Mutual Storytelling Game）光碟，內含許多背景和角色圖案（人和動物都有），有助於展開故事劇情。這套光碟的優點是可以把故事圖列印出來做筆記、追蹤和評估歷程，它也具有多元文化的特色（如：白人、非裔、亞裔、拉美裔）和動物角色組，有興趣的讀者可

向美國諮商學會購買（www.counseling.org/publications）。

　　Gardner另外設計了一套遊戲，適用於不善於自己說故事的個案。這套「挑與說遊戲」（Pick-and-Tell Game）是讓個案從玩具袋、字詞袋或表情袋中各自挑選一個玩具、字詞或人物圖案。接著請個案用這些物件創作一個故事，並說出這個故事的寓意或品德觀念。此外，Winnicott的「塗鴉遊戲」（Scribble Game）則是看圖說故事（Scorzelli & Gold, 1999）。諮商師先閉上眼睛在紙上亂畫，然後請個案對這張塗鴉編個故事。這個遊戲接下來換個案塗鴉，最後由諮商師完成故事並詮釋之。

　　互說故事的變化形式還有：洋娃娃遊戲、玩偶和寫故事。Webb（2007）結合說故事與洋娃娃遊戲，鼓勵個案演出家中的場景。Gitlin-Weiner等學者（2000）認為可以用訪問玩偶的方式揭示各個角色的意圖動機，因而發現問題的解決方法。訪問完玩偶後，諮商師可以直接和個案討論故事內容，以瞭解個案的防衛機轉、因應型態和自我觀察的能力。

044　　　最後，Scorzelli與Gold（1999）發展出的互說故事寫作遊戲，由諮商師和個案共同創作故事。諮商師先說：「很久很久以前……」然後請個案接下去說。諮商師和個案輪流故事接龍，直到個案結束故事為止。根據個案的喜好或限制，由諮商師或個案把故事寫下來。Webb（2007）建議要完整記錄個案說的故事內容，裝訂成冊。

範例

　　賈斯汀，七歲，就讀小學二年級，被轉介的原因是有憤怒控制方面的問題，在課堂上惡作劇，干擾班級秩序。跟同學在一起玩時，他經常勃然大怒，惹得其他學生的家長跑來跟老師和校長告狀。他很抗拒傳統的談話治療，所以我採用互說故事的方式。諮商的整體目標是協助他以更親近社會的態度表達憤怒，學會用其他的反應面對人際互動的挫折和壓力。但賈斯汀不認為他有愛生氣的毛病，對這件事一概避口不談。所

以我只好採用較不具指導性的 B 方案。賈斯汀用「互說故事遊戲」光
碟畫了一張圖，以森林為背景，裡面有狐狸、烏龜、貓頭鷹和老虎寶寶
等動物（Erford, 2000）（見圖 9.1）。

圖 9.1　賈斯汀的互說故事圖──老虎寶寶

諮商師（諮）：好，賈斯汀，我要你對剛剛在電腦上畫的這張圖說故
　　事，我會把它印出來。這張圖真漂亮。你要說一個很棒的故事，每
　　個角色都要互相說話，你要牠們說什麼都可以。你要告訴我牠們在
　　想什麼、牠們有什麼感覺，以及牠們做了什麼事。如果牠們要跟
　　對方說話，就可以跟對方說話。記住，每個很棒的故事都有開始、
　　很多細節跟好的結局。說完故事後，我會問你這個故事要教我們什
　　麼，每個角色從這個故事當中學到什麼。接著換我說故事，這樣才
　　公平，是吧。你說一個故事，接下來就換我說。我會重說一遍你的
　　故事，可是我說的故事可能會跟你的有一點點不同。但你現在的任
　　務就是看圖說一個很棒的故事，準備開始了嗎？
賈斯汀（賈）：嗯，有一天，一隻老虎寶寶在森林裡迷路了。嗯……

嗯……森林裡有一隻狐狸肚子餓了。牠一隻接著一隻，吃掉森林裡所有的動物。老虎不知道這件事。可是有一天，貓頭鷹告訴牠這件事，牠就到處去狐狸狩獵的地方找狐狸，看到狐狸正在吃烏龜。然後，嗯……狐狸覺得很好吃。然後老虎就……嗯……跑到樹上跟貓頭鷹待在一起。沒了。

諮：這樣就結束了？

賈：嗯哼。

諮：好吧，所以老虎跟貓頭鷹一起待在樹上？

賈：嗯哼。

諮：好，這個故事要教我們什麼，或這個故事有什麼品德意義？

賈：怎麼去警告……警告人。

諮：好，多說一點。你會怎麼去警告人？

賈：告訴他們有危險，要趕快找個安全的地方躲起來。

中場休息

　　賈斯汀的故事太短了，缺少細節、想法和情緒。但看得出這個故事的某些內容跟他現在的攻擊問題有關。諮商師可以指出許多問題，但重說故事的目標要放在以下幾點：(1) 示範更多、更詳細的故事細節；(2) 提供解決憤怒和攻擊的其他方式；(3) 加強幾個適合主述問題的主題。除了不要更動貓頭鷹和烏龜的象徵意義外，在重說故事時，把貓頭鷹塑造成一位親切的智者，是保護烏龜的角色。

諮：好，非常好。賈斯汀，由我先開始重說一遍你的故事。我會增加和減少一些細節，但你的故事真的說得很好。是一個相當冒險有趣的故事。要把故事說得更好是有點難度，但我會盡力，好嗎？

賈：（點頭微笑）

諮：從前有一隻老虎，牠其實是一隻老虎寶寶，一隻小老虎。牠在森林裡迷路了，只好在森林裡走來走去、到處看來看去，心裡想著：「哇，這是什麼地方，我迷路了，媽媽在哪裡？爸爸呢？我只能在

這裡亂走一通，看看能不能找到回家的路。」牠很孤單，你可以想像得到，老虎是沒有什麼朋友的，因為牠們就是到處吃人的傢伙。很多人不想做老虎的朋友，也不願意當老虎寶寶的朋友；因為他們會怕，如果我太靠近牠，牠可能會吃掉我。

賈：沒錯。（微笑）

諮：所以牠覺得有點孤單、有點沮喪，因為沒有人要跟牠說話，給牠一點建議。牠看到一隻黑猩猩，就跑去問牠：「嘿，你可以幫我找到我媽媽嗎？」這隻黑猩猩一口氣就爬到樹上，根本不想靠近這隻老虎寶寶。黑猩猩寶寶就問牠媽媽：「我們為什麼不幫這隻老虎寶寶呢？」牠媽媽回答：「因為牠會吃掉你，你要離這種人遠一點，因為牠們是老虎，老虎很壞，牠們會吃人。」所以牠覺得很孤單、很生氣，因為竟然沒有人要幫牠找回家的路。但是樹上有一隻貓頭鷹，將所有的一切看在眼裡。貓頭鷹坐在高高的樹上，看著樹下發生的一切，牠能看到很多別人沒注意到的事。這就是為什麼貓頭鷹是很聰明的動物，你知道吧，貓頭鷹瞭解所有的事情，牠很聰明。

賈：（點頭微笑）

諮：所以，這隻貓頭鷹在觀察，俯視整個情況。貓頭鷹的心胸非常寬大，牠心想：「我應該幫幫這隻老虎寶寶。牠沒有要傷害任何人的意思，而且牠可能餓壞了，但是牠現在真的需要一個朋友來幫牠找到回家的路。」所以貓頭鷹飛下來，對老虎寶寶說：「嘿，小不點，你怎麼了？」老虎寶寶哭著，如果你曾看過老虎寶寶哭的話，那真是一幅令人難過的景象。牠的毛亂成一團、糾在一起，看起來真令人難過。

賈：說的沒錯。（微笑）

諮：貓頭鷹看著老虎寶寶，老虎寶寶放聲大哭：「我迷路了，我找不到爸爸媽媽，我不知道該怎麼辦才好。」嗯，貓頭鷹就說：「嘿，或許我可以幫你找到牠們。」老虎寶寶說：「好心的先生，求求您，非常謝謝您。」貓頭鷹心想：「這隻老虎寶寶很有禮貌，或許我可以把牠藏在我的翅膀下，沿路找到牠的爸爸媽媽。」當貓頭鷹對老

046

虎寶寶說話的時候，你知道的，貓頭鷹的聽力和眼力都很好，牠瞧見狐狸正往這裡走來，一副很餓的樣子，正在找牠的下一餐。所以貓頭鷹趕緊對老虎寶寶說：「狐狸往這邊來了，我們趕快躲到樹上，別讓狐狸看到你，因為牠最喜歡吃像你這樣的小寶寶。」

賈：（噗哧一笑）

諮：所以老虎寶寶就爬到樹上，因為老虎會爬樹。牠們一起坐在樹枝上等待。貓頭鷹說：「天啊，你看！」牠們就看到狐狸正鬼鬼祟祟地看著一隻小烏龜。呃……小烏龜的殼雖然很硬，但狐狸正想喝一碗烏龜湯。你知道我在說什麼嗎？

賈：知道，（大笑）牠想要吃了烏龜！

諮：沒錯。牠想吃烏龜，把烏龜從殼裡拖出來，把牠當晚餐吃了。所以狐狸靠近烏龜。烏龜看到狐狸走過來，結果你猜烏龜馬上怎麼做呢？

賈：嗯……躲進殼裡？

諮：答對了！牠躲進殼裡面。為什麼牠要躲進殼裡面呢？因為殼可以保護牠。烏龜感覺到危險或害怕的東西接近時，牠們就會把腳和頭都縮進殼裡，在裡面牠可以靜下心來想：「接下來我應該怎麼辦？」最好的辦法就是耐心等待，直到狐狸放棄離開。狐狸在殼外走來走去，想試著把烏龜從殼裡拖出來，想把牠做成美味的晚餐。但狐狸等啊等，等了15分鐘，最後就放棄了。牠說：「這實在太可笑了，我沒有辦法吃了這隻烏龜當晚餐，我只是在浪費時間。我要去找其他簡單一點，或者更美味一點的食物。我從一開始就不喜歡烏龜肉，牠太硬了，不像老虎寶寶的肉那麼香嫩柔軟。」

賈：（捧腹大笑）

諮：所以狐狸就走掉了。走過樹下，沒注意到貓頭鷹和老虎寶寶在樹上目睹整個過程。牠離開去找別的東西吃了。貓頭鷹和老虎寶寶一直看著烏龜，看到烏龜靜悄悄地伸出頭，小心翼翼地看看狐狸是否還在附近。當牠終於覺得安全的時候，才伸出腳來去找水喝，順便再找個安全的地方好好休息一下。牠做得很好，好好地保護了自

己，可以活著看到明天的太陽。烏龜想去拜訪牠的家人和朋友，看看牠們現在在幹嘛。老虎寶寶看著烏龜悠哉悠哉地離去，心想：「哇，真是太厲害了。那隻狡猾的狐狸本來要吃了牠當晚餐，沒想到牠這麼會保護自己，躲到殼裡面去。牠一點都不害怕。」貓頭鷹說：「這就是牠高明的地方。如果你是隻烏龜，你背著家到處跑，碰到危險的時候，就要想想該怎麼做。其實你要做的就是靜靜等待一段時間，就會安全了。」老虎寶寶說：「這就是我們剛剛在做的事，不是嗎？」貓頭鷹說：「對。我們看到狐狸走過來，因為我們的聽力和眼力都很好，所以早一步躲到樹上，找個安全的地方，就不會受傷了。」老虎寶寶說：「哇，我今天學到很重要的一課。」「真的嗎？」貓頭鷹說：「你學到什麼？」老虎寶寶說：「首先，我學到無論何時覺得危險靠近時，就要趕快找個安全的地方待著，這樣才不會受傷，也可以趁這個時候想想接下來該怎麼做。」貓頭鷹問：「真的？你會想什麼？」老虎寶寶說：「我會想想該怎麼找到我的爸爸媽媽。」貓頭鷹接著又問：「那你該怎麼找到爸爸媽媽呢？」老虎寶寶回答：「您的眼力和聽力這麼好，可以請您飛到森林頂端，幫我看看爸爸媽媽在哪裡嗎？」貓頭鷹說：「好孩子，因為你今天表現很好，我把你當成好朋友，我願意幫你這個忙。」說完，貓頭鷹就飛到樹上。才飛了幾公尺，就聽到老虎媽媽的呼喚。老虎媽媽擔心的不得了，因為找不到老虎寶寶。貓頭鷹飛下樹，對著老虎媽媽說：「老虎媽媽，我知道妳的寶寶在哪裡，牠就在這條小路下面，跟我來。」老虎媽媽說：「非常謝謝您，我快擔心死了。」貓頭鷹飛在前面，老虎媽媽也飛快地跟在後面，還發出巨大的吼叫聲。老虎爸爸聽到老虎媽媽的吼叫聲，趕緊前來會合，一起找老虎寶寶。牠們看到老虎寶寶安然無恙地坐在樹枝上。貓頭鷹降落在牠旁邊，老虎爸爸和媽媽抬頭往上看，看到老虎寶寶正在喵嗚喵嗚地叫，好端端地坐在樹枝上。老虎寶寶好開心，牠爬下樹，撲進媽媽的懷裡。老虎媽媽溫柔地舔著老虎寶寶說：「小寶貝，我好想念你。我愛你。」老虎媽媽一直親、一直親老虎寶寶，真是一段

047

溫馨的時光。老虎媽媽要讓老虎寶寶知道她有多愛牠。

賈：（笑得很誇張）

諮：老虎寶寶往上看，對著貓頭鷹說：「非常謝謝您今天的幫忙，我今天跟您學到很多事情。以後我可以常常到這邊來向您學習和一起玩嗎？」貓頭鷹說：「當然可以，隨時歡迎你，真是太好了。」老虎媽媽和老虎爸爸也說：「真的很感謝您！如果有任何需要我們協助的地方，請您不吝提出，我們馬上就到。您真是個好人，您今天幫了我們一家人大忙。」好，結束了。

賈：哇，這個故事比我的好聽多了。

諮：有時候，長一點的故事比較有趣。所以，故事中的動物都學到了很多事情。老虎寶寶知道在危險的時候要找個安全的地方冷靜下來思考。牠們都學到了這件事，不是嗎？你覺得牠們還有學到什麼事情呢？

賈：（想了大約 15 秒，然後搖搖頭說：「不知道。」）

諮：沒關係。老虎寶寶還學到，如果別人覺得你很壞或很討厭，即使你不是這樣的人，他們還是會躲著你，甚至不想在你需要的時候幫你。老虎寶寶也學到，友情和禮貌會讓別人喜歡你和願意幫你，對不對？

賈：對！

諮：貓頭鷹學到如果你願意對別人好一點，那麼別人也會報答你。你知道牠現在最要好的朋友是誰了吧？

048　賈：啊，是老虎。

諮：答對了，是老虎一家人。牠們變成了可以互相依靠的好朋友。如果有人敢找貓頭鷹麻煩的話，牠會去找老虎一家人幫忙。好，總而言之，老虎寶寶學到幾個非常有用的功課：找一個安全的地方、放輕鬆、想想接下來該怎麼做等等。老虎寶寶和貓頭鷹也學到什麼叫好朋友，是不是呀？

賈：這個故事太棒了，我喜歡老虎！

諮：很好。現在你可以把這段影片帶回家，在我們下次見面前，每天晚

上都要看一遍哦，知道嗎？

賈：沒問題！也可以跟我媽媽和弟弟一起看嗎？

簡要分析

　　在這個重說故事裡，諮商師幫焦慮的老虎寶寶想了幾種有用的替代策略，而不用採取攻擊的方式。諮商師也強調幾個適合個案主述問題的主題：(1) 如果你對別人不好，或他們覺得你不好時，別人就會排擠你；(2) 有禮貌會讓人形成好的印象，別人也比較願意親近你或幫助你。最後，由於這是賈斯汀第一次說故事，諮商師希望藉此示範怎麼說一個詳細的故事，好讓賈斯汀下次來的時候，更知道怎麼把故事說詳盡一些。

效果與評價

　　剛開始的時候，互說故事是用來化解個案對潛意識素材分析的抗拒心理。互說故事可同時作為診斷工具和治療技術。當作診斷工具使用時，諮商師不會說故事，而是鼓勵個案說更多的故事，好瞭解個案的潛意識願望、需求或衝突。在諮商師下診斷意見前，為了讓更多的主題浮現，個案應至少說一打以上不同的故事。互說故事當作治療技術使用時，諮商師會像上面的範例一樣，在故事中暗示適當的衝突解決策略。

　　互說故事可用來促進治療關係，如：不想談論自己或抗拒諮商的個案。它並不適合用在口語或認知能力較弱的個案上。它也可以應用在團體諮商中（如：請團體成員輪流說故事）。

　　據 Gardner（1986）所言，互說故事對 5 到 11 歲的個案最有幫助。小於 5 歲的個案通常還無法說出一個有條理的故事，而大於 11 歲的個案則明白他們會透過故事投射自己的事情，所以會抗拒這個技術。然而，Stiles 與 Kottman（1990）卻建議互說故事最主要的運用年齡範圍是 9 到 14 歲，因為年齡較大的個案，口語技巧較成熟、想像力和生活經驗豐富。Gardner 則用互說故事技術治療創傷後壓力違常、過動分

心、學習障礙、不喜歡上學、同儕退縮、害羞靦腆、攻擊行為和懷有伊底帕斯情結的個案（Gardner, 1974, 1986; Schaeffer, 2011）。

O'Brien（1992）說明如何用互說故事協助患有注意力缺陷過動症（ADHD）的兒童，協助他們洞察、傳達價值觀和正規行為。例如：諮商師可用火車和機車的隱喻，向兒童解釋他的大腦就像機車一樣，飆得太快了；或像行駛得太快的火車，導致車上的乘客看不清窗外的景色。不過，如果火車的速度能夠放慢些，乘客們就可以欣賞風景了。

Kottman 與 Stiles（1990）認為互說故事可用來矯正個案的不當行為。藉由傾聽個案的故事，諮商師可以發現個案不當行為的動機，是為了獲取注意力、權力、報復，抑或自暴自棄等。諮商師可用故事把個案的錯誤目標或行為，重新導向到培養社會興趣。Iskander 與 Rosales（2013）發現互說故事可用來改變中度自閉症或 ADHD 學生的班級行為。最後，互說故事可用在患有憂鬱症或自殺傾向的個案（Stiles & Kottman, 1990）。說故事能協助個案處理失落感、想被拯救的渴望、無助感或無望感。諮商師亦可用故事教導個案以新的方式表達憤怒或因應外在世界。

鮮有實徵研究探討互說故事的效用（Stiles & Kottman, 1990）。Schaeffer 與 O'Connor（1983）的研究報告指出，據傳 Gardner 曾反覆使用一種說故事減敏感法（storytelling desensitization）技術，成功治癒患有創傷後壓力違常的兒童。Gardner 提醒互說故事應由受過心理動力、夢的分析和詮釋投射性媒材等相當訓練的諮商師使用（Gardner, 1974），但我的想法不一樣。互說故事僅是用來指出和增加個案問題解決的能力與資源，心理分析的訓練並非必然。Gardner（1986）也指出，意圖用一個故事造成個案永久性的改變，這是不切實際的妄想。有些諮商師會鼓勵個案在每次晤談時說一或兩個故事，其餘的諮商時間則進行其他的諮商策略和歷程。採用這種方式時，則是將互說故事搭配其他的諮商處遇方法。

矛盾意向法

源起

　　使用矛盾意向法（paradoxical intention）時，諮商師指示個案表現出看似不符合治療目標的行為。Victor Frankl（2006）是使用矛盾意向法的先驅，他形容矛盾意向法是要鼓勵個案去做他們不想做的事，化敵為友，用希望代替恐懼。Milton Erickson 與 Jay Haley 也是推廣矛盾意向法的治療師，特別是用在策略學派家族治療上。採用矛盾意向法時，要請個案誇大他們的症狀。例如，曾經歷恐慌發作的個案會擔心因此猝死，但諮商師卻教她放手吧，盡量讓恐慌發作。非但沒有叫個案變得更好，反而鼓勵他們要變得更糟。有心想變得更好時，症狀卻每況愈下；然而，個案越刻意要讓症狀出現，卻會發現他們越做不到。這麼一來，「預期性焦慮即被風吹得無影無蹤」（Frankl, 2006, p. 83）。

　　矛盾意向法事實上是一種折衷技巧，它並非專屬於哪一個理論取向，而是廣為各式各樣的理論取向使用，包括：家族系統治療、存在治療、現實治療、交流分析治療、個體或阿德勒心理學等（M. E. Young, 2013）。矛盾意向法有數種類型，如：開立症狀處方（symptom prescription），或稱「症狀時間安排」（symptom scheduling）、限制症狀（restraining）、重新框架。開立症狀處方是指諮商師指示個案繼續表現症狀行為。有時候，諮商師也會對個案的症狀表現給予特別的指令，稱為症狀時間安排。限制症狀時，諮商師會要求個案不要改變，或不要試著去改善症狀（Swoboda, Dowd, & Wise, 1990）。基本上，個案被告知的訊息是：為了改變，反而必須要保持原狀。諮商師故意指

出改變的缺點，鼓勵個案不要好轉。例如對個案說：「如果你的憂鬱症狀改善了，別人將對你釋出善意，加諸於你更多的要求」（Swoboda et al., 1990, p. 256）。重新框架則是從另一個角度解釋問題，改變個案看問題的觀點，情境的意義也因而跟著改變（請見第 22 章的「重新框架」）。

矛盾意向法背後的理念是，問題多半是心理因素造成的，沒有道理可言（Hackney & Cormier, 2012）。個案害怕症狀出現，結果反令恐懼加劇，落入惡性循環（Seligman & Reichenberg, 2013）。鼓勵個案去做他們最害怕的事情，或希望他們恐懼成真，個案反而會改變對症狀的態度。例如，苦於口吃的個案，反倒鼓勵他盡量口吃。結果，個案就不會害怕失敗，從焦慮中解脫，接下來就能放鬆心情說話了。相反地，另一個害怕離家就會昏倒的個案，收到的指示是盡量讓自己昏倒（Seligman & Reichenberg, 2013）。雖然他一再努力，卻依舊辦不到，因此，個案就能改變他對昏倒的態度，昏倒的恐懼也消失了。

矛盾意向法協助個案覺察他們在特定情境下的行為表現，也讓個案明白他們該為自己的行為負責（Corey, 2015）。要求個案誇大行為時，矛盾意向法置個案於進退兩難的境地。如果個案接受諮商師的指令，就證明她其實可以控制症狀。換句話說，如果個案選擇不聽從指示而減少症狀行為，那麼症狀不僅得到控制，甚至會消除。矛盾意向法的目標不是要個案直接對抗症狀，而是誇大症狀。因此，症狀就會持續減弱，直到個案不受症狀的干擾為止。

實施方式

通常試過傳統的治療方法卻無效後，才會使用矛盾意向法（Corey, 2015）。採用此法應小心謹慎，並在督導下進行，直到諮商師熟悉為止。矛盾意向法的不合邏輯和新奇性，往往能激起個案的興趣（M. E. Young, 2013）。下矛盾指令前，諮商師應問問自己下面的問題，決定是否適合使用這個技術：

1. 我已經和個案建立穩固的信任關係了嗎？

2. 使用這個技術可能會造成反效果，個案會不會覺得被耍了、會不會變得更抗拒？

3. 個案對其他技術的反應如何？

4. 我是否清楚我的目的何在？我是否明白個案對這個技術會有什麼反應（Corey, 2015, p. 386）？

決定採用矛盾意向法後，諮商師應該標定個案特有的不當行為。接著，諮商師要說服個案用誇大的方式表現行為。最後，當個案表現誇大行為時，諮商師以幽默的態度視之，如此一來能讓個案也跟著發笑，抽離問題。重複這些步驟數次後，不當行為就會減弱。此外，有時亦可限制症狀只能在某幾天、某個時刻或某些情況下才能表現。

Jay Haley 在其著名的策略學派家族治療中採用此種自相矛盾的悖論，凸顯矛盾意向法的八大特殊面向：(1) 與個案建立關係；(2) 界定問題；(3) 設定目標；(4) 提出計畫；(5) 否定問題的權威；(6) 下矛盾意向的指令；(7) 觀察個案對指令的反應，持續鼓勵個案；(8) 不把個案的改善歸功於諮商師自己。

變化形式

復發技術（relapse technique）是另類的矛盾意向法和開立症狀處方。採用復發技術時，諮商師要求個案在問題解決後，再次恢復先前的行為（Corsini, 1982）。復發技術能幫助個案瞭解先前行為的無能或愚痴。它也能預防無意識的復發，因為個案一聽到要再次表現舊行為的時候，無不覺得好笑或幼稚。

範例

矛盾意向法最特殊的例子，當屬「失火的家庭」（*A Family with a*

Little Fire）這部影片。該片由 Braulio Montalvo 主演，他是 Salvador Minuchin（米紐慶）在費城兒童輔導診所（Philiadelphia Child Guidance Clinic）的合夥人。在這部影片中，一位單親媽媽帶著她的孩子前來求見 Montalvo。她最大的女兒（大約八歲）數次放火點燃公寓裡的家具。聽到媽媽和女兒解釋完整個情況後，Montalvo 要大女兒現場模擬她如何點火（奇怪的是，Montalvo 諮商室的桌子底下，剛好有大女兒需要的所有東西！）。看著她極其笨拙地點火，他還在旁邊冷嘲熱諷地說：「這是我看過最差的縱火者！」接著又說：「讓妳看看我會怎麼做。」他帶著她走到一個適當的起火點，一切遵照安全的程序，並由媽媽全程監視。媽媽和 Montalvo 不斷地批評和糾正女兒的縱火技巧，Montalvo 還指派開立症狀處方和限制症狀表現作為家庭作業：每天傍晚，女兒和媽媽必須在公寓裡練習縱火一個半小時（開立症狀處方）；但是，女兒不可以觸碰火柴或自己在外面練習，只能利用母女倆在場的時間練習（限制症狀表現）。從此以後，女兒再也不敢在公寓內放火了。當然，表面上，女兒點火的動機可能是為了引起媽媽的注意，而矛盾意向法確實提供了母女相處的時間。但矛盾意向法故意讓個案做出問題行為，藉此消除了問題行為。

　　以下另外提供兩個例子。第一個案例說明矛盾意向法的使用原理。首先，把問題症狀重新框架成正向行為。問題症狀不僅是正向的，還正向到跟個案的價值系統和自我觀自相矛盾。第二，很快地就會發現諮商師的用意剛好相反。諮商師的用意是要改善個案問題中最棘手的部分，避免症狀復發，讓個案能完全恢復健康功能。第三，對近期顯示不大樂觀的症狀開處方。不管開立症狀處方時的說法為何，最終個案一定會進步。

　　麥克，19 歲，長期患有社會焦慮症、恐慌症伴隨懼曠症。高中畢業後，麥克接受鄰州大學提供的獎學金，沒想到在第二學期的考試前初次恐慌發作。由於恐慌症持續惡化，他覺得自己讀不完這學期，於是休學回家，和家人住在一起，獎學金也泡湯了。回家後，他找了一份高中時期就從事的打工，可是恐慌發作讓離家的恐懼不斷升高，使得他沒辦

法保住這份工作。很快地，除了跟教會與諮商有關的事務外，恐懼蔓延到戶外的任何活動。總而言之，麥克整日惶惶不安，剩下教會、自己的家和諮商，是三個他唯一覺得安全的場所。

　　諮商療程大約在七週前開始。麥克「無法」開車前來，堅持要他媽媽載他去教會和諮商。他的恐慌症每天發作數次，幾乎都是他媽媽在場的時候才會發作。對麥克指出這一點時，他堅稱這是因為「她害我很焦慮，老是嘮嘮叨叨的，讓我很火大」。諮商師馬上就看出麥克的行為有幾個好處。不過他完全沒有覺察到這點，不認為要為自己的症狀負責。經過七個星期以來的諮商，各種正念、社會學習和認知—行為取向的策略都用過了（如：漸進式肌肉放鬆訓練、深呼吸、思考中斷法、認知重建、正增強、角色扮演等），麥克也有顯著的進步。

　　到了這個時候，麥克的生活品質和功能改善不少。他的態度積極、意志堅定，相當配合完成諮商療程外的作業。首先，麥克容許他媽媽開車載他到離家五哩範圍內、教會和諮商以外的地方。當媽媽在超市內購物時，他也可以大膽地站在車旁等待。此外，他偶爾能自行開車出門，只是需要一位乘客在旁待命，「以防萬一」。他現在又可以騎車了，對自己的這項成就，他感到十分滿意。總而言之，他的恐慌發作大幅減少，一天只有二到四次，或一星期只有一到兩次而已。

　　出人意料之外的是，這些進步突然停止了，這兩次療程沒有任何的進展。麥克似乎沒有進步的跡象，不然就是他不想再努力了。他不想為症狀負起責任。他承認他喜歡受到關心和注意的感覺，還能藉此操控家人來滿足他的需要。此時諮商師才明白，麥克想要操弄和支配家人的欲望，也延伸到他們的治療關係上。突然間，不想改善的抗拒心態昭然若揭。完全消除症狀行為的壓力成為症狀繼續存在的原因。

　　　以下的例子顯示諮商師欲改變個案看待問題的方式，稱為矛盾
　　　的重新框架（paradoxical reframe）。諮商師從正向的角度重
　　　新定義問題行為。此法特別適用於諮商師計畫開立症狀處方
　　　時。

053

麥克（麥）：我沒辦法成為他們希望的那種人，我沒辦法完全復原。

諮商師（諮）：那就算了吧。

麥：我不懂你在說什麼。

諮：我知道你有多不願意放棄最後一絲希望。

麥：你是什麼意思？

諮：嗯，我瞭解。你以為你沒有其他的辦法來滿足需求，或是保持一副可憐兮兮的模樣，比維持身強力壯要容易多了。你真的很聰明，而且越來越拿手。事實上，最初讓你來到這裡求助諮商的原因，根本就不再困擾你了。的確，那些症狀還在，可是如果它們能繼續滿足你的需求，它們就不是什麼令人討厭的事。想當然耳，你還會想再製造一點症狀呢。

> 將家庭系統的運作功能考慮進去後，這些矛盾其實相當合乎邏輯。謹記這一點，諮商師繼續說明如下。

麥：我被你搞糊塗了。

諮：你之前提到，你媽媽很高興看到你的進步，她又開始要求你了。雖然你不是百分百復原，可是你的確在進步當中。這些進步顯然在告訴她，你又變回健康的成人了。在我看來，雖然我們一起努力，用盡方法改善你的狀況，但你有些症狀仍舊揮之不去……嗯……對我來說，好像它們成為你的一部分，配合的天衣無縫。也許我們應該接納它們，如果我們這麼做，或許還可以讓你媽媽不要再來煩你。

麥：我該怎麼做呢？

諮：只要反其道而行就好了。你一開始來諮商的時候，恐慌症大概一天發作二到四次。現在，你已經降到每星期一或兩次了，不是嗎？

麥：是的。

諮：或許我們進展得太快了。沒錯，我現在想的是……對，我想你每天至少要恐慌發作一次。

麥：要怎麼做？

諮：喔，非常簡單。你依然不敢開車到離家超過 10 哩的地方……過橋

的時候……你還在走其他的路線繞過有橋的地方，不是嗎？

麥：是呀。

054

諮：嗯，只要稍微超過忍耐極限一點點就夠了。當你開到離家 10 哩的地方，就再往前開一點點，然後把車停在路邊，關掉引擎，告訴自己說：「我做不到，我不能呼吸了。如果再往前一些，我一定會死！」重複這些話幾次，直到你發作為止。不要忘了搭配過度呼吸和讓心跳加速。

　　麥克的抗拒心理現在已經消失的無影無蹤了，不再有保持身心
　　健康的壓力。

麥：可是這跟我們之前做的事好像很不一樣。

諮：此一時彼一時，新的狀況有新的做法。以前我們要讓你儘量健康，但現在我們明白了，你應該擁抱恐懼。恐懼不僅是你的一部分，也可以放鬆你媽媽對你的管教。

　　不管怎麼做，都會看到麥克的進步。若他如諮商師所言恐慌發作，就表示他可以控制恐慌發作；如果他可以控制恐慌發作與否，就表示他也可以事先預防。如果麥克不聽從諮商師的指令，想藉此操控諮商，他開車的距離就會超過 10 哩而恐慌不發作，持續進步下去。麥克現在也處於矛盾的重新框架中，與他對自己的看法背道而馳。諮商師說他的症狀是操弄的手段，或為了得到他想要的東西。這向來違背麥克的價值觀，使他必須做出選擇。他要不停止用症狀行為控制家人，要不就繼續維持症狀，但不准再用症狀操控或獲得他人的關心。如果他否認用症狀獲取好處，最後也必得放棄症狀，因為他的行為變本加厲的真正原因，就是受到那些好處的引誘。

　　第二個例子是我最喜歡（也最有娛樂效果）的例子之一。這個例子的主角是爭論不休、性格迥異的兩兄弟。在下面的情節中，伊莎貝拉和喬治是 14 歲的亞利安卓與 12 歲的聖地亞哥的父母親。亞利安卓和聖地亞哥兩人老是「互揭瘡疤」，緊咬對方不放。這一次的療程接在 10 次

的伴侶和家族會談之後。

喬治（喬）：實在很令人洩氣。其他的問題明明已經有很大的進步，可是回到家後，他們兩兄弟還是吵個不停。

伊莎貝拉（伊）：我們根本不得安寧。看，我氣得頭上都冒煙了！

諮商師（諮）：你們的意思是我們在伴侶和家族會談上得到的進步，並沒有改善亞利安卓和聖地亞哥之間的關係嗎？

亞利安卓（亞）：臭小子，討厭的笨蛋！

聖地亞哥（聖）：臭大哥，白痴！

諮：我明白了，他們一向如此嗎？

伊：吵鬧、尖叫、詛咒對方、打架……太多了講不完。

亞：不是打架，是我狠狠地揍了他一頓！

聖：才不是。（聖地亞哥撲向亞利安卓，被喬治一把抓住，把他按回到椅子上。）

喬：在椅子上乖乖坐好，不可以在老師面前打架。

亞：省省吧，你這個小屁孩。

聖：!@#$%^&*

伊：聖地亞哥！

諮：好，我已經瞭解大致的情況了。平常就是這樣嗎？

伊：通常比現在還糟。他們似乎吵得越來越兇。我們只希望他們不要再吵了，我們真的受夠了！

諮：就像我們之前會談中討論過的，孩子們已經到了青春期的年紀，他們會要求更多的自主與獨立，這是家庭的生命週期中最具挑戰性的一段時期，也是青少年表達自我、情緒和挫折感最重要的時期。但我們也希望他們要以社會和家庭規則容許的方式表達挫折感，而不是用這種讓人焦頭爛額的方式。

伊：願上帝保佑我們！

諮：請你們兩位各從書架拿一本書，任何書都可以。現在，請走到房間中央。（諮商師站起來，帶著亞利安卓和聖地亞哥走到房間中

央。）請你們兩人背靠背站著……往前走三步……把書放在地板
上……站在上面。這個遊戲的規則是：兩隻腳都要碰到書，不可以
離開書，聽懂了嗎？（兩個男孩都點點頭）

> 我（指諮商師）把椅子調整到可以看到父母親和兩位男孩的角
> 度。限制兩兄弟的動作是很重要的，這樣他們才不會發生肢體
> 衝突。站在雜誌或紙上也具有限制行動的效果。

諮：好，兩位，我要請你們跟對方吵架，把你們能說的都說出來。

亞：啥？

諮：和對方吵架，就像你們在家裡一樣。

伊：請不要罵髒話。我們不希望神父把你們從教堂的告解室轟出去！這
　　樣可以嗎？

諮：當然，媽媽不想聽到髒話。

聖：罵他蠢豬、笨蛋什麼的可以嗎？

諮：（轉向爸媽，他們點點頭）

亞：笨蛋才會問這種蠢問題。你的腦袋就跟豬一樣，臭死了。

聖：那你就來舔我的腦袋呀，你連呼吸都有大便味……

> 我要節省各位讀者閱讀兩兄弟對話的時間，雖然這些對話相當
> 生動好笑，充斥著青少年形容人體和動物身體部位與功能的不
> 雅用詞。當這兩個男孩吵得不可開交時，我跟父母親談到這是
> 否為每天都會上演的戲碼（是），他們是否準備好用更有效、
> 幽默、節省時間的方式來處理這個問題。他們說以往會盡最大
> 的努力阻止兩兄弟吵下去。兩到三分鐘後，兩個男孩終於在
> 「把你的屁股腦袋擦乾淨」聲中暫時冷靜下來。

諮：繼續，孩子們。

亞：我們還要吵多久？

諮：（望著牆上的時鐘）嗯……大概還要 25 分鐘吧！

聖：你說什麼？

亞：你瘋了嗎？還要 25 分鐘？

諮：是呀。你們必須獨立，不要依賴父母親，要表達你們的情緒和挫折。這是給你們機會。（轉向父母親）你們想不想來點爆米花或點杯飲料，好欣賞這場秀？

喬：好主意。

伊：我不用了，謝謝。

> 我們繼續坐著聊兩兄弟的爭吵史。10 到 15 分鐘後，他們終於停止飆罵，靜靜地聽我們談話，提不起勁吵架了。

亞：可以讓我們停止了嗎？拜託，拜託，我們不想再吵了。

聖：真的好好好好無聊喔。

諮：很難相信你們會覺得吵架很無聊，但我相信你們說的話。如果你們願意做家庭作業的話，我們可以早一點結束。

聖：家庭作業？你要給我們家庭作業？

亞：閉嘴，聖地亞哥。（使眼色叫聖地亞哥「住嘴，照他的話做就對了」。）好吧，什麼樣的家庭作業？

> 我請兩兄弟坐下，告訴他們家庭作業的內容：矛盾意向法會開立症狀處方（叫兩兄弟吵架），也會限制症狀的表現方式（只限以下的情況）。我從桌上拿出兩本筆記本。

諮：每天晚上 7：30 到 8：00，你們要重複剛剛的活動。（兩兄弟發出哀嚎聲，一旁的父母親則面露微笑。）拿一本雜誌，放在地上，兩人相隔三四步的距離，吵整整 30 分鐘的時間。要吵什麼都可以，隨便你們運用那段時間。但是剩下的 23 小時又 30 分鐘，不可以吵架、打架或罵人。來，你們各拿一本筆記本，寫下其他時間任何讓你生氣的事情。想跟對方吵架或罵人的時候，就把它寫下來，留到吵架時間用。但是不可以動粗。如果你們想到什麼特別難聽的字眼，一樣要把它寫下來，等吵架時間才可以用。聽懂了嗎？（兩兄弟又再次哀嚎，翻了翻白眼。）

聖：如果我們想要提早結束怎麼辦？如果我們保證不再吵架，我們可以提早結束嗎？

諮：（看向父母親）到下週晤談前，他們每天傍晚必須做這個作業 30 分鐘。

伊：我們會負責監督他們。看得出來做這個作業的理由，希望這個方法奏效！

> 使用矛盾意向法才一個禮拜的時間，兩兄弟的爭吵次數就明顯減少，一直到療程結束和追蹤期間，吵架的頻率持續降低。下次晤談時，我們練習以更合乎社會期待、而非用打架和咒罵的方式解決衝突。兩兄弟在不知不覺間就學會控制症狀表現，而當症狀減輕，他們就能以更適切的方式相互溝通。剛開始開立症狀處方時，常令人不解它的涵義。為什麼反倒要叫個案表現他們原本求助諮商、希望能停止的行為呢？但這麼做並同時限定他們症狀表現的時間與場合，卻能讓個案控制症狀表現，控制他們連想都沒想過能辦到的事！

效果與評價

　　矛盾意向法的適用問題範圍廣泛，但運用時應小心謹慎，並在督導下使用，直到諮商師精熟為止。它特別適用於非故意或自動產生的重複發作行為模式（M. E. Young, 2013）。矛盾意向法也適用於用問題行為吸引他人注意的個案（Doyle, 1998）。矛盾意向法已被用來處理焦慮症、懼曠症、失眠、少年犯罪、壓力、憂鬱症、拖延、破壞行為、暴躁易怒、強迫症、衝動行為、畏懼反應、抽搐行為、憋尿和口吃（Corey, 2015; DeBord, 1989; Lamb, 1980; Kraft et al., 1985）。經研究證明，矛盾意向法可用來治療失眠，經反覆證實為有效的治療方式。

　　矛盾意向法可以加速症狀消失（Lamb, 1980）。多數的個案在 4 到 12 次療程就會出現效果。根據 DeBord（1989）所做的文獻回顧，矛盾

意向法能有效治療懼曠症、失眠、臉紅問題。的確，從 DeBord 的回顧發現，採用矛盾意向法的研究，有 92% 顯示正面的結果。DeBord 也發現在開立症狀處方上，15 個研究中，有 14 個研究顯示至少有某些程度的進步。最後，DeBord 檢視四個研究，發現比起其他治療方式，矛盾的重新框架更能有效處理負面情緒。同樣地，Swoboda 等學者（1990）檢視限制症狀表現、重新框架和安慰劑控制組等治療憂鬱症的效果，確定矛盾的重新框架是最有效的治療方式，其次為限制症狀表現。

　　Fabry（2010）的文獻回顧則發現採用矛盾意向法的 19 個研究中，有 18 個研究具有正面的效果，也沒有任何研究參與者抱怨說有副作用。Ameli 與 Dattilio（2013）主張矛盾意向法可以增加諮商介入策略的效能；Dattilio（2010）的研究指出矛盾意向法運用在家族諮商取向的成效。但當誇大症狀有可能對個案造成危險（例如自殺）時，萬萬不可使用矛盾意向法。

第三部分

完形和心理劇取向技術

057

完形（Gestalt）意指「有組織、有意義的單位，在有機體／環境場域的背景襯托下分外醒目」（Wolfert & Cook, 1999, pp. 3-4）。完形治療師視有機體為一整體，相信個體可透過完形來發現和建構經驗的意義。完形和心理劇（psychodrama）取向巧妙地結合存在、現象學和行為技術，強調此時此刻的經驗、存在的意義、人際關係和整體觀。

某些諮商取向看似要消弱症狀，完形治療學派卻是要加強個案對當下的覺察和認識，幫助他們建構意義和目的（Corey, 2015）。改變是連續不斷的狀態，完形和心理劇取向的諮商師常思索阻礙改變的環境、人際和個人內在因素，以協助個案適應內外在環境。諮商師協助個案健康的接觸和適應環境，發展清楚、彈性、合理的界線來滿足需求，完成未竟事務（unfinished business）。完形和心理劇取向技術容易引發強烈的情緒，某些習於傳統談話治療的個案可能會覺得這個取向太矯揉造作或愚蠢極了。

以下的章節說明三種經典的完形和心理劇技術：空椅法（empty chair）、誇大身體動作（body movement and exaggeration）、角色互換（role reversal）。角色互換和空椅法源於心理劇，完形學派治療師常使用這些技術和誇大動作，來加強治療進展。空椅法是用來與個案重要但卻缺席的人物對談，誘發強烈的情緒反應；或讓個案的兩個對立衝突面向對話，在諮商師的支持協助下，藉由行動演出和討論這些內在對話。誇大身體動作協助個案瞭解非語言動作下潛藏的意涵，將隱含的意義帶到意識層面來覺察。例如，擺動手指強調重點的個案，或諮商師聽出個案的話語另含玄機，此時諮商師會要求個案重複該動作或話語數

次，再一起討論這些動作和話語背後的弦外之音與言外之意。角色互換則是要求個案扮演相反的觀點、意見或角色，從不同的面向探討意義。例如，有位青少年個案認為她的自主性被控制欲極強的父親剝奪了。諮商師鼓勵她扮演父親的角色，從父親的角度處理她的情緒和怨言。所有的技術都是要擴展個案對情境的覺察，創造和建構新的意義，期能更加適應環境。

完形和心理劇取向技術的多元文化考量

完形和心理劇取向的優點是重視治療關係，開放、毫無偏見地探索每位個案內在的想法，瞭解他們當下的知覺。完形治療學派特別適用雙文化的個案，協助他們調和與整合衝突不一致的文化價值觀和信念。例如，許多來自集體主義文化的個案，碰到強調競爭、個體主義的美式商業社會，常感格格不入（Hays & Erford, 2014）。完形和心理劇取向的用意就是要指出這些差異和衝突。

完形技術易引發個案強烈的情緒反應，但某些文化的個案（如：阿拉伯裔、亞裔）可能不習慣對家族以外的人表達強烈的情緒。相反地，有些較感性的個案則欣賞完形取向重視洞察與存在的傾向。例如，鼓勵個案表達被壓抑或被否定的情緒，用健康的方式劃分人際關係界線。無論如何，使用完形取向技術的諮商師必須留意和謹慎判斷，因時制宜，注意不同文化特質的人的反應，特別是情緒較為內斂的個案。這些個案可能會抗拒完形取向的技術，提早終止諮商（Hays & Erford, 2014）。

有些個案較喜歡用非語言的方式表達情緒，或者嘴上說的是一回事，但非語言表達出的卻完全是不一樣的訊息。完形學派諮商師聚焦在面部表情和姿勢，協助個案瞭解內在的衝突，以更諧和統整的方式與環境接觸。毋須贅述，但仍須謹記在心的是，諮商師須把重點放在個案和個案的需要上，而非機械式的實施完形技術。

完形和心理劇技術強調自我覺察、情緒合法、行動自主，整合支離破碎的思考、感覺、價值觀和行為，賦能男性與女性。完形和心理劇

技術必須加以調整才能運用於多元族群，如非裔（Plummer & Tukufu, 2001）、亞裔（Cheung & Nguyen, 2013）。但瞭解多元種族、民族或社經地位文化的個案可能會抗拒完形取向的心理也是很重要的。由於完形取向技術的情緒強度或看似人為的治療方式（如：對你的手或空椅說話、反覆伸出舌頭等），常有做作不自然、愚弄個案之嫌。此外，非西方文化的個案或許會覺得完形學派的諮商師過於面質，對於諮商師指導式的肢體動作介入策略備感威脅，因而提早結束諮商（Hays & Erford, 2014）。

CHAPTER 11

空椅法

059 ## 源起

　　空椅法（empty chair）源於心理劇，隨即被 Fritz Perls 的完形治療理論採用。完形治療的目標是防止對立面切斷個案與環境的接觸。Perls 率先使用空椅法協助個案角色扮演，面向對方說出想說的話或想做的事。它具有宣洩經驗、協助個案加強人際和內在自我的情緒連結。按定義來看，完形包含創造與解構，空椅法就是要整合對立面。也就是說，藉由同時充分表達出對立雙方的問題，個體將可化解價值觀、想法、情緒和行為等方面的衝突（M. E. Young, 2013）。

　　為增進對理論的瞭解，並熟稔如何運用空椅法，茲介紹完形治療的基本概念如下（Coker, 2010）：

1. 個體生活在環境脈絡中，沒有一個人能完全靠自己生存。
2. 個體不是與環境保持接觸，就是從環境中退出。
3. 若個體與環境保持接觸，就表示他想跟他渴望的人事物產生連結。
4. 若個體自環境中退出，就表示他在減少與令其受傷的人事物之間的連結。
5. 接觸不一定是健康的，退出也不一定是有害的。
6. 人格最主要的目的，是接觸和退出環境。
7. 人同時是個體，也是環境脈絡相互作用的結果。
8. 在完形治療裡，重點是個體如何看待此時此刻的問題（而非為什

麼）。

9. 諮商師的目標，是要提供個體解決現在和未來問題的資源。

10. 完形治療重視此時此刻的經驗。

11. 覺察此時此刻，瞭解個體接觸和退出環境的意圖與詮釋，方能深入理解該如何有效地過生活。

實施方式

　　建立治療關係，獲得個案的信任後，諮商師可在療程中使用空椅法。實施空椅法有六個步驟（M. E. Young, 2013）。首先是暖身。諮商師請個案思考生活當中的對立面向，例如讓個案有兩種或矛盾情緒的議題。第一個步驟開始，諮商師解說空椅法的效果，以降低個案的抗拒心理。諮商師應擺好兩張互相面對面的椅子；椅子代表各個對立面向。對個案來說，在進入到下一個步驟前，覺察他對各個對立面的情緒是很重要的。接下來的步驟，是讓個案坐在代表其中一個對立面的椅子上，面對前面那張代表另一個對立面的空椅。當個案對著前面的椅子表達完情緒後，再請個案換位子到另一張椅子上。

　　第二個步驟，諮商師和個案一起深入經驗（M. E. Young, 2013）。諮商師請個案選擇，先從情緒最強烈的那個對立面開始。接著給個案時間熟悉甚至覺察當下的感覺。諮商師須協助個案停留在此時此刻，問些能將個案的過去帶到當下的問題。例如，若個案說：「我真想揍他。」諮商師可以問個案：「你現在感受到生氣的情緒了嗎？」

　　第三個步驟的目標，是要求個案表達這個面向最顯著的情緒。在表達的過程中，諮商師不可妄自評斷。藉著停留在此時此刻，個案方能表露出情緒，而非單只是描述情緒。諮商師可引導個案誇大身體姿勢或說話方式，鼓勵他們表達情緒。為了加強情緒體驗，諮商師可要求個案重複某些句子或字詞。在這個步驟裡，諮商師也要花點時間摘要他對個案的觀察。諮商師應詢問「什麼」和「如何」的問題，而非問「為什麼」的問題。當諮商師認為個案的體驗已經足夠，可以停止時，再請個案換

位子坐到另一張椅子上。若個案卡住了，或已經充分表達完情緒，則由諮商師決定停止的時間點。

第四個步驟是用空椅法交互表達想法。當個案坐在對立的椅子上時，他要回應最一開始的說法。同樣地，諮商師須協助個案深入經驗，藉由喚起情緒反應，鼓勵他反駁剛才的說法。

第五個步驟，諮商師請個案轉換角色，直到每個對立面都得到清楚的表達為止（由諮商師或個案決定），讓個案充分覺察各個對立面。進行到這個步驟時，各個對立面或許會達成和解，但這並非空椅法的必然結果。

空椅法的第六和第七步驟，重點放在讓個案同意採取行動。諮商師可指派家庭作業，協助個案深入探討兩極化的面向。

變化形式

Vernon 與 Clemente（2004）指出對兒童使用空椅法時，可以稍做變化。採用此法時，諮商師邀請兒童扮演自我衝突的那一部分。若衝突的對象是外在的人際關係，則讓兒童自由選擇。待兒童選定後，諮商師應請兒童坐到空椅上，對著另一張椅子說出自己的想法。諮商師應要求兒童更換座位，直到雙方的意見都得到充分表達為止。如果兒童不會對著另一張椅子說話，就用台錄音機代替椅子。

空椅法的另一種變化形式為幻想對話（fantasy dialogue）。例如，如果個案常抱怨身體症狀，諮商師可請個案跟身體部位對話，試著找出病痛對個案是否帶來任何好處。覺察到病痛的好處後，個案或許能夠解決這個問題（M. E. Young, 2013）。

強加災難（forced catastrophes）是空椅的另一種變化形式，但應小心使用，特別是容易焦慮不安的個案。它可以試用在總喜歡自尋煩惱的個案身上。諮商師請個案想像最糟的情況，就算不可能發生也沒關係。諮商師協助個案表達跟這些災難情境一同出現的情緒（M. E. Young, 2013）。

範例

　　莎夏，19 歲，大學生，和諮商師進行個別晤談大約有七週的時間了。她最初尋求諮商的原因，是跟男朋友分分合合的關係問題。很快就看得出這些問題有固定的模式，莎夏所有的關係似乎千篇一律。她的關係在互相傷害、氣惱動怒、恐懼無助的依賴中游移不定、岌岌可危。與莎夏建立信任關係特別困難，雖然曾有看似順利的時候。不久之後，過去被性虐待和身體虐待的事實浮上檯面。莎夏對自己在一次又一次的晤談中透露的經驗非好即壞困惑不已。

莎夏（莎）：（有點沒精神）有時候，我只是……我真的好累，你知道嗎？有時真累的不成人形。我知道這聽起來很荒謬，我的意思是，如果別人覺得我很討人厭，我或其他人都好，難道不能做點改變嗎？我是說真的……為什麼不行呢？為什麼不能稍做改變呢？

諮商師（諮）：如果再這樣下去，妳真的會累壞了……。

莎：沒錯。如果情況真的這麼糟，就要改變它！現在的我整天煩躁不安，不知道為什麼，動不動就生氣。

諮：莎夏，我看到妳剛剛的樣子，這一陣子發生了不少事情……妳的心情……妳的感覺……起伏得好劇烈，讓妳疲憊不堪、不知所措。

莎：還有生氣。

諮：加上生氣。

莎：你知道嗎，一部分的我渴望被愛，就像「亂世佳人」裡郝思嘉的表妹一樣，她的名字叫什麼來著？

諮：韓媚蘭嗎？韓媚蘭小姐。

莎：對！韓媚蘭。有時候我想變成韓媚蘭。

　　用某個角色來對應個案內在的自我，有助於個案指出和討論複雜的情緒，或作為想要努力模仿的對象。

諮：其他時候呢？

莎：其他時候喔，當然是要像郝思嘉。

諮：這兩個角色對妳意謂著什麼？

莎：郝思嘉，很明顯的是位堅強的女性。她不會讓任何事阻礙她得到想要的東西。她可能會對別人造成傷害，但她絕不容許別人傷害她。我真的很敬佩她。而韓媚蘭……我不可能成為韓媚蘭，她太自我犧牲了。說話輕聲細語，溫柔可人，但有時候又好像一副很傷心難過的樣子。郝思嘉一直欺負她，因為她根本比不上郝思嘉。她太柔弱了。

諮：聽到妳這麼說，妳好像想成為韓媚蘭，但接著又說妳不可能變得跟她一樣？

　　諮商師溫和地面質莎夏，欲協助莎夏具體看到她的說法游移不定。

莎：看見沒？這真沒道理。我搞不懂我到底要什麼、想成為哪一種人。為什麼我這一分鐘是這種人、下一分鐘又變成另外一種人。

諮：莎夏，我認為妳跟我們大部分的人一樣，是由數個自我組成。不同的地方在於，妳並沒有覺察到這些自我的用處或目的，所以它們經常彼此作對，而不是並肩合作。妳聽得懂我說的話嗎？

莎：有，我懂。

諮：我想用個方法來協助妳表達自我的這兩個面向，可以嗎？

莎：好的。

諮：剛開始的時候可能會覺得有點愚蠢，但我相信妳有能力克服，因為我認為這個技術很有效，我相信它對妳的效果。

莎：我明白。

諮：好，我現在要進行的是空椅法，它會用到兩張椅子。（把另一張椅子拉到莎夏的面前）

莎：（緊張地一笑）

諮：一開始會覺得緊張或心存疑慮，是很正常的。不過，我真的認為妳

可以辦得到。好，如同先前的關係所顯現出來的，就我的觀察，以及妳已經體會到的，妳的行動和感覺有時會完全相反、水火不容。事實上就在剛剛，妳說妳有兩個迥然不同的特質，就像郝思嘉和韓媚蘭兩個個性不同的角色一樣。（停頓一下）莎夏，可以的話，妳會說這兩個截然不同的自我，各代表什麼情緒呢？

莎：嗯，一個是相當生氣的我，另一個……嗯……另一個是害怕的我。

諮：好，妳現在覺得哪一種感覺較強？

莎：我今天比較害怕和無助。

諮：好。想像我能夠把這兩個部分的妳抽離出來……一個是生氣的妳，另一個是害怕的妳。想一想，它們看起來有多麼不同……。其中一個肩膀上下起伏、瞪視對方、下巴緊繃。另外一個嘛，則是肩膀輕微下垂、手指交握、眼睛看著地下，不敢接觸他人的目光。想像她們兩個正坐在這些椅子上，要跟對方交談。但妳是唯一能讓她們發言的人，只有妳知道她們要跟對方說什麼。現在，請從那個無助的妳開始，妳要做的就是表達脆弱和害怕那部分的妳，讓「害怕的妳」告訴「生氣的妳」，她有什麼感覺。現在先不要讓「堅強的莎夏」出場，只要集中注意力感覺「軟弱的莎夏」的心情就好。

　　諮商師在鼓勵莎夏。

莎：現在？

諮：沒錯，當妳準備好以後，我們就開始。妳辦得到的，必要的時候我會在旁邊協助妳。

莎：（深呼吸一口氣，緊握雙手；往下看自己的手，音量變輕，幾乎是喃喃低語）我總是好害怕，每次都好害怕。這種感覺好慘。（沉默了數分鐘，往下看自己的手，雙手仍然緊握）我覺得好無助、（靜默）好軟弱、（靜默）好可悲。（又深呼吸一口氣）我任由別人踐踏我，任由別人予取予求，因為我希望他們愛我或喜歡我，對我好一點。但我知道這很悲哀，（低語）真的很悲哀。（聲音稍大）但我也覺得這樣很好……而且信任別人也不錯。做好人的感覺不錯，

我不喜歡當壞人。妳不能因為別人傷害妳，妳就要去傷害別人，這樣很可恥。（抬頭往上看，直視那張空椅）妳傷害別人的行為跟他沒什麼兩樣，有時候，妳這麼做反而更常讓我想到他。不，我不該這麼說。天啊，有時候我真的很恨他。

諮：現在呢？

莎：現在……現在我希望他喜歡我……不會想傷害我。我還是希望他喜歡我，但他顯然並不喜歡我，我不知道原因是什麼。（沉默）

諮：好，莎夏。請妳坐到代表「堅強的莎夏」的椅子上，讓她出聲說話。

莎：（坐到另外一張椅子上）喔，我現在覺得舒服多了！妳真可悲！（音調尖銳）「我希望他們愛我，或喜歡我也好」哎呀，我的天啊！聽起來真噁心。真的，噁心死了。如果妳一開始就堅強一點，我們就不會淪落到這裡來了。妳需要我，妳得承認這一點。要不是因為我，妳不可能辦得到。妳說我讓妳丟臉，但妳敢說我跟他一樣嗎？是我讓妳的人生沒那麼悲慘。妳呀，親愛的，是個累贅。（停下來深呼吸一口氣）

諮：請重複「妳是個累贅」這句話。

莎：妳是個累贅。

諮：再一次。

莎：妳是個累贅。

諮：再一次。

莎：妳是個累贅！

諮：妳現在的感覺如何？

莎：好累，可是我承擔不起這種落差或賠上生命的代價。如果我不夠堅強的話，我們沒辦法活下去。可是我厭倦了堅強。

諮：因為堅強就跟老是氣沖沖的沒兩樣。

莎：生氣讓我變得更堅強，但也讓我更累。

諮：對著她說。

莎：如果妳堅強一點，我就不用那麼愛生氣了；如果妳不要那麼可悲，

我也不用這麼刻薄。我也不想老是一副咄咄逼人、怒氣沖沖的樣子，這樣太累人了。我多想像妳一樣，但又不完全像妳，妳還是太懦弱了。（莎夏似乎嫌惡這部分的自己，似乎該就此打住）

諮：請妳換到另一張椅子上，說說軟弱的莎夏還想再講出來的話。

莎：（換位子，再次緊握雙手，可是不再往下看）我很抱歉妳必須扮演那一部分的我。我常想起我們經歷過的一切，我不喜歡妳的所做所為、妳的感覺、妳對待別人的方式。但現在我知道我需要妳。（莎夏靜默了數分鐘，接著看著諮商師，表示她說完了）

諮：太棒了！（把空椅往後推，莎夏也跟著這麼做）

莎：它幫助我……用這種方式思考……讓我看到我的確有兩個對立的自我，但它們都是我的一部分，我更能接納它們了。

諮：每個部分都是必要的……也許不用搞得那麼緊張對立。

莎：也許它們不需要那麼針鋒相對，該學著去融合或相互妥協一點比較好。

諮：沒錯。雙方都有優點，她們是妳身上無可取代的特質，代表妳過去因應生活的方式。這麼說吧，我希望妳回去後繼續想想這個問題，下個星期過來晤談時，請妳列出雙方的優點，以及在什麼情況下，每個部分的自我可以發揮最大的效能。換句話說，讓我們來看看它們的優點和用處，或至少瞭解該怎麼善用它們。

效果與評價

　　空椅法讓個體有機會表露對立面的情緒（Corey, 2015）。這個技術適用於個人內在自我或外在人際關係的議題。諮商師可以用空椅法協助個體覺察隱藏在表面之下的情緒，有助於增進個案的心理健康（Hackney & Cormier, 2012）。

　　Crose（1990）發現空椅法對懷有未竟事務的個案非常有用。藉著將過去帶到此時此刻，諮商師可協助個案與已逝或早已不在身邊的人達成和解。諮商師為個案創造一個安全、舒適的場所，對特定之人表達愛

或憤怒等情感。

Coker（2010）鼓勵學校諮商師運用空椅法。如果學校諮商師希望用這個技術處理學生與他人的衝突，諮商師可先請學生生動地描述這個人。學生坐在其中一張椅子上，想像此人坐在對面的空椅上。諮商師請學生描述衝突情境，對衝突對象暢所欲言。諮商師亦可運用空椅法的六個步驟處理學生的內在衝突。Coker 認為空椅法特別適用於心口不一的青少年。

Clance、Thompson、Simerly 和 Weiss（1993）的研究調查完形技術是否能有效地改變參與者的身體意象。在 30 位參與者中，有 15 位分配在控制組，其餘則分配在接受完形技術的實驗組。Clance 等學者的結論是：「完形治療和覺察訓練的確能對參與者的身體和自我意象態度，帶來重大且顯著的改變效果。」（p. 108）。他們也發現男性參與者比女性參與者更能受惠於完形技術。空椅法亦可稍做調整，運用在多元化族群上，例如：非裔（Plummer & Tukufu, 2001）和亞裔（Cheung & Nguyen, 2013）。

Greenberg 與 Higgins（1980）針對經驗到對立情緒的個案，比較專注組和空椅法組兩種處遇方法的效果。他們測量個案的體驗深度和自陳覺察改變的程度。42 位研究參與者平均分配在空椅法組、專注組和控制組。研究結果顯示，相較於專注組的參與者，空椅法組能顯著加強男性參與者的覺察和體驗深度。

有幾個研究探討空椅法促進情緒喚起、解決未竟事務和寬恕的效果。Diamond、Rochman 與 Amir（2010）對 29 位女性進行包含同理心、關係結構、空椅法等單一療程的介入策略，以處理她們未解決的憤怒議題，成功地喚起她們的（難過）情緒。他們也發現空椅法能增加個案的恐懼／焦慮水準，這可能是因為她們內在隱藏著對人際拒絕的害怕或擔心被生氣的對象攻擊。在一項對照實驗研究中，Greenberg、Warwar 與 Malcolm（2008）發現，與指出情緒傷害的心理教育介入策略相較，空椅法能有效提升寬恕、放下等整體指標。Hayward、Overton、Dorey 與 Denney（2009）的研究發現，對個案採取關係治療

歷程，包括肯定訓練和空椅法時，其關係模式（控制與長吁短嘆）有顯著的改變。Paivio 與 Greenberg（1995）的研究探討空椅法對解決未竟事務的效果。34 位研究參與者分成心理教育組和空椅法組兩組。每個組別接受 12 週的療程。療程結束後，有 81% 的空椅法組參與者說他們的未竟事務解決了，但只有 29% 的心理教育組參與者說出類似的效果。經過一年的追蹤後，研究者的結論發現：「空椅法能顯著減少症狀和人際困擾，緩解主述問題的不適應情形，強化改變，解決未竟事務。」（p. 425）。

　　M. E. Young（2013）對空椅法的批評有數點。他指出個案或許不願意嘗試空椅法，覺得這個技術看起來很蠢、擔心出糗。此外，他認為有些諮商師在個案充分表達對立情緒前，就急於要個案換座位。他提醒諮商師不要對難以控制情緒的個案使用空椅法，因為空椅法會促發個體相當強烈的情緒。由於空椅法會喚起個案強烈的情緒反應，諮商師須確實追蹤個案的後續狀況。Young 也建議不熟悉空椅法的諮商師尋求資深督導的協助和精進專業知識。他也叮嚀空椅法不適用於正經歷嚴重情緒困擾的個案，如：精神病患者。

065

CHAPTER 12

誇大身體動作

066　## 源起

　　誇大身體動作（body movement and exaggeration）是源於完形治療的技術。Perls 認為可以聚焦和誇大個案透露的語言和非語言溝通訊息，加強個案覺察隱藏於經驗和情緒反應背後的想法與感覺。進行完形治療時，諮商師採取整體觀，綜合多種技術，目的在深化個案的自我覺察。諮商師運用誇大身體動作技術，協助個案覺察他們傳達給別人的語言和非語言訊號（Corey, 2015）。

實施方式

　　實施誇大身體動作時，諮商師首先需觀察個案的語言和非語言線索。諮商師留意個案的肢體語言，細細領會這些看似無意義的動作。這些動作包括：「抖動（抖手、抖腳）、彎腰駝背、緊握拳頭、皺眉、面部扭曲、雙手交叉胸前等」（Corey, 2015, p. 212）。諮商師辨明這些動作後，即要求個案誇大動作，彰顯這些動作的意義。個案誇大動作時，可請個案代替這些動作發言。

變化形式

　　諮商晤談時，若個案說了某些重要的話、但自己卻不明白它的重要性時，即可使用誇大技術。此時，諮商師請個案重複這句話，每

重複一次，即加強這句話的情緒張力，直到個案明白這句話的影響力
（Harman, 1974）。如同第 11 章的範例中，諮商師要求莎夏重複「妳
是個累贅！」這一句。

範例

　　湯瑪斯，56 歲，過去從沒有接受諮商服務的經驗。他的母親在一
年前以 81 歲高齡過世，但湯瑪斯無法接受母親的死亡，走不出傷痛。
他求助諮商，希望能釐清與母親死亡有關的情緒。

湯瑪斯（湯）：我不懂，我就是不懂我為什麼走不出去……。
諮商師（諮）：難過……失落……
湯：對，這些情緒纏住我，不肯離開、也不肯出來。　　　　　　　067
諮：似乎卡住了？
湯：深陷其中，無法自拔。
諮：嗯哼。
湯：我不想一直想著她，想著她的死亡、她的生活。我想往前走，我不
　　希望一直被她困住。

　　　諮商師注意到「一直」這個隱微但卻重要的詞，暗示這並非一
　　朝一夕的偶發狀況。個案的母親仍然困住個案不放。

諮：一直？
湯：（湯瑪斯抬起頭，注視諮商師）是的，一直。
諮：她一直困住你。
湯：她一直困住我。
諮：你可以再說一遍嗎？
湯：她一直困住我。
諮：再一次，大聲一點。
湯：她一直困住我。

諮：再一次。

湯：她一直困住我！她一直困住我！她不讓我走！

湯：（停頓，意味深長的沉默）我不知道原因出在哪裡。這究竟是……（停下來思考）

諮：這是什麼感覺？

湯：驚慌失措、生氣。

諮：嗯哼，聽得出來。

湯：可我並不生氣。

諮：或許你並沒有那麼生氣……

> 諮商師注意到湯瑪斯的拳頭緊握，似乎有難言之隱。諮商師需時時留意個案的語言與非語言動作之間的不一致，他們正在否認真實的情緒。

諮：你的拳頭似乎很生氣。

湯：我的拳頭？（往下看，注意到自己的拳頭緊握，馬上鬆開拳頭，移向旁邊）

諮：請你再次緊握拳頭，用力一點。把拳頭放在膝蓋之間。（湯瑪斯握緊拳頭，置於膝間，開始抖腳。）你正在抖腳。請你大力抖動。（湯瑪斯快速抖動雙腳。）如果你的雙腳會說話，你覺得它們會說什麼？

湯：它們很緊張。

諮：緊張？

湯：沒錯。它們不喜歡拳頭的動作。

諮：拳頭做了什麼？

湯：生氣。

諮：這會讓雙腳很緊張？

湯：對。

諮：拳頭再握緊一點，緊靠在膝蓋上……

湯：非常生氣。

諮：你的拳頭非常生氣，但你的雙腳卻想隱瞞這件事……藏住拳頭。但
　　拳頭卻想要……

湯：出手攻擊。

諮：這就是為什麼雙腳……要阻止拳頭出手。

湯：生氣不好，它會把事情搞砸。我應該要克制怒氣。

諮：所以你才會覺得被困住了？（誇大身體動作暫時告一段落，湯瑪斯
　　回想起剛剛說過的話，瞭解克制怒氣與受困之間的關聯）

　　在這段對話中，誇大身體動作用來強調某個重要關鍵字背後的意
義，凸顯被否定的情緒。這個技術亦可延伸用來表達被否定的情緒，找
出情緒的根源。

效果與評價

　　彈性是完形技術廣受諮商師青睞的原因之一。這些技術並沒有僵
化的規條，可依不同的問題類型修正調整。然而，完形治療的技術雖
可依個案與主訴問題進行修正調整，但並不適用於某些個案（Wolfert
& Cook, 1999）。例如：面對情緒狀態極度混亂或對自身經驗渾然不覺
的個案，諮商師應考慮採用其他取向的策略（Harman, 1974）。儘管如
此，Strumpfel 與 Goldman（2002）回顧完形技術的文獻研究發現，誇
大身體動作可用來處遇各種情緒困擾，如：憂鬱症、畏懼症、人格違
常、心身症、物質濫用等。

068

CHAPTER 13

角色互換

源起

　　角色互換（role reversal）是源於心理劇和完形理論的技術。完形治療師認為人類的存在互依互存，採取整體觀的諮商取向。當諮商師發現個案的行為與內隱情緒恰恰相反、行為表現不一致時，即可運用角色互換技術（Herman, 1974）。透過角色互換，諮商師協助個案輕而易舉地瞭解截然對立的議題，將各個對立面統整為整合的觀點。

實施方式

　　若個案正處於衝突或內在自我分裂的狀態，諮商師即可實施角色互換技術。運用此技術時，諮商師採取主動、指導的態度，辨識個案周遭互為拉扯、矛盾相異的角色（Hackney & Cormier, 2012）。諮商師接著要求個案扮演會引發他焦慮的角色，接觸被其否定的部分（Corey, 2015）。諮商師協助處於對峙矛盾的個案，細細檢視其觀念、態度或信念。透過扮演他人的角色，從兩個角度審視彼此的衝突，加強個案對該情境的覺察，鞏固彼此的情感連結，直搗問題核心。

變化形式

　　角色互換的變化形式之一，即邀請個案扮演另一相關人士。藉由扮演對方的角色，個案有了從另一視角看自己和問題情境的機會，而獲得

更多的覺察（Doyle, 1998）。

範例

　　以下是角色互換變化形式的範例。諮商師邀請個案扮演另一人，考慮此人的立場，但不是扮演另一面的自我。不過，有些人會認為表面上克莉斯塔是從女兒的角度看事情，在某種程度上，她其實也顯露內心的掙扎，因為她把女兒看成她的內在小孩，把她自己對母親的憎恨轉嫁到女兒身上。因此，若有與父母或師長發生衝突的青少年，即可採用角色互換技術，請青少年扮演另一人，藉此領悟該角色的情緒與用意。

　　克莉斯塔，34 歲，自幼年、青少年和成年期，即斷斷續續接受數年的諮商。雖然她在童年時受到嚴重的性虐待、身體虐待和情緒虐待，但她仍試圖成為一個完美的女兒。然而到了青春期，她終於不想再扮演一個完美的女兒了，變成十足叛逆的女孩。她怨天尤人、憤世嫉俗、酗酒嗑藥、偷竊破壞、一再逃家、援交濫交等，無惡不做。整個青少女時期輾轉在精神醫院進進出出，行為和生活一團糟。最後，她終於生了兩個小孩，也結了婚，但每隔幾年，她總會拋夫棄子，故態復萌，回到從前的生活型態。最近，她找到工作，也遠離毒品兩年了，看起來似乎跟從前的生活斷絕關係，成為極富魅力、衣著入時、追求時尚、談吐文雅的女士。六個禮拜前，她求助諮商的主訴問題是與母親、丈夫和孩子的關係生變。她也抱怨情緒沒由來的爆發和陷入憂鬱心情。她說她不知道自己怎麼了，怎麼會一直疏離丈夫、折磨自己的女兒。關於這一點，我們花了很多時間培養信任關係，瞭解她的過去，釐清之前和現在的診斷病名，評估她的用藥效果。為了改善她的情緒管理和表達能力，還商討嘗試各種治療技術，如練習正念覺察到駁斥非理性信念等。

克莉斯塔（克）：我好無助，我知道我不可能立刻痊癒……但我也很
　　驚訝，我沒想到竟然可以好轉得這麼快。整整六天平靜無波的日
　　子……六天！以前從沒有過這種事！我沒有讓工作、孩子或喬許等

鳥事惹我生氣，我真以自己為榮。

諮商師（諮）：覺得充滿希望？

克：的確很有希望。頭一次覺得我或許可以過正常的生活。我已經厭倦那種日子了。

諮：那種日子……

克：像個瘋婆子一樣。昨天我對凱莉大發脾氣，氣到七竅生煙……（克莉斯塔緊握雙拳、咬牙切齒地說）……我只想掐住她的脖子。想到這裡還是有氣，真是氣死我了。我不知道她為什麼要這樣對待我。她就只會惹我生氣，知道我的地雷區在哪裡。她是故意的、不安好心。為什麼她要我對她大發雷霆呢？她該不會樂在其中吧！天啊……她一定是存心要氣死我……這個小混蛋。

諮：（試探性的詢問）妳覺得她是故意的。

克：可惡，我知道她是故意的，只有笨蛋才會這樣。她知道我不會放過她。

諮：可以請妳先站在凱莉的立場一下嗎？我要請妳假裝妳是凱莉……回答妳剛剛提出來的問題。假設妳是凱莉，妳會怎麼回答：「妳是故意的，凱莉……只有笨蛋才會那麼做。」如果妳是凱莉，妳會怎麼回答？

克：（毫不猶豫）也許我是故意的、也許我就是笨、也許我就是存心不良、也許我很蠢、也許我就是恨妳、也許妳也是笨蛋。如果妳想變成瘋婆子，我不會阻止妳。我受夠小心翼翼地伺候妳的情緒了。我們全家人都受夠了。我再也不想管妳她媽的什麼感覺。真令人不爽！這幾年來我一直試著討好妳，但卻怎麼做都不夠。我再也不要把心力浪費在妳身上。根本就沒有用！妳是貪得無厭的無底洞……妳把我的生活搞得一團亂！我對妳束手無策。我投降！（停頓）我敗給妳了！（停頓；從憤怒轉為譏諷的語氣）現在是怎樣？……瘋子也要取悅我嗎？

　　一般說來，角色互換可以產生認同與同理他人立場的效果。克

莉斯塔把她個人的怒氣和情緒投射在 14 歲大的女兒身上，把她自己對母親的感覺轉嫁給女兒。但那個年紀的克莉斯塔也有另一面的個性。根據她先前告訴諮商師有關她和女兒的互動情形顯示，她的說法只是她的一面之詞，無法完全代表女兒的狀況。諮商師告訴克莉斯塔這點，並要求她下星期來晤談前，從女兒的角度寫日記。書寫通常能挖掘出難以用語言表達的內心世界。

071

諮：妳有寫我們上禮拜提到的日記作業嗎？

克：有，可是真的很難寫。

諮：很難寫？怎麼說？

克：心情不好吧，我猜。

諮：嗯，好吧。心情不好。

克：心情不好，而且很難寫，我現在知道她的感受了。凱莉是個好孩子……你讀這段就知道了。（交給諮商師一張紙，諮商師大聲朗讀）

諮：「親愛的日記，今天晚上，我媽和我又吵架了……我不知道她幹嘛要對我發脾氣，她從來不會這樣對我弟。有時候我覺得她很討厭我。我從她的眼神和聲調聽得出來。我真的不知道為什麼。她瘋了。有時我真的很怕她，不知道她下一步要怎麼對付我，我沒辦法想像她接下來的舉動。有時昨天還相安無事，今天她就翻臉不認人、陰晴不定，好像規則是她訂的，隨她心情高興。我根本不知道什麼時候是安全的、什麼時候有危險，讓我真想放棄算了。我真的很傷心。我發誓，我盡我所能地當個好女兒。我並不完美，可是我盡力了。我知道我有時候會無理取鬧，但這個年紀的孩子不都是這樣嗎？我不是個好孩子嗎？學校的老師都喜歡我，他們說很高興教到我，可是我不認為我媽希望我當她的女兒。我好氣，我常在心裡咒罵她。我覺得我快放棄了，我想放棄當個好女兒。當好女兒沒有用。我好難過，不管再怎麼試，媽媽還是討厭我。」（諮商師看向

克莉斯塔，克莉斯塔哭了。）現在最讓妳難過的地方是？

克：我在折磨她，我在情緒虐待她。是我讓她恨我的。她其實是個好孩子。

諮：上個禮拜，妳覺得她的行為是故意挑釁你，妳對她很生氣，但今天⋯⋯

克：我懂了，是我傷害了她。我不想傷害她，我對不起她。我一直很怕她會騎到我頭上⋯⋯就像我年輕時一樣叛逆。我討厭自己年少輕狂的所做所為。當我看著她時，我彷彿看到 14 歲的我，令我不堪回首。我不認為⋯⋯她會像我一樣叛逆。她不像我，她跟那個年紀的我完全不一樣。她是個好孩子⋯⋯她有好多優點，她還有許多可能性。

　　由於角色互換帶來的同理效果，克莉斯塔不再把女兒和自己混為一談，開始能把女兒視為獨立的個體，不再心懷恨意，而是疼愛有加。

效果與評價

　　尚未有實徵研究文獻探討角色互換的效果。剛開始實施此技術時，因為諮商師要求個案扮演令其不快的角色，或許會引發個案的抗議。要讓此技術在這種情況下發揮效果，諮商師須特別鼓勵個案，提供個案安全的環境，幫助他們放心參與（Hackney & Cormier, 2012）。

第四部分

正念取向技術

正念（mindfulness）是指運用視覺、感覺、知識和愛，專注於當下，增進注意力和覺察力（Kabat-Zinn, 2006）。以不評價的態度，摒除意圖、執著與意見，把注意力放在此時此刻。正念邀請個體開放與接納當下的經驗，培養對來自內在和他人施加的難受情緒的忍受力。正向取向技術不僅對個案有用，諮商師亦可從結合正念與同理心中受惠（Schure, Christopher, & Christopher, 2008）。

正念的歷史淵源與認知—行為取向密不可分（Segal, Williams, & Teasdale, 2002），辨證行為治療（dialectical behavior therapy, DBT; Linehan, 1993）和接納與承諾治療（acceptance and commitment therapy, ACT; Hayes et al., 1999）也運用了正念技術。數個常用的正念取向技術特別能有效減輕壓力。第四部分的三種技術，依據 Wolpe 的交互抑制原理（reciprocal inhibition），意指我們無法同時做兩件相反的事。應用到諮商上，即是讓個案無法在同一時間既覺得有壓力，又感到放鬆。例如，正向思考：對自己抱持正面、肯定的看法，無法和負面、厭惡的思考同時並存；積極、樂觀的想像和敗興、頹喪的想像無法相容；急促呼吸和緩慢呼吸不可能同時進行；或同時讓肌肉緊繃和放鬆。因此，利用這些諮商技術教導個案朝正面的方向前進，即可有效地避免他們走入消極、緊張的思考死胡同。例如，可以依序教導個案自我對話、視覺／引導式心像、深呼吸、漸進式肌肉放鬆訓練，並鼓勵他們自動自發地將所學當成家庭作業，破除負面的自我對話、悲觀思考、呼吸急促、肌肉緊張，以降低壓力。自我對話將在第六部分（認知—行為取向技術）說明，而視覺／引導式心像、深呼吸、漸進式肌肉放鬆訓練等技術則在第

14 至 16 章說明。

　　視覺／引導式心像（visual or guided imagery）協助個案以愉悅或開闊的影像，祛除惱人的意念或想像。諮商師可採內隱引導式心像（如：透過視覺心像），帶領個案想像令人振奮或放鬆的畫面。做法通常是請個案閉上眼睛，想像一或多個諮商師引導的畫面。引導式心像是最常被用來教導放鬆的技巧。例如，請個案聆聽諮商師的指導語或放鬆音樂，想像他正走在溪水潺潺、微光波動的森林裡。引導式心像亦可用於潛移默化或角色扮演上，亦即個案在現實世界嘗試某種技巧或行為前，先請他們在腦海中沙盤推演一番（詳見第 30 章的「示範」）。

　　深呼吸（deep breathing）和漸進式肌肉放鬆訓練（progressive muscle relaxation training, PMRT）都是具有生理基礎的正向技術，能在壓力源出現時，即時減輕壓力和焦慮。深度、緩慢、腹式呼吸的方式，可以降低新陳代謝速率，引發放鬆反應。漸進式肌肉放鬆訓練以系統化的繃緊和放鬆肌肉的過程，達到深度的肌肉放鬆狀態。在進行系統減敏感法（systematic desensitization）（請見第 28 章）前，也可以先教導個案視覺心像、深呼吸、漸進式肌肉放鬆訓練這三種技術，以降低恐懼心理。

正念取向的多元文化考量

　　正念取向的多元文化考量和認知—行為取向（見第六部分）相似。如同人本／現象學、心理動力、認知—行為諮商取向一樣，正念取向亦強調要建立友好一致的治療同盟，但它卻不刻意著重分享強烈的情緒、親密生活的細節、過去的生命事件等。正念取向專注於當下、溫和不批判的歷程，協助個案找到力量，吸引各種不同文化背景的個案，特別是不鼓勵分享家務事（如：拉丁美洲文化）和探索情緒，甚至克制強烈情緒表達的個案（如：亞洲文化）。正念取向也意圖跨越到各種文化脈絡，包括：性別、種（民）族、社經地位、身心障礙、性取向等（Hays & Erford, 2014）。

　　透過合作與行為改變，正念取向仍強調治療關係的重要性，也不會質疑文化的價值觀與實踐方式。這些技術允許個案自己決定是否要堅守、還是要放棄或修正既定的規則，給個案更多的自由度與彈性，自行控制壓力的程度。

　　正念技術是指導式的取向，諮商師常被個案視為專家。來自不同文化背景的個案（如：中東、西班牙、亞洲）或許無妨，但某些男性可不以為然（Hays & Erford, 2014）。同樣地，諮商師應極力避免加重個案的依賴心理，不要讓個案覺得只能從諮商師這位專家口中尋得解答。有些種（民）族、宗教等背景的個案喜歡此種直接、以生理和認知為基礎的正念取向技術，因為它重視個案此刻的思緒、事件和行為，而非個案的本性、社會文化背景或文化信念。

　　某些個案或許並不認同正念取向。因為正念取向技術強調當下的事件，而非自我覺察或自過去經驗中獲得洞察。

　　許多正念取向技術以東方宗教為本，某些實務工作者將它和佛教畫上等號。相反地，由於它具有佛教的傳統，其他信仰的實務工作者（如：基督教、穆斯林）等，可能會對正念存疑。沒錯，在美國有些州或校區特別聲明禁止使用視覺心像，把它視為教育場域心靈控制的潛犯，彷彿教導學生調節心靈、放鬆情緒和壓力源是件壞事。

CHAPTER 14

視覺╱引導式心像

源起

視覺心像（visual imagery）技術源於 Freud 在 1890 年代晚期發展出來的夢的解析，也深受 Jung 所謂的「積極想像」（active imagination）的影響（Koziey & Andersen, 1990）。1913 年的 Frank 和 1922 年的 Kretschmer 將深度放鬆狀態下的催眠影像稱為「電影膠片」（bildstreifendenken），意思是「用看電影畫面的方式思考」（Schoettle, 1980）。1920 年代，Robert Desoille 自創引導式白日夢法（guided daydream method）為治療策略。他要求個案在肌肉放鬆的狀態下，積極地幻想治療師提示的主題。近期則是 1950 年代 Leuner 的引導式情緒心像（guided affective imagery），以及 1965 年 Swartly 的啟動象徵投射（initiated symbol projection）。

時至今日，許多學派取向都採用視覺心像，包括：認知—行為學派、交流分析、完形、心理動力和艾瑞克森學派（Ericksonian）（Arbuthnott, Arbuthnott, & Rossiter, 2001; Seligman & Reichenberg, 2013）。例如，行為治療師會運用心像治療畏懼症，教導個案放鬆和壓力管理訓練（Arbuthnott et al., 2001）；認知治療師用心像瞭解個案的核心信念，鼓勵個案重新詮釋經驗；心理動力治療師用心像協助個案處理難以面對的記憶或想法；完形治療師用心像協助個案修通內在衝突或緩和焦慮；焦點解決短期諮商師實施奇蹟問句時，也會請個案想像願景（Murdock, 2009; 請見第 4 章）。

視覺心像有數種類型。「心理心像」（mental imagery）是請個案

專注、生動地想像某一個經驗的畫面。心理心像能用來評估個案的經驗與主述症狀之間的關係，判斷這些經驗在個案心中的分量與強度。「正向心像」（positive imagery）是指想像任何令人愉悅的畫面，真實或虛擬的皆可。正向心像可降低緊張、抑制焦慮，或協助個體應付疼痛。「目標預演心像」（goal-rehearsal imagery），又稱「因應心像」（coping imagery），則是請個案自我想像逐步成功克服過程中的每道關卡。

實施方式

實施引導式心像（guided imagery）前，需保持房間安靜，令個案感覺自在舒適。可先播放音樂舒緩心情，但也要注意有些人反倒認為音樂會讓其分心。建議個案閉上眼睛，深呼吸幾次，協助個案放鬆。待個案放鬆後，即可開始體驗引導式心像。最好能先說一小段故事，讓這些話語帶出好心情，往好的方向走。引導式心像的指導語不需要太長，只要短短一到兩分鐘，能引導個案進入到經驗畫面即可，不過有些經驗畫面可能需持續 10 分鐘以上。下面是 Arbuthnott 等學者（2001）提供的範例，說明如何在諮商中實施多重感官的引導式心像：

> 想像這是一個溫暖晴朗的春日，你正走在一片青綠色的草原上。腳底下的青草非常輕柔細緻，清新溫和的空氣滲入肌膚，聽見小鳥在遠方歌唱。你走向小溪邊的一棵大樹，坐在樹下，靠在它堅實的樹幹上。聆聽潺潺的流水聲，你的心中洋溢著幸福喜悅的感受。（p. 123）

076

在把畫面移到令個案困窘的情境，或要求他面對特定議題時，須先讓個案想像一些熟悉與溫和的畫面。結束引導式心像前要提出的最後一個問題是：請個案讓心靈回復純淨空白，或告訴個案想像畫面即將結束，數到三的時候請他睜開眼睛。最後要討論引導式心像的過程，詢問個案對該活動的感受，有哪些喜歡或不喜歡的地方。

變化形式

　　引導式心像是視覺心像最主要的亞型。引導式心像可協助個案將情緒或人際問題化為文字、設定改變的目標、排演新的行為、穩住情緒或壓力程度（Arbuthnott et al., 2001）。引導式心像即是以引導語或聲音，帶領個案進入視覺想像的歷程。鼓勵個案放鬆，想像自己身處某個場景，接著討論和梳理這個活動，獲得洞察。有三種引導式心像供諮商師來運用（Vernon, 1993）。自發式想像（spontaneous images）：隨興想像，內容不拘。指定式想像（directed images）：諮商師建議個案專注想像某一特定情景。前導式想像（guided images）：結合上述兩種引導式心像，先由諮商師起頭，再由個案接續下去。引導式心像的內容可以依據現實，也可以天馬行空或隱喻象徵（Arbuthnott et al., 2001）。實施引導式心像的時機、持續時間和強度，須依個案的需求修正（Seligman & Reichenberg, 2013）。若能契合個人的優勢感官（如：視覺、聽覺、觸覺、嗅覺），並在治療期間持續練習，更能強化想像的威力。

範例

範例一：運用交互抑制原理形成視覺心像

　　尼克，35歲，男性，因憂鬱和焦慮而被轉介前來接受諮商。治療過程中，諮商師依據交互抑制原理，對他實施視覺嵌入／阻擋技術（visualization insertion/blocking technique）。

諮商師（諮）：……你知道吧，閉上眼睛之後，仍然可以看到畫面，就像用心眼播放電影一樣；可以是過去已經發生的事情，也可以是你希望未來發生的事，許多人稱之為幻想或做白日夢。

尼克（尼）：是。

諮：但事實上，我們把它叫做「視像想像」或「視覺心像」，這點非常重要。我們曾提過「交互抑制」這個名詞，也就是難看的電影——你擔憂的事，與平靜放鬆的場合無法同時共存。上次晤談結束前，我請你想一兩個會讓你心情舒暢愉悅的地方；不管壓力多大，你都會想去放鬆的度假勝地。你會想去哪裡？

尼：夏威夷，一定是夏威夷。

諮：哇，夏威夷，非常好的地點。

尼：那是我見過最平靜無波、最恬適祥和的海灘。

諮：好極了。為什麼它能讓你這麼平靜和放鬆？

尼：應該是環境吧，太漂亮了。

諮：我們一起閉上眼睛，請你描述那個畫面給我聽，好讓我也能身在其中。

077

尼：唔，我想像自己躺在沙灘上，前方就是一望無際的大海，旁邊有幾棵棕櫚樹，晴朗無雲的天空，溫暖怡人的天氣。

諮：很好。在那裡的感覺如何？你會躺在沙灘上，還是隨意走走？

尼：躺在沙灘上，真是舒服極了。

諮：聽起來風景非常優美。你有那類的照片或影片嗎？

尼：有。

諮：有些人很擅長想像，彷彿只要閉上眼睛，人就飛到那裡。如果太久沒有去某個地方，記憶就會消退，難以回想。你現在要做的，就是看著海浪的圖片或影片，想像海潮的聲音。當你閉上眼睛，畫面就會比較逼真，就像看電視一樣，影音一應俱全……好，請你閉上眼睛，想像自己現在就在夏威夷的海灘上。想像你真的就在那裡，體會它的祥和與平靜。（停頓數分鐘，等尼克放鬆，進入到想像的畫面。）等你準備好之後，隨時可以睜開眼睛。有覺得比較放鬆嗎？感覺如何？

尼：好極了。

諮：很抱歉我必須請你回來，我們還有些事要做。請你閉上眼睛，想像先前提到的一些不愉快事件，例如你的老闆、前妻，特別是討人厭

的同事。請聽從我的指示，當我告訴你該怎麼做時，就把那些畫面
換成夏威夷的景色，放鬆身心，深呼吸幾口氣，對自己說些正向勉
勵的話。

尼：知道了。（等待數分鐘，讓尼克想像之前諮商談到的，會引發壓力
　　的畫面）

諮：好，尼克，到夏威夷去吧。

尼：非常樂意！

諮：很好……當你想到傷心難過的事情時，你的心情會跟著低落緊張；
　　但若想到輕鬆愉悅的畫面，心情也會跟著舒暢自在。（停頓約一
　　分鐘，等尼克放鬆，進到夏威夷的畫面）好，差不多可以睜開眼睛
　　回到這裡了。等你準備好之後，隨時可以回到當下。（介紹量尺
　　技術）請告訴我，在 1 到 10 分當中，1 分是完全放鬆，像是「真
　　的太讚啦」那種感覺，但 10 分卻是：「唉！我還是覺得壓力好
　　大」。當你心裡想著夏威夷的時候，心情是幾分呢？

尼：1，絕對是 1 分！

諮：1 分，太好了。這樣一定可以打敗那些讓你受挫的人。

尼：你說的沒錯！

範例二：引導式視覺心像

　　視覺心像的練習活動多不勝數。以下數個範例取自 Erford（2001）
的《戰勝壓力放鬆練習》（*Stressbuster Relaxation Exercises*）（第
一冊）。讀者若有興趣，可至美國諮商學會購買（請連結進入 www.
counseling.org 的出版品部分）。

熱帶風情

　　今天，我們要去一個偏遠的熱帶海邊旅行。在出發之前，我們先來
做幾次深呼吸，準備前往這個令人心曠神怡的地方。

　　請先放鬆肢體姿勢，閉上眼睛。來，把手放在你的腹部，深呼吸，

讓手隨著腹部的呼吸起伏。想像你的腹部裡面有個沙灘球，當你呼吸的
時候，就把空氣注入沙灘球內；吐氣的時候，就釋放沙灘球內的空氣。

078

　　讓我們開始吧。慢慢地用鼻子深呼吸。

　　（停頓）

　　慢慢地吐氣。

　　（停頓）

　　再一次，慢慢地用鼻子深呼吸。

　　（停頓）

　　慢慢地吐氣。

　　（停頓）

　　再來一次，慢慢地深呼吸，把空氣注入沙灘球。

　　（停頓）

　　慢慢地吐氣，把沙灘球的空氣排出去。繼續慢慢地深呼吸，準備前
往熱帶海邊。

　　（停頓）

　　停下來聆聽你的呼吸聲，非常的平靜與放鬆。你現在準備好要踏上
旅途了。想像你飛到一個熱帶島嶼上，脫離團隊，想找到一處僻靜的場
所。

　　（停頓）

　　你看到一條通往樹林的小徑；你帶著雀躍的心情，走入這條小徑。
在前方，你看到許多青翠的樹木和藤蔓。你也看到明亮鮮豔的花朵恣意
綻放。你聽到鳥聲啁啾，還有其他小動物的低鳴。你聞到甜美怡人的花
香，茂密的樹木展現旺盛的生命力。你沿著小徑前進，享受沿途美麗的
風景。最後，你終於看到前方有片乾淨的沙灘，一座閃耀著藍綠色波光
的環礁湖。這片沙灘杳無人煙，真不敢相信竟然沒有人造訪這麼美的地
方。你決定走向湖邊。溫煦的陽光灑在你身上，你抬頭看看蔚藍純淨的
天空。當你漫步走向湖邊的時候，可以聽見涼涼的湖水聲拍打著沙灘。
你越靠近沙灘，就感覺腳底下的沙子越柔細。請仔細體會沙子的觸感。

　　（停頓）

最後，你終於走到湖邊。看到輕柔的潮汐與水波。你駐足了一會兒，看著湖水漾起的漣漪和拍向白色沙灘的細微波浪。

（停頓）

你的煩惱和憂愁都被潮汐帶走，流向那片清澈無瑕的湖水。

（停頓）

你決定享受這沁涼清爽、撫慰人心、清澈見底的湖水。你把雙腳浸在湖水內，感受細緻的波浪打在小腿上。你獨自站了一會兒，好適應水溫。湖水雖然有點涼意，但卻讓人精神為之一振。你決定再往前走一點，讓這舒爽提神的湖水浸到膝蓋。

（停頓）

079　　　浸到大腿。

（停頓）

浸到臀部。

（停頓）

浸到腹部。

（停頓）

你讓清涼清澈的湖水浸到腰部一陣子，感覺自己好像漂浮在湖面上，全身舒暢無比、精神煥發。享受完這片平靜透明的湖水後，你回頭走向白色沙灘。

（停頓）

抵達沙灘後，感覺腳底下的沙子十分柔軟。你從背包裡取出海灘被，把它鋪在溫暖的沙灘上。你躺在海灘被上，仰望晴空萬里、白雲朵朵，暖烘烘的陽光照在身上。你閉上眼睛，聆聽水波輕拍湖岸，享受這寧靜、輕鬆的片刻。

（停頓）

在那裡躺了一會兒後，你覺得該是歸隊的時候了。你從海灘被起身，再看了一眼這片美麗的湖水和白色的沙灘。把東西放回背包，神清氣爽地走向樹林。樹林裡的鳥聲啾啾、花香四溢。你繼續走在小徑上，回想剛才美妙的旅途經驗，頓覺心情輕快不少。這個經驗令人難忘，回

味無窮。只要你願意，這個熱帶風光隨時都張開雙臂歡迎你回來。

　　想知道視覺心像對個案的效果，諮商師應詢問個案下列後續問題，才算結束這個活動，好轉換到另一個主題或進行其他活動。後續問題包括：

- 這個活動有哪些讓你喜歡的地方？
- 這個活動有哪些讓你不喜歡的地方？

效果與評價

　　視覺心像可用在許多促進成長和治療的情境。想像可以緩和焦慮、加速放鬆、增加控制感、改善問題解決和做決定的能力、緩解疼痛，並協助人們從新的角度看待生命（Seligman & Reichenberg, 2013）。想像也可以促進行為改變，提升個人的自我概念（Vernon, 1993）。引導式心像可用以治療自殘行為（Kress, Adamson, DeMarco, Paylo, & Zoldan, 2013）、壓力、創傷後壓力違常、恐慌發作、神經性厭食症、畏懼症、憂鬱症和慢性疼痛（Arbuthnott et al., 2001）。視覺與引導式心像原本是用來提高放鬆能力（Laselle & Russell, 1993），但亦有助於加強自我管理的效能（Penzien & Holroyd, 1994）、緩和疼痛（Chaves, 1994; Cupal & Brewer, 2001; Gonsalkorale, 1996; Ross & Berger, 1996）和氣喘（Peck, Bray, & Kehle, 2003）。引導式心像亦可用來治療遺尿症和身心症（Myrick & Myrick, 1993），改善拉美裔個案疼痛管理的自我效能（Menzies & Kim, 2008），加強肺部功能，減少患有氣喘學生的焦慮程度和併發焦慮症（Kapoor, Bray, & Kehle, 2010）。

　　Toth 等學者（2007）進行一項小規模、隨機的控制實驗，發現引導式心像音檔可以減緩住院病人的焦慮，還可以廣泛地應用到遭受短期或長期壓力折磨的個人上。Jallo、Bourguignon、Taylor 與 Utz（2008）進行為期 12 週的研究，想知道放鬆的引導式心像（relaxation-guided imagery, R-GI）是否能增強非裔女性懷孕三個月後的壓力管理能力。他們發現研究參與者的呼吸、放鬆程度、對壓力的反應、睡眠週期、焦慮和憤怒程度都改善許多。Wynd（2005）發現採用引導式心像治療煙癮，能取得立即和長期的效果。兩年的戒治率達 26%，遠高於安慰劑控制組 12% 的戒治率。

引導式心像亦可協助個案揭露和處理強烈複雜情緒的經驗，如遭受性虐待（Pearson, 1994）。想像對精神病和成癮亦能發揮些許作用（Schoettle, 1980）。值得注意的是，視覺心像對分不清幻想和現實的兒童可能無效。此種兒童難以一直閉上眼睛和放鬆，或腦海播放的是電視或電影的畫面，而非自己想像的畫面（Schoettle, 1980）。

一般說來，正念取向的技術，如：視覺心像等，皆能增強嚴重生理疾患（如：癌症）的心理適應能力（Smith, Richardson, Hoffman, & Pilkington, 2005）、因應與工作有關的壓力（Shapiro, Astin, Bishop, & Cordova, 2005）。Schure 等學者（2008）發現，正念取向的技術有助於提升諮商師的專業訓練，特別是培養同理心和進階傾聽技巧。

CHAPTER 15

深呼吸

源起

雖然呼吸訓練是西方文化近來才興起的技術，但在東方文化早已行之許久，是常見的正念技術。深呼吸（deep breathing）可溯源自傳統的印度瑜珈。印度的哲學家認為瑜伽的重點是「調息」（pranayama）。「息」（prana）意指「生命能量」，也就是「呼吸」。能夠控制呼吸，等於能夠控制生命能量。古人常把呼吸比喻為控制風箏的線。風箏代表心靈，而風箏線就是呼吸。為了鎮定身體，現今許多諮商師也建議採用呼吸技術。若能學會以更深長、更有效的方式呼吸，個案也能學會壓力管理（Kottler & Chen, 2011）。

實施方式

深呼吸訓練的實施方式差異極大，但基本原則如下：

1. 用鼻子吸氣，但卻用鼻子或噘起嘴唇吐氣（就像輕吻一樣）。
2. 兩次深呼吸之間，可用正常的方式呼吸一至兩次，才不會昏昏欲睡。若有任何頭暈的現象，就持續地、深深地、慢慢地呼吸。
3. 剛開始練習的時候，可以躺下來。學會基本技巧後，接著再改成坐著或站著也能練習。
4. 剛開始放鬆的時候，可能會頻打呵欠，這是一個常見的現象，表示身體正在建立平衡機制，顯示你能成功放鬆了。

5. 開始呼吸訓練前，先留意自己的呼吸狀況，比較訓練前後的進展。

注意：吐氣的時間應該是吸氣時間的兩倍。例如，若吸氣三秒鐘，同一口氣應該吐氣約六秒鐘。同樣地，鼻塞會導致呼吸不順或呼吸困難。若有這種情形，可改用嘴巴呼吸，但也要提醒個案慢慢來不要急。呼吸的深度與速度才是放鬆的重點。

人在休息的時候，通常只會用到三分之一的肺活量。諮商師可利用晤談時間，教導個案如何有效地呼吸。學習深呼吸之前，要先讓個案瞭解如何做橫膈膜呼吸或腹式呼吸。一開始，先請個案平躺，留意自己如何呼吸。首先用手確認。把一隻手放在胃部，另一隻手放在胸前。如果放在胃部的手隆起，個案就是用腹部呼吸。如果放在胸部的手隆起，則個案是用胸式呼吸，諮商師可教導個案把胸式呼吸改為腹式呼吸，協助他們更瞭解兩種呼吸法的差異（Davis, Robbins-Eshelman, & McKay, 2009）。

當個案學會腹式呼吸後，諮商師即可教導他們深呼吸技術。Davis 等學者（2009, p. 27）建議可用以下的步驟實施深呼吸練習：

1. 躺在毛毯、草席或地墊上。膝蓋彎曲，雙腳打開與臀部同寬（約 20 到 30 公分），腳趾頭稍微向外開展。脊椎一定要伸直。
2. 檢查身體的緊張程度。
3. 把一隻手放在腹部，另一隻手放在胸前。
4. 慢慢地、深深地，從鼻子吸氣到腹部，讓放在腹部的手儘量隆起到舒服的程度。你的胸部應該只有上升一點點，腹部的隆起較明顯。
5. 熟悉第四步驟後，稍微揚起嘴角微笑。從鼻子吸氣，從嘴巴吐氣，發出平緩、舒適的呼吸聲，就像微風輕拂過你的身體。你的嘴巴、舌頭和下巴都很放鬆。深深地、慢慢地呼吸，讓腹部緩慢的起伏。專心聽和感受你的呼吸，讓你越來越放鬆。
6. 繼續深呼吸五到十分鐘，每天一到兩次，持續數週。可以的話，

把呼吸練習延長到 20 分鐘。

7. 每次深呼吸練習結束後，花點時間檢查身體的緊張程度。比較深呼吸練習前後的緊張程度。

8. 當你熟悉腹式呼吸後，不管站或坐，只要有空就儘量練習。把注意力集中在腹部的起伏、空氣進出肺部的流動，以及深呼吸帶給你的放鬆感。

9. 只要一感覺到緊張，就用深呼吸練習放鬆自己。

變化形式

深呼吸法的變化形式超過二十多種，對諮商師最有用的將說明如下。當人處在會引發焦慮的情境時，可採用名為「丹田呼吸法」（breathing down）的深呼吸變化形式。進行這個練習時，個案先以舒服的姿勢坐著，將雙手放在肚臍上，右手在上左手在下。個案想像雙手交叉的胃部內裝有一個袋子。深呼吸的時候，就想成將空氣灌入袋子裡。持續呼吸練習數次，直到把袋子的空氣裝滿。裝滿後，則屏住呼吸，把空氣留在袋子裡，反覆告訴自己：「我的身體很鎮靜。」吐氣的時候就是釋放空氣，然後告訴自己：「我的身體很平和。」重複這個練習連續四次、每天十次，持續數週之後，個案會更容易放鬆。

另外兩種變化形式亦行之有年。Vernon（1993）會教導個案吐氣時，就好像把擔憂丟在一旁；吸氣的時候，就想像體內平靜無波。類似的變化形式稱為「從容不迫地呼吸，靜下心來排隊」。Faelton 與 Diamond（1990）建議碰到交通阻塞或類似情況的人，可以運用深呼吸趕走不耐煩的心情。等待的時候，要提醒自己「欲速則不達」，越著急時間過得越慢。我們也應該想像別人在等待時「也在盡他們最大努力忍耐」（p. 61）。

另一種深呼吸法的變化形式適用於團體。諮商師教導團體成員深呼吸。待每位成員熟稔該技術後，即可當成團體的暖身活動。「起伏呼吸法」（rolling breath）則是另外一種變化形式。這個練習活動要安排一

位夥伴幫忙。其中一人躺在地上，夥伴則把一隻手放在對方的腹部，另隻手放在對方的胸前。吸氣的步驟有二：首先把空氣吸入腹部，再把空氣吸入肺部。觀察夥伴的手規律地上下起伏。從肺部吐氣的同時，也將腹部的氣吐出。第一位練習完畢，體驗數分鐘的起伏效果後，再換夥伴練習（Sam Houston State University Counseling Center, 2014）。

還有一種變化形式為「三次呼吸釋放法」（three-breath release）。此法每天至少要練習一次。個案須閉上眼睛，吐氣的時候要放鬆全身，變成軟綿綿的狀態。做這個練習的時候，要確保個案保持在平衡的狀態，才不致於跌倒。此一練習應進行三次（Schafer, 1998）。

「用心像呼吸控制疼痛」是另一個由 Faelton 與 Diamond（1990）提出的呼吸訓練變化形式。採此呼吸法時，個案一樣要閉上眼睛進行腹式呼吸。吸氣時，想像詳和的空氣填滿疼痛的部位。吐氣的時候，想像疼痛脫離身體遠去。十分鐘後，再睜開眼睛，伸展四肢。

範例

以下的逐字稿是一小段深呼吸練習的摘錄。

諮商師（諮）：好，山姆，請你躺在墊子上，閉上眼睛。稍微彎曲膝蓋，雙腳分開……很好。現在，請把一隻手放在腹部，另外一隻手放在胸前……慢慢地吸氣，從鼻腔深入到腹部。你會注意到你放在腹部上的手隆起，放在胸前的那隻手應該只有上升一點點。現在，慢慢地從嘴巴吐氣。只要稍微地噘起嘴唇，緩緩地、慢慢地……像剛好能輕吹一根蠟燭火光般的吐氣。很好，繼續深深地、慢慢地呼吸，感覺腹部的起伏。專心聽和感受你的呼吸……（停頓）……越來越放鬆。

在諮商師的鼓勵和引導下，山姆規律地繼續進行五到十分鐘的深呼吸訓練。諮商師接著指派家庭作業：到下次晤談前，每天要練習深呼吸五到十分鐘三次。

效果與評價

　　減緩呼吸速率能降低壓力，提升專注力（Fontaine, 2010; Kabat-Zinn, 2006; Luskin & Pelletier, 2005）。採用呼吸練習的理由很多。常見的情況是，諮商師建議個案學習此技術來控制焦慮或管理壓力。深呼吸法亦可用來緩解「廣泛性焦慮症、恐慌發作和懼曠症、憂鬱症、焦躁易怒、肌肉緊繃、頭痛、疲勞……屏息症、換氣過度、淺呼吸、手腳冰冷症」（Davis et al., 2009, p. 25）。

　　深呼吸也和廣受歡迎的生產減痛法結合，即「拉梅茲分娩法」（Lamaze）。拉梅茲呼吸法的理論是，若能善用深呼吸，腦部掌管疼痛的皮質部位就不會起反應。Nuernberger（1981）將深呼吸法運用於患有睡眠障礙的個案。深呼吸不僅讓人容易入睡，睡眠得到的休息效果也較佳。深呼吸練習的進行方式如下：「用平躺的姿勢深呼吸 8 次；向右側臥深呼吸 16 次；向左側臥深呼吸 32 次」（p. 197）。多數人在完成練習前就能入睡了。

　　Kabat-Zinn（2006）曾說明如何運用深呼吸管理疼痛。練習深呼吸法期間，個案應深入體驗身體疼痛的部位。藉由覺察疼痛和呼吸，個案就能洞悉受影響的部位，減輕壓力。

　　深呼吸練習可用來協助戒菸。有些人抽菸是為了放鬆。抽菸時會好整以暇地花時間慢慢呼吸。這個習慣和深呼吸時產生的放鬆效果雷同。藉由學習深呼吸而非抽菸來放鬆，會比較容易戒菸（Faelton & Diamond, 1990）。

　　深呼吸亦有助於憤怒管理。雖說憤怒是正常的情緒反應，但若沒有好好處理，也會釀成災禍。Arenofsky（2001）推薦一個讓頭腦冷靜的方法，就是深呼吸。進行深呼吸練習前，應教導對方先試著解決衝突，增加和平收場的機會。同樣地，正念取向的技術都有助於減緩憂鬱症狀。在一項共振成像的研究中，Paul、Stanton、Greeson、Smoski 與 Wang（2013）發現深呼吸能有效減少自動化的情緒回應和反應。

084

Laselle 與 Russell（1993）進行的調查研究顯示，諮商師並不常將深呼吸法運用在學生身上，但這卻是能讓許多年輕人受惠的技術。教導學生放鬆技術，如深呼吸，能減少校園中的問題行為和衝突。Noggle、Steiner、Minami 與 Khalsa（2012）的研究證實，和控制組比較起來，受過呼吸強化瑜伽訓練的青少年，其負面情緒減弱，正向情緒和心情提升不少。

Brown 與 Uehara（1999）說明深呼吸如何運用在職場上，以減輕工作壓力。很多時候，壓力是員工選擇離開職場或專業的原因。壓力也是員工缺勤比率居高不下的禍首。察覺到壓力之後，Brown 與 Uehara 建議對員工實施生理訓練。在訓練過程中，指導員工學習因應策略，例如深呼吸就是一個很有效的壓力管理方案。

Van Dixhorn（1988）進行一項隨機放鬆治療實驗研究，治療重點是教導呼吸覺察和腹式呼吸。與單獨練習相較，放鬆治療可減少心肌缺氧導致異常病變的風險。經過兩年的追蹤期後，學習放鬆治療的研究參與者，比起其他療法的參與者，較無心血管疾病方面的問題。Cooley 等學者（2009）比較各種自然療法（如：飲食諮商、深呼吸放鬆技巧、綜合維他命、草本印度人蔘）和心理治療（一樣是採用深呼吸和安慰劑組）對降低焦慮的效果。結果發現兩組參與者的焦慮皆有顯著改善，但自然療法組的療效更佳。這個研究顯示深呼吸可與他種療法結合，用途相當廣泛。

諮商師運用深呼吸的目的不一而足。它受歡迎的理由之一或許是快速又易實施。呼吸訓練幾乎可隨時隨地進行，不必擔心他人察覺。深呼吸是極有益處的放鬆技術，簡單淺顯，老少咸宜。

CHAPTER 16

漸進式肌肉放鬆訓練

源起

　　Edmund Jacobson 會發展出漸進式放鬆訓練（progressive relaxation），乃目睹一向冷靜沉著的父親，卻在家中失火後數年依舊焦慮不安。Jacobson 進行許多研究，檢視人類的骨骼肌肉，特別是肌肉為何會緊繃、如何才能讓肌肉放鬆。透過他的研究，Jacobson 發現神經肌肉和大腦一樣，都會產生心理活動。測量人們緊張和放鬆時神經肌肉的心理活動後，Jacobson 用這些資料發明了漸進式放鬆技術（Jacobson, 1977），藉此過程學習放鬆緊繃的肌肉。當個體不施力時，肌肉才會放鬆。

　　漸進式肌肉放鬆訓練（progressive muscle relaxation training, PMRT）依據的是交互抑制（reciprocal inhibition）原理：肌肉不可能同時緊繃和放鬆。學習辨識肌肉緊繃和放鬆時的感覺，個體就可學會放鬆，緩解壓力（Kottler & Chen, 2011）。

實施方式

　　實施漸進式肌肉放鬆訓練時，諮商師應確保空間不受干擾。幫個案找個舒服的位置，如：沙發或地墊，躺下並閉上眼睛（Hackney & Cormier, 2012）。漸進式放鬆訓練通常需時 15 到 30 分鐘，並調暗房內的燈光。差不多六到七次的漸進式放鬆訓練，即可大幅減少個案的壓力水準（Jacobson, 1977）。個案要穿著寬鬆的衣服，脫掉鞋子。先從

腳趾開始，再漸次往上，繃緊全身的肌肉，留意緊繃的感覺，然後放鬆特定的肌肉部位。重要的是反覆練習收縮肌肉數次，這樣個案才能覺察緊繃和放鬆的差別。諮商師要教導個案放鬆全身各個不同部位的肌肉（Jacobson, 1987）。

雖然 Jacobson 一開始曾說共有 30 個肌肉部位要練習（全部練習完畢要花 40 次療程！），但近來多數的諮商師僅花一次療程，練習的肌肉部位包括：右腳、右小腿、右大腿、左腳、左小腿、左大腿、臀部、腹部、右手、右臂、左手、左臂、腰部、肩膀、頸部、臉部下方、臉部上方（見表 16.1）。

一般說來，要先教個案深呼吸，屏氣五秒鐘。繃緊某一肌肉部位，然後慢慢吐氣，放鬆這些肌肉。釋放緊張與配合吐氣會強化放鬆的程度，蘊含古典制約的原理。

086

當個案瞭解如何放鬆每個肌肉部位後，諮商師可用一整個療程教導他們漸進式放鬆訓練，把每個肌肉部位都練習一遍。練習完後，個案應可同時讓肌肉放鬆（Jacobson, 1987）。療程結束後，請個案靜躺數分鐘，讓漸進式放鬆的效果發揮到極致。

變化形式

根據 Jacobson（1987）的說法，漸進式放鬆訓練有三種變化形式：全身的（general）、相對的（relative）和特定的（specific）放鬆。全身的放鬆是指個案放鬆身體的每個肌肉部位。相對的放鬆是指一邊做某事，但同時儘量放鬆。例如，坐在書桌前工作時，就可以練習相對的放鬆；雖然無法完全放鬆，但還是盡可能地放鬆。特定的放鬆是指放鬆和繃緊某一特定肌肉。Lazarus 把全身的放鬆稱為「完全放鬆」，相對的放鬆稱為「差別放鬆」。Carroll 等學者（1997）帶領小團體時，在深呼吸練習後進行漸進式肌肉放鬆訓練。他們建議做完深呼吸練習後再實施相對的放鬆。諮商師請個案坐在椅子上，放鬆用不到的肌肉部位。

表 16.1　漸進式肌肉放鬆訓練指導語

- 右手臂：深呼吸，屏氣五秒鐘。右手握拳、彎曲手腕、收縮前臂、縮緊二頭肌。放鬆這些肌肉，吐氣時把緊張釋放出去。
- 左手臂：深呼吸，屏氣五秒鐘。左手握拳、彎曲手腕、收縮前臂、縮緊二頭肌。放鬆這些肌肉，吐氣時把緊張釋放出去。
- 右腿：深呼吸，屏氣五秒鐘。腳趾頭向下彎曲、抬腳、收縮脛骨、縮緊大腿肌肉。放鬆這些肌肉，吐氣時把緊張釋放出去。
- 左腿：深呼吸，屏氣五秒鐘。腳趾頭向下彎曲、抬腳、收縮脛骨、縮緊大腿肌肉。放鬆這些肌肉，吐氣時把緊張釋放出去。
- 腹部：深呼吸，屏氣五秒鐘。收縮腹部、收縮胃部並彎曲腰部、靠向肩膀方向約 15 公分。放鬆這些肌肉，吐氣時把緊張釋放出去。
- 腰部和肩膀：深呼吸，屏氣五秒鐘。拱起背部、手肘彎曲、前臂和地面保持平行、肩膀收縮靠在一起。放鬆這些肌肉，吐氣時把緊張釋放出去。
- 頸部：深呼吸，屏氣五秒鐘。把頭轉向右邊，看著你的右肩。然後放鬆這些肌肉，吐氣時把緊張釋放出去。接下來，深呼吸，屏氣五秒鐘。把頭轉向左邊，看著你的左肩。然後放鬆這些肌肉，吐氣時把緊張釋放出去。深呼吸，屏氣五秒鐘。把頭轉向右邊，試著讓你的右耳碰到右肩。然後放鬆這些肌肉，吐氣時把緊張釋放出去。接下來，深呼吸，屏氣五秒鐘。把頭轉向左邊，試著讓你的左耳碰到左肩。放鬆這些肌肉，吐氣時把緊張釋放出去。
- 臉部下方（下巴、嘴唇和舌頭）：深呼吸，屏氣五秒鐘。牙齒緊閉、雙唇緊貼、把舌頭向後捲向喉嚨深處。放鬆這些肌肉，吐氣時把緊張釋放出去。
- 臉部上方（前額、眼睛和鼻子）：深呼吸，屏氣五秒鐘。雙眼緊閉、鼻子收緊、雙眉靠攏皺緊。放鬆這些肌肉，吐氣時把緊張釋放出去。

　　另一個漸進式放鬆的變化形式為錄音訓練。採用此法時，諮商師錄下和個案進行漸進式肌肉放鬆訓練的過程，讓個案帶回家聽。這個錄音檔是在諮商師的引導下完成的訓練，個案可帶回家裡舒服自在地反覆練習。有些學者認為此法不妥，因為諮商師不在現場，無法糾正個案做錯的地方。但對許多個案來說，將漸進式肌肉放鬆訓練的錄音檔交給他們當成回家作業，或能加速治療進展。

087

範例

　　在這次療程中，山姆要學習漸進式肌肉放鬆訓練，來加強放鬆的程度。

諮商師（諮）：請採取你個人最為放鬆的姿勢。坐在椅子上並靠向椅背。慢慢地深呼吸，感覺自己隨著呼吸變慢而放鬆……（停頓一兩分鐘，等山姆做好深呼吸）好，山姆，你待會要學習的放鬆技巧，叫做「漸進式肌肉放鬆訓練」。漸進式的意思是一步一步地進行。所以你要逐步學習放鬆身體重要的肌肉部位。先從幾次深呼吸開始，就像我們過去幾星期來練習的那樣。

山姆（山）：（閉上眼睛，慢慢地深呼吸約六次）

諮：漸進式肌肉放鬆訓練的原理是，肌肉不可能同時緊繃和放鬆。一次放鬆一組肌肉，再擴散到全身肌肉都放鬆。基本的過程是先深呼吸，屏息並繃緊特定肌肉約五到七秒鐘，吐氣的時候再放鬆緊繃的肌肉。也就是吐氣時肌肉跟著放鬆，反覆練習數次後，就能學會在吐氣的同時讓緊繃的肌肉放鬆。

山：太好了！省了很多時間。

諮：沒錯，所以我們必須熟悉這些步驟，做足練習，以後就如同你所說的，可以節省很多時間。順道一提，這整個過程就像物理學的「靜止電位」。你看，就像用 1 到 10 或 1 到 100 的刻度，預估你的肌肉緊繃程度一樣，跟我們之前提到的觀念很像吧。假設靜止電位，也就是你的肌肉緊繃狀態，嗯，算 7 好了。當你繃緊肌肉的時候，緊繃程度會上升到 9 或 10；接著，當你放鬆肌肉時，緊繃程度會下降到 5 或 6，比開始進行時還要放鬆。

山：噢，我懂了。透過緊繃和放鬆肌肉，就會越來越放鬆。

諮：對。讓我們開始放鬆第一組肌肉，你的右手臂。請先做幾次緩慢的深呼吸。（停頓一會兒，等山姆做完三次深呼吸）好，深呼吸……

屏氣五秒鐘。右手握拳、彎曲手腕、收縮前臂、縮緊二頭肌，但肩膀和身體其他部位還是放鬆的，只要繃緊右臂就好。來，五秒鐘到了。慢慢地吐氣，放鬆這些肌肉，把緊張釋放出去。另外，當你把緊張釋放出去的時候，專心體會手臂放鬆的感覺。非常好，瞭解這個過程了嗎？深呼吸，屏氣並繃緊肌肉五到七秒鐘。吐氣，放鬆這些肌肉……深呼吸，吐氣，我們再繼續進行下一組肌肉。

山：了解，聽起來很簡單。

由於山姆的進展不錯，諮商師準備進行其他的肌肉部位。

諮：好，我們來試試左手臂。深呼吸……屏氣五秒鐘。左手握拳、彎曲手腕、收縮前臂、縮緊二頭肌。放鬆這些肌肉，吐氣時把緊張釋放出去……

　　現在換右腳。深呼吸……屏氣五秒鐘。腳趾頭向下彎曲、抬腳、收縮脛骨、縮緊大腿肌肉。放鬆這些肌肉，吐氣時把緊張釋放出去……

　　現在換左腳。深呼吸……屏氣五秒鐘。腳趾頭向下彎曲、抬腳、收縮脛骨、縮緊大腿肌肉。放鬆這些肌肉，吐氣時把緊張釋放出去……

　　現在換腹部。深呼吸……屏氣五秒鐘。收縮胃部並彎曲腰部、靠向肩膀方向約 15 公分。放鬆這些肌肉，吐氣時把緊張釋放出去……

　　現在換腰部和肩膀。深呼吸……屏氣五秒鐘。拱起背部、手肘彎曲、前臂和地面保持平行、肩膀收縮靠在一起。放鬆這些肌肉，吐氣時把緊張釋放出去……

　　頸部會有點複雜，因為它的組成肌肉較多。深呼吸……屏氣五秒鐘。把頭轉向右邊，看著你的右肩。然後放鬆這些肌肉，吐氣時把緊張釋放出去……。接下來，深呼吸……屏氣五秒鐘。把頭轉向左邊，看著你的左肩。然後放鬆這些肌肉，吐氣時把緊張釋放出去……深呼吸……屏氣五秒鐘。把頭轉向右邊，試著讓你的右耳碰

088

到右肩。然後放鬆這些肌肉，吐氣時把緊張釋放出去……接下來，深呼吸……屏氣五秒鐘。把頭轉向左邊，試著讓你的左耳碰到左肩。然後放鬆這些肌肉，吐氣時把緊張釋放出去……

現在換你的臉部下方，也就是下巴、嘴唇和舌頭。深呼吸……屏氣五秒鐘。牙齒緊閉、雙唇緊貼、把舌頭向後捲向喉嚨深處。然後放鬆這些肌肉，吐氣時把緊張釋放出去……

最後是你的臉部上方，也就是前額、眼睛和鼻子。深呼吸……屏氣五秒鐘。雙眼緊閉、鼻子收緊、雙眉靠攏皺緊。然後放鬆這些肌肉，吐氣時把緊張釋放出去……

好，我們已經放鬆完全身重要的肌肉部位了。請再次掃描全身，看看還有沒有哪邊的肌肉還很緊繃。像我們之前做的那樣，繃緊和放鬆這些肌肉。

山：（再次繃緊和放鬆腰部和肩膀的肌肉）

諮：現在，請做幾次悠長、深度、緩慢的呼吸，結束今天的練習。專心體會肌肉放鬆的感受，當你繼續呼吸的時候，讓這些肌肉更放鬆。

山：（做完另外三次不等的呼吸訓練）

諮：好，請睜開眼睛，猜猜你的家庭作業是？

山：到下次來晤談前，每天進行三次……

效果與評價

漸進式肌肉放鬆訓練能有效處理諸多生理與心理不適的問題（Harris, 2003）。漸進式肌肉放鬆訓練可單獨使用，亦可搭配其他技術，如：系統減敏感法、肯定訓練、自我管理方案、生理回饋鬆弛訓練、催眠、冥想、自主訓練等（Corey, 2015）。漸進式放鬆亦可用來緩解許多臨床問題，包括：焦慮、壓力、高血壓和心血管疾病、偏頭痛、氣喘和失眠。當個體遭受工作或生活型態的壓力時，漸進式肌肉放鬆訓練可以派上用場。漸進式肌肉放鬆訓練也能有效降低養育資優孩童的壓力（Roome & Romney, 1985），加強職場的壓力因應能力，治

療慢性腰痛（Carlson & Hoyle, 1993）。Bornmann、Mitelman 與 Beer（2007）等學者採團體介入方式，對住院的學齡兒童進行 13.5 小時的漸進式肌肉放鬆訓練方案，發現和原本採用的治療法比較，漸進式肌肉放鬆訓練更能減少參與者的攻擊和暴怒行為。他們的結論是，如果能大規模實施放鬆和其他的憤怒管理技巧，可以預防攻擊和危機情境發生。

　　比較治療效果的研究一向是學者關注的重點。Stevens、Hynan、Allen、Beaun 與 McCart（2007）針對 26 個漸進式肌肉放鬆訓練、生理回饋、複合式心理治療的研究進行後設分析。結果發現越複雜的心理治療，效果比漸進式肌肉放鬆訓練和生理回饋為佳。當然，越複雜的心理治療，越需要高度專業的訓練或知能，通常也不是漸進式肌肉放鬆訓練的處遇範圍。隨著科技益發創新，也開發出新的服務客群。Eonta 等學者（2011）用個案的智慧型手機設計適合個人使用的漸進式肌肉放鬆訓練輔助工具，治療他們的懼曠症和廣泛性焦慮症，讓個案在外面活動時也能進行放鬆訓練。當行動數位科技日益普及，此種介入方式也廣受青睞。

　　Kiselica 與 Baker（1992）提醒諮商師使用漸進式肌肉放鬆訓練時應謹慎注意的要點。對某些個案而言，放鬆過程反而會引發焦慮。要協助焦慮的個案放鬆，諮商師應事先告知個案練習過程中或許會產生不尋常的感受。諮商師可告訴個案漸進式放鬆能增加而非減少他們的控制感。有些個案可能會想起令人不安或不快的逼真記憶。不管情形為何，諮商師都應協助個案處理回憶。進行漸進式放鬆的過程中，有些個案會不小心睡著。要避免這種情況發生，諮商師要提醒個案保持清醒、調亮室內燈光，或調整個案的姿勢。諮商師亦可和個案一起設定信號，讓諮商師明白個案是清醒的，並沒有睡著。

第五部分

人本—現象學取向技術

人本（humanistic）或現象學（phenomenological）取向非常重視關係，強調個人當下與未來能否發揮功能，而非過去的事件與問題。該取向也認為所有人都擁有成長與發展的自由和責任。的確，人類天生具有自我成長與自我實現的潛能（Rogers, 1951, 1957）。但個案—諮商師的關係和治療同盟才是人本取向的核心。諮商師須完全進入個案的主觀世界，從個案的觀點瞭解他的主述問題。

Carl Rogers（1951, 1957）是最知名的人本諮商學派擁護者。他最廣為人知的就是非指導性的個人中心諮商取向。McWhirter 與 Ishikawa（2005）曾說非指導性的個人中心諮商取向要促進個人的成長、適應性、社會化與自主性。個體奮力統整自我的內在與外在經驗，但不健全的社會或心理打擊，都會阻礙自我實現，造成心理衝突，尤其是缺乏社會認可等基本需求時最為嚴重。

Rogers（1957）認為諮商師必須具備三項核心特質（essential characteristics）（即：同理心、真誠一致、無條件正向關懷），方能創造一個不受威脅、讓人安心的關係，允許個案自己解決衝突和深入自我瞭解。就像正念取向一樣，人本—現象學取向重視此時此刻（Kabat-Zinn, 2006）和不評價的態度。批評人本—現象學取向的人說洞察不一定能解決問題，有效的行動才是解決之道。儘管如此，人類常想瞭解自己的內心世界，包括：想法、感覺和心情狀態。而人本取向的技術就是要激勵個案自我瞭解，探求生而固有（如：內在）的動機。

這個部分涵蓋的技術有四：自我揭露、面質、動機式晤談、優點轟炸。自我揭露（self-disclosure），或稱諮商師的揭露，自 Freud 時代以

091

來即飽受爭議，應用該技術的研究少之又少。然而，若恰當運用，諮商師的自我揭露能促進治療同盟，協助個案洞察。想當然耳，如果我們相信個案能從他人的經驗獲益，為什麼諮商師不能提供自己的經驗供個案學習呢？面質（confrontation）也是諮商不可或缺的一項技術。若運用得宜，將有助於推動個案做出有益於人生的改變。幸好，諮商師用面質強迫個案前進的時代已經過去。時至今日，諮商師多樂意使用非指導性的面質風格或同理的面質（Ivey, Ivey, Zalaquett, 2014），以鼓勵個案改變。

Miller 與 Rollnick（2002）發展出來的動機式晤談（motivational interviewing）要激勵個案進行雙方都同意的改變。Miller 與 Rollnick 指出動機式晤談的四大原則：傳達同理心、看出不一致之處、減緩抗拒心理、鼓勵個案發展自我效能。透過下面四個稱為 OARS（英文首字母縮略字）的個人中心取向技巧，協助個案看出不一致之處：開放式問題（open-ended questions）、肯定（affirmations）、反映技巧（reflecting skills）、摘要（summaries）。動機式晤談起初是用來處遇成癮患者，如今類化應用的範圍極廣，驅策個案移開阻撓改變的絆腳石。最後，（用於團體中的）優點轟炸（strength bombardment）和（用於個別諮商中的）自我肯定（self-affirmation）訓練，是要發掘個案的優點與正向特質。當個案未來面臨困難和挑戰時，它是復原力的泉源和寶庫，或可用來摘述和再度肯定個案的能力、長處與特色。優點轟炸通常當作圓滿結束團體工作的活動。

人本—現象學取向的多元文化考量

個人中心諮商與其他人本—現象學取向，對世界各地的多元文化族群的影響深遠，但這些取向並非完美無缺。人本取向的多元文化限制包括：缺乏結構、核心條件難以實踐練習、看重內在而非外在評價（Corey, 2015）。往好的方面想，人本取向反對診斷，重視個案的參考架構。

　　諮商師的角色是協助個案獲得洞察，確信個案天生我材必有用。人本取向深究個案的情緒，與受到排擠或長期以來被壓迫的群體站在同一陣線。因此，人本取向相當尊重不同世界觀和文化背景的個案。人本取向真情流露的面向特別吸引女性。相反地，密集分享情緒與個人／家庭資訊的互動方式，讓阿拉伯裔或亞裔望之卻步，因為這些文化背景的個案並不習慣表達強烈的情緒。因此，在開始使用人本取向的技術前，諮商師須特別留意評估個案的舒適水準（Hays & Erford, 2014）。

　　人本取向並非短期諮商，通常須花數月的時間晤談。人本取向的諮商速度對某些個案，特別是難以負擔長期治療費用的個案來說，或許稍嫌緩慢。此外，人本取向追求的不是具體顯著的效果，這會讓某些個案覺得他們得投資相當多的時間才能看到改變，因而心生不滿。

　　人本取向重視友好關係、治療同盟，分享強烈的情緒與親密的生活事件細節，此種注重當下、不強人所難的諮商歷程，賦予個案力量，亦吸引許多不同文化背景的人前來求助。但另一方面，有些文化覺得家醜不可外揚（如：拉丁美洲文化），或覺得不必深究情緒或顯露強烈情緒（如：亞洲文化）。人本取向跨越許多文化脈絡的藩籬，包括：性別、種（民）族、社經地位、身心障礙者、性取向等。雖然如此，某些文化（如：中東、西班牙、亞洲人等）可能不是很喜歡非指導性的學派取向（Hays & Erford, 2014）。

CHAPTER 17

自我揭露

093

源起

　　許多諮商理論取向已經對諮商師的自我揭露（self-disclosure）表明清楚的立場或推薦採用。有些取向，如人本取向，對自我揭露樂觀其成，認為自我揭露可以表現出諮商師溫暖、真實、人性化的一面，有助於建立治療同盟（Williams, 2009）。其他的學派，如心理動力取向，卻認為自我揭露可能會削弱個案的能力。無論如何，有心或無意的自我揭露都是諮商歷程的一環。揭露的形式或揭露的目的不一而足，個案也不一定會注意到。因此，諮商師應多瞭解該如何自我揭露，善用之──或棄而不用。前面已經介紹過，人本取向的諮商師大多樂於自我揭露。

實施方式

　　牽涉到知後同意的說明，自我揭露是諮商倫理不可或缺的要素（Barnett, 2011）。諮商師負有告知個案諮商師個人的教育程度、資歷、背景、取向和其他足以影響個案決定諮商師是否適任的倫理責任。諮商師放置在辦公室的物品透露出諮商師的個人生活，等於是告訴個案可能會影響諮商師服務品質的因素（如：家人死亡、孩子出生、假期等）。上述自我揭露的例子都是有意為之且無法迴避的。

　　諮商師的外表和文化特徵也透露許多諮商師的訊息，有些能增進治療同盟，有些則否。諮商師的種族、年齡、性別、服飾穿著、體格／肢障、口語能力，甚至戴不戴婚戒，在在傳達諮商師的個人資訊與價值觀

（Barnett, 2011）。文化與外表特徵常影響個案的假設、印象，甚至形成對諮商師的刻板印象。這些假設或許正確，是建立諮商關係的絕佳素材；但若不正確的話，恐會阻礙諮商進展。

　　刻意自我揭露的方法主要分成兩種。第一種方法是諮商師跟個案分享個人的經驗。此舉既能示範諮商師誠實與真摯的態度，亦能達到增進治療同盟的終極目標（Bugental, 1987; Rogers, 1957）。諮商師經歷的事件和內心的糾葛與個案相仿，希望藉由分享相似的經驗，培養和強化彼此的連結，認可個案的努力（Stricker & Fisher, 1990; Williams, 1997）。

　　第二種刻意自我揭露的方法，是指諮商師真誠地說出他對晤談的感受，如：以個案為榮、難過或移情。此種形式的揭露協助個案客觀地看待自己的經驗，與個案負面的自我知覺或詮釋相抗衡（Aron, 1996; Benjamin, 1988）。如此一來，諮商師和個案可以把彼此的理解與觀點互相對照比較，有助於雙方洞悉諮商歷程和晤談主題。

094

　　無論採用何種方法，最重要的是治療同盟夠穩固，以讓個案受惠為揭露的目標。若揭露失當、別有用心，即有可能剝削個案而不自知。開放且真誠地請教其他值得信賴的諮商師，將有助於諮商師恰如其分地自我揭露，發揮這個技術的效果。

　　意外的（不經意、非故意的）自我揭露是諮商師應留意的另類自我揭露類型。諮商師應接納、不評價個案，但個案有時會說出一些不可思議的事情，就連資深諮商師聽了都忍不住皺眉頭或倒抽一口氣！我們畢竟也有個人的價值觀、信念和成長背景，也就是說，諮商師也是人，也會犯錯。Barnett（2011）曾撰文探討諮商師不經意流露的反應和揭露，可能會對治療同盟帶來傷害或裂痕。諮商師表現出不贊成、震驚、詫異等其他反應，違反了諮商師價值中立的立場，動搖個案一向安全和信任的諮商環境。上述反應雖在所難免，諮商師仍有必要在療程中與個案一起評估意外揭露的效應，想辦法補救意外揭露對治療關係造成的危害。

變化形式

　　自我揭露是一個變化多端的技術，不同取向的觀點殊異，運用的巧妙各有不同。例如，人本主義學者認為自我揭露可以平衡個案與諮商師的權力關係（Stricker & Fisher, 1990; Williams, 1997）；存在主義學者肯定自我揭露可起示範或教導個案的作用（Jourard, 1971; Yalom, 2002）；女性主義學者則認為自我揭露可協助個案選擇適當的諮商師，瞭解或擴大個案與諮商師的權力關係（Simi & Mahalik, 1997）。當代的心理動力學派治療師認為自我揭露無從避免，欲多探討廣泛運用自我揭露（Farber, 2006; Marcus, 1998; Singer, 1977）。當代的認知─行為學派諮商師則用自我揭露正常化個案的經驗，打擊負面思考模式（Ziv-Beiman, 2013）。不管怎樣，研究結果均支持若治療同盟夠穩固，善用自我揭露能促進洞察、關係連結與療癒（Farber, 2003）。

範例

　　以下乃是三個在諮商中運用自我揭露的簡短範例。

範例一：金

　　金因為焦慮症，被醫生轉介來接受諮商。金的父親是個酒癮患者，長期的家庭生活壓力已經影響她的心理健康。第三次療程時，諮商師以自我揭露正常化個案對困境的反應。

金（金）：我真不敢相信這個禮拜發生的事。說這些事讓我覺得很丟臉。

諮商師（諮）：這是一個安全的地方，妳大可放心跟我說。我不會批評妳。

金：好吧。星期五晚上，爸爸和媽媽大吵一架。她氣爸爸又喝酒了，對他大吼大叫，但根本沒有用。爸爸奪門而出，我們只好待在家裡等

他回來，枯等了一個小時。媽媽說：「算了，不要等他了，我們去看電影。」我覺得這個主意不錯，就算爸爸喝得醉醺醺的，我和媽媽還是能過正常的生活。聽起來不錯，是吧？結果當我們一起去吃晚餐、看電影，回到家的時候，卻看見爸爸昏睡在車道上！全身赤裸、一絲不掛的躺在車道上！在我看來，他真是個神經病，不是嗎？我們出去了四小時，那他呢？這是怎麼回事？我從來沒看過別人的爸爸全身光溜溜的醉昏在車道上！只有我爸爸會這樣！為什麼這種事會發生在我身上？

095

諮：哇！我不知道妳現在是很生氣，或者是不知如何是好，多說一點給我聽。

金：不知如何是好……可能吧，但我真的搞不懂。我的意思是說，這一切看起來不像是真的。我們看他躺在那裡，而我唯一能做的事，就是拼命揉眼睛，希望眼前所見的一切全部消失不見。就像是……這是假象，不可能是真正存在的畫面。我一定是瘋了。

諮：可是妳的確看到他了。這是真的。

金：不，不可能。我一定是瘋了。

諮：妳看到了，妳媽媽也看到了。妳正在說這件事給我聽。妳沒有瘋，這是千真萬確的事。

金：我的生活從來沒有這麼悲慘過。我一定會發瘋的。

諮：物質濫用的壓力之一，就是任何事都有可能發生。

金：我就是不想相信。

諮：我相信。

金：我不知道該怎麼辦。這應該是電影和網路上才有的情節。現實生活中不可能發生這種事。

諮：金，我相信這一切是真的。我媽媽很愛喝酒，我就是在這樣的家庭環境下長大。雖然她不曾全身赤裸地躺在車道上，但也做過一些令人難以置信的糗事。就像妳說的，我常常不知所措、困惑、生氣，覺得她讓我丟臉。可是妳不能讓這些事情逼瘋妳。他們做了些蠢事，因為他們喝醉了。妳沒有瘋，妳看到的是酒精濫用的後果，它

會讓人出盡洋相。

透過這段自我揭露，諮商師用個人的親身經歷，向個案解釋他能感同身受。諮商師不需要說太多細節，而是把焦點放在個案上。個案聽了之後就會明白諮商師曾有類似的遭遇，真的瞭解她的感受。

範例二：山姆

山姆是位中年人，要透過諮商處理憤怒議題。他在便利商店鬧事被捕，法院判定他強制接受諮商。山姆未婚，和弟弟史考特同住。進行到第六次晤談時，諮商師運用自我揭露協助山姆說出他對諮商進展的真正感受。

諮商師（諮）：山姆，上次我們談話時，我請你想想什麼事會讓你開心。你有好好想一想嗎？

山姆（山）：有，我有想。我喜歡工作，它讓我覺得自己是個自食其力、有用的人。工作讓我心情很好。我也喜歡看到我的卡車洗得很乾淨、亮晶晶的模樣。每次洗完車後，我都會很高興。

諮：完成這些事會讓你很有成就感、很開心。你喜歡工作，談到工作就面有喜色。

山：對，有努力，就有收穫。

諮：嗯，你在這裡也非常努力。你得到什麼收穫呢？

山：我不知道，我沒有必要過來……

諮：你認為你在這裡的努力沒有得到收穫？

山：不是這個意思。我來這裡是因為法官叫我來！

諮：過去六個禮拜以來，我們談到很多你生氣時惹出的麻煩。你一點也不覺得這是好事。但現在聽到你談起工作的成就感，你看起來很開心。你沒注意到來這裡得到的收穫嗎？

山：沒有。

諮：我聽了很難過，而且很擔心你，山姆。

山：我有同感。

諮：你在難過什麼，山姆？

山：不是難過，而是害怕。

諮：你在怕什麼呢，山姆？

山：我害怕我會故態復萌。

096

在這個範例裡，諮商師分享他聽了山姆對諮商進展的態度後，心裡有哪些感受。如此亦有助於幫山姆看到他跟諮商師一樣，有類似的感覺。

範例三：瑪莎

最後一個範例顯示諮商師可能無意間揭露他對個案的感覺和／或價值判斷，他如何盡快辨識和修正這種情況，以免危及治療關係。瑪莎剛從大學畢業，在華爾街工作的壓力極大。她獨自一人搬到紐約，幾乎沒有時間交朋友。她受憂鬱所苦而求助諮商。第二次晤談時，諮商師不經意流露的反應，讓瑪莎知道諮商師並不認同她的做法。諮商師要挑起這個話題，確定這件事不會影響治療同盟。

瑪莎（瑪）：我設法在星期四下班後，跟一些同事出去喝酒狂歡。雖然我覺得約平常日的晚上出去很奇怪，可是我還是去參加了。

諮商師（諮）：玩得開心嗎？

瑪：應該有吧。他們好會喝，我也拼命喝，希望他們接納我。等我回過神來，已經醉醺醺了。

諮：然後呢？有點一些東西吃嗎？

瑪：沒有，我去洗手間嘔吐，然後喝了一杯水。

諮：（此時，聽到瑪莎喝那麼多酒又跑去洗手間催吐一事，諮商師不小心露出驚訝的神色。瑪莎匆匆說完故事，似乎不想再跟諮商師說下去了。諮商師心裡有數，決定跟瑪莎談談這個話題。）

諮：瑪莎，我們之間出了一點事情，看起來妳不想再多跟我說些什麼

了。我想談談這個問題，好讓我們能有效地繼續晤談。當妳告訴我
妳飲酒過量，只好到廁所催吐時，我很驚訝，也很擔心。我想告訴
妳我為什麼會有這些感覺。我會擔心妳，是因為這種行為會傷害女
性。我想請妳多談談妳這麼做的理由。我不是在批評妳，只是想確
定妳的人身安全，也希望妳未來一切平安。

希望瑪莎能瞭解諮商師反應的緣由，願意重新敞開心房討論這個議
題。雖然關係曾出現裂痕，但諮商關係並沒有因為這個小差錯而破壞。
甚者，瑪莎和諮商師的同盟關係反而大幅度成長。

效果與評價

自我揭露在諮商史上的評價有如雲霄飛車般，不同學派的看法不
一。由於效果研究參差不齊，可見自我揭露適當與否，端視情境而定。
至於何時揭露、揭露多少，以及揭露跟諮商風格的相關程度、揭露的主
題等，都是需考慮的因素。的確，個案對治療同盟的觀感造成的影響殊
異（Myers & Hayes, 2006）：若治療同盟良好，諮商師的自我揭露會
更具權威性；若治療同盟不佳，個案會覺得諮商師不夠專業。Audet 與
Everall（2010）的研究發現揭露的效果錯綜複雜，主要的效果有三：
(1) 有助於個案和諮商師建立初步關係；(2) 顯示諮商師的誠懇和真摯；
(3) 鼓勵個案投入治療同盟關係。然而，由於樣本數少和考量個別差
異，Audet 與 Everall 也希望未來能有更多進一步的研究。

有幾個研究探討諮商師的自我揭露對多元族群個案的效果。
Kronner（2013）發現當諮商師自我揭露多時，諮商師和同志個案評定
彼此的治療關係較佳。與陳述事實、讚美或諮商師的感覺相較，東亞裔
的個案認為歐美裔諮商師的自我揭露更有助益（Kim et al., 2003）。最
後，雖然亟需更多研究證實，但從大腦神經科學的觀點來看，Quillman
（2012）指出諮商師的自我揭露極有可能協助個案和諮商師以更深刻、
更有意義的方式洞察自我。

CHAPTER 18

面質

源起

面質（confrontation）起初是完形治療最著名的技術，但亦有不少學派使用面質，連人本—存在取向與精微技巧取向也在不著痕跡的情況下面質個案（Ivey, Ivey, & Zalaquett, 2014）。當完形治療學派的 Perls（見第三部分）想協助個案正視逃避行為時，面質個案可不手軟。Corey（2015）指出，許多個案（和諮商師）都覺得面質過分嚴厲，不顧及個案的感受。但面質技術發展到現在，已經趨於友善和關懷，較同理個案和重視諮商關係（Yonfer, 1999）。

實施方式

同理的面質（empathic confrontation）（Ivey et al., 2014），亦稱挑戰技術（challenge technique），用以協助個案發現口述內容和行為表現不一致與互相牴觸之處。理論上，這些互相牴觸矛盾的部分產生了衝突，個案雖有意解決，但卻被「卡住了」。善用面質和同理的面質能幫助個案改變行為，變得更真誠一致，過更健康、更能發揮功能的生活（Corey, 2015; Ivey et al., 2014; MacCluskie, 2010; Shechtman & Yanov, 2001; Young, 2013）。

初步考量因素

　　若能善用面質，個案的改變成效可期（Bratter, Esparat, Kaufman, & Sinsheimer, 2008; Corey, 2015; Gold & Hartnett, 2004; Ivey et al., 2014; MacCluskie, 2010）。但若使用不當、時機不對或治療同盟尚未穩固，則會有危及或撕裂諮商關係的風險。許多新手諮商師不敢使用面質，認為它太嚴厲，擔心破壞治療同盟。然而，諮商的進展即是引導個案瞭解他們的行為和選擇造成的影響。而純熟、同理和關切的面質，正能協助個案瞭解行為的後果。促進個案覺察的關鍵除了主動傾聽外，諮商師也要協助他們表達個人的態度和行為，瞭解阻礙他們前進的人我衝突、非理性信念與防衛機轉。若能敞開心胸討論，同理的面質可以成為改變的動力，把個案從泥淖中拉出來。

　　面質的效果端賴穩固的治療同盟。個案—諮商師之間的信任關係必須足以堪任個案接受面質，否則面質無法奏效。因此，建立關係的技巧與個人中心取向的精神是面質的先備條件。透過無條件的正向關懷建立彼此的信任、尊重、瞭解與真誠的關心。因為面質是要指出個案言行不一之處，治療關係的強度須穩固到個案願意與諮商師合作（Corey, 2015; Gold & Hartnett, 2004; MacCluskie, 2010）。

099　　時機是面質能夠成功的第二個要素。與時機有關的因素包括：諮商的階段、個案的準備度、個案行為的風險因子，以及個案的情緒穩定度。時機判斷失當的話，恐將傷害治療同盟（MacCluskie, 2010）。再者，面質時不應過於尖酸刻薄；相反地，諮商師必須傳達出對個案的關懷與支持，把重點放在個案的優點而非缺陷，以協助他們認識個人言行表裡不一的部分，能看到這些不一致的意願（Shechtman & Yanov, 2001）。

　　因此，堅實的關係建基於真誠的瞭解與關懷，如此一來同理的面質才能激勵個案自我檢視想法、感覺和行為間的不一致，促進個案的成長改變。強調個案的優勢與長處，加上諮商師的支持做後盾，方能提

高諮商的效果與進展（Corey, 2015; Gold & Hartnett, 2004; MacCluskie, 2010; Shechtman & Yanov, 2001）。具備這些先決條件後，接下來才能談實施面質的步驟。

實施面質的步驟

實施面質的步驟通常有四個：(1) 留意不一致之處；(2) 摘要與澄清；(3) 同理的面質；(4) 觀察與評估。進行這四個步驟時，諮商師可採用個人中心或精微諮商技巧來瞭解個案的想法、感覺和行為，包括：主動傾聽、簡述語意、情感反映和摘要（Ivey et al., 2014; M. E. Young, 2013）。

步驟一是主動傾聽個案不一致、矛盾與混淆的訊息（M. E. Young, 2013）。Ivey 等學者（2014）指出，諮商師應留意下列六種類型的不一致，如：(1) 語言與非語言訊息；(2) 信念與經驗；(3) 價值觀與行為；(4) 言談與行為；(5) 經驗與計畫；(6) 口語內容。步驟二，諮商師摘要與澄清個案的不一致，並善用觀察與傾聽技巧，協助個案解決不一致造成的內外在衝突。將內外在衝突搬到檯面上討論，包括：衝突如何困住個案，不一致的存在能滿足哪些需求、不能滿足哪些需求等等。換句話說，諮商師盡力辨識個案的衝突、需求，用支持、同理的態度協助個案處理這些矛盾。

指認衝突後，諮商師在步驟三要用同理、可讓個案接受的態度面質（Ivey et al., 2014）。諮商師的態度能否被個案接受，仰賴諮商師的洞察力、技巧與經驗。一般說來，面質時應巧妙融合正中問題核心的問句與情感反映，溫和、友善的挑戰個案的衝突，與個案來談的議題不謀而合。例如：「一方面，你說＿＿＿，但另一方面，你又說＿＿＿。」或「你說你＿＿＿，但事實上你做出來的行為卻是＿＿＿。」用正向、支持的語句幫助個案辨識不一致，順理成章地引導個案思考改變或不改變的結果。

最後，第四個步驟乃是觀察與評估面質個案的效果。有兩個量表可

以評估面質的效果：個案改變量表（the client change scale, CCS; Ivey et al., 2014）與個案調整量表（the client adjustment scale, CAS; M. E. Young, 2013）。個案改變量表採用五點量尺判斷面質的效果與個案改變的歷程：(1) 個案否認不一致；(2) 個案僅檢視部分的不一致；(3) 個案接受面質，但不願意改變；(4) 個案準備嘗試新的方法解決不一致；(5) 個案接受不一致，採取新的行動解決。有些個案以直線進展的方向完成這個歷程，有些則否，視衝突的類型或程度而定。個案調整量表（M. E. Young, 2013）為三點量尺：(1) 個案否認不一致；(2) 個案僅接受部分的不一致／面質；(3) 個案完全接受諮商師的面質，採取行動解決不一致。若個案達到此歷程的最終階段，將可看到他們準備掙脫桎梏、改變行為，從更正向積極的觀點看待自我。

萬一個案不接受面質，諮商師應該重新傾聽、詢問與澄清，或下次要挑戰個案時，採用較婉轉的語句（Ivey et al., 2014; MacCluskie, 2010; M. E. Young, 2013）。維持高品質的治療同盟是整個諮商歷程的重點，諮商師應時時評估損害或破壞諮商關係的風險。

變化形式

如同其他許多諮商技巧一樣，若希望面質發揮效果，必須具備文化敏感度。喜歡直言不諱、開誠布公的個案（如：某些歐裔或男性等）較能對面質處之泰然，這跟他們現實的日常生活互動和傳播媒體模式相仿（Ivey et al., 2014; MacCluskie, 2010）。但其他文化背景的個案（如：某些亞裔或女性等）或許較偏好隱微、委婉、有禮的面質方式。個案的性別也是需要特別考量的因素。畢竟男性和女性看待權力和社會結構的角度不太一樣。同樣地，瞭解個案的世界觀，建立穩固的諮商關係，都是有效實施面質的關鍵。

面質的變化形式之一是自我面質（self-confrontation），亦即請個案在觀察自己的行為和說法後（通常採錄影方式），學習面質自己，辨識個人的感覺、防衛心和行為（Popadiuk, Young, & Valach, 2008; M. E.

Young, 2013）。Popadiuk 等學者（2008）教導有自殺傾向的團體成員自我面質，他們錄下焦點團體和自我面質的過程，並讓他們親眼見到個人談話、感覺和行為前後不一的狀況。成員們發現自我面質是獲得即時回饋的利器，認知與情緒雙管齊下。臨床工作者認為，錄影讓個案無所遁形，此種獲得洞察的方式是諮商前所未有的創意。

　　應用於家庭諮商時，Gold 與 Hartnett（2004）採取強調優勢的面質方式，給家人機會挑戰家庭位階中較有權勢的成員，把重點放在個案的優勢，而非失敗或問題上。引導全家人從更周全的角度思考並瞭解家庭的脈絡與環境，同時也協助他們重新框架潛藏的家庭問題，發現解決之道。

　　理論取向不同的諮商師，面質策略亦有差別（Strong & Zeman, 2010）。例如，阿德勒取向的諮商師通常會面質個案的私人邏輯與行為。然而，理情行為治療（REBT）取向的諮商師，則會用駁斥挑戰個案的非理性信念（Ryder, 2003）。有些個案喜歡諮商師以幽默或誇張的方式面質，這種方式比較沒那麼刺耳或「缺德」，也有趣多了，如此一來亦有助於個案從更正向的眼光看待個人的不一致，甚至與不一致共處（M. E. Young, 2013）。

範例

　　諮商師和珊卓拉正進行到第四次晤談，他們的諮商關係非常穩固良好。珊卓拉，41 歲，女性，在雙胞胎兒子們都離家上大學後，前來求助諮商。自兒子出生以來，珊卓拉一直是位全職的家庭主婦。但現在孩子們上大學了，她的丈夫希望她能找份兼職工作，既有事忙又可貼補家用。珊卓拉不想工作，但也說當先生上班時，她常常覺得日子很孤單無聊。問及她對兒子離家的感覺，珊卓拉說她很開心，她以兒子為傲。他們念得都是很好的大學，看來適應的不錯。珊卓拉或許還沒準備好要去處理孩子們離家這段轉換期的難過與失落。

諮商師（諮）：珊卓拉，上次我們談到自從兒子離家上大學後，妳每天的日常生活狀況。妳說不用洗那麼多衣服真好，可是妳也談到當先生忙於工作時，妳常覺得寂寞無趣。妳想繼續談談這個話題嗎？

珊卓拉（珊）：好呀。我這個禮拜過得糟透了。我覺得我怪怪的，沒什麼精神。不知道為什麼，我幾乎每天都要睡午覺。奇怪，我一向很有活力呀！以前東跑西跑，載他們去參加橄欖球練習、游泳和補習班都不會累。幸好孩子們現在不住家裡，不然我可幫不上什麼忙！

諮：所以，妳覺得疲累，有時候還會孤單、難過，這很奇怪？

珊：對呀，我從來不會這樣，真的很煩！

諮：珊卓拉，妳覺得妳應該要有什麼感覺？

珊：我現在應該要更無憂無慮才對。孩子們獨立了，我在家裡無事可做。

諮：珊卓拉，妳會想念兒子嗎？

珊：喔，當然呀，我每天都很想念他們。

諮：妳很想念他們。

珊：那還用說！但這就是人生呀！他們長大了，我為他們感到高興，我以他們為榮。（珊卓拉用雙手抱住自己，拍拍手臂，似乎在安慰自己）

諮：（開始同理的面質珊卓拉，指出她的不一致）珊卓拉，妳說妳很自豪，很高興看到孩子們離家上大學，但妳也說幸好不用再做那麼多家事了，不用再照顧一大家子人。不過，談到孩子們長大上大學的事，妳好像不怎麼開心。

珊：我當然很開心。每個人都希望自己的孩子平安長大、功成名就，不是嗎？離家上大學是第一步，我有什麼好不高興的。

諮：妳為孩子們感到高興，但妳自己的感覺呢？

珊：我很自豪。（珊卓拉說這句話時倏地站起，抬頭挺胸，但隨即坐下，又用雙臂抱住自己）

諮：這些變化對妳的日常生活作息造成什麼影響呢？既然孩子們不需要妳照顧了，妳不是提到妳先生希望妳找份兼職的工作嗎？妳對這個

　提議有什麼想法呢？

珊：嗯，我不想重回職場，我真的不知道該從何做起。我閒在家裡無事可做，可是我不喜歡硬要找事來做的感覺。

諮：目前的生活變化，確實讓妳不堪負荷。

珊：我想我是對做家事感到膩了。我現在幾乎不出去採買家用品，因為不必再餵兩個青春期的男孩了！

諮：所以妳不用再像之前那樣擔負太多母親的角色？

珊：沒錯，你說的對。哇，就是這樣，是有點難過。

諮：妳盡心盡力做個好母親，為孩子們奉獻一生。現在他們上大學了，　102
　　妳不必再為他們做那麼多事了。

珊：我猜他們沒有那麼需要我了，我也不用坐鎮在家裡以防任何萬一出現，好比說，忘記帶家庭作業或接他們回家。

諮：不再像以前那麼被孩子需要，即使妳的孩子是因為離家上大學，這種理由很好，但還是會讓妳感到孤單和難過。

珊：我以孩子們為榮，但我也想念他們，喜歡為他們付出。我常惦記他們是否吃得飽、穿得暖。我以前都不用擔心這些事情，但現在的感覺是，這不是我該擔心的事，因為他們已經離我而去上大學了。我留在這裡，可是他們並沒有。他們展翅高飛了，他們得學會照顧自己。

　　珊卓拉終於能將孤單與難過的感覺，和兒子離家上學的情況連結。珊卓拉可能從沒想過她會在這段轉換期失去母親這一角色的自我認同，她還沒有準備好面對這段期間生活發生的變化。諮商師協助珊卓拉處理失落、悲傷、難過等情緒，適應生活的轉變。

效果與評價

　　效果研究顯示，面質最能協助個案脫離僵局，激勵他們追求更圓滿的生活，不要只安於接受現狀。使用面質前，必須優先考量諮商師

與個案的關係夠不夠穩固。不過，諮商師同時也要考慮個案的世界觀（Gold & Hartnett, 2004; Ivey et al., 2014）。面質適用於自我傷害危機的個案（如：自殺傾向；Polcin, Galloway, Bond, Korcha, & Greenfield, 2010; Popadiuk et al., 2008）和尼古丁成癮個案（Kotz, Huibers, West, Wesseling, & van Schayck, 2009）。例如，Polcin 等學者（2010）發現，經過 6 到 12 個月的追蹤後，面質依然在重度酒癮、藥癮、精神病等相關問題研究參與者身上發揮效果。同樣地，Popadiuk 等學者（2008）也發現自我面質最適用於有自殺傾向的個案。他們用錄影的方式教導個案辨識自殺的觸發因子，並立刻面質自覺不一致之處。

面質並非適用所有的個案，諮商師必須即早體認這一點（Ivey et al., 2014; Shechtman & Yanov, 2001）。例如，在一項針對公共住宅居民戒菸的研究中，Boardman、Catley、Grobe、Little 和 Ahluwalia（2006）證實面質不當會破壞治療同盟，導致效果不彰。另一方面，某研究顯示，善用面質能增強個案體驗此時此刻的能力（Town, Hardy, McCullough, & Stride, 2012）。一般說來，自我中心或自戀性格的個案，都不喜歡被面質（Shechtman & Yanov, 2001）。

面質最能協助動彈不得、無法再進一步達成諮商目標的個案。與個案建立有力的、同理的關係，是面質發揮效果的不二法門（Corey, 2015; Gold & Hartnett, 2004; Ivey et al., 2014; MacCluskie, 2010; M. E. Young, 2013）；因文化制宜來面對文化背景和特質殊異的個案也是必要條件（Cheung & Nguyen, 2012; Gold & Hartnett, 2004; Ivey et al., 2014; MacCluskie, 2010; Popadiuk et al., 2008; Ryder, 2003; Strong & Zeman, 2010; M. E. Young, 2013）。

CHAPTER 19

動機式晤談

源起

　　諮商就是改變。諮商師使用不同的取向、策略和技術，為的就是要協助個案改變，達成諮商目標。但當個案似乎不想改變時，諮商師能做什麼呢？我經常碰到物質濫用、破壞行為等種種缺乏改變動機的個案。我通常把治療這種個案比喻成預先諮商（precounseling），或協助個案提高動機、做好心理準備進入諮商。

　　Miller 與 Rollnick（2002）把上述的過程系統化，發展出動機式晤談（motivational interviewing, MI），激發個案改變的內在動機，達成諮商目標。動機式晤談起源於 1983 年，當時 Miller 正為長期飲酒者發展出一套短期的介入策略（Naar-King & Suarez, 2011）。他注意到那個時代流行的面質式風格會升高個案的抗拒心理（Lewis, 2014）〔1991年，Miller 與 Rollnick 撰寫《動機式晤談：協助人們做好改變的準備》（*Motivational Interviewing: Preparing People for Change*）一書〕。動機式晤談原先是用來化解物質濫用患者的抗拒，如今已類推應用到其他生理和心理健康行為（Naar-King & Suarez, 2011）。

　　動機式晤談的發展主要受到兩位人物的影響：Carl Rogers 與 James Prochaska。Miller 與 Rollnick（2002）肯定 Rogers 個人中心治療學派的核心條件：同理心、溫暖、真誠一致和無條件的正向關懷，指出堅實的治療同盟是化解個案抗拒、協助個案改變的關鍵。然而，Miller 與 Rollnick 卻有意地偏離 Rogers 的非指導性風格，認為應該要採取更直接的方式處理個案的游移不定與抗拒心理，協助

他們發展內在動機與自我效能，方能推動個案邁向改變。Prochaska
的跨理論改變五階段模式（Lewis, 2014）也影響了動機式晤談：(1)
醞釀期（precontemplation）：個案沒有改變的需求；(2)考慮期
（contemplation）：個案舉棋不定，但願意權衡改變的利與弊；(3) 決
定期（determination）：個案體認到改變是必要的，但還沒有下定保證
改變的決心；(4) 行動期（action）：個案承諾改變，主動追求雙方同意訂
定的諮商目標；(5) 維持期（maintenance）：個案將改變融合成新的生
活方式。

　　Miller 與 Rollnick（2002）指出動機式晤談有三個要素：合作
（collaboration）、喚起動力（evocation）與自主性（autonomy）。合
作是指諮商師以支持的態度，和個案一起探索動機。喚起動力意指諮商
師喚起個案的動機。自主性則是直截了當地把改變的責任放在個案身
上，尊重個案的自由意志。動機式晤談比較不像是理論或技術，而是
取向和歷程，或是一種「存在的方式」——經典的 Rogers 風格。Naar-
King 和 Suarez（2011）說動機式晤談是「一種溫和、尊重的方式，和
對方一起討論難以改變的原因，承諾採取不同的、健康的行為，與他們
的目標和價值觀相符一致，發揮最大的潛能」（p. 5）。

實施方式

104

　　動機式晤談的用途廣泛。切換到其他的諮商取向前，可用動機式晤
談來啟動個案的動機（Lewis, 2014）。Tahan 與 Sminkey（2012）也建
議運用動機式晤談的諮商師，必須具備良好的情緒智商，覺察自我和他
人的情緒、反應、優點和難題。諮商師和個案的情緒產生共鳴，密切留
意個案的溝通和動機狀態，知道何時該推個案一把，或暫時和個案的抗
拒並肩同行。

　　Miller 與 Rollnick（2002）指出動機式晤談的四個原則如下：
傳達同理心（expressing empathy）、揭露不一致之處（developing
discrepancies）、降低抗拒（rolling with resistance）、提高自我效能

（supporting self-efficacy）。傳達同理心就是展現出 Rogers 的核心條件，建立堅定的治療同盟。諮商師必須無條件接納個案，使用反映式和主動式傾聽技巧，確定個案感受到諮商師的瞭解，同時也瞭解自身的想法、感受和行為（Tahan & Sminkey, 2012）。諮商師要強調和接受個案對改變當機不斷、裹足不前的心情（Miller & Rollnick, 2002）。揭露不一致之處就是諮商師巧妙地協助個案說出內心的想法、感覺和衝突，如此一來諮商師就能指出個案現在生活的方式，和個案未來想生活的方式不符。

　　Miller 與 Rollnick 建議可採用一系列的技巧來協助個案看到不一致的地方，這些技巧的字頭縮寫是 OARS：開放式問題（open-ended questions）、肯定（affirmations）、反映技巧（reflecting skills）、摘要（summaries）。開放式問題無法光用「是」和「否」回答，因此才能鼓勵個案透露更多的訊息，釐清個案的反應。請個案描述典型的一天，有助於諮商師辨識個案的思考、感覺和行為模式（Naar-King & Suarez, 2011）。肯定是指對個案所說的話表示尊重（Lewis, 2014），協助個案認識自我內在的優點和資源。諮商師應以誠實的態度肯定個案特有的行為或特質，增強個案的自我效能。肯定個案時，諮商師要避免使用「我」這個字，這樣個案才不會產生被評價的感受。反映技巧傳達出同理心，讓個案瞭解其敘述中潛藏的情緒和意義，也讓諮商師回溯彼此的對話，聚焦在個案未曾留意的重要資訊上。然而，Naar-King 和 Suarez（2011）也指出，越複雜、雙面兼顧的反映，才能點破個案對改變的糾結情緒，有助於揭露不一致之處。最後，摘要是用來回顧與連結個案說過的話，催化諮商前進（T. Young, 2013）。Lewis（2014）建議摘要應包括個案對改變的感覺與態度，稱為「改變談話」（change talk），是設定目標前很重要的步驟。雖然摘要通常在每次晤談結束前提出，但建議在一次典型的動機式晤談療程中，可以在不同的重要時刻或轉折點多摘要幾次。

　　第三個原則是降低抗拒，意指不與個案的抗拒改變起正面衝突。諮商師應該認可抗拒是改變過程中很重要且常見的經驗（Watson,

2011）。畢竟，如果沒有抗拒，改變較容易發生，甚至早就發生了！使用反映技巧時，諮商師提供回饋、從不同的觀點重新框架問題，還會引用個案先前說過的話激發改變的動機。這個時候，協助個案探索改變的利與弊是很重要的（Lewis, 2014），諮商師甚至可以含蓄婉轉地認可個案的抗拒，同時協助個案三思或轉念，從新的方向引導個案。處理抗拒時，仍須讓個案對問題負起責任，也要讓個案對不願面對問題負起責任（Miller & Rollnick, 2002）。

105　　　第四個原則是提高自我效能（Miller & Rollnick, 2002），也就是增強個案改變就能改善生活的信念。Lewis（2014）建議可請個案分享過去克服困境、終獲成功的故事，強化個案的自我效能。諮商師應鼓勵個案使用「改變談話」。Watson（2011）指出，運用「改變談話」可以增強個案的自我效能，帶動改變的決心。的確，「改變談話」的使用頻率增加，表示個案已準備好設定目標、擬定行動計畫了（Narr-King & Suarez, 2011）。

最後，Tahan 與 Sminkey（2012）對想要協助個案永久改變的諮商師提出數點建議。除了要讓個案覺察改變的需要外，諮商師應該留給個案同意改變所需的時間，提供個案如何改變的策略，對個案的正向行為改變給予建設性的回饋。

變化形式

動機式晤談原本是用在戒癮諮商，但加以修正後，如今亦能有效地運用在伴侶諮商、健康照護、司法正義系統等。動機式晤談修正版特別適用於團體工作、與缺乏改變動機的青少年和年輕人諮商。T. Young（2013）認為團體的早期階段正是實施動機式晤談的好時機，以培養成員的自主性（欣賞與尊重所有的團體成員）、合作（同心協力、對個人和團體目標做出承諾）與振奮士氣（激發改變、形成新的想法和行動的對話）。團體工作者可以向成員介紹 OARS 技巧，鼓勵他們加強建構和達成目標的動機。

動機式晤談在青少年和年輕人諮商中大受歡迎，激化他們改變的動機，特別是物質濫用、吸菸、危險性行為、飲食異常和破壞行為等方面的問題（Naar-King & Suarez, 2011）。設定短期和長期目標對青少年來說是一個很新鮮的概念，他們可能看不出目標設定背後的理由。自主性是所有青少年和年輕人在發展階段中最在意的問題（Baer & Peterson, 2002），他們很容易升起抗拒的心理。降低抗拒是動機式晤談的優點，正適合這群年輕人。

範例

尚恩，白人男性，15 歲，被控非法使用毒品後，法院敕令他接受諮商。尚恩抗拒接受諮商，認為這不是他應得的判決。他認為周遭的人反應過度，這一切都是為了控制他，是他們該為他的行為負責。他堅稱大家如果不要再來煩他、給他多一些自由空間的話，一切都會好轉的。

諮商師（諮）：尚恩，上一次我們談到你的吸毒問題，你告訴我你喜歡抽大麻，還說不會對你造成傷害。你也告訴我，你媽媽發現你偷偷吸毒，氣得暴跳如雷。她覺得你這種習慣很不好，令人擔心。可以請你多談談這個問題嗎？

尚恩（尚）：我媽會這麼想，我猜是因為她又在我的房間裡發現大麻，她威脅說要去告訴我的保護官。她實在是個蠢女人！她說她不希望我惹上麻煩，可是又說她要去報警，把我抓起來。這根本狗屁不通。我希望她離我遠一點！

諮：所以你很氣你媽媽，她竟然說要報警。

尚：我氣她幹嘛要來多管閒事。

諮：如果她不管你，會發生什麼事呢？

尚：什麼事都不會發生，絕對不會有事。我不會再被抓，也不會惹麻煩。

諮：如果你媽媽無視你的吸毒問題，你就會隨心所欲的抽大麻了？

尚：嗯，或許吧⋯⋯不，不對，沒有這回事。

諮：你說「或許吧」，這是什麼意思？

尚：我會去找工作，粉刷油漆之類的。如果公司要做毒品測試的話，我可能沒辦法得到那份工作。

諮：你想找工作？

尚：對。

諮：就算你必須戒掉大麻？

尚：我不用戒大麻，只要停抽一段時間就可以了。

諮：你知道什麼時候該停抽？

尚：不知道。

諮：為什麼不從現在開始停止，讓你媽別再來煩你，你也可以準備去工作呢？

尚：不要，我不需要現在停止。我不在乎我媽的想法，而且公司會通知我什麼時候要做毒品測試。

諮：你為什麼會繼續抽大麻？

尚：我喜歡大麻。大麻沒什麼大不了的，我喜歡它的味道。

諮：所以你很開心。

尚：對，我很享受它的味道。

諮：還有呢？

尚：「還有呢」是什麼意思？我爽！這樣還不夠嗎？

諮：抽大麻對你還有什麼好處？

尚：沒有。

諮：如果你停止抽大麻，會發生什麼事？

尚：我那個笨媽媽就會高興了。

諮：你媽會很高興。那個粉刷油漆的工作會如何呢？

尚：我隨時都可以上工。

諮：你想得到那份工作，你的心情也會很好，不是嗎？

尚：當然。

諮：如果你停止抽大麻，你媽不但不會再來煩你，而且你隨時可到油漆

公司上班，這兩件事都是你想要的。

尚：沒錯。

諮：你有辦法得到你想要的，卻還想繼續抽大麻嗎？

尚：如果我媽當初能少管閒事，不要害我被抓的話。

諮：你可以做什麼，尚恩？

尚：我可以停止抽大麻，可是我不想。

　　此刻，尚恩正在思考或許做些改變會比較好。諮商師巧妙地用尚恩不想戒毒的心理，引導他看到魚與熊掌不可兼得。尚恩或許已經發覺吸毒會干擾他的生活、害他沒辦法找到工作，兩件事都會讓他媽媽不高興。這是改變的動機，從尚恩的最後一句話：「我可以停止抽大麻」就可看出來。雖然他說他不想，但他已經明白這是一個選項。動機式晤談通常是一段漫長的過程，上面的逐字稿範例只是全部談話中的一小片段。

效果與評價

　　Miller 與 Rollnick 的書已經被翻譯成至少八種語言，風行全世界（Lewis, 2014）。經過 200 個以上的臨床效果實驗（Fisher & Harrison, 2013），以及物質濫用與心理健康服務部（Substance Abuse and Mental Health Services Administration, SAMHSA）的全國實徵方案註冊報告顯示，動機式晤談的整體分數落在 3.9 至 4.0 分之間。最佳的運用之處是特定、可預期、可測量的行為改變（如：安全性行為、飲食營養、限制飲酒；Koken, Outlaw, & Green-Jones, 2011; Lewis, 2014）。研究證實動機式晤談能有效減少青少年的冒險行為（Koken et al., 2011）、改善學業成就和出席率（Kaplan, Engle, Austin, & Wagner, 2012），包括減少 10% 的高中輟學率。

　　醫學專家採用動機式晤談的結果大有斬獲。如美國醫學會（The American Medical Association）就認為可用動機式晤談進行低強度的治

療，改善健康方面的問題（如：減重）。因此，Hardcastle、Taylor、
Bailey、Harley 與 Haggar（2013）的研究針對心血管疾病患者，探討他
們在六個月的低強度治療期間，使用五次面對面動機式晤談的效果。
結果發現治療後，他們的血壓、體重、身體質量指數等均有顯著的改
善，但這些改善並沒有延續到一年後的追蹤檢查。第二個研究則是比較
動機式晤談與一般治療情況下的心血管疾病患者，結果顯示前者的血
壓、體重和膽固醇的水平較低（Groeneveld, Proper, van der Beek, & van
Mechelen, 2010）。在一項隨機控制實驗中，Fleming 等學者（2010）
請醫師在兩次 15 分鐘的諮商訪問和兩通追蹤電訪時採用動機式晤談，
結果發現能顯著減少大學生 28 天的飲酒量，降低羅格斯飲酒問題指標
（Rutgers Alcohol Problem Index）的分數。不過，重度飲酒、利用健康
照護服務、受傷、酒駕、憂鬱與吸菸的頻率則無顯著差異。

　　有些研究者成功地透過電話實施動機式晤談。Bombardier 等學者
（2013）用電話對多發性硬化症和重鬱症患者進行生理活動治療的動
機式晤談，發現與等待組相較，這項介入策略可以顯著降低憂鬱。同樣
地，Seal 等學者（2012）用電話對心理健康狀況出問題的退伍軍人進
行動機式晤談，結果顯示能提升退伍軍人使用心理健康服務的可能性。

　　透過談話促進改變是動機式晤談的優點，若能採用 OARS 鼓勵
個案，其行為改變的程度更強（Morgenstern et al., 2012）。重要他
人會影響個案的改變。在一項減少飲酒的研究中（Apadoca, Magill,
Longabaugh, Jackson, & Monti, 2013），參與者的重要他人若願意參加
支持性晤談，他們較樂意自願簽署正向改變的聲明，行為改變的達成度
更高。

　　因此，動機式晤談可能具有正面的效果，也可能沒帶來改變。例
如，Sussman、Sun、Rohrbach 與 Spruijt-Metz（2011）的研究就發現，
想要減少高中生的物質濫用和危險性行為，12 次的班級輔導課程，與
12 次的班級輔導課程搭配三次 20 分鐘的動機式晤談，兩種介入方式並
無顯著差異。

CHAPTER 20

優點轟炸

源起

優點轟炸（strength bombardment）源於人本—存在治療學派，勉強亦算入認知—行為學派。優點轟炸的前提是，若個案能得到他人的讚賞，且把這些讚賞內化至自我對話中，即可改善他們的心情、自我知覺和自我意象（Steele,1988）。與其強調過去的經驗（心理分析學派）或行為（行為主義），優點轟炸把握當下，形塑個案的知覺與感覺。內化了這些正向的知覺和感覺後，個案即可把它們當作復原力的基礎，因應將來可能會面臨到的困難或創傷事件。

實施方式

優點轟炸可運用在個別諮商中，亦可用在小團體活動。無論是個別諮商或小團體，一開始即建立穩固的治療同盟是必要條件，彼此相互尊重與真誠一致。優點轟炸是真誠關係的延伸，是真心的讚美。否則，個案可能會試圖否定自我，貶低自己的感覺、想法和行為。

Steele（1988）把個別諮商中使用的優點轟炸稱為自我肯定（self-affirmation）。自我肯定可結合第 2 章談到的例外技術。對個案實施優點轟炸（自我肯定）時，須請個案回想過去的境遇，但卻成功（或至少部分成功）地克服了類似的挑戰或困境。然後把重點放在這些成功經驗，從過往事件協助個案確認與匯集令人激賞的優點和特質。

有些個案想不起過去有什麼成功事件或優點。此時，諮商師須運

用有效的訪談技巧，讓這些資訊和經驗曝光。例如，諮商師可以提醒個案：「即使情況如此困難和艱辛，你依然挺過來了」或「當你戰勝困境時，你的感覺如何？你都跟自己說什麼？」有時個案低估了他的成功，或事情未盡如意，就過度自我批評。重要的是要反駁這些負面的想法，不管事件多麼屈指可數，依然要把重點放在成就感和成功事件對個案的行動、想法和感覺的影響上。

109

　　優點轟炸可作為小團體介入策略，協助個案從其他成員口中聽到別人的讚賞，內化這些肯定的話語，改善個人的自我意象。接下來的重點是個案如何運用他的優點，解決未來可能面臨的難題。這是經典的優勢取向諮商，優點轟炸成了復原力的資料庫，用以因應未來的考驗。運用於小團體工作時，優點轟炸通常一次只集中在某位成員上，常用的指導語為：「每個人很快地輪流告訴辛巴，一件你注意到且相當欣賞的優點或能力」或「我們一起來幫莎莉看到她的特色或優點，可以用來解決她目前遭遇的問題」。優點轟炸也常用在團體即將結束的階段，帶領團體邁向終點、大功告成。領導者詢問每位成員：「請告訴他（指某位成員）你真的喜歡或欣賞的特點。」領導者鼓勵成員很快地輪流對每位團體成員說話，使每位成員都有機會聽到其他人對他的看法，也告訴別人自己喜歡或賞識他／她的地方。當然，有必要確保成員說出來的是正面的特質。另一個要注意的地方是，優點轟炸必須符合團體成員的需要。

　　無論在個別諮商或對團體成員運用優點轟炸，諮商師須詢問被「轟炸」的個案如何解讀和整合他人的回饋，盡可能從正向、有益的角度重新框架成員說的訊息。有時候，諮商師須重述、詳述或釐清團體成員分享的訊息，讓優點轟炸發揮最大的效果。此一核對的程序可讓成員自我評估回饋的有效性，也讓其他成員明白該如何給予有益的回饋。希望所有成員瞭解優點轟炸對說者和聽者都有益，讓每個人都能得到信心、認可和學到積極樂觀的態度。

變化形式

　　一個相當好用的優點轟炸變化形式是寫下優點清單，把它當成每日的自我對話家庭作業練習，讓個案回去復習優點清單上的內容，把個人的優點內化至自我對話裡。亦可指派個案這週回去後要記下自己的優點，當成家庭作業。個別諮商或小團體都適用。

　　可運用優點轟炸或自我肯定作為個案的免疫或預防復發策略，類似第 5 章談到的「標示地雷區」，防範個案的自尊受到威脅。諮商師鼓勵個案詳述有助於問題解決的優點、興趣和價值觀，層層保護個案的自我概念，不受將來的困境干擾。接下來的晤談可以提醒個案先前提到的韌性，即使目前或未來困難重重，依然可憶起過去成功解決的事件。面對當前的困難時，彰顯復原力或自我肯定不僅有助於有效解決困境，亦再度重申個案的長處與東山再起的決心（Lannin, Guyll, Vogel, & Madon, 2013）。

　　其他富有創意的團體優點轟炸方式不勝枚舉。例如，領導者發給每位成員一張小卡片，在正面寫下自己的名字。接著把卡片傳給每位成員，每個人在上面寫下該張卡片主人的優點、令人欣賞的特質等等。當這張卡片回到主人手上時，可請每位成員念出上面的內容，對這些肯定的話語或活動有何感想等。碰到困境時，甚至可增加或重溫卡片上的內容，提醒個案記住他們的優點和正向的特質。

110

範例

範例一：莎拉

　　以下範例為在個別諮商中運用優點轟炸，但稍做變化。莎拉是位 27 歲的新手媽媽，正受產後憂鬱症所苦。她前前後後因憂鬱症接受諮商數年之久。為了面對新生兒到來所產生的變化，諮商師請莎拉寫一封信給自己，強調過去的成功經驗並詳述自己的諸多優點。莎拉求助諮商

時，寶寶已三個月大。晤談一開始，諮商師即要求莎拉朗讀數月前寫的信。

莎拉（莎）：親愛的莎拉，嗨，就是我，我要提醒妳，事情沒有妳想得那麼糟。妳總喜歡滅自己威風，但其實妳不需要這樣。妳很有韌性，是位堅強的女性。妳也非常勇敢。妳已經歷過許多風風雨雨，雖然日子並不好過，但請妳回頭想想，給自己一些掌聲。妳所經歷的一切，都使妳更堅強。妳還記得妳那位因車禍過世的好朋友嗎？妳以為妳再也不可能歡笑如常，但上個禮拜五，妳走出家門，和朋友度過愉快的夜晚。沒錯，她不在了，妳很難過，但妳沒有讓這件事阻礙妳，妳不想讓它擊潰妳，妳再也不要重蹈覆轍。如果妳正在讀這封信，就表示妳又更上一層樓了。記住，沒有什麼事能阻撓妳繼續向前，越過一山又一山。妳做得太棒了！事情越難，得到的回報越多，妳當之無愧！我愛妳，不管妳做什麼，我都以妳為榮。愛妳的莎拉敬上。

諮商師（諮）：哇，妳的文字真有力量。還記得寫這封信時，妳有什麼感覺呢？

莎：對，我……我覺得很棒。我覺得我是一位堅強的女性，每個時刻、每件事情都苦盡甘來。當所有的事情漸入佳境，我的心當然很舒坦。但生了小寶寶之後，生活好像沒那麼「美妙」了。

諮：養寶寶的確不容易，讓人手忙腳亂。但這樣就真的不「美妙」了嗎？

莎：我的意思是，你看看我現在這個樣子！我睡眠不足、屋子亂七八糟，我再也受不了了……

諮：小寶寶還好嗎？

莎：他很好，只有肚子餓或該換尿布時才會哭。他很好養。

諮：所以，當他哭的時候，妳只要滿足他的需求，他就會安靜下來了？

莎：沒錯。

諮：聽起來妳是一位很盡責的母親。

莎：我是呀。我總把他帶在身邊、寸步不離。他睡覺的房間也有裝監視器。

諮：妳真是個好媽媽。

莎：我想是吧⋯⋯

諮：說大聲一點：我是個好媽媽。

莎：我是個好媽媽。

諮：我已經攻頂爬上「聖母峰」。

莎：（大笑）我已經攻頂爬上「聖母峰」！

諮：妳在信中對自己說的話都是真心的嗎？

莎：當然，沒有半句虛假，只不過有些事情忘了。

諮：聽到信中的內容，妳該相信信中所寫的話了吧？

莎：對，我相信我寫下的字字句句，每句都合情合理。我只是忘了，深怕事情會變糟。

諮：妳的信可以提醒自己，生活並非盡如人意。

莎：但我可以克服，有耕耘才有收穫。把孩子好好養大就是我最大的收穫。

　　莎拉現在信心十足，她手上握有利器，自己能擊退負面思考。讓莎拉回想起她一開始一手建構的正向自我概念還算容易。優點轟炸增強莎拉深信的事實，只要多練習這個技術，就會越來越上手。

範例二：在團體中實施優點轟炸

　　在卜面的範例中，諮商師運用優點轟炸，幫這個以成人為主的小團體畫下最完美的句點。團體成員即將從克服壓力與焦慮的小團體中「畢業」。

諮商師（諮）：這是團體最後一次聚會，我想進行一個叫做「優點轟炸」或肯定優點的活動，目的在強調一個人的優點和特色，讓你可以在參加完團體後，帶著我們大家給的祝福離開。希薇亞，因為妳

就坐在我旁邊，我想從妳先開始，可以嗎？

希薇亞（希）：沒問題！

諮：讓我們圍成一圈，請每個人告訴希薇亞，你欣賞她哪一點，例如她的優點或特色。像以前一樣，如果你想跳過也可以。哈維爾，可以請你先說嗎？

哈維爾（哈）：嗯，好呀，那還不簡單。不管誰的心情不好，希薇亞總是很友善地去安慰他。不管她是不是直接對我說，但聽她說完後，我的心情就好多了。

諮：哈維爾，謝謝你，你說得很好。我要把你們每個人說的寫下來，這樣大家都可以拿到一張。依邦妮，接下來換妳，好嗎？

依邦妮（依）：她的笑容。只要看到她那春風滿面的笑容，我就好開心！

希：（瞬間容光煥發）謝謝妳，依邦妮！

邁可（邁）：輪到我了。我們談了很多同理心和情緒的事，我常常跟希薇亞講我的難過和煩惱。她真的很關心我、關心我們大家。一想到她和大家都那麼關心我、在乎彼此的感受，就會想來參加這個團體，真誠地分享內心世界。謝謝妳這麼關心我們。

這個活動繼續進行，直到每個人說完一輪。諮商師接著再換下一個團體成員──哈維爾，重複進行這個活動。

諮商師須判斷是否要加入還是僅擔任催化的角色。同樣地，這個範例用輪流的方式進行，但採用隨機、自由發言的方式也可以，配合團體成員個人的步調。採自由發言時，諮商師要確保沒有遺漏任何一位成員。

效果與評價

鮮少有以優點轟炸為主題的研究發表，但有些自我肯定方面的研究

顯示具有改善心情和自信心的效果。再者，許多研究結合自我肯定訓練與其他的治療策略，所以很難把肯定訓練和關注優點兩者的效果區分開來。

　　Armitage（2012）探討自我肯定訓練對改善青少女身體意象與體重知覺的效果。Armitage 發現，與其他控制組的青少女相較，自我肯定訓練能提高身體形象滿意度，降低自我評比不佳的風險。Sherman 等學者（2013）以拉美裔學生為研究對象，跟沒有參與自我肯定訓練的控制組學生相較，自我肯定訓練能提升研究參與者對刻板印象的免疫力，緩和自我認同危機，激勵他們追尋更高的學業成就。

　　較早期的研究，如 Healey（1974）將優點轟炸運用於生涯諮商團體，增強團體成員的效能感與自尊心。優點轟炸亦適用於小學生和特殊教育需求的孩子。最後，可運用表達性媒材（如：繪畫、貼紙、串珠、圖章、黏土模型、玩具、新興科技等）培養個案的自我肯定能力，或肯定團體成員的成就。

認知─行為取向技術

認知治療（cognitive therapy）源於反對行為取向輕視甚或否定認知在激發改變上的重要性（請見第八與第九部分）。過去數十年來，行為和認知取向的紛爭已漸趨緩和，越來越多的諮商師發現單靠認知或行為並無法有效改變行為，結合兩種取向或許更能事半功倍。因此，將認知─行為取向技術整合至諮商實務的先驅有：Albert Ellis、William Glasser、Donald Meichenbaum 等，以及其他依據認知─行為取向發展理論的學者。認知─行為取向興起的幕後推手之一，即聲勢如日中天的管理照護制度，助長認知─行為取向成為一個省時、符合成本效益的治療方法。第六部分將會介紹九個認知─行為技術。

自我對話（self-talk）鼓勵個案監控自己的內在對話。絕大多數的人在八歲大時就會自我對話。把內在對話轉往積極、肯定的自我訊息（有時亦稱為「良性循環」），同時阻撓自我挫敗或負向的自我訊息（有時亦稱為「惡性循環」）。

重新框架（reframing）是指諮商師將個案知覺到的問題情境，改編（重新架構）成更正向或建設性的態度。例如，叛逆青少年的行為可重新框架為正在培養獨立或練習自己做決定。同理，問題不是適應不良或疾病，而是發展的一環或利社會行為（如：她正在告訴你她想成為大人）。重新框架常被視為阿德勒取向的技術，但會列在這個部分，是因為它的認知成分較強。（不然幹嘛叫重新框架？！）

思考中斷法（thought stopping）特別能有效中止重複性的思考循環，有些甚至已瀕臨強迫思考的邊緣。此技術用肢體動作打破沒完沒了的負面想法，以正向的自我對話和陳述代替。認知重建（cognitive restructuring）協助個案有系統地分析、處理、解決認知方面的問題，用正向的思考和詮釋取代負向的思考和詮釋。

理情行為治療（rational-emotive behavior therapy, REBT）也包含在這個部分。如果 Albert Ellis 知道他的 REBT 被稱為技術，可能會氣得從墳墓裡跳出來。不過，REBT 比較像是一個逐步協助改變扭曲思考的過程。因此，我特闢一章介紹 REBT 學派的 ABCDEF 模式和理情想像技術。

諸多理論取向皆聲稱採用讀書治療（bibliotherapy），但會將它納入認知─行為取向這一部分，原因同樣在於它的認知成分。讀書治療是一種需具備讀寫能力的諮商取向，諮商師和／或個案閱讀一篇故事或段落，一起討論故事的內容、意義和寓意。書寫（journaling）則是請個案自我監控，表達想法和情緒，即時記下對問題的洞見和解決方法。書寫亦可在諮商時間外進行，這是它不可多得的好處。因此它可以延伸諮商經驗，在諮商間隔期間，使個案依然把專注力放在諮商目標、歷程和結果上。

研究顯示許多認知─行為取向技術都有助於降低壓力和輕微的畏懼症。系統減敏法（systematic desensitization）也是依據交互抑制的原理，結合「主觀苦惱量表」（subjective units of distress scale, SUDS）（改良版的量尺技術）和恐懼階層，讓個案在放鬆狀態下體驗恐懼升高的事件，但卻可用以打破固有的制約恐懼反應循環。

這個部分介紹的最後一個技術是壓力免疫訓練（stress inoculation training）。由 Donald Meichenbaum 原創的壓力免疫訓練能協助個案有系統地處理和解決認知方面的壓力源。

認知─行為取向技術的多元文化考量

就像人本─現象學或心理動力取向一樣，認知─行為取向亦強調友好關係與治療同盟。但與其他取向不同的是，認知─行為取向不會要求個案揭露生活的細節或過去的事件，也不重視強烈的情緒。認知─行為

取向以合乎邏輯、清晰的歷程和溫和的態度來處理主述問題，備受許多
文化的個案推崇，特別吸引喜歡思考、思路有條不紊的個案。因此，認
知─行為取向頗受各個文化背景的個案歡迎，尤其是不喜歡揭露家庭議
題的文化（如：拉美文化），或礙難探討和表現強烈情緒的文化（如：
亞洲文化）。

　　認知─行為取向也有眾多的技術可善用於不同的文化脈絡，如：
性別、種（民）族、社經地位、身心障礙、性取向等等（Beck &
Weishaar, 2007）。Thomas（1992）發現認知─行為取向特別能協助非
裔個案探討負向的期許，建立正向的期待。來自低社經地位的個案常覺
得認知取向能幫他們發現對事件握有控制權，也可以掌控對事件的看
法，進而激勵他們培養正向的期待和步驟來改變生活。

　　認知─行為取向的諮商師通常會訂定明確的治療期限，邀請個案
以清晰、合乎邏輯的方式思考，不過也有許多個案認為這個取向過於膚
淺，或無法滿足他們的情感需求或自我覺察需求。當然，如同其他諮商
取向一樣，某些認知─行為取向技術要求諮商師接受更多的訓練以精進
能力。採用認知─行為取向的諮商師以不評價、友善的態度，接受文化
背景和世界觀殊異的個案，因為該取向並不會把個案或個案的問題和行
為視為缺點或劣勢。扭曲的想法才是個案問題的根源，透過分析與修
正，就可以適應複雜和瞬息萬變的社會文化環境。

　　認知─行為取向要求諮商師和個案通力合作，一起修正信念、想法
和行動，同時強調治療關係的重要性。像 REBT 就不會質疑個案的文
化價值觀或實踐方式。相反地，它是要挑戰個案的文化價值觀裡僵化、
不知變通的「應該」和「必須」。這個取向允許個案自己決定是否要遵
守、放棄或修正既定的規則，給個案的想法、感覺和行動更多的自由度
與彈性。

　　諮商師必須小心，不要在還未瞭解個案的信念如何在其文化脈絡下
形成時，就急於挑戰他們的信念。因為許多個案會猶豫或不喜歡別人隨
便質疑他們的核心文化價值。例如，某些阿拉伯裔的個案就十分堅持和
宗教、家庭與親子教養有關的傳統和觀念。駁斥甚至質疑這些傳統的動

機或行為，只會徒增這些個案的困擾與兩難。

　　認知—行為取向相當具指導性，諮商師常被個案視為專家。某些文化的個案（如：中東、西班牙、亞洲等）非常賞識此類型的諮商師，但其他文化的個案（如：某些男性）就不怎麼能接受了（Hays & Erford, 2014）。諮商師不可慫恿個案依賴諮商關係，要個案把諮商師當成無所不知的萬事通。一般說來，不同種族、宗教信仰和民族背景的個案會欣賞這種直來直往、不會拐彎抹角的認知—行為取向，因為它把重點放在個案的思考方式和其後引發的行為，而非人性、社會文化背景或文化價值信念。

　　具有口述故事傳統的文化特別喜愛讀書治療和書寫等技術（Hays & Erford, 2014）。例如，美國原住民擁有深遠流長的口述故事傳統，故事治療（cuento therapy）也是為拉美裔量身訂做的療法。這個取向運用歷史和文化故事宣揚祖先的教誨，不僅能協助個案深刻瞭解自身文化傳統，亦能協助他們適應生活情境。

CHAPTER 21

自我對話

源起

Seligman 與 Reichenberg（2013）曾形容自我對話（self-talk）是個體每天對自己的信心喊話。面對困境時，個體會反覆地告訴自己有益的、激勵的話語，這就是自我對話。自我對話是源於理情行為治療（REBT）和其他認知—行為學派的諮商取向技術（請見第 25 章）。REBT 主張「人會對自己施加無理的要求」，所以才會造成心理困擾（Ellis, 1993, p. 200）。個人對自己說的話都是根據自我信念而來。自我對話會自我應驗，所以學習去挑戰不合理的信念是很重要的。自我對話是用來駁斥非理性信念、培養較健康想法的技術，形成更積極的自我對話，停止告訴自己負面的訊息。

個體通常會進行正向和負向兩種自我對話（Egan, 2010）。個人的自我對話也會被他人（如：父母、老師、同儕）對自己的評價所影響（Burnett & McCrindle, 1999）。如上所述，正向的自我對話就是諮商師想教導個案的技術（Egan, 2010）。當個體採用正向的自我對話時，會比較有動力去達成目標（Pearson, 2000）。負向的自我對話常是自我挫敗的言詞，老是阻礙個案成長成功（Egan, 2010），受被動和焦慮支配、動彈不得（Pearson, 2000）。Borton、Markowitz 與 Dieterich（2005）曾進行一項研究，調查最常見的負向自我對話類型。前三名和人際困擾、外表、人格特質有關。Schafer（1998）指出至少有 16 種不同的負向自我對話：消極氣餒（即：只看到負向的一面）、糟糕至極（即：把事情往壞的方面想）、大難臨頭（即：把情況想成災難將

至）、以偏概全、極力貶低、怨天尤人、完美主義、不做不行（即：
覺得「一定」要去做某事）、對號入座、評價他人、控制謬論（即：
認為每件事都要在個人的掌控之中）、兩極思考（即：全有或全無的
心態）、絕對正義、公平謬論（即：堅信人生必須要公平）、理應如
此（即：覺得人「應該」要做某事）、言過其實等。採用自我對話改
變個人絕對和專制的思考模式，才能使個案更能管控問題情境（Corey,
2015）。個人的負向自我對話不全然有害，有時它亦能幫助個人覺察
風險。在正向的自我對話和負向自我對話間取得平衡方為上策。

實施方式

　　教導個案如何使用自我對話前，諮商師最好能先教育個案對自己和
自我對話抱持正向態度。諮商師可先評估個案對自己的看法，釐清哪些
想法有助於個人的身心健康。往後在教導個案自我對話時，諮商師即可
請個案專注在那些有益的想法上（Weikle, 1993）。

　　減少負向自我對話最常用的四步驟方法，稱為「反擊法」（countering
method）（M. E. Young, 2013）。第一步，偵測與討論負向自我對話。
為了提升該技術的效果，諮商師須先瞭解個案的負向自我對話屬於哪種
類型、負向自我對話出現的頻率、負向自我對話出現的場合等。Young
建議可請個案準備一張索引卡，記錄任何自我批評的話語。這張卡片提
供諮商師非常有用的資訊，也協助個案瞭解自我批評升起時的感受。

　　經過一週的自我監控後，諮商師和個案準備開始反擊法的第二步
驟。第二步，檢查個案負向自我對話的目的何在。當諮商師和個案一起
探討索引卡上的內容時，通常會浮現三到四個常見的主題。諮商師要協
助個案瞭解這些信念的緣由。很多時候，由於習慣和自我保護使然，導
致個案不願輕易放棄信念（M. E. Young, 2013）。為瞭解負向自我對話
的作用，諮商師可詢問個案的問題有：「這個負向想法對你的幫助何
在，或讓你的心情如何？」（p. 157）。如此一來不僅可協助個案和諮
商師查明負向自我對話的起因，亦可幫助個案釐清諮商期間他們可處理

的議題。

　　當個案瞭解使用負向自我對話的理由後，諮商師要協助個案建立與負向自我對話抗衡的異議聲明（M. E. Young, 2013）。最有效的異議句不但能駁斥個案的非理性信念，還能與個案的價值觀不謀而合。這就是所謂的借力使力：以子之矛，攻子之盾。Pearson（2000）建議用我（I 或 me）等字眼，才能讓異議句彰顯個人特色。異議句須以正向的字詞和現在式陳述，而且要合理、好記和反覆使用。例如，若個案懷有「理應如此」（musterbates）（如：想要的東西必須拿到不可）的想法，那麼有效的異議句可為：「我沒有非要不可，我只是比較想要」（Ellis, 1997a, p. 97）。

　　反擊法的最後一個步驟是：要求個案不斷地練習複誦異議句。練習的時間多寡依個案而異，但最好要練習一週以上。本書第 28 章談到的主觀苦惱量表（SUDS）可用來評估異議句的效果。首先，請個案辨識出負向自我對話，並用滿分 100 的主觀苦惱量表評定它們的不悅程度。接下來，請個案複述異議句，再重新評定主觀苦惱量表上的分數。異議句的效果可從前後兩項評分判定。如果不悅的程度下降，表示異議句有效。當然，不悅程度下降得越多，異議句的效果越好。無效的異議句得重新修正、練習和評分，直到找到有效的異議句為止（M. E. Young, 2013）。

變化形式

　　自我對話的變化形式為 P 與 Q 法。做法是當個案出現負向的自我對話時，就要求個案停止（pause, P）、深呼吸，然後問（question, Q）自己此時的情況為何令人心煩意亂。其中一個自問自答的問題必須指出詮釋問題情境的其他觀點，教導個案以適當的方式處理情緒（Schafer, 1998）。

　　即時重播（instant replay）是自我對話的另一種變化形式。當個案注意到他正用錯誤的方式回應問題情境時，立即請他「捉住負向的自

我對話，挑戰它、改變它」（Schafer, 1998, p. 373）。為了挑戰自我對話，須請個案評估這些自我對話是否合乎事實根據，或者破綻百出、中庸抑或極端、有益還是有害。Southam-Gerow 與 Kendall（2000）建議處理或辨識兒童的自我對話時，諮商師可以請兒童把想法想像成漫畫上常見的內在獨白（thought bubbles），想像這些內在獨白閃過腦海，就像連環圖畫一樣。這種方法可以讓自我對話的概念更鮮明易懂。

範例

　　妮可，17 歲，高三女生，患有嚴重的考試焦慮。以下的逐字稿散見於本書的自我對話、深呼吸和系統減敏感法等章。從這些逐字稿可初步看出妮可的症狀、症狀對她的影響、如何運用量尺技術等。在治療期間，諮商師也教導妮可視覺心像和漸進式肌肉放鬆訓練。妮可先接受心理教育評估，排除學習障礙和注意力缺陷等問題。在評估的過程中，逐漸發現考試焦慮才是最大的問題。

諮商師（諮）：大約一兩個月前，我們談到妳有時會害怕或擔心跟考試有關的事情。請多告訴我這方面的資訊，讓我可以多瞭解妳的狀況。

妮可（妮）：唔，在模擬考前或考 SAT 前，我會非常焦慮，焦慮到影響我的考試成績。

諮：妳說會影響妳的考試成績，那是什麼意思？

妮：我會考得一塌糊塗，就是因為我太焦慮了。

諮：當妳焦慮或擔心妳會考不好時，腦海裡閃過哪些想法呢？

妮：「天啊！萬一我考差了怎麼辦？」嗯，如果我考差了，會有什麼後果什麼的。

諮：這是妳跟自己說的話嗎？妳的內心會自我對話？

妮：我告訴自己要冷靜下來。

諮：妳告訴自己要冷靜下來。妳還會跟自己說其他話嗎？會讓妳更緊

　　張、更焦慮的話？

妮：我會告訴自己：「只許成功不許失敗，否則下場就會很慘」之類的
　　話。

諮：下場會很慘。會發生什麼慘事？

妮：像是我進不了好大學、我是個廢物等等悲慘的事。

諮：當妳跟自己說這些話時，妳的感覺如何？

妮：很糟。

諮：妳的身體也有類似的感覺嗎？

妮：有啊，胃和頸部會不舒服。

諮：還有別的嗎？

妮：沒了。

諮：胃部翻攪、肩頸酸痛嗎？

妮：沒錯。

諮：今天妳來諮商前，我曾給妳一項家庭作業，請妳寫下幾件焦慮或苦
　　惱時跟自己說的話。這個作業叫做「認知的自我對話」，也就是妳
　　內心的自言自語。因為妳想的是負面、不快、討厭的事，才會把自
　　己捲入慌亂不安的漩渦中，導致胃部和頸部疼痛不舒服。不過，妳
　　也可以想些樂觀和振奮人心的事。

妮：對。

諮：如果妳想的是樂觀和振奮人心的事，就不太可能會想到……

妮：壞事。

諮：沒錯，壞事。我們稱為「交互抑制」，意思是妳沒辦法同時進行兩
　　件相反的事情。所以，如果妳想些正面和愉快的事，負面和有害的
　　想法就不可能出現。

妮：了解。

諮：因此，我要妳做的其中一件事，就是告訴我幾句除了「我只能考
　　好，否則就慘了，也進不了好大學」之外的話。這種想法會讓焦慮
　　和擔心源源不絕地流出。妳可以另外告訴自己一些什麼話呢？（此
　　時，妮可把手伸進口袋，拿出一張寫了數句自我對話的紙。）喔，

119

　　妳已經寫好了。

妮：我把它們當作家庭作業寫完了。

諮：看得出來妳很認真地面對這個問題，我很欣賞妳到目前為止所做的
　　努力。紙上寫了什麼？

妮：嗯，我告訴自己說：「不用擔心，所有的事情都會好轉的。沒有必
　　要給自己那麼大的壓力。」

諮：（記筆記。）別擔心，不要有壓力。還有嗎？

妮：我告訴自己要深呼吸和放輕鬆。

諮：很好，深呼吸和放輕鬆。妳有好好深呼吸嗎？

妮：深呼吸了幾次。如果狀況真的很糟，我會照著做。

諮：感覺如何？

妮：還好，有發揮效果……

諮：好的。現在，請靠在椅背上，閉上眼睛，把妳以前說的話大聲講出
　　來。那些「我這次考試一定要考好」、「我一定要進好大學」之類
　　的話，然後去感覺體內日益升高的緊張感……（停頓大約 15 秒）
　　現在，請妳跟自己說些冷靜和放輕鬆的話，也就是：「不用擔心，
　　所有的事情都會好轉的，不要有壓力。深呼吸和放輕鬆。」（停頓
　　半分鐘）妳現在感覺如何？

妮：非常好，好像沒那麼擔心，也覺得比較有希望了，好像我真的辦得
　　到一樣，不需要害怕。但考試時真的有效嗎……

諮：很好。不管什麼時候，只要一往壞的、糟糕的方向想，想到妳的
　　SAT 的分數考差，簡直就是世界末日到來等等的想法，妳就會非
　　常焦慮，壓力一發不可收拾，緊張程度破表。但如果妳告訴自己一
　　些樂觀和放輕鬆的話，深呼吸幾口氣，馬上就會冷靜下來，心裡也
　　舒服多了。

妮：嗯哼。

諮：太好了，這就是根據交互抑制原理建立出來的「認知的自我對
　　話」，也就是妳無法同時思考壞的想法和好的想法，這樣壞的想法
　　就沒有空隙鑽入腦海裡。用能夠讓妳冷靜放鬆的好想法阻止造成壓

力的壞想法趁虛而入，妳就不會覺得不堪負荷了。當妳鎮定下來，才能好好地專心讀書，做完妳該做的事……這就是我要給妳練習的家庭作業。直到下星期來晤談前，請妳每天至少要說五次正向的自我對話，每次持續一分鐘，慢慢地延長到每天早上、下午和晚上各練習一到兩次……

效果與評價

自我對話常用來處理完美主義、擔心、自尊和憤怒管理等議題（Corey, 2015）。這個技術也常用來激勵個案。例如，假使個案想要勉勵自己多運動，他可以在索引卡上寫上運動的好處，每天抽出數張朗誦。如此一來就可將他的負向自我對話改成正向的自我對話，培養對運動的積極態度（Schafer, 1998）。諮商師也可以教導個案運用自我對話管理壓力。由於負向的自我對話會引發壓力，想當然耳，正向的自我對話可減少壓力，只要改變壓力情境對個案的影響，壓力就會減輕（Corey & Corey, 2013）。正向的自我對話可協助兒童把目光放在正向而非負向的事情上，加強他們的因應技巧。做法是請兒童辨識負向的想法或自我對話，認清情況並沒有他們原先所想的那麼可怕或恐怖。這項策略並非要貶低兒童的情緒或以過分簡略、樂天的方式思考。它的目的是要教導慣於往壞處想的兒童辨識不切實際的負面思考模式，發展更合理和適應性的觀點（Pearlman, D'Angelo Schwalbe, & Cloltre, 2010）。

Weikle（1993）建議自我對話亦可用在內控力強和價值觀健全的個案上。這個技術顯示教練的行為和運動員的自我對話息息相關，善用自我對話可達到雙贏的效果。運動員的自我對話會影響他們的認知、動機、行為和情緒，進一步左右他們的運動表現成績（Hardy, Oliver, & Tod, 2008）。教練的尊重與支持能促進運動員的正向自我對話（Zourbanos, Theodorakis, & Hatzigeorgiadis, 2006）。根據 Zourbanos、Hatzigeorgiadis 與 Theodorakis（2007）的研究顯示，教練的正負向言語，相對地也會影響運動員的自我對話。

　　Smith（2002）曾說自我對話是認知—行為取向的其中一種介入策略，教師可用以教導行為欠佳的學生。Vernon 與 Clemente（2004）亦言可教導對權威人物懷有敵視態度的高中生運用自我對話。當學生發現自己處在想用惡言惡語回應的狀況時，立刻在心裡反覆告訴自己：「我很好，我不贊成 X 用這樣的態度對待我，但那是他的問題，不是我的問題。」把重點放在「不要緊」（okay-ness），學生比較不會覺得受到欺負，更能掌握當下情境，降低敵對狀態。

　　許多研究支持自我對話能增進掌控感（Thompson, Sobolew-Shubin, Galbraith, Scwankovsky, & Cruzen, 1993）、自動自發的學習（Wolters, 1999）和降低焦慮的效果（Prins & Hanewald, 1999; Treadwell & Kendall, 1996）。但 Grainger（1991）提醒我們不要忘了負向思考亦有其重要性。諮商師須協助個案區辨負向思考造成負向的自我對話，和負向思考亦可讓人脫離險境之間的差別。負向思考確有必要，特別是當個體處在高風險情境時。此種思考方式有時可幫助個體瞭解他必須趕緊想出應變計畫，才能有效提高生活／工作效率。

CHAPTER 22

重新框架

源起

　　重新框架（reframing）意指用新的方式說明有問題的情境，協助個案採取更正向、建設性的觀點。重新框架改變看問題的視角和心態，在從別的脈絡架構改變意義的同時，也契合問題情境原初的面貌。重新框架的目的是引導個案站在另一個有利位置看問題情勢，削弱問題的嚴重性，回歸正常客觀的角度，使解決方法更易浮現（Corey, 2015）。藉由放大優點，重新框架和隱喻創造出希望、提升動力（Scheel, Davis, & Henderson, 2013）。

　　運用重新框架時，諮商師會提供新的觀點給個案，期許個案能從不同的視野看問題境遇，以採取更適當的行動。諮商師提出的替代觀點必須符合問題情境，甚至比個案原有的觀點要好，才能讓個案心服口服的接受。重新框架倘若奏效，以往個案視為無法解決的問題，頓時迎刃而解或不再視為問題（Hackney & Cormier, 2012）。重新框架讓個案願意對主述問題嘗試採取新的行動措施。無論如何，只有當新的意義能讓個案心悅誠服時，重新框架才會發揮作用。

　　從歷史的角度來看，重新框架是認知─行為學派、阿德勒學派、策略性家族治療和結構性家族治療學派曾運用的矛盾策略之一（Eckstein, 1997）。重新框架實際上源自阿德勒學派的理論，但由於它強調認知層面，所以本書放在這個部分。在系統與焦點解決治療學派裡，重新框架著重在重新定義經驗，從社會和文化的系統脈絡看問題（Becvar & Becvar, 1993）。重新框架立基於社會建構認識論的積極人際互動歷程

（Martin, 1994）。

　　此外，重新框架也名列 Ivey 與 Ivey（2007）提到的六個最具影響力的精微諮商技巧之一。以此取向觀之，重新框架的前提是行為和情緒困擾不是由事件所引起，而在於個人對事件的看法。問題之所以成為問題，乃因它阻礙了個案的目標，或擾亂了個案的價值觀、信念或決心。重新框架也假定個體若有心改變的話，身邊擁有的資源一應俱全。重新框架接受個案的世界觀，從其間找出解決策略。重新框架特別適用於用苦心善意重新定義令人反感的動機或問題行為（Hackney & Cormier, 2012）。

　　由於問題行為模式往往根深蒂固，因此可用重新框架重新詮釋這些行為模式。重新框架背後的假設是，藉由轉變對行為模式的看法，才能發展新的行為以對應新的詮釋。重新框架亦可讓個案不再使用責備他人、要他人為自己的行為負責的藉口（M. E. Young, 2013），適合處理個人內在和人際關係方面的議題。

實施方式

　　實施重新框架時，僅需簡單的三步驟。首先，諮商師要以客觀、不帶偏見傾聽的態度，全盤瞭解個案的問題（M. E. Young, 2013）。這是非常重要的起點，因為重新框架必須以正確瞭解個案和他們的世界觀為基礎，這麼一來個案才能連結新的參考架構（即：重新架構）。其次，諮商師瞭解問題後，接下來就是帶領個案從新的觀點看問題。此時最重要的是納入個案某部分的觀點，同時也建議他們採納新的觀點。最後，諮商師須推動個案轉變觀點。強化新觀點的方法之一，就是指派家庭作業給個案，驅策他們從新的角度看問題。Kolko 與 Milan（1983）也建議欲擴大實施重新框架時，可用的三步驟為：(1) 重新框架行為；(2) 給行為開立處方箋；(3) 運用契約維持行為。

變化形式

　　重新框架有數種變化形式。重新框架亦可稱為重新標籤、除名和正向意含（Eckstein, 1997）。重新標籤（relabeling）就是一種特別的重新框架技術，意指用較正向的詞語取代負面的形容詞。例如，某位女性說她的丈夫「嫉妒心重」，即可用「關心」替換舊的標籤。除名（denominalizing）意指撤除診斷標籤，改以可控制的行為代替。例如，將患有厭食症的青少女視之為拒食。正向意含（positive connotation）意指賦予症狀行為正向的意圖。例如，「我媽媽從不讓我做任何事」的說法，可重新框架成「我媽媽很愛我，所以才會對我設下種種限制」（Vernon & Clemente, 2004）。

範例

　　蘿莉，34 歲，女性，正面臨情緒低落、無助和沮喪。她說她一向是個樂觀開朗的人，事事盡如她意。在這之前，從來沒有重鬱發作過。她覺得她近來的心情跟目前遭遇的狀況脫不了關係。

諮商師（諮）：嗯，在我看來，妳是一個內省能力相當強的人。妳說心情低落的情形和妳近來碰到的狀況有關，可以請妳多說一點嗎？

蘿莉（蘿）：好，這麼說吧。直到約半年前，我的生活都還算不錯。我具有會計碩士學位，是個註冊會計師。或者該說曾經是個註冊會計師吧。

諮：妳不再是註冊會計師了嗎？

蘿：唔，嚴格說來我還是，但已經不再工作了。

諮：我懂了，請繼續說。

蘿：好，不管怎樣，日子過得很好。在遇到我先生前，我就拿到了碩士學位。我的志向就是成為會計師，升學之路順遂，學業成績優良，

如願以償當了會計師。畢業後，我馬上投入職場，在一間大型的製藥公司工作，終於爬上中階主管的位置。就在那時，我邂逅了泰瑞，也就是我的丈夫，我們在三年前結婚。婚後我很快就懷孕，生了兩個健康可愛的男孩。我們請人幫忙照顧孩子，育嬰假結束後，我又回去工作了。生活依然美好。

諮：不錯，聽起來妳的生活的確很美滿。在婚前就擁有不錯的學歷和職業生涯。妳懷孕生子，請保姆帶小孩，讓妳得以繼續當個職業婦女，這對妳來說很重要。

蘿：非常重要，那是我最擅長的領域，是我深受重視及為人賞識之處。我們都想得到那種感覺，不是嗎？在家人身上可得不到那種感覺……那不一樣，你知道吧？就好像……你會覺得換尿布有什麼價值嗎？不是說我不愛孩子，他們真的很可愛！可是他們不會讚美我說：「哇，蘿莉，妳的會計工作做得太棒了！想不想加薪呢？」

諮：是的，我想他們還不會說這種話。

蘿：是吧，所以不是我在跟一歲的小孩賭氣，真的不是。我只是更看重我的職業生涯和工作帶給我的成就感。我努力工作，賺得應有的職位和報酬。即使要犧牲跟孩子相處的時間……尤其是他們哭著找我或生病的時候……真的讓我心如刀割。反正，每件事情都還過得去，我擁有每個女人都想有的東西……結果，「轟」！一聲……

諮：「轟」？

蘿：對，「轟」！突然間什麼都沒了……我失去了一切！真不敢相信我說了這麼多話。能跟沒有心機的人說這些話，真的如釋重負。

諮：謝謝妳告訴我這麼多事。能大聲地吐露心事，心情會輕鬆不少。（停頓）所以，什麼都沒了……意思是指妳的工作嗎？

蘿：對。我的努力全化為烏有，拜我先生所賜。他跟我公婆的感情很好，自從兩個雙胞胎出生後，他們就一直在他耳邊嘮嘮叨叨，說我們住得太遠，害他們不能看寶貝孫子成長。當了爸爸之後，他的觀念也變了。他開始質疑我的成就動機，反過來要我當個好媽媽。真的很不公平，為什麼老是要女人在工作和家庭間做選擇，好像魚與

123

熊掌兼得會死人似的。嗯，不管怎樣，出乎我意料之外，他說他在家鄉得到一份好的不得了、他也很重視的工作……而且幾乎是以前薪水的兩倍……。他竟然說這是命運的安排，因為他已經很久沒有換工作了。我不知道是否該相信他，但這就是他的說法，他說不接受那份工作太可惜了。回頭想想，我應該早點看出端倪，但那個時候我根本也瞎了眼。更糟的是，他告訴我公婆他得到那份工作，他們也覺得不錯，興奮極了，好像我們已經搬回去，過著一家團圓、和樂融融的生活。然後，我開始產生罪惡感，覺得我的本業應該是待在家裡陪孩子。他覺得他有義務陪他爸媽，不能讓他們傷心。事情變得一團亂，在我還沒消化完畢之前，我們就定居在這裡了。他賣掉舊家，尋覓新的住處。我也離開老東家，成天跟孩子在一起。

諮：妳目前的生活狀況，就是妳剛才說的一切。

蘿：就是這樣。

諮：可以請妳說清楚最讓妳困擾的地方是……什麼事情讓妳心情如此低落？

蘿：我覺得我說太多了。我說得太多了嗎？

諮：不會。但我希望能多瞭解妳重視的事情，還有妳深感困擾之處。

　　記住，我們前面曾談到全盤瞭解個案的看法和世界觀的重要性。這樣才能提供可以被個案接受的新框架。

蘿：好的。現在的情況是……（沉默一段時間，想決定什麼事情最困擾她）唔，我猜……（說話速度逐漸變慢）……都不在我的掌控中？……這是一個大錯特錯的決定？……我什麼事都不能做？……他怎麼可以那麼自私？……我覺得我沒有價值……沒有目標……（開始啜泣）……我之前的努力付諸流水，我再也找不回我的職業生涯了……

諮：嗯哼，是的，我瞭解了。讓妳深感自我價值之處被強行奪走了，雖然這不是妳的錯，妳還是覺得生活過得很沒意思。

蘿：完全沒錯。

124

諮：我瞭解妳有多難過。

蘿：我真的很沮喪。

諮：妳好像也有點生氣。

蘿：是呀，我都不敢承認，但我的確很生氣。

諮：並不意外，生氣和沮喪常同時出現。有時候我們會氣自己無法改變
　　現狀，不得不放棄時，心情也跟著變糟。

蘿：有道理，跟我的情況不謀而合，根本一模一樣。

　　　為了提供個案新的框架，還有很多資訊必須蒐集。以下僅簡單
　　地採用其中一種方法，但絕不是唯一一種。

諮：好的，蘿莉，我們要先來腦力激盪一下，一起來想一些針對當前的
　　狀況可行的選項或例外，可以嗎？

蘿：好吧……我來想想看。

諮：好，我們來玩一個故意唱反調的遊戲。我會根據妳今天告訴我的話
　　提出論點，妳得反過立場跟我辯論、據理力爭。這樣懂了嗎？

蘿：懂。

諮：好，那麼我從「我無法掌控我的生活」開始。

蘿：啊……嗯……我要說些話來反駁你？

諮：對，但最好是發自妳內心深處的。

蘿：好的。某些方面，我比以往多了一些自由。我有一整天的時間隨我
　　安排、我可以睡晚一點、沒有老闆一直在我耳邊叫我做這做那。像
　　這樣嗎？

諮：沒錯，就是這樣。好，再一個，「我的生活沒有任何意義」。

蘿：（自言自語）我的生活沒有任何意義……反駁這句話……嗯……當
　　媽媽、當姊姊、當朋友，都很有意義。我有真心喜歡的嗜好和興
　　趣……可以從中得到成就感。大概就是這樣吧。

諮：好。「跟孩子一起待在家裡，一點好處也沒有」。

蘿：喔，這樣說不對。他們已經不是一歲的小孩了，真搞不懂我以前錯
　　過了多少時光。他們每天都在成長變化。

諮：很好，還有兩個。「我再也不會有職業生涯了」。

蘿：嗯，這種說法很蠢。當然，我還是可以再找工作，只是這種小鎮不會有我想做的工作。可是我不覺得我會永遠留在這裡，我終究會再工作的。

諮：好，最後一個。「我先生一心只為自己打算」。

蘿：喔，天啊。這題實在很難反駁。我是說，他做的每件事情並不完全為了他自己，但在這種情況下，實在很難反駁。（停頓且想了數分鐘）我想不出來。

諮：好，但我有想到一點。有時候，當我們站在某人的立場，思考他的動機，就能同理他們的選擇，結果就不會那麼生氣了。但前提是，妳不想一直對他生氣。

蘿：我不想再生氣了，我不想再動氣或沮喪了。

諮：好的，我的意思是，瞭解可以化解怒氣。想像一下，假設某人對我逼車，我馬上就可以想到她今天必定過得很糟的一兩個理由。我會告訴自己說：「我敢打賭她剛剛一定是被炒魷魚了」或「我確信她一定是被男朋友甩了」等等之類的。

蘿：對呀，好有趣。這樣就算她對我逼車，我也很難對她發脾氣了。

諮：正是如此。讓我們拿你先生做練習。剛才妳提到他的新工作，為他帶來一大筆收入，這是真的嗎？

蘿：是呀。

諮：我們可否認為在得到那份工作前，他也為財務問題傷透腦筋呢？

蘿：喔，不用說，他一直很擔心家庭的開支。有了雙胞胎之後，他更是煩惱不已。他很害怕沒有賺足夠的錢供我們花用。

　　諮商師準備對她的先生重新貼標籤，把「自私自利」的標籤換成「維持家庭的生計者」。重新標籤也是一種重新框架，包含在重新框架的範圍內。把令人不悅、有問題的動機，重新定義為用心良苦，特別能產生效果。

諮：有沒有可能把妳先生的動機想成「維持家庭的生計者」，而不完全

125

是個自私自利的人呢？

蘿：可以，聽你這麼說，我也覺得有這個可能性。

諮：（站起來走向窗邊，打開窗戶）從這個窗外看出去，妳看到了什麼？

蘿：（有點困惑）一個垃圾筒！難怪你會把窗戶關得緊緊的！

諮：從房子的後面看過去，景象很棒吧？還看到什麼呢？

蘿：看到一些小花。噢，垃圾筒後面還有一棵山茱萸。

諮：是呀，它們長得不錯呢。是不是很漂亮呢？

蘿：沒錯。那麼大的綠色金屬怪物竟然擋在前面，好可惜！

諮：對，我們可以把它搬開嗎？

蘿：不行吧。

諮：也許我們無法改變它已經存在的事實。（停下來讓蘿莉思考，坐回椅子上）從這扇窗戶看出去，垃圾筒會擋住山茱萸。有看見另一邊的那棟建築物嗎？

蘿：有。

諮：假設我的辦公室在那棟建築物裡，想像我們走到那間辦公室，從那扇窗戶看出去。

蘿：好的。

諮：景色會有任何變化嗎？

蘿：不會，垃圾筒還是在那裡。

諮：沒錯。但妳可以從另外的角度看吧？

蘿：嗯，是的……因為從那扇窗戶看過去的話，山茱萸就會在垃圾筒前面。當然，我們還是會看到垃圾筒，但沒那麼顯眼，因為山茱萸比較美艷華麗。

諮：妳說的對極了，我完全同意妳的說法。假設妳剛才對自己生活的描述，就像這面景色。假使我無法更動妳一絲一毫的生活，就像我沒辦法搬走那個垃圾筒。但即使沒有搬移垃圾筒，也可以不用把目光焦點全放在它上面吧。這麼想對妳有沒有幫助呢？

蘿：我覺得這個想法很好。

諮：嗯，妳已經充分瞭解我說的話了。這麼說吧……今天來的時候，妳
　　對現狀非常不滿。妳生氣又難過，因為妳覺得生活失去控制、生命
　　沒有意義、職業生涯結束、老公又自私自利。說真的，我無法改
　　變妳的現實生活狀況，但我想提供妳新的觀點。從新的窗戶看出
　　去，同樣的景色卻有新的意義，結果卻能重拾妳對生活的掌控感。
　　事實上，在某些方面，妳的自由時間變多了，不用再回答老闆的問
　　題。妳可以自己安排行程，每天都有自主選擇權……妳的生活有意
　　義。妳是母親、姊姊和別人的朋友。妳有自己專長的愛好，也樂在
　　其中。這些事情賦予妳的生命意義和目的……妳的職業生涯暫時停
　　止了，但那是短暫的，並不是永遠結束，只是要再花點時間恢復罷
　　了。這個時候的妳，只要好好地享受和孩子們相處的小確幸。妳並
　　不想錯過跟他們在一起每分每秒，更何況孩子的成長只有一次……
　　最後，妳先生的出發點也許是想當個能賺錢養家的好男人，而不
　　是出於自私的心理。這麼一想，妳就不會一直對他的動機大發雷霆
　　了。

　　　沉默數分鐘，讓蘿莉消化這些話。

蘿：我的天啊！如果我繼續告訴自己那些話，把眼光放在別的角度，我
　　相信我的心情會好很多，或許最後也能享受欣賞現在的生活。

　　　注意，事實現狀並沒有改變。但在諮商師的協助下，蘿莉的舊
　　觀點動搖了。一個比較有希望、另類的意義就在眼前。

效果與評價

　　重新框架可用在許多不同的場合。要重新定義問題情境、改變
看問題的觀點，讓問題更易理解、接受或解決時，重新框架更具效果
（James & Gilliland, 2003）。若因非理性信念導致心情愁苦、舉止
失措，個體可運用重新框架建構新的意義（Wicks & Buck, 2011）。

Robbins、Alexander 與 Turner（2000）的研究即指出，重新框架能有效轉變個案對諮商的態度。

重新框架在家族治療取向上亦常發揮效果。Frain 等學者（2007）運用重新框架協助需要障礙復健服務的家庭。他們改變家庭成員對障礙的觀念，視其為挑戰和機會，而不是職業生涯的終點。Davidson 與 Horvath（1997）指出在伴侶諮商師時運用重新框架，可促進雙方互動、化解婚姻衝突。在家族治療裡運用重新框架，可把不幸的結果歸因於外在環境，而非指責某位家人，減少家人間的摩擦不合（Eckstein, 1997）。例如，對兒童實施門禁，乃基於安全的擔憂考量，並不是缺乏信任。正向重新框架某一負向行為，不但能防止家人成了替罪羔羊，亦可把關注焦點從問題行為導向到發揮正向行動（Jessee, Jurkovic, Wilkie, & Chiglinsky, 1982）。重新框架亦可應用在物質濫用者、藥頭或成癮者。LaClave 與 Brack（1989）的文章舉出數個運用正向重新框架成功化解個案抗拒的案例。

重新框架的研究極少，但某些研究顯示正向重新框架能有效減少負面情緒與輕中度憂鬱（Swoboda et al., 1990）。Kraft 等學者（1985）評估正向重新框架組和控制組參與者的負面情緒。研究結果顯示正向重新框架組的憂鬱心情改善不少。Swoboda 等學者（1990）的研究則比較正向重新框架組、矛盾抑制指令組（paradoxical restraining directives）和安慰劑組對治療憂鬱症的效果。「獨處與發愁表示對孤獨具有極大的容忍力，不會過於自鳴得意」且「寧願討厭自己，也不願怨天尤人，展現出樂意自我犧牲，換取他人幸福的高尚情操」等類的說法（p. 256）用於正向重新框架組。正向重新框架組參與者的效果評估進步神速，顯示重新框架是極能克服憂鬱的有效技術。

CHAPTER 23

思考中斷法

源起

　　思考中斷法（thought stopping）乃是為了加強個體打斷認知連鎖反應的能力（Bakker, 2009）。1875 年時，首度被用以治療滿腦子想著裸體女人的男性（Wolpe, 1990）。不過，許多人歸功 Alexander Bain 在他 1928 年的著作《日常生活的思想控制》（*Thought Control in Everyday Life*）中介紹思考中斷法（Davis, Robbins-Eshelman, & McKay, 2009）。其後，經由 James G. Taylor 的引介，加上 Joseph Wolpe 治療強迫和畏懼念頭的成效，思考中斷法已成為行為治療的主流（Davis et al., 2009; Wolpe, 1990）。時至今日，思考中斷法常用於治療性侵犯者（Worling, 2012）。思考中斷法訓練個案儘量在第一時間驅逐令人不快的想法（Wolpe, 1990），通常輔以「停止」的指令，以打斷有害的想法（Davis et al., 2009）。

　　思考中斷法成功的理由有數點（Davis et al., 2009）。第一，用「停止」的指令當作懲罰的手段，降低負面想法再度產生的可能性。第二，「停止」的指令亦可用來分散注意力，對抗負面的想法。最後，接在「停止」的指令後，用其他的想法代替，確保負面想法不會捲土重來。例如，根據交互抑制（reciprocal inhibition）的原理，用自我接納的說法取代討人厭的負面想法。

實施方式

　　思考中斷法有四個步驟。首先，個案和諮商師一起決定思考中斷法欲終止的想法為何（Wolpe, 1990）。第二，請個案閉上眼睛，想像欲終止的想法有可能發生的情境（Davis et al., 2009）。第三，用「停止」的指令打斷欲終止的想法。第四，用較正向的想法取代負面的想法。請個案刻意用他種想法替代，慢慢地熟能生巧。典型的思考中斷療程需給個案約 15 到 20 分鐘的時間自我監控，目標是讓負面思考發生的頻率降低，讓個案握有消弭負面想法的掌控權。

　　上述的第三個步驟，其中又包含四個階段，由諮商師將控制權移轉給個案（Horton & Johnson, 1977）。第一，諮商師打斷個案口頭說出的負面想法，直至個案示意想法已經消退，個案大聲說出他的想法，但只要一聽到負面的內容，諮商師即大喊「停！」。第二，諮商師打斷個案內隱未說的負面想法。當個案以手勢暗示負面想法出現時，諮商師大喊「停！」。無論負面想法何時出現，藉由大聲喊「停！」，個案學會大聲打斷負面想法。最後，個案學會自行在腦海裡即時打斷負面想法。

變化形式

　　對某些個案而言，光靠「停止」的指令並不足以抑制令人不快的念頭。發生這種情況的時候，必須採取更強力的中斷手法。可以請個案在手腕上綁條橡皮筋，當有害的想法出現時，就彈一下橡皮筋（Davis et al., 2009）。也可以請個案捏自己或將指甲按向掌心來中斷負面思考。此外，當有害的想法出現時，壓警報器發出巨大聲響當作「停止」的訊號，亦可有效打斷負面思考（Wolpe, 1990）。做某些肢體動作也有助於中斷思考，例如：站起來、坐下和四處走動數次，或僅僅交叉雙腿即可。彈橡皮筋和捏掐身體等類似動作或可打破認知的「鑽牛角尖」。

範例

　　小濃，17 歲，具有表現焦慮的個性。她想要維持高水準的校內表現，好符合未來甄試上頂尖大學的目標，結果卻給自己的生活帶來太多的壓力。她求助諮商，希望停止這些揮之不去的強迫性思考。

諮商師（諮）：好，妳一向都對自己說哪些話呢？

小濃（濃）：我必須表現良好，不然我的功課會一落千丈；我必須好好
　　　　表現，這樣才能達到我的理想目標。呃，只許成功不許失敗之類
　　　　的。

諮：如果沒做到的話會怎樣？

濃：嗯（緊張的笑），我會不喜歡自己，我的自信心會下降……我會覺
　　得自己不夠聰明等等的。

諮：這是妳一直在想的事情嗎？

濃：是的，無時無刻。一有空就想。（停下來思索）

諮：妳擔心學校表現是否良好、妳是否夠聰明？

濃：什麼？是的，我想我就是這樣的人。

諮：妳特別會告訴自己哪些話呢？我的意思是說，照妳現在所講的，聽
　　起來好像是很理性的說法。「啊，我只是想要更有自信些。」但妳
　　真正對自己說的話是？

濃：我很笨或我很蠢，或我會考不及格，或上不了好的大學等等。有時
　　候，我會沉浸在那些想法中無法自拔。

諮：陷在其中無法自拔，那是什麼感覺？

濃：很糟、很恐怖。

諮：是 1 到 10 的幾分呢？（借用量尺技術）

濃：大概 1 或 2 吧，心情真的很差啊。

諮：它出現的頻率如何？妳什麼時候會對自己說那些話？

濃：嗯，它通常發生在我的壓力負荷過大的時候，最近特別嚴重。

諮：好。最近這一兩週發生的頻率如何？

濃：嗯，時時刻刻，特別是學期末更嚴重，或老師叫我們死記硬背的時候……

諮：現在是最後關頭？

濃：是呀，學期快結束的時候一向如此。

諮：妳想學點有用的方式來克服它？

濃：對，這就是我來諮商的目的。

諮：好。嗯，對自己說「我很蠢」或「我很笨」之類的話，都是貶低自己、甚至自我傷害的行為。妳知道對自己說這些話，會讓妳瞧不起自己吧。

濃：沒錯。

諮：因為這些是令人討厭、負面的想法。接下來，我要教妳的方法叫做「思考中斷法」。

濃：好的。

諮：當妳對自己說「我很蠢」或「我很笨」時，這個方法不僅可以派上用場，它還可以用在任何惱人或自我挫敗的想法。那些妳一再重複的想法，我們稱為強迫性思考。這些想法不斷地在妳腦海播放，好像趕不走的蒼蠅。我們上一次曾提到妳睡覺之前會想很多，害得妳睡不著。妳一直想一直想，根本就停不下來。思考中斷法就是要打破強迫性思考的循環，去想一些比較正面的東西。在開始之前，請妳把對自己說的話大聲地說出來讓我聽到。來吧，大聲一點。

濃：我很蠢，我很笨。

諮：喔，得了吧，要說的挺像一回事。

濃：我真笨，我是個笨蛋！

諮：很好，這就是妳對自己說話的樣子，是吧。妳不是說：「嗯，糟了。哇，老師，我很笨。」妳說的是：「呃，蠢斃了，笨死了，我真是個白痴！」妳說的是這種話，是嗎？

濃：對極了！我就是這麼跟自己說話的。

諮：好，從現在開始，無論何時妳要對自己說那種話時，請妳大聲地喊

出：「停！」可以嗎？妳現在大聲地說一遍看看。

濃：好的。我考砸了，我是個白痴，我笨死了……停！

諮：很好。現在，請妳做出說「停！」的動作，打斷妳的負面思考循環。妳必須要做一些動作來打斷思考模式，告訴自己更正面的想法。妳覺得要對自己說什麼好呢？

濃：一切都會好轉的。

諮：一切都會好轉的，不用擔心，一切都會好轉的。可以的話，請妳想像一個能讓妳放鬆、平靜的畫面。藉著大聲說「停！」來打斷循環。妳想要尖叫也行，不過接著要重複地告訴自己「一切都會好轉的」等這類正面的話。來，深呼吸一口氣，想像一個讓妳平靜的畫面，可以嗎？

濃：好。

諮：讓我們再試一次。

濃：我很笨，我很蠢，我是個白痴。「停！」（停下來跟自己說些正面的話，深呼吸、想像畫面）

諮：好，現在感覺如何？

濃：放鬆一些了。

諮：是 1 到 10 的幾分呢？

濃：6 分，滿放鬆的。

諮：太好了。好，無論妳在外面、學校、購物、加油站的時候，只要一想到那些負面的話，馬上就要在大家面前大聲地說……

濃：（噗哧一笑）天啊，那多糗啊！這麼一來，你對我的印象很快就會改觀了，對吧？

諮：啊，沒錯。在外面的時候，這個技術要稍微修正一下。我要送給妳一條非常特別的橡皮筋。（諮商師把橡皮筋繞在小濃的手腕上）噹噹！

濃：哇，謝謝你。我會好好珍惜的。

諮：再確定一次。不是大聲說「停！」，而是在內心默念「停」，同時彈一下手腕上的橡皮筋。（小濃彈了彈手腕上的橡皮筋）感覺到了

　　嗎？感覺如何？

濃：有點痛，可是還好。

諮：對，會有點痛，這樣的動作是為了幫妳中斷負面的想法。請妳再彈
　　一次橡皮筋，如果這麼做想法還停不下來的話，就再彈一次，同時
　　心裡想著「停！」，接著換正面一點的想法、深呼吸、想像一個平
　　靜的畫面。我們再試一次，這次妳自己來。想到那些討厭的念頭、
　　彈一下橡皮筋，對自己說「停！」，然後深呼吸，想像一個令妳放
　　鬆的畫面，換個正面一點的想法。

　　　　小濃自己練習思考中斷法。

諮：感覺如何？

濃：好極了，我會了。

諮：很好，到下次我們見面前，妳要一直戴著這條橡皮筋。強迫性思考
　　出現的時候，記得要用它哦。

濃：好。

　　　　接下來的時間，諮商師和小濃一起討論思考中斷法還可以用在
　　　　什麼場合，幫助小濃類化這個技術。

諮：（總結）當負面的想法浮上心頭，沒辦法趕走它們時，它們就是在
　　扯妳後腿。一直告訴自己這些負面的話，只會讓妳的生活越來越
　　糟、越來越慘。大聲地對自己說「停！」，同時彈一下手上的橡皮
　　筋，接著對自己說些正面的話，深呼吸，想像妳來到一個平靜的地
　　方，放輕鬆。鎖定這些好的想法，很快地，妳會變得心平氣和，做
　　出正確的決定。

效果與評價

　　雖然思考中斷法可用來處理各種各樣的問題，但最常應用的情境
則是揮之不去、強迫、恐懼的念頭，包括：性執念、慮病症、挫敗性思

考、擔心性表現不佳、縈繞於心的回憶、杞人憂天的想法等（Davis et al., 2009）。思考中斷法常用來處遇性侵害加害人的邪念與對犯罪行為的想像（Worling, 2012）。Leger（1979）對三位患有焦慮症或強迫症的研究參與者進行個案研究，發現三位參與者中，思考中斷法能有效減少其中兩位參與者的雜念。Horton 與 Johnson（1977）的研究運用思考中斷法治療殺死分居妻子的執念。經過 27 天、四個療程的治療，個案的執念已從每 20 秒出現一次的頻率，下降至每兩小時才出現一次，中斷時間長達 30 分鐘。

　　思考中斷法亦可用來減少負向的自我對話、菸癮、視聽幻覺（Horton & Johnson, 1977）和失眠（Katofsky et al., 2012）。Samaan（1975）以一位患有幻覺、強迫症與憂鬱症發作的女性為個案研究對象。經過 10 次的思考中斷法、洪水法、交互增強等療程，該位女性患者的失常行為在治療初期，即從每週 22 次幻覺、14 次強迫症和 8 次的憂鬱症發作，降低至每週平均發作一至二次，直到最後三種症狀皆消失不見。此外，Peden、Rayens、Hall 與 Beebe（2001）應用思考中斷法作為多重認知─行為團體治療的介入策略之一，治療患有憂鬱症的女大學生。他們發現思考中斷法可以有效減緩憂鬱症狀，特別是負面思考症狀，這些效果甚至可延長到 18 個月後的追蹤觀察期。

　　有些研究者（Macrae, Bodenhausen, Milne, & Jetten, 1994; Wegner, Schneider, Carter, & White, 1987; Wenzlaff, Wegner, & Roper, 1988）認為試圖壓抑負面、強迫性的思考可能會加劇這些想法。然而，其他研究者的結論正好相反（Purdon & Clark, 2001; Roemer & Burkovec, 1994; Rutledge, 1998）。Bakker（2009）分析認知─行為治療（CBT）搭配思考中斷法的效果，發現思考中斷法是種與眾不同的思考抑制方式，它具有顯著的效果，能增加個案的因應能力。不過，思考中斷法仍為人詬病，有些擁護者聲稱可以輕微電擊作為嫌惡刺激。但使用電擊殊為不妥。

CHAPTER 24

認知重建

源起

　　認知重建（cognitive restructuring）是源自認知治療的技術，這要歸功於 Albert Ellis、Aaron Beck 與 Don Meichenbaum 的努力。認知重建將學習原理應用至想法上，改變習以為常的評價習慣、減少偏見，協助個案獲得較佳的情緒反應（Dombeck & Wells-Moran, 2014）。認知重建的假設有二：(1) 非理性想法和有瑕疵的認知，會導致自我挫敗行為；(2) 轉變自我的觀點和思考，就可以改變那些不當的想法和自我對話（James & Gilliland, 2003）。一般說來，諮商師採用認知重建，乃是要協助個案用更正向的想法和行動取代負面的想法和解釋。

實施方式

　　Doyle（1998）說明諮商師運用認知重建時，可遵循的具體七步驟如下：

1. 蒐集背景資料，瞭解個案如何處理過去和現在的問題。
2. 協助個案覺察個人的思考過程。找出可支持個案想法的真實生活案例，並討論各種說法的證據。
3. 檢查理性思考的過程，重點是個案的思考如何影響其身心健康。諮商師可以故意誇大非理性思考，讓個案更清楚瞭解問題所在。
4. 協助個案評估對自己和對他人的看法，是否合乎邏輯思考模式。

5. 協助個案學習轉變內在信念和假設。

6. 再次檢查理性思考過程，用個案現實生活的重要事件為演練案例。協助個案設定合理可達的目標。

7. 「結合思考中斷法與示範、家庭作業和放鬆技術，直到邏輯思考模式定型」（p. 92）。

Hofmann 與 Asmundson（2008）詳述認知重建讓諮商師和個案同心協力辨識非理性或不適當的思考方式，加上採用某些特定的策略，如：邏輯性駁斥、蘇格拉底式對話、進行行為實驗等，來挑戰個案的現實。Meichenbaum（1995）指出諮商師和個案進行認知重建時，若依循 Doyle（1998）上述的七個步驟，即可達成三個目標：

1. 個案須覺察他們的思考方式。這是 Doyle（1998）第二步驟的目標。Meichenbaum（1995）建議可直接詢問個案的想法和感覺。諮商師亦可協助個案運用想像重建（imagery reconstruction）的方式，探索特定想法。這個過程要請個案以慢動作的畫面想像某個情境，描述與該情境有關的想法和感受。諮商師可以請個案給和他一樣正經歷相似壓力的人忠告。Meichenbaum 也建議個案自我監控，記下個人的想法。只要個案覺得困擾，即應在筆記本上說明該事件和隨之引發的想法與情緒。

2. 個案須改變他們的思考歷程。在 Doyle（1998）的第四步驟，諮商師要協助個案達到這個目標，學習改變思考模式。諮商師協助個案瞭解該改變哪些思考歷程，「評估他們的想法和信念、推論結果、探討替代方案，並質疑錯誤的邏輯」（Meichenbaum, 1995, p. 422）。評估個案的想法和信念時，諮商師可問些問題，幫助個案看清有無自貼標籤。推論結果意指諮商師協助個案瞭解哪些想法是合理的、哪些想法是自我挫敗的。例如，諮商師可問：「當 X 事件出現時，你認為接下來會發生什麼事？我們如何得知？你怎麼知道它肯定會發生？」（p. 423）探討替代方案的重點是邀請個案採取不同的觀點。如果個案可以想出幾個

合理的想法替代自我挫敗的想法，就是很大的進步。透過這個步驟，諮商師應去質疑個案的錯誤邏輯，包括：「兩極思考、全有或全無思考、過度類化和對號入座的思考」（p. 424）。

3. 個案要嘗試探索和改變他們對自己和對世界的看法。這是 Doyle（1998）第五步驟的目標。諮商師可請個案先在晤談室裡實驗，當個案準備好之後，再類化到外在真實世界。表格式的紀錄亦有助於改變個案的信念（Meichenbaum, 1995）。以下摘錄自 Meichenbaum（p. 429），略述個案該如何撰寫表格式紀錄：

起動裝置：（什麼事情引發我的反應？）
情緒：（我有哪些感覺？）
想法：（我的想法是？）
行為：（我做了哪些事？）
生命陷阱：（我的哪個「按扭」被觸動了？跟哪些早期生命經驗有關？）
因應方式：（明智的考量：有什麼證據可證明我的反應是正確的？我做了什麼事引發或加重事態發展？我可以跟誰一起商量核對？）
過度反應：（我是怎麼誇大或誤解情況的？）
問題解決：（未來有哪些更好的因應方式可解決問題？）
習得教訓：（從這件事我學到了什麼，讓我將來可學以致用？）

變化形式

認知重建的變化形式之一，是要求個案覺察和記錄壓力情境發生前、中、後的想法和感覺。諮商師閱讀個案的紀錄和分析，特別留意有無任何自我挫敗想法和特例，引發個案的壓力。指認這些細節後，諮商師即可協助個案用因應想法（coping thoughts）取代負向的自我挫敗想法。

　　Doyle（1998）描述另一個變化形式，即教導個案自我分析。請個案在一張紙上畫上三個欄位的表格，藉此釐清自己的想法。個案要在第一欄記錄引發焦慮的情境，接著在第二欄填入對該情境的想法。最後一欄則記下思考過程中不實之處。

134

　　Hackney 與 Cormier（2012）說明如何運用認知重建中的因應想法。諮商師要與個案合作，找出個案的自我挫敗想法。待個案覺察其負面想法後，即可思考幾個因應想法。因應想法是制衡自我挫敗想法的合理反應。例如，與其一直想著：「我害怕搭飛機」（自我挫敗的想法），可請個案想成：「這架飛機剛通過一位航空安全專家的檢查」（因應想法）（p. 195）。

　　Southam-Gerow 與 Kendall（2000）提出可運用在兒童上的認知重建變化形式。當諮商師和個案進行到步驟二，即辨識個案的自我對話時，諮商師可請兒童把念頭想成內在獨白。請兒童想像這些內在獨白閃過腦海，就像連環漫畫一樣。這種做法有助於兒童更加瞭解何謂自我對話。

範例

　　凱，48 歲，女性，前來探討關係議題。經過幾次晤談後，看得出來凱每天都對家人發脾氣數次，常常整天都在和家人作對、跳腳和發火。

諮商師（諮）：我看到妳今天帶了幾張筆記過來。

凱（凱）：是的，我做了你上次交代的家庭作業。

諮：有記錄這週讓妳發怒的情境嗎？

凱：有，我還寫為什麼這些事會讓我這麼生氣。要看嗎？

諮：不介意的話，由妳先口述幾件吧。

凱：當然，沒問題。嗯，從第一件說起好了。唔，上個禮拜我一離開這裡，我先生就打電話給我，問我在哪裡。嗯，我下午的時候就告訴

他我要去諮商，所以剛開始我聽到的時候很生氣，他怎麼可以忘記，還要打電話問我的行蹤。他說他打電話來是要請我去買晚餐的食材，因為他忘記去買我早先交代他做的事。我一聽更火大，他竟然忘記做原本他該做的事。

諮：可以想像妳說的「火大」是什麼意思。請妳說說看，這通電話讓妳發怒的程度，是 1 到 10 當中的幾分。1 是不會生氣，10 是……

凱：很想砸破窗戶……？

諮：好，10 是很想砸破窗戶。

凱：很簡單，是 10 分。我本想回到家就去砸破家裡的每扇窗戶，還有他精心保養的每輛笨車。

諮：好的，我懂了。還有一件事……請想想妳先生的行為和電話中的說法。一樣從 1 到 10 分。1 表示他是無心的，10 表示他是故意針對妳……

凱：還是 10 分。

諮：好，我們等會再來談。

接下來，諮商師採用一個名為「階梯法」（laddering）的技術，用來探討個人情緒和行為背後的核心信念。

諮：現在，請想像某個情境。我知道妳這禮拜碰到很多狀況，所以妳才會寫下其他事。我們會一個一個談，但請妳先想想打電話這件事。妳說這通電話有兩件事讓妳很不爽。一件是妳先生根本不記得妳告訴過他妳要來諮商，還要打電話問妳在哪裡。第二件是他要妳去採買本該是他要採買的食材。這樣說對嗎？

凱：一點也沒錯。

諮：妳先生忘記妳今天要來晤談，還打電話問妳在哪裡。對此妳有什麼想法？

凱：表示他根本沒在聽我說話。

諮：好，也就是妳先生沒有留意妳說的話。那意謂著什麼？

凱：他不關心我。

諮：好，妳先生不關心妳，那又意謂著什麼？

凱：他根本不在乎我！（低頭想了一會兒，再抬起頭）……如果他在乎我，就會留意，不是嗎？如果他關心我，不是會費心注意到嗎？

　　凱已經發現潛藏的信念，準備自我質疑。

諮：很好，凱。我知道這不容易，但我們得繼續進行下去。如果他不關心妳，那意謂著什麼？

凱：沒有人在乎我，我不值得被愛。（她輕聲地說，接著再次提高聲量，怒氣升起。）如果連我自己的丈夫都不關心我，還有誰會關心我？

諮：是的，凱。妳認為他沒有留意或忘記妳說過的話，就是不關心妳。如果他不關心妳，妳就不值得被愛，表示這世上沒有人在乎妳。

凱：對！你說的對極了！正是如此！

　　諮商師懷疑凱的憤怒有一個共通的主題（即「殊途同歸」）。
　　表示凱的憤怒和不被愛、不被關心明顯有關。

諮：好，可以的話，讓我們再回到打電話這件事。妳說還有一段對話讓妳很火大。他要妳去採買本該是他要採買的食材。妳說他應該做好這件事。

凱：對，這是他應該要做的事！我負責煮飯，可是你也知道，我上個禮拜過得很糟。我受夠了每件事、每個人，他也知道！他至少要去採買食材吧，他的時間很多啊，根本沒事做！他知道我有多累，可是卻不肯出點力來幫我！（又生氣了）

諮：好，這狀況聽起來很耳熟，可是我們要做跟剛才一樣的事，直搗事件的核心。妳說他知道妳很累，上個禮拜過得很糟，但他卻「選擇」不幫妳。那意謂著什麼？

凱：喔，我知道接下來會怎麼發展了。嗯，好。他知道我很累，受夠了每件事，但他卻不做我要他做的事。嗯，也就是我不是他的第一順位，不是嗎？

諮：好，所以妳不是他的第一順位。那意謂著什麼？

凱：我猜意思是我不是很重要。

諮：嗯哼，如果妳不是他很重視的人，那意謂著什麼？

凱：見鬼，我明白這個意思……我不重要、我很糟糕。

諮：好的，凱。妳有注意到這種說法，和幾個月前妳說的話，有什麼相似的地方嗎？

凱：你的意思是當我說「沒有人在乎我」的話嗎？

諮：對，這就是我的意思。

> 凱沉默數分鐘思考。她可能很不願意承認她對丈夫發怒，與她寧願責怪他的念頭脫不了關係。

凱：當我說我不重要……我很糟糕之類的這種話？

諮：對，沒錯。

凱：好，我明白這些想法很類似。我不值得被愛……我很糟糕。這些話聽起來都很像。

諮：凱，每個人都持有某些信念，每天和我們如影隨形。有時候我們根本不會去想它們的意義，或覺察到它們的存在，因為它們早已是我們的一部分。相信我，它們主宰我們詮釋問題的方向、支配我們的感受和行動。由於它們的力量過於強大，加上我們過於相信。凱，我敢說我們方才發現妳持有的這些信念，正是妳手上那張紙上所列問題情境的核心。我敢說如果我們重複進行相同的過程，就會發現多數的情境都有相似的信念。妳覺得呢，凱？

凱：（看著筆記，沉默了一到兩分鐘，思考上面所列的數種情境）沒錯，我看出來了。靜下心來想想，就會發現八九不離十……沒錯，一模一樣。我不用對他的所做所為找藉口，我不需要對他的行為負責任！

諮：沒錯，凱，妳不用，一點都沒必要。我們不需要對他的行為負責，也沒有必要改變他的行為。但我們能做的，就是把重點放在妳的感受、反應和怒氣上……這些感受讓妳對自己的感覺很糟。

凱：好，我們來試試看吧。

諮：我會採用兩種方式。首先，我們要想想妳先生的行為有無其他理由。接著，我們要重新思考他人的行為對妳的影響。可以嗎？

凱：可以。嗯，我可以對他的行為找出其他可解釋的理由。

諮：很好，很好。

凱：當我跟他說我要去諮商時，他正在埋頭修理車子，可能過於專注在他手邊的工作，我告訴他的時機或許也不太對吧。

諮：很好，還有呢？

凱：（想了一會兒）嗯，他打電話來的時候，聽得出來很擔心。找不到我他好像很著急。他可能只是擔心待會晚餐要吃什麼。我不知道，或許吧。

諮：有可能哦。他的心思全在手邊的工作上，沒有聽進妳說的諮商時間。也有可能他一回神發現妳不在時，非常擔心妳。

凱：對，有可能。

諮：很好。我剛才有請妳用 1 到 10 分評定他打電話這件事。1 表示他是無心的，10 表示他是故意針對妳。還記得嗎？

凱：記得。

諮：妳說 10 分，絕對是 10 分。

凱：對。

諮：現在，把我們方才討論的可能性考慮進去，同樣是 1 到 10 分，妳會給他的行為幾分呢？

凱：唔，是的，會少很多，大概 2 或 3 分吧。

諮：極有可能這才是解釋他的行為較為正確的理由，是吧？

凱：理性想想，對，非常有可能。

諮：想到這層可能性，妳把他的行為評為 2 或 3 分，但妳的反應卻是 10 分，想要「砸破窗戶」。對此妳有什麼看法？

凱：聽起來有點極端。我必須承認我常反應過度。有時我事後會很後悔，但又再度火冒三丈，沒有時間去糾正或道歉。也就是說我可能是反應過度了，但下次又暴跳如雷。

諮：沒錯，每次當別人忘記妳曾說過的話，或忘記妳交代他們做的事，妳就會把它解釋成妳很糟糕、妳不值得被愛，導致同樣的情節又再度上演。

凱：合理多了。那我該怎麼做呢？

諮：好問題。妳今天很努力，已經進步很多了。這些信念並非一夜之間形成，它們至今已經存在 40 年了，要花點時間去克服。

凱：我希望克服它們的時間不會超過 40 年！

諮：不，不用花 40 年。但可能要花些時日加倍努力，就像我們今天談的一樣。

凱：我辦得到。

諮：好，接下來就要著手處理。記得我剛才說過，首先我們要思考妳先生的行為是否有其他理由，這部分我們完成了。然後，我說過要重新思考他人的行為對妳的影響。記得嗎？

凱：我記得，讓我們開始吧。

諮：好，當妳再次瀕臨發脾氣的邊緣，假定妳先生不關心妳，妳對他而言根本不重要。妳方才說那表示妳沒人愛、很失敗。但凱，真的是這樣嗎？一定要這麼想嗎？

凱：當我先生不在乎我，感覺的確很差。我當然會在乎他的看法。

諮：對，沒錯。妳當然會在乎他的看法。妳告訴我，它意謂著妳先生並不在乎。但一定要擴大解釋嗎？他對妳的想法和感覺決定妳的一切嗎？

凱：你的意思是，我何必把它想成我不重要、不好或沒有人愛我？

諮：對極了！有必要這麼想嗎？

凱：沒有，我想沒必要。

諮：這樣事情會有那麼恐怖嗎？

凱：會很受傷。

諮：是的，會很受傷，但……

凱：但並非是最可怕的事，也不能斷定其他人的感覺和他的感覺如出一轍。

諮：非常好，凱！看到了嗎？妳辦到了，心情有沒有覺得不一樣呢？

凱：心裡還是覺得怪怪的。

諮：沒錯，因為這是新的想法。但假設妳接到電話時，用這種方式思考。幾分鐘前，我們改變了妳的看法和對他的評分。現在，假設妳當時接電話時持的就是改變後的想法，妳覺得妳的反應還會是 10 分的「砸破窗戶」嗎？

凱：沒有這麼接近了。或許會有點難過，但不會生氣了。難過比老是怒氣沖沖的好多了。

效果與評價

　　Johnco、Wuthrich 與 Rapee（2012）發現，成人的認知靈活性是預測其是否能學會和精熟認知重建策略的重要因子。雖然認知重建可採團體形式練習，但如果是用一對一的方式進行，個案會比較願意敞開心房（Madu & Adadu, 2011）。認知重建常用來處遇兩極思考、特定情境的焦慮症和畏懼症、對日常生活瑣事小題大作、採取極端手段的個案。Velting、Setzer 與 Albano（2004）建議可將認知重建運用在患有焦慮症的青少年和兒童上。辨識出會引發焦慮的想法後，可教導兒童學習用因應想法挑戰自我挫敗的想法。

　　近幾年來，認知重建被用來治療青少年（Rosenberg, Jankowski, Fortuna, Rosenberg, & Mueser, 2011）和成人（Bryant et al., 2008）的創傷後壓力違常（PTSD），但認知重建的效果並未特別優於傳統用來治療 PTSD 的延長暴露法（Foa et al., 2005）。認知重建結合心像療法，可減緩兒時遭受性虐待的成人倖存者的不潔感（Jung & Steil, 2012）。認知重建亦可有效治療個案的憂鬱症（Evans, Velsor, & Schumacher, 2002）、恐慌症（Beamish et al., 2002; Beck, Berchick, Clark, Solkol, & Wright, 1992; Overhulser, 2000）、自尊心議題（Horan, 1996）、壓力（Hains & Szyjakowski, 1990）、負向的自我概念（Deacon, Fawzy, Lickel, & Wolitzky-Taylor, 2012）、焦慮症（Shurick et al., 2012）、社

交恐懼、強迫症、恐慌症、畏懼症和物質濫用等（Saltzberg & Dattilio, 1996）。在一項嘗試運用認知重建減緩高度考試焦慮的研究中，發現認知重建和傳統的系統減敏感法一樣有效（Baspinar Can, Dereboy, & Eskin, 2012）。

CHAPTER 25

理情行為治療：
ABCDEF 模式與理情想像

源起

　　理情行為治療（rational-emotive behavior therapy, REBT）是 Albert Ellis 於 1955 年創立。有感於個人中心學派和心理分析學派之所以效果不彰，乃因不重視個案當前的想法和信念。REBT 經歷了數次演進，從理性治療到理情治療，再到現在的名稱——REBT，試圖納入認知、感覺和行為（Epstein, 2001）。當 Ellis 把名稱改為 REBT 時，也就是他認為情緒、行為和想法三者缺一不可（Seligman & Reichenberg, 2013）。

　　REBT 認為情緒很重要，不過，個體的認知才是心理問題的根源。諮商師須協助個案瞭解情緒不是由事件、他人或過去引起，而是與個人對情境的想法有關。REBT 的基本理念是，將個人的非理性信念改變成較彈性、合理的信念，適切的行為和情緒結果變化將隨之產生（Davies, 2006）。REBT 最主要的目標，是要協助個案追求無條件的接納自己（unconditional self-acceptance, USA）、無條件的接納他人（unconditional other-acceptance, UOA）、無條件的接納生命（unconditional life-acceptance, ULA）（Dryden & David, 2008）。

實施方式

　　接下來要簡介和解析 REBT。運用 REBT 時，諮商師以直接指導的

方式協助個案，屬於短期治療（Seligman & Reichenberg, 2013）。諮商師的態度超然，才能從客觀的角度洞悉個案的非理性信念。使用該取向時，治療同盟雖為可取，但非治療的必要層面。REBT 有三個目標：(1) 協助個案瞭解自我對話；(2) 協助個案評估自己的想法、情緒和行為；(3) 訓練個案精熟 REBT 的原理，使其未來在沒有諮商師的協助下，一樣能有效地發揮功能（Ellis & Wilde, 2002）。

Ellis 的 REBT 核心概念是 ABCDE 模式。〔Corey 與 Corey（2013）擴充 ABCDE 模式，加入 F。F 代表駁斥成功的話，新的感受油然而生。〕觸發事件（activating event, A）是觸動個案信念的情境。可為已發生或推論的事件、外在或內在的事件，或指過去、現在、未來的事件（Dryden, 2002）。諮商師須瞭解究竟發生何事，以及個案對事件的想法。諮商師也要協助個案詳述觸發事件；有些個案會交待得一清二楚，有些則含糊帶過。如果個案巨細靡遺地敘述觸發事件，諮商師得請個案選擇一個來說明即可。

根據 REBT，信念（belief, B）有兩種——理性和非理性（Hackney & Cormier, 2012）。個人的信念會影響想法和行動。理性的信念是合理的，有證據支持。它們有彈性、有邏輯可循，有助於個案達成目標。非理性的信念荒誕不經，通常是「絕對的必須」（absolutistic musts）（Ellis, 1999）。此種非理性信念僵化死板、不合邏輯，無助於個案達成目標。要辨識個案的非理性信念系統，諮商師須檢視個案的信念中有沒有：「應該」和「必須」、糟糕至極、無法忍受、無價值感、過度類化等情形（Ellis, 1996）。通常個案的非理性信念跟自我貶抑、責怪／譴責他人、缺乏挫折容忍度有關。典型的非理性信念大致有以下 11 種（Hackney & Cormier, 2012, p. 82）：

1. 我認為我接觸到的每個人，都必須愛我或認可我。
2. 我認為我應該要無所不能、大有作為，受他人愛戴與擁護，才能彰顯我的存在價值。
3. 有些人很壞、邪惡、喪盡天良，因此要接受制裁和懲罰。

4. 事情若非照著我的意願發展，就會變得很可怕恐怖。

5. 不幸是環境造成的，我沒辦法控制。

6. 危險或嚇人的事令人憂心忡忡，一旦發生必定對我造成極大傷害。

7. 避開某些困難和責任，比面對它們簡單多了。

8. 我應該依賴他人，或想盡辦法找人照顧我。

9. 過去的經驗和事件決定了我現在的行為；過去的影響是抹滅不掉的。

10. 別人的問題和困擾令我心煩意亂。

11. 每個問題都有一個最正確或最完美的解決方式，如果不把它找出來，後果就會不堪設想。

　　觸發事件（A）發生後，在信念（B）作用前，須評估結果（consequence, C）。結果（C）即個案因持有對觸發事件的信念，而產生的情緒或行為反應。這通常是個案求助諮商的引爆點。負面情緒如：擔憂、難過、悔恨、悲痛，都是正常健康的反應；但焦慮、沮喪、罪惡感與受傷則是失當不妥的反應（Dryden, 2002）。

　　辨識和評估 A、B 和 C 後，藉由「發問鼓勵個體培養實證、邏輯和務實的態度」，諮商師就要開始駁斥（dispute, D）個案的非理性信念（Dryden, 1995, p. 34）。駁斥有三個步驟：辯論、區辨、釋義（James & Gilliland, 2003）。諮商師反駁個案對觸發事件的信念，協助個案區辨理性和非理性反應，以較合理的方式定義和詮釋。辯論時，諮商師可詢問以下的問題：「那樣合乎邏輯嗎？如果你的朋友這麼想，你能接受嗎？為什麼一定要這樣才行？證據在哪裡？」（Hackncy & Cormier, 2012）。如果發生了……會怎樣？為什麼一定要……？如果得不到你想要的，就不能快樂了嗎？

　　駁斥（D）可透過認知、情緒和行為技術達成（James & Gilliland, 2013）。諮商師可用邏輯點出個案論點的正當性，以實證駁斥法直搗個案非理性信念的核心。或採用功能性駁斥法，把重點放在改變個

141

案的信念，降低結果（C）的苦惱程度。理性自我分析（rational self-analysis）亦可當成駁斥使用。採用理性自我分析時，個案要檢驗 A、B、C 和 D，說明可替代的反應（Walsh, 2002）。

駁斥後，諮商師和個案要評估（effect, E）效果。如果駁斥（D）有效，個案的情緒和行為會因信念轉變而改變。當觸發事件（A）發生，個案將會採納較合理的結論。

Dryden（1995）略述一個實施 REBT、相當簡明具體的 13 步驟：

1. 詢問個案為何前來諮商。
2. 確認須處理討論的問題，對諮商目標達成共識。
3. 評估觸發事件（A），確認非理性信念引發的行動。（步驟 3 和步驟 4 可對調）
4. 評估導致個案求助諮商前問題的結果（C）。可分為行為的、情緒的或認知的結果。
5. 辨識與評估個案的第二個情緒問題（假如有的話）。
6. 教導個案隱藏在觸發事件（A）背後的信念，才是和結果（C）直接有關。
7. 評估信念（B），區分絕對的（原本的）思考和較合理的思考之間的差異。
8. 找出非理性信念（B）和結果（C）之間的關聯。
9. 協助個案駁斥（D）非理性信念，引導個案更瞭解非理性信念。
10. 協助個案強化對新的理性信念的信心。
11. 指派家庭作業，請個案學以致用。
12. 下次諮商時，檢查個案的家庭作業進度。
13. 協助個案解決做家庭作業的困難，並將學習類化到其他問題上。

我曾經親眼觀摩 Albert Ellis，也觀看他的諮商影片。他通常採用下列七個步驟。

1. **瞭解個案的自我對話**：鼓勵個案詳述主述問題，才能評估觸發

事件（A）和結果（C）。要特別留意個案思考時隱含的自我訊息，彰顯這些自我訊息。

2. **確認個案潛藏的信念**：彰顯個案的自我訊息後，即可確認個案的信念（B）。如果是非理性的信念，雙方須同意改變信念，達到較合適的情緒與結果。

3. **協定較合理的信念**：諮商師和個案通力合作，對何謂較合理和適切的信念取得共識，以獲致較令人滿意的情緒與結果。

4. **實施理情想像技術**：下節會詳述實施理情想像的過程。理情想像至少要實作一遍，確定個案瞭解如何適當地使用該技術。

5. **指派家庭作業**：要求個案就主述問題練習理情想像。在下次諮商前，每日練習三至五次，發展較合理的信念。

6. **正面結果**：因為有完成每日的家庭作業，個案可自我獎勵。

7. **負面結果**：因為沒有完成每日的家庭作業，個案須自我懲罰。

一般說來，實施 REBT 的過程需費時 20 到 50 分鐘。

理情想像

理情想像（rational-emotive imagery, REI）技術通常納於 REBT 的實施過程，是 Maultsby 於 1974 年發展出來的。透過密集的心像練習，建構情緒適應的模式（Corey, 2015）。在諮商師的協助下，個案要想像自己每天都在進行的思考、感覺和行為。REI 的主要目標是希望個案能將不滿不妥的情緒，轉變成健康明智的情緒（Seligman & Reichenberg, 2013）。

實施此一技術前，諮商師須先協助個案進行理性自我分析，確保個案瞭解與困擾情境有關的非理性信念（Maultsby, 1984）。諮商師也要熟悉 REBT 的 ABCDEF 模式。當個案指出其非理性信念後，諮商師和個案即可開始進行下列七個步驟（Seligman & Reichenberg, 2013）：

1. **想像一個不愉快的觸發事件**：諮商師請個案盡可能栩栩如生地想

像事件細節。

2. **體驗不舒服的負面情緒**：個案要體驗觸發事件引發的情緒，花數分鐘的時間面對情緒。想像這些不當的情緒，又稱為「負面心像」，有助於個案讓想像畫面活靈活現。

3. **改變情緒**：當個案體驗不舒服的情緒後，接下來一樣要花數分鐘的時間，在腦海中將觸發事件引發的負面情緒轉變為合理的情緒。想像這些合理的反應，又稱為「正面心像」。

4. **檢查過程**：到這個步驟，諮商師要協助個案瞭解信念（B）的改變如何影響觸發事件（A）和隨之而來的情緒結果（C）。個案須瞭解他的自我對話如何從舊的信念轉變到更合理、新的信念。

5. **反覆練習**：個案每天須花至少 10 分鐘的時間重複步驟一到步驟三，直到他對觸發事件不再有不妥的情緒反應為止。

6. **強化目標**：數週後，個案應已能體驗到健康合適的情緒。碰到觸發事件時，先前的不妥情緒減緩許多。

7. **類化技巧**：當個案學會理情想像技術後，他可將之應用在其他會引發不當情緒反應的觸發事件上。

變化形式

一般初階的 REBT 即可處理個案多方面的問題，但進階的 REBT 則用在想進一步探求或轉化深層意義哲理議題的個案（Seligman & Reichenberg, 2013）。採用進階的 REBT 時，諮商師著重在個案合理、正向的因應想法（James & Gilliland, 2013）。個案要記錄非理性信念，駁斥之後，再寫出有效的理性信念。諮商師可記錄個案列舉的有效理性信念，如此一來個案即可在家溫習這些紀錄，在治療期間深植理性信念。

範例

　　芭比是位女老師，育有兩位正值青春期的孩子。自幼年起，她即深受完美主義折磨。以下的案例顯示諮商師如何運用 REBT 和理情想像。芭比一開始的主述問題是恐慌症，這個病症已治療妥當。在第四次晤談時，她提出想處理完美主義這個問題。目前芭比已舉了幾個例子，確認觸發事件（A）（指與完美主義有關的情境），說明這些事件如何影響她的結果（C）。諮商師先從瞭解芭比的自我對話開始（步驟一）。

143

諮商師（諮）：妳怎麼認定妳有完美主義？有哪些事情讓妳注意到妳的生活和行動？

芭比（芭）：嗯，首先，如果事情沒有按照我的計畫走，我就沒辦法把它處理好。如果沒有把每件事情做好，我就會很煩躁、動怒。我會……唔，很害怕。如果不是把每件事情做好，就沒有一件事情能辦好。如果事情沒做好，那就是我的錯。我的壓力好大。

諮：壓力就來了。這對妳的生活產生什麼影響呢？妳平日的生活方式如何？

　　諮商師協助芭比探討結果（C）。

芭：唔，有時我會變得緊張兮兮，要讓事情按計畫走、分毫不差。我的自我期許很高，現在是有比較好一點了，年輕的時候簡直不像話。如果我沒有立刻把事情做完，我就會認為做不到或許是我的錯，辦不到的話下次不要再嘗試了。有些事情我應付得來，把它們完成了，就像你現在看到的這樣，我得到些許成就。但如果事情沒辦成的話，我會怕到不敢再嘗試。我擔心別人會怎麼想，會擔心哪裡出錯了。

諮：好，聽到妳這麼說，可以瞭解完美主義讓妳不敢嘗試新事物，因為妳害怕受挫，所以寧願選擇收手。有些人會想再多試幾次，想著：

「不管怎樣我都要學會。」

芭：我比較像前者。如果自認做不到，我會逃避，害怕失敗，至少會擔
　　心別人看到我失敗了。

諮：妳會逃避。好的，這就是我們今天晤談的主旨，我們要來處理完美
　　主義的問題，而我要運用的技術，叫做「理情行為治療」，也就是
　　個體的心理包含下列種種元素：理性思考自我、情緒自我，當然，
　　還有行為或行動自我。我們要找方法來對抗妳的完美主義想法，和
　　伴隨完美主義而來的感受與行動。妳說了幾件完美主義的事。其中
　　一樣是每件事情都要正確無誤，為了讓每件事情正確無誤，這一
　　切都是妳的責任。像這樣的對話不停地在妳腦海裡播放。一兩分鐘
　　前，我聽到妳的自我對話內容是：「如果不是把每件事情做好，就
　　沒有一件事情能辦好，那就是我的錯。」這些想法讓妳的壓力飆
　　高、忐忑不安，非得盡善盡美不可。

芭：沒錯。

　　　諮商師開始步驟二：確認個案潛藏的非理性信念。

諮：現在請妳專心想想，那些閃過妳腦海裡的想法，究竟隱含了哪些價
　　值觀與信念？

芭：噢，嗯，如果那是值得做的事，就要把它做好！嗯，我會覺得……
　　我覺得我必須把每件事做好。因為既然要做，就要把它做到好。只
　　許成功不許失敗，我不能搞砸……

諮：聽起來不只要做對，而且是如果要做，就要把它做到好。幾乎就
　　像：我必須做好、我應該做好，如果我沒做好，那就是……（停
　　頓）

芭：我失敗了，我有問題！

諮：我失敗了，都是我的問題（記下來）。現在我們多少明白了。妳說
　　妳有問題，妳哪裡有問題？妳為此苦苦思索了許久。

芭：嗯，喔，我不夠完美，我不是個好人。別人會認為我不是好人，會
　　視我為弱者。我比他們還差勁，是個糟糕的同事或損友。

144

諮：當妳懷有這些想法的時候，想到：我不夠完美，我是個差勁的朋
　　友、鄰居和同事，妳有哪些情緒反應？

芭：情緒會一湧而上、五味雜陳，快被淹沒、崩潰了。不知道接下來該
　　做什麼、不知道該怎麼去彌補。喔，天啊，我必須、必須做點事來
　　彌補。所以每件事都要做好，如果沒辦法做好，我就不想去嘗試，
　　我就會找藉口塘塞，跟自己說下次絕對不做。與其堅持到底，不如
　　只在我會做的事上全力以赴。其他的既然沒辦法做好，那就乾脆別
　　做。

諮：好的，這是妳的內在反應，妳可以感覺到那些情緒竄流體內，讓妳
　　全身緊繃。從妳的手勢就可看出妳不知所措、坐立難安。

芭：確實如此。

諮：好的，好。

芭：好？

諮：我的意思是妳能說明整個狀況，非常好，能幫我更加瞭解妳。這是
　　好的開始。

　　　介紹量尺技術──請見第 1 章。

諮：假設有一個 1 到 10 分的量尺，1 是指很平靜、鎮定、放鬆，一點
　　問題都沒有；而 10 是指快要恐慌發作、手忙腳亂、反胃作嘔。當
　　妳告訴自己：「我不夠完美」或「我比所有的同事、朋友和鄰居差
　　勁」，妳現在的狀況是幾分？

芭：噢，大概是 9 或 10 分。

諮：9 或 10 分。大概是在這裡，就在大難臨頭的邊緣。

芭：嗯哼。

諮：好，我不夠完美、我比其他人差勁。想到自己不夠完美，就覺得好
　　可怕，會讓妳聯想到別人會覺得妳很糟糕、不是好人。還是說，這
　　只是妳自己這麼告訴自己的？

芭：我這麼告訴自己的，就好像腦袋會自動播放。如果別人知道我不夠
　　完美，如果他們知道我辦不到，就會不喜歡我、不雇用我、不讓我

住在隔壁或做我的朋友。他們不會想跟我說話，運動會或其他場合不想坐在我旁邊。如果別人知道我不夠完美，他們會不愛我……如果我不夠完美，他們就不會接納我。

諮：是的，這些信念很強。那麼，這些想法會引發哪些情緒反應呢？那些情緒帶來什麼結果？「嗯，我必須完美、我必須高人一等、我必須像別人一樣好，甚至比他們更好。如果辦不到，就會很可怕恐怖？」

芭：對。

諮：妳的這些情緒反應會造成什麼影響？我的意思是，如果把它們標明出來，妳會怎麼形容？

芭：嗯，看情形。有時候我會戴上假面具，呃，像是在做表面工夫。

諮：對，那就是妳應付情緒反應的模樣……妳說妳會特別焦慮、擔心和……

芭：受傷，像是種情緒傷害，有人在暗中對付我。妳接受他們的評價。妳不知道，呃，我不知道他們是不是真的這麼做，但腦袋裡有個小聲音正在對我說：「看，他們正在批評我、說我壞話。」

145　諮：每個人都在看妳、評價妳。好，我瞭解這種擔心、受傷和焦慮的感覺，這些發自內心的恐懼無所不在。妳一直想著：「我不夠完美，真是可怕又恐怖。只有完美才能讓我的生命更美滿。」

芭：嗯哼。

諮：妳的生命曾完美過嗎？

芭：噢，沒有。

諮：沒有。妳周遭人的生命很完美嗎？

芭：沒有。（笑）

諮：好的。在認知層面妳算是瞭解了。妳告訴自己：「好，我知道這不合理，我不該這麼想，但我就是忍不住。一直以來我只會這麼想，害我差點恐慌發作。」這樣合理嗎？

芭：不合理。

諮商師開始進行步驟三：協定較合理的信念和情緒結果。

諮：當妳自認不夠完美的時候，不是焦慮、擔心，就是恐慌不已。針對
這些情況，較合理的反應是什麼？

芭：我不知道，或許……或許別人會失望，或僅僅聳聳肩，覺得無所謂
吧。我不知道。

諮：好的，失望（記下來）。我們現在要做的是……妳剛才說那些事情
發生的時候，妳原本會對自己說某些洩氣的話，那時妳的情緒分
數是 9 或 10 分。現在妳明白：「嘿，我把太多事情攬在自己身上
了。幾乎把所有的事情都往自己的身上扛。」我們現在得把妳的分
數往正常反應方向那邊拉過去一點。妳知道的，人非聖賢，孰能無
過。妳可能會認為，嗯，我本應做得更好，因為我是個聰明、能言
善道、幹練的女性，我應該要用非常有效率的方式做完事情。不一
定要很完美，但要相當有效率。希望這樣可以讓妳的反應正常合理
些。我現在要進行一個叫做「理情想像」的技術。

開始步驟四──理情想像。

請妳閉上眼睛，想像正發生某件事，妳失敗了，事情進行得並不順
利。妳對自己說的話就像：「真不敢相信，我竟然不夠完美。我的
鄰居會怎麼想？我的同事會怎麼想？他們會認為我差勁透了。」感
覺妳的胃和身體的情緒分數直達 9 或 10 分，這是非常恐怖、糟糕
的事情。感覺到了嗎？

芭：（微笑，點點頭，代表「有」的姿勢）噢，有……

諮：對，很簡單。請停留在那種感覺一會兒，感覺全身上下極度不對
勁。（停頓約一分鐘）好，芭比，我們現在要來改變妳那 9 或 10
分的恐怖、糟糕情緒。請妳放下焦慮、不安、擔心和煩惱，改成對
自己有些失望。只有一點點失望，不是非常失望，強度在量尺的另
一端。妳有點失望，對，想著如果再給妳多一點時間、再多努力一
點，或許事態的發展會更好。但是，每件事情都會好轉的，妳只是

對沒做到那麼完美有些失望。給我一個信號，讓我知道妳辦到了。妳可以深呼吸幾次，讓自己冷靜下來。繼續，把妳的情緒帶向稍微失望那一邊。失望，但並不擔心、煩惱和生氣。（停頓數分鐘，直到芭比點頭）有跟上嗎？

芭：有。

146　　藉由開啟新的內在對話，理情想像來到駁斥（D）階段。

諮：好，現在請告訴我，要怎麼做，才能遠離 9 或 10 分呢？妳可以張開眼睛，看看四周。要怎麼做才能遠離 9 或 10 分，來到有點失望這一端？妳要跟自己說什麼話？妳想到哪些話？

芭：嗯，我不必事事追求完美。

諮：很好。

芭：我不完美，沒有人是完美的，其他人也不完美。嗯，沒有人是完美的。我們已經談過最糟的情況，但不會有人真的從背後捅妳一刀、補妳一槍或痛打妳一頓。沒有人會解雇妳或叫妳滾蛋，他們會給妳機會解釋。就算沒有，嗯，也不必擔心，因為沒有什麼事比剛剛講的還要糟了。

諮：好，事情有像妳所想的那麼糟嗎？

芭：一生中大概一次吧。

諮：對，好。或許久久一次才會發生相當糟糕、嚴重的後果，但妳剛剛說的幾乎不可能出現，最壞的情況發生機率微乎其微。妳的情況比較像是杞人憂天，讓過多的擔心壓得妳身心疲憊，不過還好對妳的生命並未造成傷害，至少別人還看到妳活著。

芭：是呀。

諮：不過別人看妳倒是一副精疲力盡的樣子。

芭：（笑的更大聲了）

　　諮商師準備進行步驟五：指派家庭作業。但在指派家庭作業前，先進行步驟六：正面結果，和步驟七：負面結果。

諮：好的，很好。現在請妳告訴我，妳喜歡從事哪些活動？有哪些妳覺
　　得好玩、有趣，對妳具有激勵作用的活動？

芭：逛街購物。

諮：逛街購物，好。

芭：或讀閒書。

諮：很好，逛街購物和讀閒書。我想妳先生會比較喜歡看到妳讀書。

芭：對呀，沒錯。

諮：好。現在請告訴我，妳不喜歡做的事、妳極力想推托的事。

芭：燙衣服！

諮：好。接下來是派給妳的家庭作業。到下次我們見面前，請妳回家每
　　天練習理情想像五次。妳可以分散在早上、中午和晚上練習數次。
　　若妳當天練習理情想像的次數達到五次，妳可以花 30 分鐘獎賞自
　　己讀閒書；但若沒有做滿五次，就要花 30 分鐘燙衣服。從家裡最
　　需要燙平的衣服開始，接著燙塞在衣櫥的衣服，甚至也可以打電話
　　問親戚和鄰居有沒有衣服要給妳燙。

芭：（噗哧一笑）哇，意思是有做完作業就有獎賞，沒做完就等著燙一
　　個晚上的衣服，是吧？唔，我該選哪一個呢？

諮：到下個禮拜見面前，每天都用這種方式酬賞或懲罰自己。

　　　諮商師進行到評估（E）這一步驟，和芭比一起探討今天的諮
　　商歷程。

效果與評價

　　REBT 可用於各種不同主述問題的個案，包括：高壓力（Abrams
& Ellis, 1994）、關係問題、身障人士（Ellis, 1997b）。Yankura 與
Dryden（1997, p. 1）曾說處遇「兒童與青少年、多元文化個案、身障
人士、家族與治療團體」等對象時，REBT 是諮商師可採用的模式。
女性、伴侶和成人皆適用 REBT（Seligman & Reichenberg, 2013）。

REBT 亦可用於個別諮商、伴侶、家庭和團體治療（Ellis & Dryden, 2007），臨床問題如：成癮行為、焦慮、邊緣性人格違常、憂鬱症、病態嫉妒、強迫症、創傷後壓力違常（Ellis, 2001）、情緒教育（Ellis, 1971）、會心團體（Ellis, 1969）、企業領導（Ellis, 1972），以及馬拉松和其他密集式團體工作（Ellis & Dryden, 2007）。

　　REBT 的優點是有效，能快速緩解症狀，大大改變個案的思想體系（Seligman & Reichenberg, 2013）。對兒童和成人實施 REBT，無論是：焦慮、憂鬱、低挫折容忍度、完美主義、強迫症和創傷後壓力違常（Ellis, 2003）、自尊、考試焦慮、情緒困擾（Banks, 2006）、學習障礙、學業表現（Ellis & Wilde, 2002; Hajzler & Bernard, 1991）等問題，都能發揮效果。它也能有效減少兒童和青少年的破壞行為（Gonzalez et al., 2004）、焦慮和悔恨感（Weinrach et al., 2001），「協助個人失敗和被拒絕時，採取更理性思考的方式、減緩焦慮、憂鬱、怒氣」（Ellis, Shaughnessy, & Mahan, 2002, p. 356）。REBT 亦適用於多元文化背景（Lega & Ellis, 2001）、喪親後遭遇情緒困擾問題（Boelen, Kip, Voorsluijs, & van den Bout, 2004）的個案。

　　雖然 REBT 的效果有目共睹，但也有其限制。學者批評它忽視個案的過去、步調太快（Seligman & Reichenberg, 2013）。此外，REBT 並不適用於罹患嚴重人格違常的個案（Ellis et al., 2002）和衝動控制疾患（如：酒精濫用、搶劫、戀童癖、暴露狂等），除非這類個案真的有心想改變。

CHAPTER 26

讀書治療

源起

　　1916 年時，Samuel Crothers 在諮商過程中運用書籍，首創讀書治療（bibliotherapy）一詞（Jackson, 2001）。雖然也有數種諮商理論取向採用讀書治療，但我把它納入認知─行為取向這一部分。讀書治療盛行於 1930 年代，在圖書館員和諮商師的推波助瀾下，用以改變讀者的想法、感覺或行為（Abdullah, 2002）。時至今日，需要修正個案的思考方式時，讀書治療成為諮商師常用的技術（Seligman & Reichenberg, 2013）。讀書治療的目標是協助個案從閱讀的樂趣中遠離心理困擾、改變生活方式（Brewster, 2008）。讀書治療最重要的前提之一，是個案要認同書中和他一樣遭遇類似問題的角色。透過閱讀書籍和認同書中的角色，個案可以「模仿學習如何解決問題」和「釋放情緒，看見生命的新方向，探討新的互動型態」（Abdullah, 2002, p. 2）。影片、電影等亦可視為讀書治療，不限於書籍。讀書治療的五個目標如下（Vernon, 1993, p. 93）：

1. 教導個案積極樂觀的思考方式；
2. 鼓勵個案說出問題；
3. 協助個案分析個人的態度和行為；
4. 激勵個案尋求其他的問題解決方式；
5. 給個案機會發現別人和他一樣有類似的問題狀況。

實施方式

　　實施讀書治療的「階段」有四：辨識、選取、報告、追蹤（Abdullah, 2002）。第一階段，諮商師須辨明個案的需求。接下來，諮商師選擇契合個案狀況的書籍。書籍要符合個案的閱讀理解程度，故事裡的角色也要令人信服（Jackson, 2001）。諮商師應當推薦自己已經讀過、且與個案的價值觀和目標相符一致的書（M. E. Young, 2013）。在報告階段，通常是讓個案利用非諮商時間自行閱讀書籍，再和諮商師討論書中的重點與讀後心得。如果個案是小朋友，諮商師可在諮商中和他們一起閱讀。諮商師可以要求個案畫重點或作筆記，裨益日後討論。

　　Jackson（2001）曾說明該如何協助個案認同故事中的角色。諮商師邀請個案重述故事（口頭報告或採用藝術媒材等形式皆可）。重述故事時，個案要專注體驗故事角色的情緒。下一步，請個案指出故事角色的情緒、關係或行為上的變化。諮商師要協助個案比較個案和故事角色間的差別。這個階段最重要的地方，就是請個案指出故事角色如何解決問題，討論每個解決策略的結果。

　　讀書治療的最後一個階段是追蹤。諮商師和個案一起討論個案從書本內容和故事角色學到的東西（Abdullah, 2002）。透過討論、角色扮演、藝術媒材或各種創意表達方式，邀請個案盡情表露經驗（Jackson, 2001）。實施讀書治療時，諮商師仍必須留意個案的現實狀況。

變化形式

　　根據 Brewster（2008）的研究，讀書治療有三種變化形式。自助式讀書治療（self-help bibliotherapy）意指請個案自己閱讀紀實文學、勵志書籍等促進心理健康的文學作品。創意式讀書治療（creative bibliotherapy）意指採用小說、詩歌、自傳和創意寫作等，改善個案的心理健康。非正規的讀書治療（informal bibliotherapy）則著重採用非

結構的方式，包括：讀書會、請圖書館員推薦、圖書館展示的書籍等。

　　讀書治療還有其他變化形式。如上所述，傳統的讀書治療偏向被動回應。也就是說，個案碰到問題，諮商師選一本能幫助個案解決問題的書。互動式的讀書治療（interactive bibliotherapy）則會要求個案思索閱讀內容。諮商師要求個案思索的方式不一，如：小組討論或書寫等等。只有受過專業訓練的諮商師能夠採用臨床的讀書治療（clinical bibliotherapy），協助正承受嚴重情緒困擾問題的個案（Abdullah, 2002）。運用的方式有：書寫、角色扮演或繪畫。認知的讀書治療（cognitive bibliotherapy）則是教導憂鬱症個案認知—行為治療，減緩其憂鬱程度（Gregory, Canning, Lee, & Wise, 2004）。教師通常以團體輔導或根據學生的識字水準，採用發展性的讀書治療（developmental bibliotherapy），促進學生身心健全發展（Abdullah, 2002）。

　　將讀書治療應用至學生上，得在一開始就讓他們對這本書感興趣。做法之一是請學生製作故事角色的玩偶。老師也可以加入學生，進行更深度的思考討論（Johnson, Wan, Templeton, Graham, & Sattler, 2000）。Johnson 等學者概述在班上實施讀書治療時的五個步驟：(1) 引起動機；(2) 提供閱讀時間；(3) 給予沉澱思考的時間；(4) 加入後續討論的時間；(5) 結束與評估。許多書籍如今已出有聲版本，可讓學生在家裡或車上收聽。同樣地，影片、電影、錄影片段等皆可作為輔助媒材。

範例

　　以下的讀書治療範例非常適用於父親過世的孩子。下面的故事節錄自 J. M. Hammond（1981）的《爸爸過世了》（*When My Dad Died*）：

　　　　發生了一件很可怕的事，我的爸爸過世了。媽媽邊說邊哭，我覺得好難過，我也哭了。我以為我會哭到停不下來……可是眼淚自己停下來了。

150

　　我和媽媽一起去參加葬禮。那裡放了好多鮮花，許多人也來參加葬禮。媽媽和我一起看向棺木。爸爸躺在棺木裡，像睡著了一樣，好像還會再醒過來。媽媽告訴我，人死不能復生。他們不是睡著了，而是不再能思考了。人死了之後就沒有任何感覺。人死了之後既不能吃喝也不能睡覺。

　　死亡和睡著一點都不像……

　　有時候，我很擔心誰會來照顧我、賺錢養我、像爸爸一樣陪我玩。媽媽說她會永遠照顧我。以前當我放學回家的時候，媽媽總在家裡等我。現在她必須出去工作。剛開始我很生氣，但現在我明白她必須要賺錢養家。我們還是能找出時間一起玩。

　　有時候，我好怕媽媽會難過到死掉；有時候，我覺得我也好像快死了；媽媽說大部分的人都活很久、很久，活到很老才會死。她說我們也會活到很老，變成老婆婆和老公公。有時候，我很生氣爸爸怎麼可以就這樣拋下我，自己跑去死掉了。有時候，我只想大叫：「把爸爸還給我……」

　　我好怕，爸爸過世是不是我害的？我知道我沒有做什麼壞事害爸爸過世。那不是我的錯……

　　有天晚上，媽媽和我談到一件爸爸在世時的趣事。我們笑得好開心，笑到我從沙發上滾下來。過了一會兒，我問媽媽，爸爸死了，我們可以這樣開懷大笑嗎？媽媽說：「可以呀，能夠回想起過去美好的事，不是很棒嗎？我相信爸爸看到我們聊起他會那麼開心，他也會很高興。」聽到媽媽這麼說，我的心情好多了。我們可以重新歡笑……真好。更棒的是我還有媽媽。我們更常聊天、更能互相幫助對方了。我愛媽媽，我知道她也很愛我。

　　好的讀書治療不僅只閱讀故事而已。以下是讀完《爸爸過世了》這本書後，諮商師可以鼓勵個案思考的問題：

爸爸過世的時候，我覺得＿＿＿＿＿＿＿＿。

有時候，我會擔心＿＿＿＿＿＿＿＿。

關於爸爸的回憶，我還記得＿＿＿＿＿＿＿＿。

我喜歡做的事是＿＿＿＿＿＿＿＿。

現在我覺得＿＿＿＿＿＿＿＿。

看完了這本書，我學到＿＿＿＿＿＿＿＿。

效果與評價

諮商師運用讀書治療處遇個案的各種議題，包括：疾病、死亡、自殘行為、家庭關係、認同、暴力和虐待、種族和偏見、性與性能力、性別等（Christenbury & Beale, 1996）。另外，可從讀書治療受惠的對象有：對數學懷有焦慮感的學生（Hebert & Furner, 1997）、女性的身體意象議題（Corey, 2015）、憂鬱症患者（Mahalik & Kivlighan, 1988）、年輕的同性戀者（Vare & Norton, 2004）、父母離異的兒童（Yauman, 1991）。根據 Couser（2008）的研究，讀書治療是提升職場心理衛生的利器，可減低或消弭潛在的污名化問題。毋須預先篩選心理健康高風險的員工，讀書治療的閱讀材料就可以發放給全體員工閱讀。

讀書治療有助於鞏固理性思考（James & Gilliland, 2003）、拓展視野、提高社會興趣，治療過程中任何時間點都適用（Jackson, 2001）。讀書讓個案從中獲得前所未知的領悟和洞見。讀書治療常用來「激盪問題討論、分享新的價值觀和態度、提供合理的問題解決方法」（Abdullah, 2002, p. 3）。讀書治療可用以推動諮商目標（Schumacher & Wantz, 1995）或指派為家庭作業（M. E. Young, 2013）。學校諮商師可在班會、小團體輔導或個別諮商時運用讀書治療（Galdding & Gladding, 1991）。

讀書治療的應用範圍廣泛，然而多數的研究卻只著重在它處遇憂鬱和焦慮個案的效果。Jeffcoat 與 Hayes（2012）發現以自助式讀書治

療課程方案進行接納與承諾治療（acceptance and commitment therapy, ACT），能減少憂鬱和焦慮症狀，改善成人教育工作者的整體心理健康功能。Songprakun 與 McCann（2012）發現附有指導手冊的讀書治療，能有效緩解泰國憂鬱症患者的憂鬱和心理困擾症狀。

　　諸多讀書治療方面的研究指出，與傳統須面對面的諮商取向相較，讀書治療的成本相對低廉許多。Kilfedder 等學者（2010）進行一項隨機分派於當面諮商、電話諮商、讀書治療等組別處遇職場壓力的治療效果。結果發現團體結束後，三種取向都有效，效果也沒有顯著差異。但讀書治療的成本卻只占傳統密集諮商取向的極少部分。因此，Kilfedder 等學者就建議讀書治療可以在治療的第一階段進行。在一項青少年憂鬱防治隨機分派實驗研究中，Stice、Rohde、Seely 與 Gau（2008）比較認知—行為治療團體、支持性團體治療、讀書治療和等待組的效果。結果發現團體結束及經過三至六個月的追蹤期後，認知—行為治療團體的憂鬱症狀、社交適應和物質濫用等情形皆較其他團體改善不少。六個月後的追蹤期結果亦得知，比起控制組，讀書治療組的憂鬱症狀相對進步許多，顯示讀書治療是最具成本效益的預防介入策略。同樣地，Stice、Rohde、Gau 與 Wade（2010）的研究也證實，認知—行為讀書治療取向團體在減緩憂鬱風險的成本效益極佳，但認知—行為治療團體的整體臨床改善效果較顯著。

　　許多執業諮商師採用讀書治療，乃基於相信它的效果（Jackson, 2001）。研究顯示讀書治療能有效降低青少年的攻擊行為問題（Shechtman, 2000），減少內控力高者的憂鬱程度（Mahalik & Kivlighan, 1988），促進學齡兒童的成長發展（Borders & Paisley, 1992）。

　　閱讀和理解讀書治療的材料很重要。追加思考問題和交換讀物可能才是讀書治療產生效果的因素。例如，在一項針對老年中度憂鬱症患者的隨機控制實驗中，Joling 等學者（2011）發現讀書治療團體和一般照護團體並無顯著差異。在這個研究中，研究者僅發放閱讀材料給社區民眾，沒有進一步和他們主動討論。Nordin、Carlbring、Cuijpers 與 Andersson（2010）發現，沒有人協助（即沒有臨床學家協助）的讀書

治療，在團體結束後及追蹤期間，效果優於等待控制組。同樣地，在一項隨機臨床實驗研究中，Rapee、Abbott 與 Lyneham（2006）發現親子讀書治療（也就是沒有和治療師接觸）的效果較等待名單為佳，但顯然並不比治療兒童焦慮的標準團體效果好。由此可知，或許由臨床學家指導治療歷程較能產生正面效果。Furmark 等學者（2009）直接比較自助式讀書治療（沒有諮商師協助）、有諮商師指導的網路線上團體討論讀書治療、等待控制組三種介入策略治療社交恐懼症的效果。他們發現團體結束及一年的追蹤期後，兩種治療方法都優於等待控制組。但兩種治療方法並未達統計顯著差異。Furmark 等學者的研究報告顯示，有諮商師協助的治療介入效果值較高。Dixon、Mansell、Rawlinson 與 Gibson（2011）的研究比較稍加指導的讀書治療取向對改善恐懼症，和無人指導的方法對改善一般心理困擾的效果。不出所料，稍加指導、自助式的讀書治療，效果優於完全無所作為的治療。Abramowitz、Moore、Braddock 與 Harrington（2009）以稍加指導的讀書治療（自助書籍）為介入策略，發現罹患社交恐懼的參與者，其憂鬱和焦慮症狀在治療結束及三個月的追蹤期後，緩解效果也優於等待組。

　　然而，某些研究的結果恰恰相反。多數研究顯示，相較於讓個案自己像無頭蒼蠅般找書來看，諮商師主導的讀書治療臨床效果較佳。當然，讀書治療的主題和實施對象不同，臨床實驗研究應報導選用書籍的效果值和整套的標準化問題討論內容，提供其他學者進一步複製和延伸研究，方能讓諮商師知曉哪種主題的閱讀素材能發揮最大效益。同樣地，讀書治療實施的進度或步調，差別相去無幾。在一項隨機控制組研究中，Carlbring 等學者（2011）發現讀書治療的步調不一，與成年恐慌症個案的治療效果無關。兩年的追蹤期顯示，慢速和快速步調的閱讀條件，兩者的單一團體效果值趨近為 1.00。

　　Riordan 與 Wilson（1989）回顧讀書治療的相關研究，發現結果不一，尤其是改變態度、自我概念和行為上的效果分歧。諮商師也須瞭解個案可能會「投射個人的動機在故事角色上，反而對自己的觀點和解決方式更深信不疑」（Gladding & Gladding, 1991, p. 8）。當個案

有以下限制時，讀書治療可能失效：「缺乏社會與情緒經驗、想像力貧乏、防衛心過強」（Gladding & Gladding, 1991, p. 9）。讀書治療的另一個限制是無法取得閱讀素材（Abdullah, 2002）。至於讀書治療的書單，諮商師可參閱：Thompson、Rudolph 與 Henderson（2011）、Christenbury 與 Beale（1996）和 Dreyer（1997）。

CHAPTER 27

書寫

源起

　　書寫（journal writing）是請個案將內在私人的想法、感覺和需求表露出來。人類以正式和非正式的方法寫作和記錄由來已久。若將書寫當作治療技術，乃是將寫作內容帶到晤談中與諮商師分享，成為諮商的利器。書寫亦能幫助個案在未前來諮商晤談時，一樣專心致志在諮商目標上。

　　運用書寫技術時，諮商師通常會請個案在每次療程間（或每天）記錄個人的省思，並帶到下一次的療程中分享。個案可以寫下任何事。有時候，諮商師可指派特定的主題，聚焦在個案的求助目標上（M. E. Young, 2013）。

　　Kerner 與 Fitzpatrick（2007）指出治療性書寫的形式有二：情感性／情緒性（affective/emotional）和認知性／建構性（cognitive/constructivist）。情感性／情緒性書寫是請個案自由記述想法，達到表達和釋放情緒的目的。這個過程能協助個案接觸、顯露和調節情緒。

　　認知性／建構性書寫則是較有結構的書寫方法，重點放在個案的想法和詮釋，目的是增進洞察與重新框架（請見第 22 章）。毋庸置疑，情感性／情緒性書寫比較接近人本—現象學取向，而認知性／建構性書寫則較偏向認知—行為治療取向。無論諮商師採用哪種方法，都是要鼓勵個案深入瞭解自己的想法、感覺和行為（M. E. Young, 2013）。

　　認知性書寫的理論淵源主要是理情行為治療（REBT；請見第 25 章）。該學派主張扭曲的、非理性想法和信念會影響個案的情緒與行

為，是困擾形成的原因（Corey, 2015）。Ellis 的 ABCDEF 模式能有效協助個案分析引發非理性想法和信念（B）的觸發事件（A），以及產生的情緒結果（C）。個案要練習分析隱藏於困擾想法之下的動力，寫下遇到的特定情境，並經由持續不斷的書寫內化這個分析過程（Dryden, David, & Ellis, 2010）。

　　Carl Rogers 是個人中心學派的創始者，也認為書寫在諮商歷程中具有不可磨滅的價值（Corey, 2015）。與指導性的認知—行為治療取向正好相反，Rogers 相信毋需過度引導個案，他們就能發展出洞察並整合至真實的自我，加強問題解決的能力，有效地因應未來的問題。透過創意性的表達與寫作轉化情緒，書寫成為自我發現、成長和自我實現的旅程。

實施方式

　　書寫的實施方式，從自由發揮的書寫，到結構式的學習單均可，但關鍵要素是，書寫必須配合個案的需求。M. E. Young（2013）建議書寫應該每日進行，寫作方向經諮商師和個案雙方同意，必要時得修改。簡單的指導語如：「每天至少要花五分鐘寫下任何你想寫的東西」或「記錄你每次想要喝酒時的情況」。指派書寫作業時，指導語通常包括：(1) 說明這個活動的目的和內容；(2) 答應進行書寫活動；(3) 檢查個案的進度，鼓勵個案從書寫中獲得有意義的交流；(4) 鼓勵個案持續書寫，必要時得修正進行方式（Lent, 2009; M. E. Young, 2013）。在事前澄清或決定是否要與諮商師分享書寫的內容是很重要的。如前所述，跟諮商師一起分享與討論書寫內容可以豐富治療心得，提高個案的洞察力與討論的深度，改變想法、感覺和行為。

變化形式

　　書寫有許多變化形式，包括透過其他媒介自我表達（如：繪畫、舞

蹈和音樂；Corey, 2015）。Kerner 與 Fitzpatrick（2007）歸納出治療性書寫的六個類別：(1) 既定格式書寫；(2) 家庭作業日記；(3) 手札；(4) 自傳：(5) 說故事；(6) 詩歌。Lent（2009）探討用部落格當作治療性書寫的適切性，但他也強烈警告網路有隱私受到挑戰的問題。其他有創意的書寫治療取向有：小說、詩歌、自傳、創意寫作等，用以提升心理健康與活力。

範例

Kottler 與 Chen（2011）提出一個簡單但卻有效的認知性書寫法。簡單來說，個案只須將紙張分成三欄或三部分，第一欄是「情境」，第二欄是「情緒」，第三欄是「伴隨的想法」。表 27.1 即是這種認知性書寫法的範例。

表 27.1　認知性書寫的撰寫範例

情境	情緒	伴隨的想法
我最近胖太多了。	不夠格、沒有吸引力、過重、不受歡迎、沒人愛。	如果我不保持曼妙的身材，別人會覺得我沒有吸引力。
我的報告沒有準時交給教授審閱。	覺得自己很笨、很懶、不好意思、拖拖拉拉。	我是個很糟糕的學生，我會被當掉、逐出師門。
由於主管欠缺有效管理技巧，我的工作量大增。	生氣、忿忿不平、壓力超大、受不了、心情低落、無望感。	每個人都在依賴我，要我一肩扛起成敗責任。

M. E. Young（2013）鼓勵個案培養書寫習慣，當成每日的必做事項。以下的例子*毌需花太多心思*，只要五分鐘即可恣意發揮：

　　我快遲到了，必須在州際公路加速奔馳好趕上時間。這個方法原本行得通，但那個混蛋偏偏要來擋我的路！他是故意的，我心裡想著：「可惡！這個笨蛋要害我遲到了！我要好好教訓他！」然後我冷靜下來，做了五六次深呼吸，對我自己說：「一切都會好轉的。」「從現在起我應該早點出門——做好計畫才能幫我擺脫這種倒數計時的戲碼。」「混蛋先生可能也快遲到了。」「我們都應該好好避開尖峰時間。」我真的覺得自己放鬆不少，壓力消失了。接著我打開收音機，把頻道從一向愛聽的輕快歌曲轉到悠閒慢活的曲調。但別聽感傷的歌——我討厭軟綿綿的歌！我靠向椅背，放開緊握的方向盤，決心要比往常高興一點——早了 30 秒哦！

效果與評價

　　書寫不用花太多錢，是一種可以廣泛運用的治療技術，在療程間有效地維持個案的動力與集中力。它也可以協助個案記住一週來的重要事件，讓諮商師瞭解諮商晤談時間外發生的關鍵事件和訊息。書寫，跨越文化和族群，並可用來賦能個案。

　　書寫的治療效果很多，包括：減少生理疾病、增強工作記憶、促進正向成長（Kerner & Fitzpatrick, 2007）。Utley 與 Garza（2011）發現書寫可以有效降低創傷症狀。在一項隨機控制實驗研究中，Smyth、Hockemeyer 與 Tulloch（2008）將被診斷患有創傷後壓力違常（PTSD）的個案分成書寫組和安慰劑組。書寫組寫下創傷經驗的種種，安慰劑組則只記錄一般的時間管理問題。研究結果顯示書寫組的參與者心情改善甚多，可體松降低。

　　書寫可以改善心情，轉化信念或思考結構。McManus、Van Doorn 與 Yiend（2012）發現相較於等待控制組，使用「想法紀錄」（thoughts records）時，參與者的信念有顯著的改變。Chan 與 Horneffer（2006）的研究採隨機比較實驗，參與者分組進行 15 分鐘

的書寫活動、15 分鐘的繪畫活動，第三組則未進行任何活動。結果發現比起其他兩組，書寫活動更能顯著減少精神症狀和壓力。Keeling 與 Bermudez（2006）在四週的諮商療程中運用書寫和雕刻技術，發現此種介入策略能「協助參與者表達情緒，增加他們對個人資源與優勢的覺察能力，幫助他們劃清問題與個人的界線，減少症狀與問題行為，增強賦能感」（p. 405）。

　　書寫在治療成癮上也具有不錯的效果。Kleinpeter、Brocato、Fischer 與 Ireland（2009）的研究發現以書寫為主的特殊團體方案，可以有效地輔助傳統的強制藥物治療，延長方案維持時間，提高強制藥物治療參與者的完成率。書寫可延長藥物濫用者接受治療方案的時間，成功提高完成法院強制裁定治療的比率。Dwyer、Piquette、Buckle 與 McCaslin（2013）則發現書寫的反思與認知歷程，能有效治療賭博成癮的女性成人。

CHAPTER 28

系統減敏感法

源起

1950 年代晚期，Joseph Wolpe 發展出系統減敏感法（systematic desensitization），成為治療焦慮症和畏懼症最常用的技術之一（Corey, 2015）。這個技術原本相當行為取向，但現在也納入認知因素，本書據此理由將其放在認知—行為取向這一部分。系統減敏感法會要求個案反覆回想、想像或體驗會引發其焦慮的情境，再使用放鬆技巧克服事件引發的焦慮。

系統減敏感法的理論基礎是古典制約、反制約和稍早提過的「交互抑制」原理（Seligman & Reichenberg, 2013）。也就是說，兩個相對的反應無法同時發生。恐懼和冷靜不可能同時出現。重點在於強化合理的反應（冷靜），以阻擋不當的反應（恐懼）。以系統減敏感法為例，教導個案放鬆技巧即是減少事件觸發恐懼反應的可能性。焦慮和放鬆是不相容的反應，因此個案在逐步接近恐懼事件和接受放鬆訓練後，就會對事件越來越不敏感了（M. E. Young, 2013）。運用系統減敏感法消除恐懼的案例包括：害怕動物或昆蟲（如：狗、蜜蜂、蜘蛛）、高處或密閉空間（如：電梯、衣櫃）。

實施系統減敏感法時，可在諮商室裡採虛擬想像的方式進行（如：想像蜜蜂就在身旁或站在高處），或移動到會接觸引發恐懼刺激的現場（*in vivo*）（如：把個案帶到實際會碰到蜜蜂的場所或親自站在高處）。我個人喜歡使用虛擬想像法，這麼一來諮商師比較能掌控環境和諮商歷程。兩者都同樣有效。

實施方式

　　系統減敏感法有三個要素。第一，個案要先學好放鬆技巧（如：深呼吸、漸進式肌肉放鬆訓練）。第二，建立焦慮階層。第三，在放鬆狀態下呈現引發恐懼的刺激（M. E. Young, 2013）。個案和諮商師準備好開始實施減敏感過程前，對於完成第一和第二步驟必須達成令雙方都滿意的共識。

　　諮商關係穩固後，實施系統減敏感法的第一步驟是找出要治療的行為。諮商師須蒐集個案的生活史。詳細詢問、通盤瞭解後，諮商師才能抽絲剝繭分析個案的問題，連結其他的事件（M. E. Young, 2013）。除了蒐集個案的資訊外，諮商師也要瞭解會引發個案焦慮的情境為何，才有助於進行到下一步驟（Corey, 2015）。

　　第二步驟是諮商師和個案合作，一起找出引發焦慮的任何可能因素。個案必須詳述引發焦慮的情境。若希望系統減敏感法發揮最大效果，諮商師須知曉所有會引發個案不安的情境。透過討論蒐集資訊是不錯的方法。「害怕事項調查表」（Fear Survey Schedule）、「威洛比問卷」（Willoughby Questionnaire）或「柏尼斯特自信量表」（Bernesenter Self-Sufficiency Inventory）等也是找出個案恐懼對象的測量工具（M. E. Young, 2013）。

　　接下來，諮商師要協助個案建立焦慮階層。焦慮階層要合理和具體（M. E. Young, 2013）。威洛比問卷內有些必要的原始資料。諮商師也應派給個案家庭作業，列出和恐懼有關的清單。必要的話，諮商師須協助個案至少想 10 個恐懼事項，至多不超過 15 個。諮商師審視清單項目，把特定的恐懼事項歸類在一起。接著請個案檢查分類好的項目，並根據主觀苦惱量表 SUDS；見本章稍後的妮可案例）排序苦惱程度。最焦慮的放在焦慮階層最下方，最不焦慮的則放在焦慮階層最上方（見表 28.1 的範例）。

　　建立焦慮階層後，個案要開始學習放鬆技巧（M. E. Young,

157

2013）。雖然 Wolpe（1958）建議採用催眠的方式，但最常用的放鬆技巧為漸進式肌肉放鬆訓練（請見第 16 章）。個案要學習放鬆身體各個部位的肌肉。同樣地，若希望系統減敏感法發揮最大效果，個案必須達到完全放鬆的境界。為了熟悉放鬆技巧，個案在家裡也應勤加練習（M. E. Young, 2013）。

　　諮商師接下來要擬定計畫，對個案呈現焦慮階層的場景（M. E. Young, 2013）。一般說來，這是一個慢慢地從隱約到醒目、從低強度到高強度，甚至逼真的漸次出現過程。諮商師和個案需協議一個個案已感不安的信號，例如舉手或彈指等都可以。

　　當個案和諮商師準備開始進行減敏感過程時，個案要先進入先前學會的深度放鬆狀態。諮商師請個案閉上眼睛，引導個案進入不在焦慮階層的平凡場景。如果個案對此不會焦慮，諮商師再請個案想像焦慮階層最下方的場景（Corey, 2015）。經過數秒至數分鐘後，諮商師詢問個案依序想像焦慮階層上層的場景。若個案在過程中浮現任何焦慮情緒，個案可發出先前講好的信號讓諮商師知道。當個案心生焦慮時，就停止想像，回到深度放鬆狀態。等個案放鬆後，諮商師再繼續呈現焦慮階層的場景。一般說來，一次的療程時間可完成焦慮階層上五到六個場景。第二次療程的內容依個案第一次療程的進度而定。個案沒有露出嫌惡討厭反應的場景，就可以從焦慮階層剔除；若個案對最下方的焦慮階層場景露出強烈厭惡的情緒，就得用另一個較輕微的刺激取代。呈現的刺激如果過於強烈，可能會對個案造成傷害，此時諮商師應儘快轉而呈現一個較不強烈的刺激，避免形成傷害。接下來的療程做法類似。Wolpe（1958）指出系統減敏感法通常須花 10 到 25 次療程，15 個從輕到中重度排序的焦慮事項，大約四到六次的療程即可完成。若個案想像到焦慮階層的最高層，依然能處於放鬆狀態，即可結束治療。

　　最後一步是制定追蹤計畫。計畫內要規劃每次療程結束後，個案在家練習系統減敏感法的情況。諮商師應與個案約定追蹤晤談的時間，或許也要安排某些增強物，確保治療計畫見效。

主觀苦惱量表

　　為了測量個案焦慮水準的變化，Joseph Wolpe 編製了主觀苦惱量表（SUDS）。主觀苦惱量表亦可視為第 1 章量尺技術的特例，但主觀苦惱量表原本是用於系統減敏感法（Kaplan & Smith, 1995）。透過主觀苦惱量表，諮商師才能評估與瞭解最讓個案焦慮不安的情境為何。向個案介紹主觀苦惱量表時，Wolpe（1990, p. 91）建議的說法如下：

　　　　請想想你最焦慮的事，設為 100 分。接著想一個你最鎮定，亦即一點都不會焦慮的事，設為 0 分。這就是你的焦慮量尺。每當你一覺醒來，你就處在 0 到 100 分之間。你會把此刻的狀態評為幾分呢？

　　0 到 100 分是常用的量尺分數，富有彈性變化的空間。不過，也可以用 0 到 10 分，所以主觀苦惱量表才會和量尺技術如此類似。個案在主觀苦惱量表自陳的分數是建立焦慮水準的基準線（Wolpe, 1990）。若個案焦慮的事情分歧不一，諮商師可使用主觀苦惱量表來釐清哪一個才是最焦慮的情況。有了這層認識，諮商師就可以把協助的重點先放在一個情境上（Shapiro, 2001）。

　　Wolpe（1990, p. 160）曾說明如何運用主觀苦惱量表建立焦慮階層：「按主題羅列引發焦慮的刺激，根據引發焦慮的程度評分。」階層所指的對象可為內在抽象的想法，但大多數屬於外在具體的刺激。為了建立階層，諮商師和個案要列張清單，詳述個案對每樣引發焦慮刺激的看法。接著請個案評估主觀苦惱量表上的每一題項。最後，諮商師依據主觀苦惱量表上引發焦慮的強度，由低至高排出焦慮階層（Thorpe & Olson, 1997）。這就是諮商師和個案實施系統減敏感法的工作架構。

變化形式

　　Corey（2015）曾言系統減敏感法常見的變化形式有：現場減敏感法（*in vivo* desensitization）。前述的實施過程只要個案自行想像焦慮場景，但現場減敏感法卻要實地帶領個案到會引發恐懼的場所。順利的話，個案可以自主進行現場減敏法。必要的時候，諮商師可陪同個案前去現場。贊成此法的學者認為它的治療效果更好，個案較能類化此一學習經驗。

　　M. E. Young（2013）建議採用另一種著重在減輕焦慮、而非減輕恐懼的系統減敏感法。此法不需要個案再細分出數個焦慮階層，只要建立一個焦慮階層就好。治療計畫包含六次療程，教導放鬆技巧和建立焦慮階層仍是必學要件。表上所列的每個焦慮情境分別寫在索引卡上。療程開始時，先請個案放鬆，想像一個中性平淡的場景。接下來，諮商師朗讀索引卡上最不會引發焦慮的場景。如果個案仍能維持放鬆狀態，就移往下一張卡片。諮商師要在每張卡片上記錄排列序號、主觀苦惱量表分數、概述焦慮情境、追蹤序號、維持放鬆狀態的時間長度、主觀苦惱量表程度和追蹤序號搭配的情形等等。Young 建議若安排妥當，亦可使用現場減敏感法。

　　另一種變化形式是 Richmond（2013）提出的自理系統減敏感法（self-administered systematic desensitization）。它涵蓋系統減敏感法原始版本的三個要素。個案首先要精熟放鬆技巧，接著建立焦慮階層，細述引發焦慮的情境。Richmond 建議列出 10 到 15 個情境，各寫在一張卡片上，並用主觀苦惱量表評分。將卡片分門別類後，個案自己將引發焦慮的刺激由低至高排列。隔天，依焦慮階層上所列項目開始進行放鬆。每一次療程至少要持續 30 分鐘，每次處理三個情境。每次療程結束前，應先練習達到深度放鬆狀態數分鐘。

　　個案應避免在兩次療程間自行嘗試使用系統減敏感法。不過，由諮商師指派家庭作業給個案練習是熟能生巧的好辦法。須加強練習的內容

包括：深呼吸、漸進式肌肉放鬆訓練、視覺心像和自我對話。

範例

　　系統減敏感法包含三個要素：(1) 教導放鬆技巧；(2) 建立焦慮階層，評分主觀苦惱量表；(3) 系統性的按照階層順序放鬆，降低敏感度。在先前的療程中，妮可已學會正向自我對話、視覺心像、深呼吸和漸進式肌肉放鬆訓練，現在預備要開始運用系統減敏感法克服考試焦慮。妮可的治療是採在諮商室裡實施的虛擬想像法，不是到現場去。以虛擬想像為主的系統減敏感法比較可以控制引發焦慮的刺激（處理個案坐在諮商室裡，想像自己困在電梯的密閉空間而引起的恐慌反應，比處理實際在電梯裡引發的恐慌反應還要容易），何況虛擬想像的效果通常和現場減敏感法不分軒輊。以下的逐字稿示範如何建立焦慮階層、評定主觀苦惱量表和實施以虛擬想像為主的系統減敏感法。

諮商師（諮）：好，來看看吧。我們已經學會正向自我對話和視覺心像，也學了些深呼吸和漸進式肌肉放鬆訓練，現在準備要處理妳的主述問題——考試焦慮。我要採用的方法叫做「系統減敏感法」。這個名詞聽起來很怪，但它的意思是要協助妳逐步習慣考試情境，用放鬆取代焦慮。我們要做兩件事，其一是建立所謂的焦慮階層，先從不會讓妳那麼焦慮考試的事情開始，再提升到會讓妳相當害怕的事。比如妳真的坐在那裡準備開始考 SAT 一樣。妳全身發抖，心想：「啊，世界末日到了。」妳的恐慌指數直達 9 或 10 分，驚慌失措等焦慮不已的事。

妮可（妮）：好的。

諮：我們也要開始進行妳早就學會的放鬆訓練。這兩個部分：焦慮階層和放鬆，會用在第三部分的系統減敏感法，這樣懂了嗎？

妮：開始吧。

諮：讓我們再多談一下焦慮階層。這個階層包括 10 到 15 個情境，每個

160　　　　情境都跟妳的考試焦慮有關，從最輕微的到妳最害怕或驚恐的事。

妮：只跟考試有關的？

諮：是的，跟考試有關的焦慮。

妮：你的意思是指……是指我最擔心懼怕的事？

諮：是的，沒錯。最接近 9 或 10 分的事。

妮：大概是指我最不知所措、最著急的事吧。應該是我正在寫考卷，可是有一題或某部分我怎麼都搞不懂。這可能是最慘的。

諮：好，也就是在考試時有某題不會寫？（諮商師把它記下來，再繼續往下問）

妮：對。

諮：很好，還有呢？還會碰到哪些事情？

妮：看到其他人都寫完準備交卷了，可是我還在手忙腳亂的寫。這種情況真的很糟糕。

諮：也就是大家……

妮：看到大家都放下筆或寫完了。

諮：還有嗎？

妮：考試時間快結束了，可是我還有一堆題目沒寫。只剩下一點點時間，可是還有好多題目沒做完。

諮：好的，還有呢？

妮：我想應該是考卷才剛發下，看到考試題目很多吧。看到題本頁數或題目那麼多，我會擔心寫不完。

諮：很好，妳已經說了幾件會讓妳相當焦慮的事。接下來要想的是比較沒那麼焦慮，甚至一點都不擔心，但多少還是會讓妳心煩的事。有沒有什麼事是屬於這個類型的？

妮：嗯，可能是老師宣布即將要考試的那一刻吧。我知道有考試，但需要多點時間準備，這是屬於中間程度的焦慮。

諮：妳需要多一點時間準備？

妮：對。

諮：那比老師宣布考試還要有壓力？

妮：是的。

諮：（這個焦慮階層的結果都在意料之中，諮商師填入低到中度範圍的
　　反應）考試前一天是不是也會呢？

妮：沒錯。

諮：好的。考試前一晚呢？

妮：（點頭稱是）

諮：要去考試的路上呢？

妮：（點頭稱是）

諮：老師通常會給你們多長時間準備，噢，會在多久之前宣布有考試。
　　一個禮拜還是幾天前？

妮：一個禮拜，有時候是幾天前。

諮：幾天？

妮：一個禮拜。通常老師會提早一星期宣布。

諮：好，那我就先寫兩三天或四天前好了。

妮：好的。

諮：還有想到什麼事嗎？

妮：我能想到的大概就是這些了。

諮：考試當天起床到考試真正開始，這中間還有一段時間。隨著考試時
　　間迫近，可能還會發生很多事。

妮：我起床後會再把考試範圍全部複習一遍。

諮：妳當天早上還會再複習一次？

妮：嗯哼。

諮：還有呢？去學校的路上呢？

妮：對，沒錯。會很緊張。

諮：抵達學校後呢？

妮：對，到學校那刻起到考試開始。

諮：從抵達學校那刻起到老師發下考卷，考試正式開始，這中間還有什
　　麼事嗎？

妮：隨著考試時間一點一滴接近，我會越來越不安。

諮：嗯，也就是等待考試開始的時間，是嗎？

妮：對。

諮：到老師真正發下考卷前，還有一段等待時間。然後妳看到題本頁數
　　或考卷題目很多。考試時間快結束了，可是妳還有一堆題目沒寫。
　　妳看到其他同學已經放下筆了，但妳還糾結在某道妳不會的題目
　　上。

妮：對極了。

諮：好的，我算一下，我們已經想了 2、4、6、8、10、12、14、16 個
　　情境。只能再說一些，因為今天的晤談時間也差不多要到了。接下
　　來我們要做的事，是評定主觀苦惱量表，也稱 SUDS。妳要對每一
　　個情境評分，範圍是 1 到 100 分。

妮：好。

諮：當這些事情發生的時候，妳有多焦慮呢？有些可能接近 90 或 100
　　分，有些低一點，可能 10 或 15 或 20 分吧，妳覺得呢？

妮：沒錯。

諮：這些情境會依照妳的焦慮程度評分排列，接下來再進行系統減敏感
　　法。我會請妳閉上眼睛，想像每個情境發生的模樣。先從最簡單的
　　開始。想像這些情境的時候，妳要放鬆自己。用妳學過的深呼吸、
　　漸進式肌肉放鬆訓練和正向自我對話……必要的時候，把妳的想法
　　轉換到會讓妳心情平靜的海景風光，懂嗎？

妮：好。

諮：我們的做法會先從階層的下方做起，每次晤談大概處理四到五個情
　　境，從這次開始，我們晤談的步調會加快，因為要處理四到五個情
　　境，下一次再繼續處理四到五個情境，直到妳對最上層的情境不再
　　感到焦慮不安為止……

　　　　第二次療程開始。

諮：好的，妮可，又是新的一週開始了。

妮：對呀。

諮：哇，今年會有很多考試嗎？

妮：一定會很多。

諮：妳覺得會有考不完的試，是吧？妳認為前方有一堆考試在等著妳。

妮：是呀。

> 諮商師回顧上次進行的活動，在進行系統減敏感法前，先檢查
> 妮可是否有好好完成家庭作業。在這次的療程中，妮可的焦慮
> 階層請見表 28.1（請見 p. 248）。

諮：上一次晤談時，我們建立了焦慮階層，列出每件會讓妳焦慮的情
　　境，就像這張紙上所寫的。今天要做的第一件事，就是用主觀苦惱
　　量表，簡稱 SUDS，評定這張焦慮階層。如此一來有助於我們排序
　　這些妳曾想過，或現實生活中會發生的情境。妳要對每個情境評
　　分，這樣我們才能知道哪個最不焦慮的情境要放在最下層，再往上
　　提高到最上層，也就是考試焦慮最強的情境。完成這張表後，我們
　　要從表的下方開始，一步一步進行到頂端。當妳想到令人不悅的情
　　境時，就用妳學過的放鬆技巧、視覺心像、自我對話和深呼吸來緩
　　和情緒。每當妳想到那些討厭的情境，就要放輕鬆，最後妳就會對
　　那些情境喪失敏感度。在這裡練習充分後，接著就要應用到實際生
　　活中持續放鬆。這樣可以嗎？

妮：可以。

諮：首先是完成主觀苦惱量表。有看過液晶螢幕型的鬧鐘嗎？它在黑暗
　　中也能發光，可以看到上面顯示紅色或其他顏色的數字。請妳想像
　　這個鬧鐘的液晶螢幕上有三個數字，數字的範圍是 0 到 100 分。
　　0 分是指一點都不擔心，完全放鬆、完全不放在心上，但 100 分則
　　是相當不安，每件事都讓妳倉皇失措，差點就要恐慌發作。懂嗎？

妮：懂。

諮：現在要做的是，在這 0 到 100 分中，妳要說出妳對每個場景或情境
　　的想法，這樣才有助於我們瞭解。我會逐條讀出來。請閉上眼睛，
　　我要開始讀了。因為妳要在心裡想像那個場景，所以我得請妳閉上

162

眼睛。請妳跟著想像這個場景正活生生地在眼前發生，也要想像這個液晶螢幕鬧鐘就在妳的右手邊。

妮：好。

諮：這樣瞭解了嗎？

妮：當然。

諮：妮可，請妳想像自己坐在教室裡，任何一科都行。請想像老師正在宣布一週後要舉行考試。在 0 到 100 分中，0 分是完全不會焦慮，100 分是最最焦慮的情況。妳現在是幾分呢？

163　妮：15 分。

諮：15 分。幾乎沒什麼壓力，是吧？

妮：對。

諮：請妳想像現在是考前四天，再四天就要考試了。現在的分數是多少呢？

妮：25 分。

諮：25 分？嗯，漸漸地往上提高了。

妮：是的。

諮：考前三天如何呢？

妮：40 分。

諮：40 分？

妮：對。

諮：考試快到了，妳得開始準備。

妮：55 分。

諮：55 分？

妮：對。

諮：好，考前兩天呢？

妮：50 分。

諮：嗯，考前一天呢？

妮：會再高一點，大概 68 分。

諮：68 分。考前一天快來臨的時候，妳真的開始緊張了。

妮：對。

諮：好，那麼考試前一天晚上呢？白天是 68 分，明早就要考試了。

妮：78 分。

諮：78 分。考試當天早上呢？

妮：87 分。喔，不，應該是 84 分。

諮：好，84 分。妳說妳會複習，早上起床後會再複習考試範圍。

妮：86 分。

諮：好。現在是前往學校的路上。

妮：大概一樣是 86 分，通常不會有什麼變化。

諮：抵達學校那一刻呢？

妮：大概是 87 分吧。

諮：好，只升高了一點點。

妮：對。

諮：老師發下考卷，妳等著考試開始。

妮：很慘，89 分。

諮：89 分，好。你正在寫考卷，但卻卡在某題上，想不出答案。

妮：應該會很高，因為那個時候我通常會發慌。大概是 94 分。

諮：94 分？

妮：對。

諮：好。接下來是看到其他人把筆放下。

妮：喔，天啊，很高，96 分。

諮：考試時間快結束了，妳還有一堆題目沒寫。

妮：我想那應該是最高的，大概是 97 分吧。

諮：97 分？

妮：對。

諮：好的，非常接近 100 分。

妮：對呀。

諮：100 分？有沒有什麼事真的會讓妳的焦慮升高到 100 分呢？

妮：我覺得應該沒有，只不過快接近了。我確信還差一點我就會崩潰

了。

諮：比方說請妳離開教室之類的？

妮：是的。

諮：好，到這裡為止的情況是，老師宣布一個禮拜後要考試，那是 15
分。隨著考試日期接近，妳的壓力越來越大，一直持續到考試當天
早上。在上學途中、抵達學校時，妳的焦慮分數幾乎達到 90 分。
接著是老師發下考卷，焦慮分數是 89 分。妳看到考卷頁數很多，
困在某一道不會寫的題目上。其他同學陸續交卷，考試時間快沒
了，可是妳還有一堆題目沒寫完。

妮：對，那是最糟的狀況。

諮：看到這張表，還有沒有想到什麼事呢？有沒有要補充什麼場景上
去？有沒有什麼特別困難的情境是我們忘記列在上面的？

妮：我覺得幾乎所有的情況都包含在裡面了，分毫不差。

諮：很好，因為上學途中和考試當天早上復習，這兩個情況妳給的焦慮
分數一樣。我要刪掉其中一個，只剩 15 個情境在焦慮階層上。在
我們開始之前，有沒有什麼事情是我需要知道的？

妮：沒有了。

表 28.1　妮可的焦慮階層

主觀苦惱量表分數	焦慮事件
015	老師宣布這週要考試。
025	離考試還剩四天。
032	離考試還剩三天。
040	離考試還剩兩天。
055	考試快到了，要開始準備。
068	考試前一天。
078	考試前一晚。
084	考試當天早上。
086	去學校考試的路上。

表 28.1　妮可的焦慮階層（續）	
主觀苦惱量表分數	焦慮事件
087	抵達學校。
089	老師發下考卷，考試即將開始。
091	看到考卷頁數和題目很多。
094	困在某題上不會寫。
096	看到其他人準備交卷，正在收拾桌上的文具。
097	考試時間快結束了，可是還有一大堆題目沒寫。

諮商師開始進行系統減敏感法。

164

諮：好的，嗯，讓我們繼續，從這張表的最下方開始，大概要處理三到
　　四個情境。看妳的狀況，或許也可以做到五個。

妮：好。

諮：現在請妳放輕鬆，做幾次深呼吸和漸進式肌肉放鬆訓練，緩和身體
　　的僵硬部位。先深呼吸幾口氣。好了嗎？

妮：現在就開始嗎？

諮：對。先閉上眼睛，做幾次深呼吸。想像妳正走在海灘上或運用正向
　　自我對話，讓自己進入深度放鬆狀態。（停頓幾分鐘）

諮：好，下一步，我要請妳好好地、冷靜地、深深地、慢慢地呼吸，想
　　像剛才我們談到的階層表上的情境。我會從最下端的開始，請妳想
　　像那個場景。當妳想像的時候，還是要保持深呼吸的狀態。如果妳
　　感到很焦慮或緊張，就馬上停止想像考試的畫面，用海灘的畫面代
　　替。可以嗎？

妮：可以。

諮：再來，當妳處在放鬆狀態，請提示我一個信號，讓我知道妳準備好
　　進到下一步。繼續想像放鬆、詳和的畫面。請妳動一下手指頭，告
　　訴我妳準備好了。

妮：像這樣嗎？（抬起一根手指頭當作信號）

諮：正確，非常好。我們先從第一個開始。請妳想像老師宣布一個禮拜後要考試。保留這個畫面，但繼續深呼吸和放鬆。舉起手指頭告訴我妳準備好到下一個場景，不過要保持平靜和放鬆。（停頓）好，請張開眼睛，看著我。妳現在感覺如何？心情是 0 到 100 當中的幾分呢？

妮：大概是 3 分吧。我現在很放鬆。

諮：本來是 15 分，現在是 3 分，非常平靜和放鬆，一點壓力也沒有。

妮：對。

諮：繼續，請閉上眼睛，深呼吸幾次，我們要到下一個場景，可能要完成三到四個。（停下來，等妮可抬起手指頭）好，請妳想像現在是考試前四天。停格這個畫面，繼續深呼吸、繼續放鬆。（停下來，等妮可抬起手指頭）很好。請妳想像現在是考試前三天。（停下來，等妮可抬起手指頭）非常好。請妳想像現在是考試前兩天。繼續保持平靜緩和的呼吸。（停下來，等妮可抬起手指頭）好，請妳想像考試快到了，妳要準備考試。想像妳必須準備考試。（停下來，等妮可抬起手指頭）……好了，妮可，慢慢地回到現實，準備好張開眼睛……妳現在的心情是幾分呢？

妮：（妮可打了個哈欠，伸伸懶腰）10 分。

諮：10 分？

妮：或許是 8 分吧。

諮：很好，很棒，好極了……妳做得很好。我們已經往上走了三層，現在在 55 分的位置，你也懂我的做法了。我們現在從這裡為起點，想像一個 55 分的場景，但把心情保持在大約 10 分的狀態。接下來三到五次的療程，基本上就是按照這個模式。下一次我們會多做一些練習，讓妳在想到考試情境時，依然保持在平靜放鬆的狀態。如此一來就算真的面臨考試，壓力也不會那麼大了。妳已經學會平靜和放鬆，平常的日子也要繼續練習深呼吸，控制腦海中的思緒和畫面。希望妳可以應付所有的壓力，好嗎？

妮：好。

諮：注意聽，接下來的事情非常重要，千萬不要在晤談時間外自己做這個練習，懂嗎？只有我在場治療時才可以，這樣才能確保妳的做法正確且安全。

妮：沒問題……

　　在第三次療程，妮可先退回到焦慮階層的第 4 層，接著順利完成第 5 到第 10 層。第四次療程時，妮可一樣先退回到第 9 層，接著又順利完成第 10 到第 14 層。此時治療也接近終點。進行上述的步驟時，如果妮可產生嫌惡反應，諮商師就會運用交互抑制的原理，封鎖令人緊張的畫面，趕緊用深呼吸、自我對話和漸進式肌肉放鬆回復到放鬆狀態，結束當次的治療。巧的是，妮可在第四和第五次療程間有幾個考試，所以並沒有前來晤談。第五次是最後一次療程。以下是第五次療程開始。

諮：妳上個禮拜沒來。告訴我這週在學校的情況如何。

妮：嗯……有幾個考試。

諮：真的？情況如何？有覺得困擾的地方嗎？

妮：噢，初級微積分和化學很難，但奇怪的是，我一點都不會恐慌和擔心。如果情況有異，我就深呼吸幾口氣，把那些壞念頭趕出腦海……

　　當此時，治療可說是達到預期的效果。諮商師從第 13 層開始，繼續進行到第 15 層，標示出地雷區後（請見第 5 章），結束這次的晤談。妮可順利地完成高三學業，再也沒有出現厭惡考試的反應。她的 SAT 考試提高了 150 分（數學和閱讀理解合計），進入了她的第一志願大學科系就讀。

效果與評價

　　系統減敏感法是治療畏懼症常用的技術。現場減敏感法甚至有一

次就成功的案例（Ost, 1989; Zinbarg, Barlow, Brown, & Hertz, 1992）。
當個體害怕的事物跟某一特定情境有關，就稱為特定對象畏懼症，像
是考試焦慮或懼高症（George & Christiani, 1995）。例如，Triscari、
Faraci、D'Angelo、Urso 與 Catalisano（2011）就確信認知—行為治療
結合系統減敏感法，是治療飛行恐懼症的良方。系統減敏感法最適用於
個案已具備因應技巧，但卻因為焦慮程度過於強烈而迴避特殊場合的狀
況。

　　Egbochukuand 與 Obodo（2005）、Austin 與 Partridge（1995）
建議對學生使用系統減敏感法，以緩和他們的考試焦慮等壓力情境
（Başpinar Can, Dereboy, & Eskin, 2012）。認知重建和系統減敏感法在
治療強烈的考試焦慮方面同樣有效。Crawford（1998）就曾運用系統減
敏感法處遇有閱讀焦慮的實習教師。

　　多數的諮商師都認同系統減敏感法能有效治療畏懼症。不過，
究竟是想像暴露法還是現場暴露法比較有效，則眾說紛紜、莫衷一是
（Zinbarg et al., 1992）。Graziano、DeGiovanni 與 Garcia（1979）回顧
以行為學派治療兒童畏懼症的文獻後發現，無論是用於個體或團體、
實地體驗或內在想像，系統減敏感法都比其他治療法更能減輕特定畏懼
症和焦慮症。此一結果加劇想像暴露法和現場暴露法之間孰優孰劣的紛
爭。的確，想像暴露法和現場暴露法可互補有無，依個案喜好而定。例
如，Pagoto、Kozak、Spates 與 Spring（2006）的研究報告就指出，年
長女性較不喜歡現場減敏感法，但對虛擬想像的系統減敏感法則甘之如
飴。

　　有些支持者宣稱系統減敏感法之所以有效，乃因交互抑制原理發揮
作用（Wolpe, 1958）。其他學者則聲稱系統減敏感法的效果，在於個
案反覆暴露於不會使其受傷的刺激（M. E. Young, 2013）。另一種解釋
是個案在減敏感的過程中獲得洞見。Meichenbaum（引自 M. E. Young,
2013）就曾說減敏感過程會帶動實際的認知變化，改變個案對焦慮的
預期心理。還有一種解釋是個案學到新的、更有效的因應技巧（放鬆）
來應對焦慮。

　　系統減敏感法並非適用於處遇個案所有的焦慮狀況。若希望它發揮效果，個案必須熟稔漸進式肌肉放鬆訓練或其他放鬆技巧。如果個案無法放鬆，應該選用其他技術。同樣地，有些個案的想像力不夠生動，也會削弱系統減敏感法的效果（M. E. Young, 2013）。如果個案數次暴露於某一階層的情境，焦慮程度依然居高不下，Richmond（2013）建議諮商師應考慮下列數點。第一，個案或許低估該情境的焦慮程度，排序過低。第二，描述該情境的細節太多，場景過於複雜。諮商師也應注意不要讓個案過度專注在某一場景上，而未接收到個案發出的危險信號。

CHAPTER 29

壓力免疫訓練

源起

　　壓力免疫訓練（stress inoculation training, SIT），是由 Donald Meichenbaum 發展出來的技術，用以協助個案因應中度的壓力源，培養未來應付嚴重壓力的容忍度（Corey, 2015）。Meichenbaum 堅信個案可以藉由修正自身在壓力情境表現的信念，來增加因應壓力的能力。壓力免疫訓練要強化個案的因應技巧，鼓勵他們將這些技巧學以致用（Meichenbaum, 1995）。壓力免疫訓練結合蘇格拉底式的對話，教導個案自我監控、認知重建、問題解決、放鬆訓練、行為預演和改變環境。不過，壓力免疫訓練並非可以公式化、盲目地應用於所有受苦的個案；相反地，壓力免疫訓練的通則和臨床處遇程序必須因個案而制宜。

　　1970 年代早期，Meichenbaum 引進壓力免疫訓練。首批受試者罹患廣泛性焦慮、難以控制怒氣，並有身體疼痛的問題（Meichenbaum, 1993）。Meichenbaum 強調認知行為修正技巧，著重於改變個案的自我對話（Corey, 2015）。壓力免疫訓練的認知策略，把重點放在改正個案的自我指導語，使其能更有效地處理問題。壓力免疫訓練亦協助個案概念化和重新界定壓力，讓他們有改寫生命腳本的機會，或發展出有能力因應壓力的全新故事。

　　壓力免疫訓練從互動的觀點看壓力。之所以會產生壓力，是因為個體認為環境的要求超過他的因應能力（Meichenbaum, 1993）。因此壓力的定義是人與環境的關係出了問題，個體認為他面臨到的要求超出個人的因應資源範圍。所以壓力免疫訓練即要強化個案的因應能力，增強

他們因應壓力的信心，更有效地處理生活中的壓力源。

　　壓力免疫訓練有幾個目標。第一，個案要學會把壓力視為正常、適應性的反應（Meichenbaum, 1993）。個案也要探討他們失序的過程、壓力的互動論觀點、讓壓力持續存在的個人原因等。此外，個案要改變對壓力的看法，分辨壓力情境中可改變之處與不可改變之處，學習管理壓力。最後，個案要設法把大的壓力源分解成明確具體的短、中、長期因應目標。

實施方式

　　壓力免疫訓練可用在個人、伴侶、小團體或大團體上（Meichenbaum, 1993）。典型的壓力免疫訓練包含 8 至 15 個療程，另加數次推動或追蹤療程，為期三個月到一年。壓力免疫訓練包括三個階段：(1) 概念化；(2) 習得技巧與預演；(3) 應用與追蹤完成。

　　壓力免疫訓練的第一階段——概念化階段，要教導個案壓力的本質與個案自己是怎麼製造出壓力的（Corey, 2015）。個案與諮商師合力辨明當前的問題（Meichenbaum, 1993）。辨識出一般的壓力源後，諮商師協助個案將壓力源分解成具體的壓力情境，評估個案現有的因應成果。接著，個案要發展短、中、長期的特定行為目標，瞭解壓力有哪些面向可以改變、哪些無法改變。個案也要自我監控壓力情境發生時的內在對話、感覺和行為。諮商師協助個案用自我報告的方式，發展出對煩惱的新看法。

　　在第二階段——習得技巧與預演階段，個案要學習許多行為與認知因應技巧，以便應用在壓力情境上（Corey, 2015）。這些技巧包括：蒐集壓力情境的資訊、規劃資源與逃避路線、改變負向自我陳述的認知重建技巧、任務導向的自我指導策略、問題解決技巧，以及放鬆、肯定或自我酬賞等行為技巧（Meichenbaum & Deffenbacher, 1988）。其他重要的因應技巧有：社交技巧、時間管理、建立支持系統、重新評估優先順序等（Corey, 2015）。當個案學會這些因應策略後，還可藉由

168

行為與想像預演、觀察示範和自我指導訓練鞏固技巧（Meichenbaum, 1993）。諮商師也應與個案討論可能會碰到的阻力和障礙，運用習得的技巧一一擊破。

第三階段——應用與追蹤完成階段，是要把治療中習得的技巧類化到外在現實世界（Corey, 2015）。在這個階段，要用角色扮演、模擬、想像，甚至實地訓練的方式排演技巧（Meichenbaum & Deffenbacher, 1988）。透過指派家庭作業，學以致用，讓技巧越來越精進成熟。最後階段的另一個要點是預防復發（Meichenbaum, 1993）。為了預防復發，個案與諮商師要合作辨識高危險情境，預期可能的壓力反應，預演因應方式。同樣地，壓力免疫訓練通常也含括推動與追蹤療程，亦可邀請個案的重要他人加入訓練，共同協助個案度過難關。

變化形式

壓力免疫訓練只有一個變化形式，是由 Archibald Hart 博士發展出來的五個步驟，幫助兒童學習因應壓力（Shapiro, 1994）。Hart 建議應讓兒童漸次接觸問題，依兒童的年齡告知他們家庭問題的訊息，不要過度保護他們。家長應忍住拯救孩子的渴望。相反地，要讓孩子自己解決問題。家長也要教育孩子運用健康的自我對話，說些勉勵、合理的話安慰自己。在經歷壓力期間，應給予兒童適當的時間復原，也告訴他們要給自己時間。最後，兒童要學習過濾壓力源，決定哪些事件才值得引發壓力反應。

範例

莎拉，21 歲，大學生，因為受不了之前被強暴的陰影而前來求助諮商。大約十個月前，也就是第二學期快結束前，莎拉在校外的派對上被人強暴。在母親的堅持下，莎拉立即回到家鄉接受諮商師的治療，暫時辦理休學。經過四個月的諮商後，莎拉決定結束諮商，因為她覺得情

緒狀態改善不少，可以回校復學了。但回到校園後，她卻難以應付過去
的創傷。以下的逐字稿摘錄自第二次療程，顯示她和校內的諮商師一起
練習的情景。

169

莎拉（莎）：我只是覺得我現在應該克服它了。想到它還會如此影響我
　　的生活，就讓我很挫折。我不知道復原這麼難，或許我應該回家才
　　對。

諮商師（諮）：妳在這裡很安全。

莎：的確，但我不覺得校園安全呀。所有的事物都令人觸景傷情，我很
　　害怕會跟他不期而遇。

諮：看得出來事情並不容易處理。

莎：真不公平。沒有人能夠瞭解我的心情。我不敢跟以前的朋友聯絡，
　　他們可能會以為我是個白痴，才會那麼快離開這裡，投向媽媽的懷
　　抱。

諮：但也許他們覺得妳很勇敢，願意再次回來這裡。

莎：也許吧，我不知道。

諮：妳的確選擇回來這裡，妳已經很堅強了。

莎：是沒錯，可是回到這裡人事已非。我覺得我隨時會崩潰，我覺得我
　　的情況跟一年前事情發生時幾乎一樣。我不認為我可以應付得來。
　　我的意思是，萬一我看到他，那該怎麼辦？如果每個人都知道這件
　　事，都認為我活該呢？如果他們站在他那一邊，認為他是個不可多
　　得的好人呢？我甚至不敢想像即將到來的開庭日。我真希望從來沒
　　告訴媽媽這件事，她要我提出告訴，真是太可怕了。所有的事情接
　　踵而來，我就要面對他了。我辦不到，我只想回家，忘記這一切。

諮：妳知道嗎，我想告訴妳，其實事情並沒有像妳擔心的那麼糟。相反
　　地，我覺得妳提到的每件事……嗯，是有可能發生。妳會不小心在
　　校園遇到他，或出門時看見他。也會有些不瞭解狀況的人錯怪妳，
　　會有些人仍然認為他是個好男人。開庭的日子終究會到來，妳會
　　看到他。這些都有可能發生，但並非必然。它們是妳應付得來的情

況。

莎：我不知道該怎麼做。

諮：嗯，首先，我想判定哪些事情是我們可以改變的，哪些是我們無法
　　改變的。

莎：什麼意思？我沒有辦法改變任何事，所有的事情都不在我的掌控之
　　中。這是最糟糕的地方。

諮：有些事情，例如，妳跟他不期而遇，我們沒辦法改變。但我們可以
　　改變妳面對事情的情緒和反應。他強暴妳——這是我們無法改變的
　　事實，但妳已經發揮極大的控制力，去降低它對妳的衝擊。妳毫不
　　畏懼地面對這個可怕的悲劇，我相信妳將來也可以處理得很好。它
　　們是可以解決的問題。

　　諮商師努力地建立關係和治療同盟。諮商師也找出莎拉思考的
　　盲點，如：逃避、鑽牛角尖和災難化。諮商師試圖把看似勢不
　　可擋的威脅重新框架為可以解決的問題，不至於那麼嚇人或恐
　　怖。諮商師也做足穩固地基的工作，幫助莎拉看到她握有控制
　　權——就算無法直接掌控既成事實，她一樣可以控制她對事實
　　的反應和情緒。

以下的對話摘自第四次療程。

　　諮商師想要模擬開庭的日子，讓莎拉有心理準備。開庭的日子
　　肯定是個極大的壓力源，要花很大的力氣平復心情。

諮：我很好奇，如果妳在路上遇到特瑞這個傢伙，妳會怎麼做？

170　莎：嗯。（開始搓揉她的 T 恤下襬）我得思考這件事嗎？

諮：我覺得妳早就料到了，我猜妳想過好幾遍。

莎：說的沒錯，我早就在心裡想像過了。

諮：告訴我妳的想像是什麼。

莎：嗯，不知道為什麼，我總覺得會在圖書館外遇到他。例如我正好走
　　進去，或他剛好走出來等等的。我老遠就可以看見他走過來。我嚇

壞了，停在原地動彈不得，只能愣在那裡。我開始發抖，想要尖叫，看有沒有人能過來幫幫我。我希望有人能跳進我和他之間來保護我……守在我身邊。可是四周沒半個人。我不能尖叫，完全發不出聲音，我很難受……真的很難受……差點就吐了。

諮：然後呢？

莎：然後我勉強壓下反胃的心情，甩掉這種想像。

諮：哇，莎拉，（深呼吸一口氣）聽到妳的想像，真的令人不寒而慄。

莎：把我嚇死了。

諮：記住我之前說過的話，這些讓妳困擾的事都是可以解決的問題，每個問題至少都有可掌控的部分，是吧？

莎：是的，我會記得。我喜歡你說的話……不知道為什麼，但聽起來很舒坦。

諮：好，以這件事為例，假使妳真的遇見特瑞，我們可以做什麼來控制這個問題？

莎：我記得你曾說過，如果我們無法改變既定事實，我們可以控制對事實的反應，或它們對我的影響。

諮：沒錯。妳所想像的畫面──那些僵在原地、發不出聲音、想尖叫卻不能尖叫、難受到想吐的畫面，會讓妳在真的碰到他時反應弄假成真，還是變得若無其事呢？

莎：如果我一再想像那些畫面，在心裡重複播放，恐怕會讓我的反應弄假成真。

諮：這就是我想說的。讓我再問妳一個問題……這就是妳要的反應嗎？如果妳現在就可以決定事情的走向，這就是妳想要的結果嗎？

莎：不，才不是！那是我最害怕發生的事。

諮：妳所想像的很可能會讓事情成真。

莎：是的。

諮：那麼，告訴我，妳希望事情的演變如何？如果妳可以選擇的話，如果妳有控制權呢？

莎：嗯，我當然希望我可以堅強一點、處變不驚。

諮：在圖書館外的校園走道上，要怎樣才能看起來堅強和處變不驚呢？

莎：我想想看……我要抬頭挺胸、面無表情地直視前方。

諮：可以做給我看看嗎？請妳站起來，用妳剛才所描述的態度，走到辦公室門口，再走回來，可以嗎？

莎：這樣很蠢。

諮：但這終究是會發生的情況，一點都不愚蠢。我們要預做準備。

莎：（莎拉點頭表示同意，收起尷尬的情緒，正襟危坐。她站起來，如她所形容的，用堅強且處變不驚的步伐在辦公室裡來回走動）我想再做一次。

諮：當然可以。（莎拉在辦公室裡來回練習，下巴抬得更高，威風凜凜。）非常好，莎拉。現在，請妳多練習幾次，然後反覆大聲地說：「我很堅強，我握有控制權。」（莎拉練習了數次，抬頭挺胸、直視前方，大聲地重複她的宣言）。做的太好了！莎拉。妳看起來真的很堅強和處變不驚。

莎：是嗎？

諮：沒錯。但這裡是我的辦公室，妳願意在這個禮拜多加練習嗎？

莎：什麼意思？

諮：我希望妳每天在校園內隨機挑選五位路過妳身邊的學生練習，假裝他們是特瑞。這樣會不會很可怕？

> 諮商師謹慎地評估這個練習活動會引發的情緒風險程度。他希望這個練習活動帶給莎拉正向、增強的經驗。或許這個活動會喚起莎拉的抗拒心理，但已經不像之前那麼可怕了。

莎：不會，我做得到。因為我知道那不是他本人。

諮：非常好。我希望妳隨機挑選路人練習，每天練習五次。妳要對自己說：「好，就這麼辦，我必須堅強和處變不驚。」妳要立刻擺出妳剛剛表現的態度和姿勢，抬頭挺胸、面無表情地走過他們的身邊，懂嗎？

莎：我喜歡這個活動，而且會好好練習的。

　　莎拉已經轉變觀念，把嚇人的情境看成樂意嘗試的活動。

　　以下的對話摘自第五次療程。

諮：所以，妳相當肯定那些話是針對妳說的？

莎：對，太明顯了。我不知道如何回應或要說什麼，我只好離開那裡，
　　回家去了。

諮：那些跟妳在一起的朋友呢？

莎：我告訴他們我身體不舒服，就留下餐費走了。

諮：我懂，這件事毀了一個美好的夜晚。下一次，妳會怎麼回答那些話
　　呢？

莎：是的，不去面對的話，我下次一樣會感到無助。可是我不知道該說
　　什麼。

諮：沒關係。先假裝我是妳，而妳是餐廳裡的其中一個人，好嗎？

莎：好。

諮：好。妳是站著還是坐著？當時的對話是什麼情景？

莎：我點好晚餐，想要去洗手間。走出洗手間要回座位的時候，聽到鄰
　　桌的人在講話。

諮：嗯，繼續，跟我說妳聽到他們怎麼說妳。

莎：好的。「看，那就是特瑞的女朋友。」其中一個人說：「不是啦，
　　她不就是那個……」

諮：我可能會回答：「沒錯，我就是。你們最好不要再說我是他的女朋
　　友。」聽起來怎樣？

莎：聽起來好多了。我很堅強，一點也不覺得丟臉，也不會亂發脾氣。

諮：要不我們來做些角色扮演，練習應對幾個可能會碰到的情況，好
　　嗎？

　　以下的對話摘自第六次療程。

諮：這真的是妳想做的？

莎：真的。只要我繼續逃避，我仍會被它控制困住。去年發生了太多可

怕和令人焦慮的事。但就像我們上次談到的，我得做好悲傷的準備。我失去了某些東西，那些東西再也回不來了。我需要好好悲傷，那是我欠自己的。隨著一週年即將到來，我想這是我不再逃避、不要只停留在原地打轉的絕佳機會。我要去哀悼既成事實，跨越過去的障礙，紀念這一週年的種種。時間到了，我準備好了。我知道這一步很大，但我有信心。我的意思是，我知道並不容易，但我已經準備好踏入下一階段。

172

諮：好，既然這是妳的決定，我也會協助妳做好萬全準備，確保妳的結局幸福美滿。妳已經跟媽媽說了嗎？

莎：對，她很支持我。如果我需要她，她一定會隨傳隨到。

諮：很好。所以我們今天要學習肌肉放鬆和深呼吸。若今天練習情況順利的話，妳就能帶這幾個法寶回家，每天至少練習三次。那麼，這星期結束前，如果妳準備好了，妳要重新造訪事發現場……當時特瑞強暴妳的地方。妳媽媽會陪妳、支持妳。

莎：對。

諮：好，請妳用最舒服的姿勢坐在椅子上，閉上眼睛。感覺全身的重量都放在椅子上……感覺妳的背部靠在椅子上……妳的腳底……請將腳趾頭緊靠在一起……儘量靠緊一點……持續一段時間……然後放鬆……現在，請收緊並拱起雙腳……緊緊地抱住它們……用力抱住……好，放鬆，感覺所有的能量都離開妳的身體……收緊小腿……把注意力放在小腿上，感覺它正在繃緊……再放鬆……

　　諮商師繼續協助莎拉繃緊和放鬆身體各個部位（如：大腿、臀部、腹部、後背、胸部、上背部、手指、手、手臂、肩膀、頸部和臉部）。

莎：真不敢相信！這種感覺真舒服。

諮：想像妳做得到，而且每天練習三次，讓自己放鬆。來，送給妳（遞給莎拉一片 CD），這片 CD 裡有我剛才說的指導語，妳可以拿回去聽。這週結束後，妳會發現身體的狀態變好了，很快就能放鬆。

多加練習、熟能生巧，當妳需要時，立刻就能派上用場。

效果與評價

　　壓力免疫訓練可用於矯治與預防。它應用的議題極廣，如：演說焦慮、考試焦慮、畏懼症、憤怒、肯定訓練、社交能力缺失、憂鬱症、兒童的社會退縮等問題（Corey, 2015）。二十多年來，壓力免疫訓練已然成為職場壓力管理訓練的主流模式（Flaxman & Bond, 2010）。此訓練可用於醫療病患、運動員、教師、軍職人員、警察，以及正處於人生轉換階段的個體（Meichenbaum, 1993）。

　　諸多研究都證實壓力免疫訓練的效果。Sheely 與 Horan（2004）研究法學院學生的壓力，發現有接受壓力免疫訓練的學生，他們的壓力和非理性信念均呈下降的趨勢，且效果持續到追蹤期。另外，Schuler、Gilner、Austrin 與 Davenport（1982）檢視有接受和沒有接受教育階段的壓力免疫訓練，對因應公開演說焦慮的效果。那些接受完整壓力免疫訓練，包含教育階段的研究參與者，比起只有接受預演和應用訓練的研究參與者，都說他們的焦慮明顯減少許多。接受完整的壓力免疫訓練的參與者自陳有較高的信心水準，溝通焦慮也少得多。沒有研究顯示壓力免疫訓練有任何副作用存在。

　　眾多效果研究也想瞭解用壓力免疫訓練治療創傷後壓力違常（PTSD）的效果。在一項針對性侵害受害者的臨床試驗中發現，治療後與六個月的追蹤期間，壓力免疫訓練的效果略低於延長暴露法（prolonged exposure）（Foa, Dancu, Hembree, Jaycox, Meadows, & Street, 1999）。Vickerman 與 Margolin（2009）回顧 32 篇接受長期 PTSD 治療的性侵害受害者的文獻，顯示壓力免疫訓練具有某些效果，但不若延長暴露法和認知歷程治療有效。但另一方面，Kehle-Forbes 等學者（2013）針對八篇臨床試驗研究的後設分析指出，沒有哪種治療 PTSD 的方法能達到統計顯著性，但延長暴露法加上壓力免疫訓練，卻比單用延長暴露法有效。回顧治療 PTSD 成人的實徵研究文獻後，

Ponniah 與 Hollon（2009）認定壓力免疫訓練是「可能有效」的治療方法。

有兩個研究探討壓力免疫訓練對戰爭受創者的效果。Houram 等學者（2011）運用壓力免疫訓練治療暴露於戰爭而受創的軍職人員。Hensel-Dittmann 等學者（2011）採用壓力免疫訓練後，發現因戰爭與嚴刑拷問的受害者，其 PTSD 症狀並未顯著降低（效果值 ES= .12）。

有一項效果研究運用壓力免疫訓練減緩高血壓患者的壓力。Ansari、Molavi 與 Neshatdoost（2010）隨機抽樣一小群高血壓患者進行臨床試驗，發現壓力免疫訓練比控制組更能有效改善一般健康狀況。

有幾個研究探討壓力免疫訓練對學業適應的效果。Szabo 與 Marian（2012）採用大團體輔導的介入方式，證實班級輔導式的壓力免疫訓練，比起課堂上的壓力教育方案，更能有效協助學生減緩壓力知覺與壓力反應。Cook-Vienot 與 Taylor（2012）發現結合生理回饋的眼動減敏與歷程更新療法（eye movement desensitization and reprocessing, EMDR）和壓力免疫訓練，都能有效治療 30 位大學生的考試焦慮。

第七部分

社會學習取向技術

Albert Bandura（2006）的社會學習理論主張人類大部分的學習，跟增強和懲罰無關。Bandura 與傳統操作制約的行為治療（請見第八及第九部分）背道而馳。他認為行為治療過於簡化，缺乏認知的要素。Bandura 發現人類在行動前，會仔細觀察、預先計畫和思考，但行為主義卻忽略了這些重要的元素。Bandura 注意到多數行為的原點，都是個體、行為和環境交互作用的結果。

Bandura 發現個體通常僅需藉由觀察他人、模仿觀察到的行為即可完成工作任務，他把這個過程稱為替代學習（vicarious learning）。他和其後的諮商師應用社會學習理論到諮商中，發展出數種技術協助個案，包括：示範（modeling）、行為預演（behavioral rehearsal）和角色扮演（role play）。示範意指向個案展現一或數種特定技巧，讓個案可以模仿該典範行為。例如，諮商師向個案示範如何禮貌向他人問候，或如何剛正地處理同儕間的衝突。

當個案瞭解如何完成指定的任務或人際互動後，即可進行行為預演。行為預演即實際演練社交行為，並接受諮商師或其他諮商成員給的建設性回饋。角色扮演是諮商師（或其他諮商成員）和個案間自然流暢、充滿活力的互動，在模擬情境中嘗試新的行為。角色扮演最大的優點，就是當個案把新學到的技巧應用到諮商室外面迂迴曲折的真實世界時，可以先展現即興演出的能力。以社會學習理論為基礎的技術，在在顯示學習的機會無窮。

社會學習取向技術的多元文化考量

　　根據社會學習理論發展出來的技術已廣泛應用至各個文化，讓個案和諮商師思考文化和社會層面間必然產生的交錯互動。社會學習理論考量個案在文化脈絡內會碰到的社交困境，設定特定目標、規劃最能奏效的治療情境、運用個案與諮商師或他人間的社會互動達成目標。某些文化背景的個案（如：拉美裔、阿拉伯裔、亞裔男性）較偏好具有明確目標、行動取向的指導式策略，對情緒表達和宣洩能避則避（Hays & Erford, 2014）。

　　值得一提的是，諮商師應在個案的多元文化脈絡下，熟知何謂正常與異常的行為，以及個案如何定義和概念化他的主述問題（Hays & Erford, 2014）。以社會學習理論為基礎的行為取向，藉由聚焦在特定行為，以及讓個案透過社會互動解決問題，來調整與符合個案的文化偏向。社會學習理論取向的最後一個優點，就是當傳統的行為取向被批評為將問題視為個體本人的問題時，多元文化的個體會比較欣賞此種在社會文化脈絡下強調社會互動、提升技巧，中立又寬容的社會學習取向。

CHAPTER 30

示範

源起

　　示範（modeling）是個體藉由觀察他人從而學習的過程，是 Albert Bandura 社會學習理論的要素（Bandura, 2006），並成為最廣為應用、研究最為透徹、最讓人打從內心尊敬的訓練介入策略（Taylor, Russ-Eft, & Chan, 2005）。示範也稱為模仿、認同、觀察學習和替代學習。Miller 與 Dollard（1941）執行多項有關示範的初期研究發現，透過增強，受試者就能學會何者該模仿、何者不該模仿，也學會區分兩者的差異，知道該不該效法其他相似的人的行為。

　　示範有三種基本類型。公開示範（overt modeling）（或稱「現場示範」），意指一或多個人示範需學習的行為（Hackney & Cormier, 2012）。可當現場示範的人有：諮商師、教師或個案的同儕。有時可讓個案觀察多位榜樣，讓他們學習不同人的優點和風格。象徵示範（symbolic modeling）意指用錄影或錄音說明目標行為。透過象徵示範，諮商師可掌控演示行為的正確性。同樣地，若象徵示範對象合宜，即可建立重複使用的檔案。自我模仿（self-as-a-model）意指錄下個案表現的目標行為，個案即可直接觀看或運用正向的自我想像，回想成功表現行為的畫面。內隱示範（covert modeling）則是要求個案想像自己或他人已順利完成目標行為。

　　示範的效應有三（Bandura, 2006）。藉由觀察他人，個案可習得新的行為模式，此即觀察學習效應（observation learning effect）。示範亦可勉勵或鬆動個案克制表現已習得的行為，此即抑制效應（inhibitory

effects）（勉勵個案不要表現某行為）或去抑效應（disinhibitory effects）
（鬆動個案的克制表現）。示範行為亦可作為社會線索，提醒個案表現
某特定反應，此即反應催化效應（response facilitation effects）。

　　為了讓個案成功地模仿行為，另有四種缺一不可的相關次級歷程。
首先，個案要留意到示範行為（注意）。第二，個案要能回想起觀察到
的示範行為（記憶）。注意和記憶階段是習得行為的必要步驟。第三，
個案須以行動複製模仿的行為（再現）。第四，個案須有表現目標行為
的動力（無論是內在動機或外在增強）（動機）。Bandura（2006）稱
前面兩個階段為獲得階段，後兩個階段為表現階段。Bandura 的區分只
是要強調個案雖習得某行為，但並不表示他有動機表現該行為！

178　　　　另有數個因素會影響觀察學習的成敗。研究顯示，當個案覺得
示範者和自己越相似，示範會的效果越佳（Hallenbeck & Kauffman,
1995）。此外，個案較喜歡模仿也正在學習該技巧的人，而不是早已
精通此道的人。觀察者的特質也左右個案是否有意願模仿行為。性別、
年齡、動機、認知能力、先前的社會經驗等，都是影響示範成功與否的
因素。觀察學習的成效與增強息息相關。無論個案是否表現目標行為，
皆可直接增強個案的外在行為；或令個案觀察到替代增強，也就是示範
者的行為得到獎賞或懲罰。一般說來，模仿的行為因觀察到對方獲致酬
賞而增加，因觀察到對方受到懲罰而減少。

實施方式

　　在示範開始前，個案和諮商師須先選好替代的行為，以取代原先
不當的行為。諮商師也應教導個案示範的原理（Hackney & Cormier,
2012）。示範的情境應儘量不使個案感受到壓力，並將複雜的行為逐
一拆解成較小的步驟。表現目標行為時，示範者或諮商師要說明表現模
仿行為的步驟。演示完目標行為後，諮商師再帶領個案討論該行為。討
論期間，諮商師可以口頭嘉許個案。

　　示範完後，要給個案充分練習目標行為的機會。頻繁、短期的療

程會比間隔時間較長的療程有效。諮商師亦可指派家庭作業，請個案回去練習（Hackney & Cormier, 2012）。自發性的練習可協助個案將模仿行為應用到實際生活中。不過，諮商師須小心留意，不要一下子期待過高。教導新的行為常引發抗拒，特別是當個案不瞭解目標行為背後的理由時。

變化形式

認知示範（cognitive modeling）是用來協助個案摒棄負向、自我挫敗的想法和行為，以正向的自我對話取而代之（James & Gilliland, 2003）。認知示範有五個步驟。第一，若諮商師在場，則由諮商師示範該行為。接著，請個案表現諮商師方才講解的每一步驟。第三，個案再次表現行為，但這一次要由個案出聲教導自己。第四，個案第三次表現該行為，但只低聲地自我教導。最後，個案透過內隱的自我教導來表現該行為（如：經由想像或默念）。

示範亦是諸多諮商常用的技巧訓練策略之一（Hackney & Cormier, 2012）。進行技巧訓練時，諮商師和個案要決定學習何種技巧。接著把技巧依最簡單到最困難的步驟順序拆解。先從示範開始訓練，要求個案模仿，提供回饋給個案，再重複依序進行，直到技巧精熟為止。

範例

以下提供兩個示範案例，下一章的「行為預演」也會繼續提到這兩個案例。第一個說明示範技術的案例是妮可，17 歲，女高三生。這份逐字稿說明如何用示範技術教妮可學會第 15 章的「深呼吸」，緊接著會進行第 31 章的「行為預演」。此段逐字稿開始前，妮可和諮商師已達成協議，同意能夠協助她放鬆的有效方法為將短而急促的呼吸（會導致壓力和換氣過度）轉為悠長、深度和緩慢的呼吸。也就是選定了這個替代的方法。接下來，諮商師說明運用示範與行為預演的原理。最後，

諮商師開始解說深呼吸技巧，以及深呼吸能發揮功效的理由。

諮商師（諮）：當妳放慢呼吸，也會減緩整個中樞神經系統，就好像強尼在影片中的做法一樣，它能讓妳冷靜和放鬆下來。慢慢地，以妳最感自在的速度吸氣和吐氣……當妳吸氣時，不要屏住呼吸，而是繼續吸氣，直到空氣灌滿整個胸腔、進入到肺部為止。接著，請妳吐出這口氣。我會示範給妳看，再請妳練習。

妮可（妮）：好的。

諮：很好，我要教妳如何正確地呼吸，請妳看我怎麼吸氣和吐氣……（停下來吸氣）……好，現在，我要盡可能地把空氣吸到我的肺部裡，然後嘬起雙唇，慢慢地吐氣。（停下來吐氣）看到我怎麼做了嗎？我還可以把吐氣的時間拉長一些。重要的是妳的吐氣時間通常會比吸氣時間長。

妮：沒錯，我有注意到。

諮：總地來說，當我越放鬆，每分鐘的呼吸速率大約是兩次，有時甚至每分鐘只呼吸 1.5 次。也就是我真正吸氣的時間大概是 10 到 15 秒。

妮：嗯哼。

諮：還有，不可以屏住呼吸，而是立刻吐氣。我的吐氣時間通常是 15 到 25 秒，因此從吸氣到吐氣，整個呼吸過程約費時 30 或 40 秒。妳的肺活量可能沒那麼大，所以妳只要先放慢呼吸速度到妳自在舒服的範圍即可。

諮商師再次逐步引導，當妮可練習時，不吝讚許她的表現，也回答妮可提出的問題。

諮：妳需要我再示範一遍，還是妳可以自己嘗試了？

妮：我可以了。

諮：很好。請妳放慢呼吸，把呼吸次數降低到每分鐘八或六次，甚至是四次，感覺妳的身體逐漸進入到放鬆狀態……讓我們繼續。請妳再

次專心地放慢吸氣的速度，再慢慢地吐氣……

注意：這段逐字稿會延續到下一章，說明示範之後該如何進行行為預演。

第二份逐字稿說明如何用示範技術教導 10 歲的迪孝（男性）社交技巧，讓他被同學嘲笑或捉弄時，能學會自我控制。第 31 章的「行為預演」也會寫出緊接在示範技術練習過後的逐字稿。此段逐字稿開始前，迪孝描述他被一群想找他麻煩、幹架的傢伙嘲笑的挫敗感。今年迪孝因為打架，三番兩次被叫到校長室去，魯莽行事的壞名聲不脛而走，惹來更多是非，被老師處罰。

迪孝（迪）：我真的失控、氣炸了，就像火山爆發一樣，轟！那兩個傢伙真是可惡透了，故意來惹我害我。難道我不能保護自己嗎？我不能就這樣讓他們瞧不起，不是嗎？

諮商師（諮）：你理應受到尊重，迪孝，但你得學會控制情緒，遠離麻煩。他們那樣對待你是不公平，但你也因此惹了一身腥。

迪：對，一點也不公平。所以你會跟愛德華老師說明這一切吧？

諮：不全然如此。你瞧，迪孝，當你和別人打架的時候，就是破壞校規。愛德華老師的任務是讓你明白破壞校規的後果，對誰都一樣。

迪：是他們先開始的。

諮：沒錯，可是他們不是出手的人，你才是。所以你才會惹上麻煩，而不是他們。

迪：那我該怎麼做才好？如果被他們嘲笑，我還不能保護自己，我不知道還能做什麼！你說我該怎麼辦？

諮：嗯，我們都知道你目前採用的方法不可行。再繼續打架下去，只會讓你的麻煩越來越多，嘲弄你的人也會源源不絕。

迪：你說的對極了，真不公平。

諮商師用運動作比喻，和迪孝最愛的橄欖球隊有關。

諮：如果匹茲堡鋼人隊採用的戰術一成不變，會發生什麼事？

迪：他們不會那麼誇張。這麼一來大家不就知道他們下一步會做什麼了
　　嗎？

諮：正是如此。所以他們才會思考各種不同戰術，讓別的隊猜不透摸不
　　著。他們擁有各種達成目標的策略。

迪：對。

諮：你看出你和那些捉弄你的人的共同點了嗎？

迪：唔，噢，你的意思是我總是用同樣的方式反應……做同樣的蠢事，
　　讓自己惹上麻煩？

諮：沒錯。或許我們應該混搭各種戰術，想些異於以往的方法，一些不
　　一樣的選擇。打架不能解決事情。不是還有些選項可代替嗎？

　　　諮商師和迪孝腦力激盪了數個選項，列出一張清單：數到
　　10；深呼吸幾次好讓自己放鬆；用視覺心像放鬆；放鬆肌肉；
　　離開現場；找信任的人聊一聊；在日記上抒發自己的感受；學
　　習正向的自我肯定對話。

迪：哇，原來除了打架之外，還有其他八種事可以做。我都不知道我有
　　這麼多選擇。

　　　諮商師接著對迪孝示範如何表現這些技巧。

諮：我要示範給你看如何善用這些策略。假設那兩個傢伙又來捉弄你，
　　講些五四三的話試圖激怒你，引誘你動手。在這種情況下我會有哪
　　些做法。我會大聲說出來讓你聽到，當然實際發生時，你不用說
　　出口。聽到他們嘲笑我，我的心裡越來越火大，但我會想想清單
　　上的選項，深呼吸幾次，數到10。（諮商師看著迪孝，做幾次深
　　呼吸，用手指頭數到10。迪孝也跟著模仿。）他們還再繼續嘲弄
　　我，我只好轉身離開，找個朋友或老師聊聊，或找個地方獨自休息
　　一會兒，讓自己放鬆下來。（看著迪孝）這樣懂了嗎？

迪：有點懂了。我可以再多練習幾次嗎？

諮：當然可以。

示範過程結束。這份逐字稿會在下一章「行為預演」中繼續。

效果與評價

　　示範可用來教導個案許多技巧。一般說來，教導人際和社交技巧時，現場示範的效果最好；但處理認知問題時，象徵示範的效果較佳。影片示範和錄下自我示範的方式，能有效處理發展障礙和外在問題行為，如破壞或攻擊行為（Green et al., 2013）。自我模仿則能有效處理自我接納的議題、發展人際技巧、培養教學或諮商技巧。治療自閉症光譜兒童的外顯問題行為時，自我示範的影片顯示具有正向的效果（Buggey, 2005）。

　　示範亦可用來協助青少年處理同儕壓力，協助家庭成員學習新的溝通模式，或其他個案不知道有何適當的替代反應的情境（Hackney & Cormier, 2012）。示範曾用來教導自閉兒童說話、住院病人因應技巧、社交困擾兒童新的行為、藥物濫用和酒癮患者人際技巧、智能障礙人士生活技巧、治療畏懼症等（Corey, 2015）。示範亦可用在訓練課程上，如：督導、溝通、銷售、顧客服務技巧，還可擴展應用至跨文化技巧訓練（Taylor, Russ-Eft, & Chan, 2005）。

　　Elias（1983）調查觀看社交問題解決影片對人際關係欠佳男孩的效果。在五週的研究方案期間，Elias 看到參與影片討論的兒童社交孤立的情況減少，受歡迎的程度增加。他們也注意到研究參與者的自我控制力增強、延遲滿足的能力提升、情緒疏離的情形減少、整體人格問題也下降。這些研究結果顯示象徵示範，即觀看問題解決的影片，能有效改善兒童的社交技巧。

　　Flowers（1991）研究示範對提升自信心的效果。他們測量學生回答枝微末節問題的意願。發現低自尊的學生觀看其他同為低自尊學生提升自信的作為，其自信心亦跟著提升的效果，相較於控制組和觀看高自尊學生的表現組為佳。這個研究證實示範對象和個體本身相似，才能發揮最大效果。Hallenbeck 與 Kauffman（1995）的研究顯示患有情緒和

181

行為問題的學生，向適應良好的同儕學習，得到的效果並不佳，因為他們並不覺得自己和那群學生的際遇相似。這些研究指明患有情緒或行為困擾的學生，較願意向曾有類似疾病、但已成功克服不良行為的榜樣看齊。

CHAPTER 31

行為預演

源起

行為預演（behaviroal rehearsal）是諸多源於行為治療的技術之一（Thorpe & Olson, 1997），但經過諮商師的改良後，轉為社會學習取向。行為預演一開始被稱為「行為心理劇」（behavioristic psychodrama），結合「Salter 的制約反射行為治療（conditioned reflex therapy）、Moreno 的心理劇和 Kelly 的固定角色治療（fixed role therapy）」（p. 44）。諮商師常透過行為預演協助個案全面覺察自我。它是一種角色扮演，藉此讓個案學習用新的行為回應某些諮商室外特定的人物或情境。行為預演的要素有：示範行為、接受諮商師的回饋、勤練不懈。

實施方式

行為預演意指個案和諮商師角色扮演日常生活出現的事件，以減輕個案自我表達時的焦慮（Thorpe & Olson, 1997）。個案扮演自己，諮商師則扮演會引發個案焦慮的人。諮商師引導個案向會引發焦慮的人或情境訴說感覺。個案須採用強力的聲調重申自己的感受，或表現適當的行為，接著由諮商師給予回饋。個案要繼續演練，直到諮商師認為個案的聲明或行為能達成有效溝通的目標為止（Wolpe, 1990）。Naugle 與 Maher（2008）建議諮商師實施行為預演時，可遵循以下步驟：(1) 演練欲模仿的行為（行為預演；請見本章）；(2) 提供增強物以強化個案

的動機（請見第八部分）；(3) 給予個案周全、具體的回饋，方有助於他們熟能生巧；(4) 運用正增強策略塑造和磨練技巧行為〔如：連續漸進法（successive approximation）〕。

為使行為預演發揮效果，Bootzin（1975）建議個案練習下列六條規則：(1) 說出感覺；(2) 用肢體語言表達感覺；(3) 不同意他人的看法時，要出言反駁；(4) 用第一人稱說話，即多用「我」這個字；(5) 接受諮商師的讚美；(6)「臨機應變，活在當下」（p. 105）。

變化形式

Naugle 與 Maher（2008）認為「現場預演法」（*in vivo* rehearsal）能強化個案在自然情境下的表現效果。但他們也提醒諮商師要對個案表現的適當行為提出具體的建言和回饋。獲得初步的成效之後，諮商師再指派行為練習家庭作業，慢慢地加深練習的難度和在諮商室外練習的次數。

Seligman 與 Reichenberg（2013）建議諮商師和個案進行行為預演時，不僅要在諮商室裡練習，也要擴展到諮商室外。Seligman 與 Reichenberg 也建議諮商師可錄下個案的行為預演，或鼓勵個案站在鏡子前面練習，要求個案學習自我監控、給自己回饋。

Smokowski（2003）利用錄影設備和電腦模擬的方式記錄個案的行為預演。Smokowski 也會在團體中錄影，以此作為變化形式。他建議可用攝影機代表某位欲學習適當行為的成員，並邀請其他團體成員飾演情境中的人物。當適當的反應出現時，即可停止錄影，接著讓成員互相討論。由於行為預演的前半段已被攝錄下來，成員即可據此練習各種不同的反應。Smokowski 也建議可邀請某位成員扮演他難以應付的角色。透過扮演對手的角色，成員益發堅定個人的立場。

範例

　　以下兩份逐字稿都是延續第 30 章。緊接著示範技術的通常是行為預演以及角色扮演（請見第 32 章）。以下的逐字稿摘錄行為預演深呼吸的引導語，接續第 30 章諮商師與妮可的對話。

諮商師（諮）：很好，請妳放慢呼吸，每分鐘大概八到六次，甚至四次就好，這樣妳的身體才能進入放鬆狀態……繼續深呼吸，把注意力集中在呼吸上，慢慢地吸氣、慢慢地吐氣……。（妮可吸氣）非常好，妳吸進去的空氣會灌滿鼻腔和肺部，現在，請吐氣。（妮可吐氣。）妳的雙唇要噘起來，讓我幾乎感覺不到妳在吐氣。非常好。現在，請吐氣。

妮可（妮）：（停下來吸氣和吐氣）……覺得有點頭昏眼花。

諮：沒錯，開始的時候會有點頭昏眼花。請妳放慢速度，把呼吸從一般正常的速度，降為更緩慢、放鬆的速度。偶爾會有頭昏眼花的現象，但通常經過四到五次的深呼吸之後，頭暈的情況就會慢慢消退了。

妮：好。（繼續深呼吸幾次）……你說對了，我不再頭昏眼花了。

諮：請繼續。妳的心告訴身體要調適，讓放鬆反應開始運轉，放慢整個神經系統。妳還會感到焦慮，或有其他的感覺嗎？

妮：（繼續呼吸）……沒有，事實上，我開始覺得（妮可打了一個呵欠）有點想睡覺。

諮：那是因為妳的身體正在放鬆。當妳放鬆的時候，偶爾會湧上一股睡意，這就是為什麼有些人練習深呼吸和漸進式肌肉放鬆訓練時會睡著，這種方式有助於入眠，讓他們的頭腦進入深層、放鬆的睡眠。

妮：我懂！（妮可繼續練習深呼吸數次，聽取諮商師的回饋，自己再深呼吸三分鐘）

諮：好了，妳已經能練習到每分鐘深呼吸四次了。這樣的呼吸還舒服

嗎？

妮：哇，我都不知道只有四次！真的嗎？沒錯，是還滿舒服的。

諮：妳的學習能力真強，深呼吸對妳來說已經是輕而易舉了。

妮：嗯，你說的對。（笑）

諮：好，接下來妳要做的是……

妮：還有家庭作業嗎？

諮：對，每天練習深呼吸五次，每次至少三分鐘——最好是五到十分鐘。妳要進行悠長、深度、緩慢的呼氣和吐氣，至少三分鐘以上……每天起床的第一件事，就是練習深呼吸。吃早餐前也可練習，午餐前、晚餐前甚至睡前也能練習更好……

　　下一段逐字稿接續第 30 章諮商師與迪孝的示範練習。迪孝要學習改善他的自我控制能力，不要再和別人發生肢體衝突。

迪孝（迪）：可以把我們剛才談的選項寫下來，好讓我記住嗎？

諮商師（諮）：當然可以。如果還有想到別的，一樣可以把它列在這張表單裡。

　　諮商師列出清單：數到 10、深呼吸數次好讓自己放鬆、用視覺心像放鬆、放鬆肌肉、離開現場、和信任的人聊一聊、在日記上抒發自己的感受、學習正向的自我肯定對話。想像那群傢伙又在嘲弄他後，迪孝開始進行行為預演。先從深呼吸開始。

迪：（深呼吸、轉身，遠離那群找麻煩的傢伙，走向諮商師）Erford 博士，我可以跟你聊聊被捉弄的事情嗎？

諮：太棒了，迪孝，我看到你做了深呼吸，走離現場，花了大約 10 秒鐘的時間慢慢地走向我，可以想像你的心裡正在數到 10，然後找你信任的人聊。做得很好。

迪：非常謝謝你！我可以再試一次嗎？

　　這一次迪孝做了幾次深呼吸，轉身離開，走向房間一角，坐下

來閉上眼睛。諮商師提供幾個具體明確的回饋，兩人又練習了數次，直到迪孝熟稔整個過程。此時，諮商師和迪孝進行角色扮演，呈現各種迪孝可能會面臨的狀況，好讓他熟練並依情況調整應變策略。他的家庭作業是持續練習行為預演，逐漸上手之後，再試著應用到現實生活中，並回來向諮商師報告練習結果。

效果與評價

Turner、Calhoun 與 Adams（1992）指出行為預演能有效協助個案處理憤怒、挫折、焦慮、恐懼、恐慌發作和憂鬱等負面情緒。諮商師常運用行為預演和個案一起練習難以與他人溝通互動的特殊情境或意料之內的場景。行為預演亦有宣洩、轉變態度，或學習某一目標行為的效果（Hackney & Cormier, 2012）。

Walsh（2002）發現行為預演可有效處遇社交焦慮的個案。首先讓個案學習新的思考或行動方式，在諮商中練習新的反應。接著，個案要在諮商室外的自然情境練習新的行為。先在安全的環境下練習，等到要在現實生活中付諸實行時，個案才有足夠的信心去面對。希望個案熟悉新的思考和行為方式後，終能克服害羞或不當的行為習慣。Turner 等學者（1992）發現行為預演可有效運用在患有約會焦慮的異性戀男性身上，減輕他們的焦慮、增加自信和往後約會的次數。行為預演亦可協助個案明白哪些事可做或從何做起。諮商師藉此糾正不當行為，要求個案代之以適當和利社會的行為。透過行為預演也可協助個人瞭解犯錯無妨，人人皆可從錯誤中學習，修正不當的行為（Alvord & Grados, 2005）。

雖然極少實徵研究專門探討行為預演，但諮商師已因各種理由將該技術廣為運用至各個場合。行為預演不會對個案造成傷害，沒什麼巨大的風險。行為預演省時省錢，老少咸宜，連認知、社交或情緒障礙

185

者亦適用（Naugle & Maher, 2008）。行為預演相當簡單，成效立竿見影，甚至僅須數個療程。不過，Naugle 與 Maher 也提醒諮商師運用行為預演於下列個案時須小心謹慎：(1) 無法對個人行為負責者；(2) 害怕結果、杞人憂天者；(3) 不想練習者；(4) 不想做家庭作業、在諮商室外練習者；(5) 日常生活出現危機者；(6)「情緒過於激動或智能不足」者（p. 241）。

Kantor 與 Shomer（1997）的研究探討壓力管理方案對參與者生活型態的影響。行為預演即是其中一種教導參與者因應的策略。經過評估後，這個方案在某些層面出現效果，在因應策略間的差異效果並不顯著。該研究顯示參與者沒有持續不斷地練習。這個研究也提醒諮商師要求個案反覆練習行為預演、經常接受具體回饋的必要性。

CHAPTER 32

角色扮演

源起

　　無論諮商師的理論取向為何，角色扮演（role play）皆可用來增加個案的自我瞭解或改變（James & Gilliland, 2003）。進行角色扮演時，個案處在一個安全無虞、沒有危機的環境，表現某一設定好的行為。角色扮演同樣也是結合「Salter 的制約反射行為治療、Moreno 的心理劇和 Kelly 的固定角色治療」（Hackney & Cormier, 2012, p. 211）。Moreno 的心理劇涵蓋三個面向：(1) 暖身；(2) 演出；(3) 重新演出。Hackney 與 Cormier 則指出角色扮演有四個面向。多數的角色扮演是由個案重現自己的行為、他人的行為、一套場景或自己的反應，然後接受諮商師或其他團體成員的回饋。角色扮演活生生地發生在當下，而非過去或未來。通常先重現較簡單的場景，再漸次呈現較複雜的情況。

實施方式

　　實施角色扮演前，諮商師應先瞭解它的四項要素與三個階段。第一個要素是「交會」（encounter），意指瞭解對方的觀點。這是角色扮演極為重要的部分，因為個案有時須轉換角色，扮演對方。第二項要素是布置和真實情境相近的舞台與道具（M. E. Young, 2013）。獨白（soliloquy）是第三項要素，也是諮商師應知曉的專有名詞，意指要求個案說出內心的想法和有關的感受。透過獨白，諮商師可深入瞭解個案的非理性信念。最後一項要素──成對演出（doubling），意指當個案

演出時，諮商師或其他團體成員站在個案背後，接著由諮商師說出個案隱而未說的想法或感受，以增加個案的自我覺察。

角色扮演包含暖身、行動、分享與分析三個階段。究竟應分成三個階段或四個階段，至今仍有爭議。暖身階段的目標是鼓勵個案融入場景，蘊釀即將演出的情緒。暖身活動可為心理活動或肢體活動。在行動階段，諮商師協助個案盡可能詳細地布置場景。諮商師亦可引導個案在想像和現實間逡巡來回。在分享與分析階段，諮商師和團體成員（若角色扮演是在團體中進行）一起分享過程中的體驗。分析通常用於追蹤療程，因為角色扮演後個案的情緒通常相當高漲。個案可在分析階段梳理所有的訊息、接受回饋（M. E. Young, 2013）。

187　　實施角色扮演時，M. E. Young（2013）提供諮商師可遵循的七個步驟如下：

1. **暖身**：諮商師向個案解說該技術，請個案詳述行為、態度或想獲致的改變結果。諮商師應鼓勵個案說出進行角色扮演時，是否有任何抗拒或不滿。

2. **布置場景**：諮商師協助個案布置場景。必要的話，也可重新陳設家具。

3. **選擇角色**：個案說明場景中的重要人物。

4. **演出**：個案演出目標行為。若有困難的話，諮商師可示範該行為。應先讓個案從較容易的場景開始，再慢慢朝向較困難的場面。在這個步驟，諮商師可打斷個案，告訴個案他的做法如何引發困擾。

5. **分享與回饋**：諮商師給個案具體、簡潔、觀察到的和易懂的回饋。

6. **重新演出**：個案在諮商室內外反覆練習目標行為，直到他自己和諮商師都認為目標已達成為止。

7. **追蹤**：個案告訴諮商師練習的結果和過程。

變化形式

　　行為預演是角色扮演最常見的變化形式之一。若個案表現出目標行為，即可得到諮商師的增強或獎勵，接下來進步到由個案自我獎勵（M. E. Young, 2013）。欲瞭解更多變化形式的詳情，請閱讀本書「行為預演」一章（請見第 31 章）。

　　另一個實施角色扮演的五步驟為：(1) 界定欲學習的行為；(2) 確定特定事件發生的脈絡或情境；(3) 先從小規模的場景開始，再循序處理較複雜的問題；(4) 在諮商中，先從最沒有風險的情境開始角色扮演，再逐步施行較高風險的情況；(5) 把角色扮演的練習學以致用到現實生活中。一樣先從最沒有風險的情境開始，再依序處理較高風險的情況。將角色扮演的情形錄影下來，在往後分析個案扮演某一角色的優點和困境時，即能派上用場。

　　M. E. Young（2013）說明角色扮演的另一變化形式：團體治療的鏡映技術（mirror technique）。在這種變化形式中，重新演出的成員要在關鍵行為發生的當下坐下來。另一個團體成員取代該成員的位置，以誇張的表現手法重演該行為或原演出者的反應。原演出者可以在旁觀看，評估自己的反應。接下來可討論他的新反應，再由原演出者練習表現之。

　　有一種變化形式常為完形治療師所採用，即以雙椅代表場景中的兩個人。椅子亦可象徵各種不同的事物，包括：個案和另一位涉入此議題的人、個人內在的兩個部分（如：理性和渴望）、衝突的情緒等等（Seligman & Reichenberg, 2013）。個案坐在每張椅子上，說出每張椅子上的角色持有的觀點。也只有在這個時候，當時隱而未現的感覺或想法才能如實表露。

　　和兒童工作時，可採用角色扮演的另一變化形式。轉換角色時，讓兒童穿上不同的服裝，或可協助兒童瞭解他現在演的角色不是自己（Vernon & Clemente, 2004）。

　　訓練新手諮商師時，Shepard（1992）描述另一種角色扮演的變化形式。在課堂上，常見任課教師要求受訓諮商師透過相互角色扮演的方式，學習和體驗各種不同的技術。Shepard 以劇本創作的方式教導學生角色扮演。首先，請學生創作一個角色人物，描述該角色的性格特徵，如：姓名、年紀、種族、職業、關係狀態和家庭狀況。背景故事則包括個人史和影響該角色生活的關鍵事件。該角色的理想、夢想、目標、危機、意識與潛意識的願望、社會影響力等也要加以想像考慮。背景故事的要點之一是決定該角色的原生家庭成長經驗、職場和人際壓力，還有尋求諮商的主述問題。主述問題須合理且至少符合情感、認知、生理或行為等表現症狀之一。舉完例之後，學生就依此模式創造角色人物。整個學期中，Shepard 會依學生的角色人物生活設計情節轉折（主要事件）。

範例

　　本範例的場景是高中生的團體諮商，希望能藉此增加同儕和家人間的情緒表達與社會互動。緹娜是本次團體的主角。她的議題是在關係中採取被動的姿態，經常忽略自己的需求以維持友誼、和諧或迎合他人的喜好。

諮商師（諮）：好，我們都跟每個人打過招呼，瞭解大家的近況了。除了妳，緹娜，妳看起來似乎心事重重的樣子。

緹娜（緹）：是的，沒錯。嗯，我有跟大家提過了嗎？我的意思是如果你們想聽的話。

諮：（環顧團體，看到大家點頭同意）緹娜，我們想聽妳說。

緹：唔，或許你們會覺得微不足道，但對我來說卻是件大事。我的腦袋卡住了，不知道該怎麼辦。（她看著成員的臉，在繼續往下講前先檢視大家的表情。）好吧，你們當中有些人知道我要講的是誰，我只是想確定大家會保守秘密。

諮：很高興妳提起這個問題，我們也同意應該不時提醒大家保護這個團
　　體的隱私……不要向外人提起團體內發生的事，也不在團體外談論
　　這裡的事，沒錯吧？（成員再次點頭，好讓緹娜放心）

傑洛米（傑）：緹娜，不用擔心，我們都站在妳這一邊。

緹：我知道，我只是必須再跟大家確認一次。好的，嗯。（深呼吸一口
　　氣。）我聽到我最要好的朋友，那個在一起四年的朋友，竟然在我
　　背後跟其他朋友說我的壞話。一開始我並不相信，但後來才注意到
　　她在我面前耍花樣，無視我正在說話或強行打斷我的話。我發誓我
　　昨天還看到她對我翻白眼。我感覺她今天一直躲我，因為我幾乎遇
　　不到她。通常我們會在兩堂課中間的走廊碰面。

傑：天哪，幸好我不是女生。男生才不會玩這種把戲。緹娜，我挺妳，
　　妳是個堅強的女性，我很關心妳。

蘇珊娜（蘇）：我有同感，緹娜。好朋友對妳生氣，是世界上最難受的
　　事。妳的腦袋一定一團亂，好像一切並不是真的。

緹：沒錯，就是這樣。

諮：那麼，請妳告訴我，這件事對妳這個禮拜的心情有何影響？

緹：我變得疑神疑鬼，對每件小事都在意的不得了。我想破頭也不知道 189
　　到底哪裡惹她生氣或對我厭煩。我發誓我想不起任何一點小事。我
　　還對她特別好，無論她要我做什麼，就算是我不喜歡的事，我依然
　　照她的意思去做，或許這樣她就會跟我重修舊好。我真的希望所有
　　的一切恢復正常。最最重要的，是我想知道這是真的感受，還是我
　　多心了。

潔西（潔）：幹嘛不直接問她呢？

奈特（奈）：對呀，就把話攤開來說。走到她面前問她：「妳氣我或討
　　厭我了嗎？妳最近怎麼了？」

諮：妳曾想過要跟她談談嗎？

緹：有想過。我知道我必須跟她講清楚，這是唯一能讓事情獲得解決的
　　方法。可是我不擅長處理這種場面。

諮：妳的意思是，妳以前曾試過，但效果並不好？

緹：是呀。不管我說什麼，好像都不對，也不知道對方會如何回應，就好像……我就是……我不是很能面對這種場合。（停頓一會兒）可是我知道必須採取行動。我一直在想，或許奇蹟出現，所有的問題全都消失不見，但很明顯地並沒有，所以在我失去理智前，我必須跟她談談。我只是很害怕……我不知道要怎麼開口。

諮：妳願意今天在這裡試試看嗎？

緹：你的意思是？

諮：嗯，嘗試解決妳無法表達自己，或雖然妳曾試過，但依然渾身不自在的情境。我認為用角色扮演的方式呈現妳們的對話，也就是在這裡演出，或許會有幫助。我想其他成員也可從中學習。妳意下如何？

緹：唔，我覺得有點蠢，但若是能幫上忙的話……

諮：好的，在開始之前，有沒有什麼是我們要先瞭解的來龍去脈？

緹：咦，好比什麼？

諮：可以請妳重述這次對話的目標嗎？

緹：我想知道她是否氣我，以及為什麼氣我。

諮：好，還有呢？

緹：對了，我還想告訴她我這整個禮拜的感受。

諮：好，把這些目標放在心裡，也就是想確認她的感覺，還有表達妳的情緒。讓我們一起來想想，妳希望這些對話在哪裡進行。

緹：喔，你的意思是要先弄清楚地點和時間？

諮：嗯哼。

緹：嗯，明天放學後有投籃練習，練習完後我們兩個通常會一起出去逛逛。那是最好的時機。

諮：妳想約在籃球場嗎？

緹：對，我們都在那裡練習投籃。

諮：好，在這個房間裡，我們還需要做些什麼，彷彿與妳們明天的對話相去不遠？

緹：（環顧一圈，想了一會兒）不用，真的不用。我們會站著，應該是

站著沒錯，但大家不用真的站著。我可以想像籃球場的景象，但四周沒有任何一個人，我就只是站在那兒。

諮：好的。我們知道妳跟妳的好朋友之間出了問題，妳覺得很困擾。我們也瞭解妳希望彼此能坦誠相見，把話說清楚。但說得容易，做起來可不簡單。我們也聽到妳說妳想知道她的感受，妳也想藉由這場對話讓她明白妳的心情。我們都清楚這場對話的時間和地點。現在，開始進行之前要確認的最後一件事，就是從團體成員中挑選一個人扮演妳的好朋友。

　　當此時，諮商師已透過暖身、確認想改變的行為、選擇場景和場合等階段引導個案。只要選好角色，演出即可開始。

190

緹：（環顧團體，擠出一點笑容）我選肯婭。

諮：肯婭？好，很好。（看向肯婭）妳願意扮演緹娜的好朋友嗎？

肯婭（肯）：沒問題，我可以！

諮：謝謝妳，肯婭。妳有沒有什麼問題想問緹娜的？

肯：噢，我想請她多告訴我一些關於好朋友的事，這樣才能演得到位。

諮：好問題。緹娜？

緹：嗯，很難形容她平常的樣子，因為這個禮拜所有的事情都變得很奇怪。讓我想想看……她的嗓門很大，非常開朗、風趣，每個人都喜歡圍在她身邊，她具有領袖氣質。她總能想到一些很酷的點子，只要是社交活動或聚會之類的事情，她都能幫大家搞定。但她的戒心很重……有時候反應也怪怪的……我猜她瞧不起別人吧。對，就是這麼一回事。這樣的資訊夠嗎？

肯：可以，謝謝妳。

緹：喔，還有，（對著肯婭說）她對我很不客氣……意思是……我也有點不滿。假如她真的氣我，我多少也有心理準備。

諮：好。（起身走向緹娜和肯婭，兩人也一起站起來）我要請大家把椅子往後挪一些，把空間騰出來。（停下來等椅子挪動好）謝謝各位。緹娜，如果妳不介意的話，我會站在妳右後方，像這樣。角色

　　扮演期間，妳可能會有卡住或不瞭解問題的癥結點在哪的時候……我就會做一個動作，稱為「成對演出」。意思是我會代表妳說話，說出我認為妳沒有說出口的事……來推妳一把。可以嗎？

緹：當然，非常好。

諮：很好。若妳同意，當我那麼做的時候，我會把手放在妳的肩膀上。（緹娜點頭，因為有領導者的後援，看似鬆了一口氣。）妳可以採納我的說法，當成妳自己的話來說，也可以大聲重複地對自己說；或換句話說，好更符合妳的心情，然後再大聲地說出來。這樣有聽懂嗎？

緹：有，懂了。

諮：很好。現在，請在這裡想像明天的場景，這一星期下來，好不容易挨到這一天。事情沒有好轉，籃球練習也告一段落，大家都離開了，只剩妳們兩位還在練習投籃。

　　　記住，諮商師要負責引導個案從現實進入到虛擬情境。

緹：對，沒錯。

諮：只有妳跟妳的好朋友在……她叫什麼名字？

緹：史黛西。

諮：嗯，現在只剩妳和史黛西在投籃。妳必須要跟她好好談談……等妳準備好了就開始。

緹：好的……好難……我辦得到……

諮：妳辦得到……我們都支持妳。

緹：嗯。史黛西，我想跟妳談談。

肯婭扮演史黛西（史）：喔，好呀，怎麼了？

緹：最近似乎……這個禮拜妳好像不太一樣。

史：什麼意思？（依然在投籃）

緹：唔，嗯，我是說妳跟以前不一樣。

史：我還是一樣啊。妳想講什麼？（語調警戒，沒有停下投籃的動作）

緹：我只是覺得妳對我的態度變了，我猜想……

史：妳到底想說什麼？（對於被打擾顯得很惱怒）

緹：（轉向領導者）我辦不到。

諮：（把手搭在緹娜的肩膀上，進行「成對演出」）這對我來說很重要，我想談談我的感受。我覺得妳這禮拜對我都視而不見。

緹：對。這對我來說很重要，我覺得妳這禮拜對我都視而不見。

史：有的話妳要怎樣？

緹：我在想是否我哪裡做錯了？

史：也許吧，我不知道。沒有啦，我也不知道。妳幹嘛火氣那麼大？

緹：我不懂，我想我不該生氣吧。（低頭看著地板，對提出這個話題感到尷尬，也對自己有這種感受覺得丟臉。雙方陷入冗長的沉默）

諮：（成對演出）因為妳一向是我最要好的朋友，一想到我們的友情可能會生變，我就很擔心。感覺妳好像對我很生氣，讓我這個禮拜很難受。

緹：我在乎我們的友情，我不希望失去妳。這個禮拜真的很難熬，妳那樣對待我，我真的很受傷。

史：（改變舉止，不再那麼無禮，把緹娜的話當一回事了）好吧，我們就來談談吧。（思考中）我並不想傷害妳，真的，我無意傷害妳。只是有時候妳非要跟在我身邊，太緊迫盯人了，我也會覺得很煩。我想我早該告訴妳，而不是用這種方式對待妳。我並不想傷害妳，可是看我做了什麼……真的很抱歉。

緹：真的嗎？我的意思是，妳仍然是我的好朋友嗎？妳只是希望有時我該多給妳一點空間？

史：是呀。

緹：我做得到，完全沒問題，只要妳不對我生氣就好。（緹娜鬆了一口氣，雙方又陷入沉默）

諮：好，緹娜，這樣可以結束了嗎？

緹：（如釋重負般的吐了一口氣）嗯……可以……我覺得很好，我想明天我可以做得到。

諮：很好！太好了，我們回到座位上，聽聽其他成員的反應、想法或任

何回饋。當然還有緹娜妳的感受。

　　諮商師鼓勵成員討論和給予回饋，也請緹娜說說自己的感想和心情。

效果與評價

　　現實治療（Wubbolding & Brickell, 2004）、理情行為（James & Gilliland, 2003）、認知、完形（Seligman & Reichenberg, 2013）和社會學習（M. E. Young, 2013）等學派的諮商師都常用角色扮演技術，以改變個案對自我的某些觀點。角色扮演用在個體、團體和家庭都有效（Hackney & Cormier, 2012）。角色扮演某種家庭類型，有助於瞭解類似的家庭結構會產生的問題（Browning, Collins, & Nelson, 2008）。它也能培養和擴展學生對家庭情緒、兩難、動力和差異的認識。透過角色扮演，個案可從中學習新的技巧、探究不同的行為、觀察這些行為如何影響他人。如果個案難以設定諮商目標，諮商師亦可請個案角色扮演，釐清個案為什麼想不出諮商目標。

　　進行諮商師教育訓練時，角色扮演能協助諮商師獲得多元文化諮商經驗（Rapisarda, Jencius, & McGlothlin, 2011）。角色扮演能改善整體諮商技巧發展（Osborn & Costas, 2013; Paladino, Barrio Minton, & Kern, 2011）。

　　角色扮演亦可用在協助教師做好親師座談會的準備（Johns, 1992），對焦慮的新手教師特別有用。方法是給教師一張狀況清單，然後扮演教師或父母這一方皆可。每種狀況各處理一種教師難以應付的家長類型。藉由角色扮演的練習，協助教師面對家長時放鬆心情。

　　角色扮演也可用來處理青少年的問題。學生可藉此多瞭解自己和他人持有的信念與價值觀（Kottman, 1999）。根據 Papadopoulou（2012）的研究，角色扮演可提高兒童的認知、情緒、社會和語言發展。角色扮演協助人們培養能成功適應文化的關鍵能力。角色扮演是讓

兒童表達當前的理解能力、存在恐懼、漸升的憂慮的方法。角色扮演
亦可增進兒童的社交技巧、提升思考層次、強化傾聽技巧與堅定自信
（Thompson & Bundy, 1996）。角色扮演對青少年特別有用，因為它讓
學生積極主動的參與。

　　角色扮演也可用來教導小學生同理心。首先介紹道德兩難情境，讓
學生開始思考與自身不同的觀點。Upright（2002）曾描述教師如何在
班級運用角色扮演的過程，其九個步驟如下：

1. 教師須觀察和評估學生的道德發展層次。
2. 選擇適合的故事；故事裡須明顯存在一個問題。
3. 教師向兒童說明故事的背景，確定他們瞭解故事裡的用詞和術
　 語。
4. 教師朗讀故事，呈現道德兩難情境。可以請學生扮演故事裡的各
　 個不同角色。
5. 教師詢問學生問題，確定他們理解問題情境，包含衝突分歧的局
　 面。
6. 學生分組討論道德兩難情境，扮演故事的各個不同角色面向。
7. 必要的話，教師可增添或許會更動學生意見的故事細節。
8. 為鼓勵學生思考道德兩難情境，教師可更改故事的結局。
9. 錄下學生的反應，藉此檢視整學年下來學生的「同理心和做決定
　 能力的進步情形」（p. 19）。

　　若要提升角色扮演的效果，很重要的是須讓個案覺得在諮商師面前
表露情感無妨，諮商師也要和個案坦誠以對。諮商師須時時自我提醒，
也叮嚀個案改變絕非一時半刻（Wubbolding & Brickell, 2004）。有些
理論學者也認為角色扮演若能與認知重建搭配使用，效果更是事半功倍
（Corey, 2015）。

　　雖然角色扮演是個有效的技術，但仍有些問題存在。有時個案把場
面形容得很嚇人，不敢重現場景。諮商師須給個案掌控角色扮演方向的
空間。有些時候，強烈的情緒表達會令個案和諮商師望之卻步（M. E.

Young, 2013）。Ivey 與 Ivey（2007）指出，除非個案清楚瞭解問題所在，否則不適合採用角色扮演。此外，做完角色扮演後，須評估個案的表現，好提升個案的效能。

第八部分

行為取向─正增強技術

這一部分要先簡介行為改變和依據正增強、負增強與懲罰原理的一般古典行為取向技術。本書沒有介紹依據負增強原理而發展的特定技術，但會介紹許多正增強策略以協助個案多多表現良好的目標行為。這些技術包括：普力馬原則（Premack principle）、行為計畫表、代幣制和行為契約。其他數種依據懲罰原理的技術請見本書第九部分。

行為改變技術原理簡介

行為改變技術（behavior modification）是應用 B. F. Skinner 的操作制約理論。操作制約的最高宗旨為：學習取決於行為和隨之而來的增強類型。得到獎勵的行為，出現的頻率會提高；沒有得到獎賞的行為，出現的頻率會降低；被處罰的行為出現的頻率也會降低。操作制約可以劃分為兩個方向相反的連續向度：操作（即：施加或移除環境中的刺激）與效果（即：目標是增加或減少行為表現）。劃分方式請見圖一，分成四種行為改變策略：正增強、負增強、施加刺激的懲罰與移除增強物的懲罰。

正增強與負增強

以下三個重要的詞彙有助於記住應用操作制約理論而分類的行為改變策略：正增強、負增強和懲罰（請見本書第九部分對「懲罰」的探討）。正增強是能激勵或增加個體再度表現行為的東西。正增強常見的

同義詞為「獎賞」。正增強物的例子有：喜歡的食物或餅乾、想參加的活動、貼紙、錢、注意力、社會讚許或其他特殊待遇——任何能讓個體願意付出心力贏得的東西皆算在內（見圖A）。

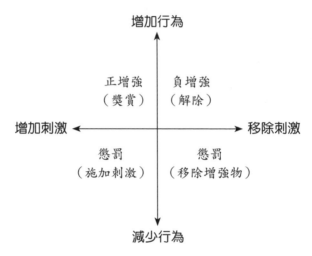

圖A　操作制約的操作與效果的連續向度，以及衍生的行為改變策略類別

　　剛開始運用正增強時，必須先瞭解兩個重點。第一，以「希望增加的適當行為」的說法表明目標行為。個案、學生、家長和教師通常都能毫無困難地告訴諮商師他們希望個案要停止的行為（如：不可以離開座位、大喊大叫、罵人、頂嘴、爭辯不休、拒做家庭作業等），但他們有時卻無法好好說明希望個案開始行動或增加的正向行為。發生這種情形時，可以問個案或相關人士（如：家長、教師、配偶、當事者本人）：「你希望個案能多做什麼事呢？」如此一來方能協助個案或相關人士勾勒和界定欲加強的正向目標行為。例如：把「不要離開座位」解釋成「坐在座位上，直到我說可以站起來才行」；把「不要大喊大叫」說成「舉手，等老師指名後才可以講話」；把「不要罵人」改為「用適當的言詞表達自己的意見」；把「不要頂嘴」敘述成「有禮貌的跟大人和同學說話」；把「不要爭辯不休」闡述成「以合宜或客氣的方式對話」；把「拒做家庭作業」描述成「按時完成95%的家庭作業」。（注意：

上述例子中，需進一步界定與釐清適當與不當的詞義。）

　　第二，行為發生後，必須立即給予獎勵。如果個案在表現行為前，或行為沒有達到先前雙方同意的表現水準，還是給予獎勵的話，要使行為和獎賞產生連結的可能性微乎其微。必須讓個案學到適當的行為才有獎勵，否則獎勵制度不過是有名無實。同樣地，當個案表現適當行為後，也別讓個案等太久才得到獎賞。個案須學到行為和獎勵間的關聯，以鞏固行為表現。延後獎勵會沖淡兩者的關聯。獎勵是表現適當行為的動力。行為出現後即給予獎賞，不但可以產生新的學習，還可強化先前學到的關聯，推動行為繼續出現。

　　負增強意指為了增加個體適當的行為，而減少或消除令其不快的刺激。負增強的同義詞是「解除」（relief）。負增強常和懲罰搞混，因為有許多負增強物也被個案視為懲罰。不過，兩者間還是有相當大的差異：負增強的目的是為了增加適當行為，而懲罰的目的則是減少不當行為。這項差異是辨明這兩個概念的關鍵。負增強的觀念並不容易理解和應用，因此本書不打算闡述它的做法。負增強的範例有：為了增加團體諮商成員的互動，而移除令人厭惡的噪音（如：惱人的嗡嗡聲或嘈雜聲）。當成員參與口語討論後，若出現沉默時間，就再次播放討人厭的噪音。另一個例子是：增加兒童坐在位子上的行為（即：要求比利坐在椅子上）。每當比利沒有經過允許就離開座位，就移開他的椅子10分鐘，強迫他站著，不能坐下。再說一次，要求他聽惱人的嗡嗡聲或只能站不能坐，雖然看似懲罰，但若諮商的目標是為了增加適當行為出現的頻率，那麼這些範例就不是懲罰。

評估問題行為

　　開始一個一個談每種技術前，最後要簡短探討的重點是問題行為評估。一般說來，評估問題行為的時間相當短，諮商師會特別著重在行為的頻率、強度和持續時間。頻率（frequency）意指行為多久發生一次。判斷行為發生的頻率，至少有兩個重要的理由。第一，瞭解行為到

底有多嚴重,判定行為表現正常與否。有時候,個案和相關人士會期待過高,或沒有足夠的資訊瞭解正常行為究竟為何。諮商師須向他們說明清楚。第二,如果諮商師要矯正問題行為,須先蒐集基準線,如此一來個案、諮商師和相關人士才能決定何謂合理的諮商目標,以及治療方向確實朝向目標前進。

強度(magnitude)意指行為的嚴重性對個案和相關人士的影響。如果強度不大,或許不需要介入。畢竟,如果個案或相關人士的期待過於不切實際,或缺乏足夠的資訊瞭解行為正常與否,諮商師可以幫他們概念化或重新框架問題。第 1 章討論到的「量尺技術」就是評估問題行為強度的利器。

持續時間(duration)意指評估問題行為的兩個面向。首先,諮商師要知道行為已經存在多久。這個問題的答案,再加上對問題強度的回答,應該可以讓個案和諮商師瞭解問題的嚴重程度、治療問題時遭受阻力的可能性有多少、須儲備多少動力以處理和解決問題行為。第二個評估持續時間的問句是:「這個行為開始出現後,它會維持多久的時間?」只有持續數秒的行為比延續數小時的行為,需要採用不同的治療方法。

評估行為的頻率、強度和持續時間,擬定諮商目標後,個案和諮商師即可著手準備採取行為取向的策略和技術來解決問題。這部分的章節要介紹的技術可協助諮商師處遇令人擔憂的行為問題。如果諮商目標是要增加適當行為發生的頻率,諮商師可運用任一根據正增強原理的技術,如:普力馬原則、行為計畫表、代幣制和行為契約。如果諮商目標是要減少或阻止行為發生,諮商師可運用任一根據懲罰原理的技術,如:消弱、隔離、反應代價或過度糾正(積極練習)。(請見第九部分的「行為取向─懲罰技術」)。

行為取向─正增強技術的多元文化考量

某些文化的個案較中意直接、以問題為中心和行動導向的行為取向

諮商學派（Hays & Erford, 2014）。例如，阿拉伯裔和亞裔常期待在諮商關係中得到建議，追求具體的目標。大體說來，男性通常較喜歡積極行動、目標明確、直截了當的行為取向。拉美裔也偏愛指導式的取向，非裔的家長欣賞的是行為取向能協助他們馴服孩子聽話，這是他們代代相傳的文化價值。

　　行為治療不重視情緒表達與宣洩，或分享個人的困境或擔憂，因此某些文化的個案（如：男性、亞裔）覺得行為取向較讓人放心自在。Tanaka-Matsumi 等學者（2007）指出，行為取向重視個案的文化和社會面向，分析個案獨特的情境，調整介入策略以契合特定的治標目標，與個案追求的結果一致。在諮商過程中，諮商師協助個案瞭解個人的生活情境如何引發他們的困境、他們想要的改變是否有可能達成，或該如何竭盡全力改變，幫助個案適應社會文化、發展和環境的要求。行為取向諮商師會審慎看待文化，進行功能行為分析（Spiegler & Guevremont, 2003），協助個案瞭解文化的常規，從個案的觀點理解問題。

　　採取行為取向策略的諮商師有時會貶低治療關係的重要性，對多元的種（民）族、性別和性取向的個案殊為不利。友善與堅固的治療同盟會影響治療歷程與諮商效果。因此採取行為取向的諮商師在整個諮商歷程中，亦應細心留意諮商關係是否穩固。例如，有文獻紀錄顯示，某些文化個案對歐美裔諮商師半信半疑（Hays & Erford, 2014）。文化敏感度高的諮商師會在諮商早期即確認和處理關係議題，時時設法解決。

　　行為改變影響的對象不只個案本人，還有個案周遭的社會文化環境。諮商師和個案必須討論和預測個案希望的行為改變，對其文化與個人的影響。除了推測改變對個案本身生活的效應外，還有個案與重要他人的關係變化。個人改變時，周遭他人也要跟著適應調整。有時候，改變起初看似正向，但也可能發展到最後變得不堪設想。即使諮商師無法鐵口直斷所有可能的後果，但若能在事前和個案討論，至少可以三思各種改變的狀況。例如，某位男性希望自己不要太依賴妻子和家人（如：想多交朋友、出門去旅行），但這樣的行為變化或許會導致家庭關係

緊張，讓未來的情勢更為險峻（如：離婚、嫉妒／猜忌、親子關係變差）。行為有其後果；有些結果是好的，有些卻令人不悅、出乎意料之外，或好壞參半。

CHAPTER 33

普力馬原則

源起

　　普力馬原則（Premack principle）的理論根據為操作制約的正增強原理，主張較有可能發生的行為，可以當作較少出現行為的增強物（Brown, Spencer, & Swift, 2002）。換句話說，先做完不願意做的事，再給個體一點甜頭，做事的動力就會提高。普力馬原則在日常生活隨處可見。例如，父母親要孩子做完功課才能看電視。簡單說來，普力馬原則又稱老祖母法則（Grandma's rule），因為老奶奶在小朋友吃餅乾前，一定會盯著他們先吃掉蔬菜。

　　普力馬原則以 David Premack 的名字命名，原先用在實驗室的動物身上，其後再應用到人類社會情境。普力馬原則與當時的理論背道而馳。傳統的增強理論認為活動分成喜歡、厭惡或中立三種。中立的活動激發工具性反應，喜歡的活動則用來當作增強物。所以，當喜歡的活動搭配中立的活動，增強於焉產生。相反地，Premack 認為喜歡—中立—厭惡三分法跟增強無關。他主張所有的活動都依序落在偏好或出現機率的連續光譜間，唯一的差別在於增強的效果。要產生增強的效果，只要工具性反應的吸引力弱於增強的活動即可。為驗證他的理論，Premack（1962）用老鼠做實驗，如之前的研究所示，喝水可增強老鼠的奔跑行為，但若奔跑行為本身即比喝水有趣，奔跑亦可增強喝水行為。

　　要測量兩種（含以上）行為出現的機率，應先將這些行為配對，建立基準線。不過，要精算行為出現的機率實有難度。因此，推估機率的方式有幾種。詢問或觀察個案在特定情況下偏好、樂意做哪些活動。偏

好即相當於 Premack 的機率測量。另一方面，用出現頻率作為測量標準也有問題，因為它觀察的是外顯持續出現的反應，而非讓個案自由選擇活動。同樣地，緊急狀態下的表現，或活動接下來出現的可能性，也只能仰賴口頭報告，並不是 Premack 所說的實徵證據。欲測量行為出現的機率，最好是測量行為的偏好程度或相對價值，而不是測量頻率或緊急狀態下的表現。

實施方式

採用普力馬原則前，必須先評估個案喜歡做的事（Brown et al., 2002）。根據評估結果，用個案喜歡做的事來增強目標行為。接著，告知個案普力馬原則的實施條件：若要做喜歡的事，個案必須先完成目標行為；若完成目標行為，個案即可從事喜歡做的事。記住，如果沒有完全做到目標行為，就不可以進行喜歡做的事。沒有「同情分數」這回事！

變化形式

普力馬原則可搭配代幣制（請見第 35 章）。代幣制是指用完成較不喜歡做的事，來交換做喜歡的事。個案可從增強清單，或稱偏好活動，選擇得到犒賞的項目。

範例

薇若妮卡，18 歲，就讀心理學系，仍是大一下學期的新鮮人。為了改善自己的學習習慣，薇若妮卡在學期初參加了學習技巧增進團體。團體在姊妹會裡舉行，也有學姊參加。但除了聽一大堆的校園八卦外，團體並沒有改善她的讀書技巧。薇若妮卡決定改參加學校諮商中心舉辦的活動。她加入了校園生活適應支持性團體，希望跟面臨類似壓力的同

學聚會。薇若妮卡覺得參加團體的收穫很多，有機會跟其他學生討論商量。可是她的生活型態沒有任何改變。薇若妮卡形容她說得多、做得少。高中時代，她不曾花多餘心力在社交生活上。上了大學後，她發現學業成績岌岌可危，卡債飆高，體重也直線上升。以下摘錄某次薇若妮卡和諮商師個別晤談的內容片段。

諮商師（諮）：妳說妳缺乏自制力……做事只有三分鐘熱度……喜歡立即的獎賞滿足。

薇若妮卡（薇）：我就是這種人。

諮：妳為此苦惱不已。

薇：沒錯。我討厭長大就要自我負責這種話。以前的生活有趣多了。想吃什麼就吃什麼，不用害怕變胖。就算整晚跟朋友講電話，第二天的考試一樣拿高分。跟現在完全不一樣。

諮：現在的情況變了？

薇：我有這種感覺。我的體重節節上升，功課慘不忍睹。我必須在其他人注意到前趕快加把勁！

諮：薇若妮卡，請妳說得具體一點。妳希望我們的談話能有什麼效果？

薇：嗯，具體說來，我希望學業分數提高，也想改變我的生活習慣。我現在就像滑鼠馬鈴薯（mouse potato）……

諮：滑鼠馬鈴薯？

薇：對，好像沙發馬鈴薯。我幾乎坐在電腦前面，掛在網路上。

諮：好，我懂了。所以，妳想要拉高學業分數，還有……

薇：當然。

諮：妳還想改變生活習慣，妳花了太多時間在網路上。

薇：太多了。嗯，我常在網路上購物，不是每次都買，不過我喜歡逛時尚流行的網站，瀏覽購物網站的目錄，停不下來。

諮：那就沒有時間讀書了。

薇：也沒有時間運動。我應該要找時間運動。我的時間幾乎都花在吃巧克力和網購上。

諮：是的，大致上看得出來。一方面妳希望有所改變，例如，不要只吃巧克力和網購，要讀書和運動。

薇：對，我非常希望過不一樣的生活，鏡子和成績單不時提醒我這件事。我可不想搞壞身體和課業。可是你知道嗎，我就是無法堅持到底。啊，算了，隨便。

此時，諮商師請薇若妮卡完成增強階層表，列出 10 個她最喜歡及不喜歡做的事。薇若妮卡的階層表如下：

最不喜歡　　讀書／寫功課
　　　　　　運動
　　　　　　洗衣服
　　　　　　去咖啡廳打工
　　　　　　上課
　　　　　　看電視
　　　　　　講電話
　　　　　　跟朋友出去玩
　　　　　　吃巧克力／甜食
最喜歡　　　線上購物

諮：好。現在我們已經大略了解妳最喜歡及最不喜歡做的事，我想問幾個問題，再釐清一些狀況。

薇：好，沒問題。

諮：妳目前運動的頻率如何？

薇：大概一星期一次吧。

諮：妳希望運動的頻率能提升到多少，好達到妳所謂的健康生活習慣標準？

薇：理想上，我希望每天早上都要運動，星期一到星期五，至少 30 分鐘。我希望運動成為每天早上的例行公事。

諮：非常好。妳希望花多少時間讀書呢？

薇：幾個晚上吧，不用每天晚上。我會先上網查資料寫作業，接下來的
　　時間都花在瀏覽網頁，這就是為什麼我沒空運動的原因。我花太
　　多時間在網路上了，把自己搞得太累，早上沒辦法提早 30 分鐘起
　　床。

諮：很好。所以，妳希望花多少時間在課業上呢？

薇：嗯，我再說一次。我希望星期一到星期五多花一些時間讀書，除非
　　有特殊狀況，例如報告很多或大考將至等等，就再多花點時間準
　　備功課。若是平時作業和閱讀教材，我覺得每個禮拜都應撥空讀
　　書……我的意思是，每天晚上花三個小時寫作業和讀書。必要的
　　話，再花點時間準備報告或大考。

諮：好的，每晚花三小時讀書，每天早上運動 30 分鐘。

薇：聽起來很簡單，可是要怎麼做到？

諮：如果老闆不付妳薪水，妳還會想在咖啡廳打工嗎？

薇：才不要。

諮：嗯，如果妳不工作，妳覺得老闆還會繼續付妳薪水嗎？

薇：也不會。這樣不合理。

諮：妳之前做的事，跟不用工作就可領薪水很像。從妳完成的增強階層
　　表看來，妳最喜歡的活動是吃甜食和網購，這兩件事幾乎成為每天
　　的例行公事。天下本來就沒有白吃的午餐，同樣地，妳要做這兩件
　　事，也必須付出代價。現在，我們要擬定計畫，把運動和讀書變成
　　每天的生活習慣，但我不會要求妳做白工。不過，妳得自食其力、
　　自我犒賞。如果妳做了原本不樂意、但卻必須做的事，妳可以用妳
　　喜歡的事來犒賞自己。

薇：嗯……所以……好吧，繼續。

諮：從現在開始，只要妳花 30 分鐘運動，就可以吃甜食獎勵自己，例
　　如吃一小塊巧克力。不過，最好不要吃太多，否則就前功盡棄了。
　　如果妳不運動，就絕對不准吃甜食。不工作卻領薪水是犯規的。

薇：好，聽起來不錯。

諮：關於讀書這件事，妳說妳希望每天花三個小時學習。妳覺得很合理

200

也可行。

薇：對呀，的確。

諮：那麼，只要妳花一個小時讀書，妳就可以花 30 分鐘上網來慰勞自己，但只限晚上讀完書之後才能上網。如果妳讀了三小時，就有上網購物一小時半的特權。

薇：上網的時間沒有很多。

諮：這樣才不會害妳早上起不來，不是嗎？

薇：那倒是。

諮：如妳所言，沒做事不可能要老闆付妳薪水。妳說的「這樣不合理」，便是要怎麼收穫，先那麼栽。

薇：我一定要堅持到底。這是新的規則，我要說到做到，是吧？

諮：沒錯，注意妳的努力和自律帶來的回報。當妳下定決心改變，自然會有收穫。

效果與評價

普力馬原則可消除長期的偏食行為。Seiverling、Kokitus 與 Williams（2012）即結合普力馬原則與消弱法，改善一位三歲自閉症男孩的偏食問題。Brown 等學者（2002）運用普力馬原則治療經常拒吃新食物的小男生。他要求小男生吃自己喜歡的食物前，先嘗試吃一小口新食物。治療開始後不久，小男生立刻吃下擺在面前的新食物。為了吃到喜歡的食物，他的食量和口味都有顯著的進步。

治療注意力缺陷過動症（ADHD）的兒童時，Azrin、Vinas 與 Ehle（2007）用戶外遊戲活動當作普力馬原則的附加條件，延長 ADHD 兒童在結構性班級活動的專注力控制時間。該研究的成效似乎可類化至各年齡層的 ADHD 學生。Messling 與 Dermer（2009）將普力馬原則應用於大學生，允許出席情況良好、每天寫閱讀作業的大學生，在考試時可以翻閱筆記。由於它能有效改善課堂出席率，提高做筆記的行為，此種不花一分錢的策略，特別能提升學生出席實驗課的意願（原本他們不是

很喜歡上實驗課）。

　　儘管如此，普力馬原則仍有幾點限制。現存資料顯示，較少出　　201
現的行為有時亦可當作較常出現行為的增強物。例如，Konarski、
Johnson、Crowell 與 Whitman（1981）的早期研究發現，在某些特定的
情況下，孩子們願意多畫畫，好增加上數學課的機會（較少出現的行
為）。但不是每個採用普力馬原則進行的實驗研究都有好好控制時間表
的影響力。因此，難以判定增強是各反應之間出現機率差異的結果，或
僅是因為反應時間當時沒有其他的增強反應可供選擇。換句話說，個案
的工具行為（instrumental behavior）增加的原因，乃由於這是他們僅能
出現的反應，而非隨機出現或增強的反應。

CHAPTER 34

行為計畫表

源起

行為計畫表（behavior chart）針對某一特定行為，每天加以評估，設定給分標準（Henington & Doggett, 2010）。該行為依完成時間表給予正增強。行為計畫表源於行為理論，其假設為正增強與懲罰能塑造行為。行為計畫表包含幾個要素，如：詳述欲被監測的特定行為、設計行為評分時間表、除了評分者外，其他人亦可看到評分內容。行為計畫表本身可當成介入策略，或用來記錄其他介入策略的效果（Chafouleas, Riley-Tillman, & McDougal, 2002）。不過，行為計畫表的格式，按照被評分的行為、評分系統的類型、評分頻率、行為後果（增強物或懲罰）、實施行為後果的場合與時間表等，不一而足。行為計畫表好用的原因，在於它對參與這個行為計畫的人（當事者或相關人士），提供一個簡單、有彈性的回饋方式（Chafouleas et al., 2002）。行為計畫表可依個體的特殊需求進行修正。而且，行為計畫表省時，每天花十秒到一分鐘即可完成。

實施方式

行為計畫表很容易建立。首先，用正向和明確的語詞界定目標行為，採用正增強策略（如：雷洛會立即服從父母親的指令）。接下來，訂定次數頻率與採用何種評分系統。然後，設計行為計畫表，明定期望行為與檢核標準（Henington & Doggett, 2010）。行為計畫表成立後，

即可決定個體將會面臨何種（正面或負面的）後果，以及這些後果的詳細內容。

範例

範例一：動個不停的弗萊迪

　　弗萊迪是一個很容易分心、靜不下來的小男孩。他的二年級導師得不斷提醒和拉回他的注意力，他才有辦法完成課堂作業。諮商師與導師商量後，針對弗萊迪的課堂時間和改善注意力問題，擬定如圖 34.1 的弗萊迪行為計畫表。注意，本圖結合給分制度和評分標準，還有獎賞計畫。

弗萊迪的計畫

203

目標：弗萊迪能在上課時間安靜地坐在位子上，做好課堂活動，完成老師交辦的事項。

　　這張表單會每天檢查，由弗萊迪的任課老師每隔 15 分鐘記錄一次。午餐時間和下午三點製成表格。弗萊迪要隨身用寫字夾板帶著這張檢查表前往各個教室上課，負責拿給老師記錄後再拿回來。若弗萊迪保管好這張檢查表，也負責任地拿給每位老師記錄，就能得到獎賞。

分數*	上午的獎賞／後果	下午的獎賞／後果
54-60	兌換卷	兌換卷
42-53	抽獎箱或集點貼紙	抽獎箱或集點貼紙
0-41	無	無

* 分數意指：90% 服從＝兌換卷；70% 服從＝抽獎箱或集點貼紙；低於 70% 服從＝無。

紀律進步計畫
若連續四次零分，弗萊迪必須到副校長的辦公室報到，由副校長決定下一步的行動計畫。

特殊獎賞：如果弗萊迪一整個星期每天都達到 90% 的標準，就可以獲得
　　　　　一張食物兌換卷。

弗萊迪　　　　　　　　　　　　　第＿＿＿＿週

給分標準：

5 分＝善用時間。安靜、專注地完成老師交辦的事項。

3 分＝需要老師提醒才能善用時間。或專注地完成作業一兩次。

0 分＝沒有善用時間。沒有完成交辦事項。

把夾在寫字板上的檢查表拿到辦公室登記。

	時間	星期一	星期二	星期三	星期四	星期五
早自習	8:45 9:00					
地板遊戲時間	9:15 9:30					
閱讀：立雅老師	9:45 10:00 10:15 10:30 10:45					
特別課程	11:00 11:15 11:30					
辦公室：計算上午的分數						
寫作：立雅老師	11:45 12:00 12:15 12:30					
午餐 休息	→ →					

	時間	星期一	星期二	星期三	星期四	星期五
數學：立雅老師	1:30 1:45 2:00 2:15 2:30 2:45					
辦公室：計算下 午的分數						

每天上午或下午的獎賞：
54-60 分＝兌換卷
42-53 分＝抽獎箱或集點貼紙
低於 41 分＝無

圖 34.1　弗萊迪的行為計畫表

範例二：侵犯他人空間的賈斯汀

賈斯汀是位桀驁不馴的青少年，經常沒有得到老師的允許就擅自離開教室，侵犯他人的空間（如：毆打或碰觸他人）。賈斯汀的老師選擇採用檢查表監測系統。諮商師與導師商量後，針對賈斯汀離開教室與打／碰他人的問題，擬定如圖 34.2 的賈斯汀行為計畫表。注意，本圖根據賈斯汀的課堂行為，結合標準檢核監測系統與獎賞計畫。只要賈斯汀成功做到 16 項中的 9 項，標準就會再度提高，直到目標行為消失為止。

賈斯汀的計畫

目標1：賈斯汀能控制口語行為（如：離開教室前先舉手徵得老師同意、維持適當的說話聲量）。

目標2：賈斯汀能手腳安分（如：不毆打或碰觸他人）。

　　檢核表用來監測賈斯汀的行為。每個時段（包括：導師時間、午餐時間、時段1至時段6），賈斯汀都有機會贏得一或兩個「做到」的記號。賈斯汀要控制口語行為（如：發言前先舉手、不大吼大叫、不在課堂時間說些有的沒的話），計時期間不能動手動腳（如：不打人、不亂碰人）。

　　一天分成八個時段，所以賈斯汀總共可以得到16個「做到」的記號。一天結束後，如果賈斯汀做到16項中的9項，他就可以贏得今天的獎賞。若賈斯汀一整個禮拜每天都能贏得獎賞，就再把標準數目提高。獎賞包括：跟校長或副校長報告他今天的成就、得到師長的讚美與鼓勵。

　　賈斯汀的導師會跟傑克森太太（即賈斯汀的媽媽）報告賈斯汀的進展。賈斯汀的導師九揚老師，會把賈斯汀每天的記號次數傳給他媽媽。當週結束後，則寄出這張行為計畫表。這張行為計畫表會取代往日告知家長賈斯汀行為不良被記警告的通知書。九揚老師會儘量獎賞賈斯汀的優良行為，而不是處罰他的違規行為（如果賈斯汀打人或不聽老師的話，他依然會被記警告）。一天結束後，如果賈斯汀做到16項中的9項，他就可以贏得今天的獎賞。

	星期一		星期二		星期三		星期四		星期五	
	控制聲量	安分手腳	控制聲量	安分手腳	控制聲量	安分手腳	控制聲量	安分手腳	控制聲量	安分手腳
導師時間										
時段1										
時段2										
時段3										
午餐時間										
時段4										
時段5										
時段6										

圖34.2　賈斯汀的行為計畫表

效果與評價

　　行為計畫表的應用範圍很廣,是塑造特定行為的策略。目標行為包括:服從命令、不觸碰他人或不說粗話(Henington & Doggett, 2010)。許多實徵研究已證實行為計畫表的效用。其中一個研究顯示,用行為計畫表監測學生的課堂紀律,能確實減少學生的違規行為,增加學生的作業完成率(Chafouleas et al., 2002)。

　　當然,行為計畫表並非全然有效,主要原因在於個案不願配合、沒有動力。若有這種情形,諮商師應重新檢視獎賞制度,找出更能激發個案動機的酬賞物。有時個案並不瞭解計畫表的用意,或個案的師長沒有善盡監督的責任。這些都是行為治療常見的難題,諮商師多多少少須進行調整,讓行為改變策略發揮最大效果。

CHAPTER 35

代幣制

源起

　　代幣制（token economy）的原理源自操作制約行為理論學者 B. F. Skinner 的觀點。Skinner 主張是後果在影響行為（Murdock, 2009）；增強物即是行為發生的結果，它能夠增加行為再度發生的可能性。代幣制是一種正增強，當個案表現適當的行為，就能得到代幣。累積一定數目的代幣後，即可拿這些代幣兌換增強物。透過獎勵某些特定行動，用代幣來增加參加者的適當行為。能不能得到代幣，取決於有否表現合宜的行為（Comaty, Stasio, & Advokat, 2001）。因此，代幣制不是讓參加者立刻得到實際的獎品，而是稍後再用代幣交換。

　　代幣制最早期實施的場所是封閉式的精神病院（Liberman, 2000）。不過，代幣制今已廣泛應用在各種對象和目標行為。事實上，以工作賺取薪資報酬就是代幣制：金錢是次級增強物，可以用來交換滿足基本需求的商品和服務。父母和教師也愛用代幣制。在常用的行為改變技術策略中，它受歡迎的程度僅次於反應代價（請見第 39 章）（Borrego & Pemberton, 2007）。

實施方式

　　Reid（1999）指出實施代幣制時，可遵循以下的步驟。由於代幣制的主要目標之一是矯正行為，因此第一步要先辨識需要改變的行為。Reid 建議應指明具體的行為，解說符合表現要求的標準。例如，與其

叫對方應該維持良好的衛生習慣，不如告訴他應該去洗澡或刷牙。同樣地，不是喝令孩子「安靜！」諮商師應該明確地告訴兒童：「坐在位子上」或「舉手，等老師指名後才能發言。」

　　第二步是制定規則。確定所有的參加者都明白拿到代幣的規則、依行為區分獎勵的代幣數量、何時可用代幣兌換獎品等。下一步，諮商師要選擇用什麼當代幣。代幣應該安全、耐用、容易發放、難以複製（偽造）。可用來當代幣的例子有：檢查表上的點數、冰棒棍或塑膠籌碼。接著諮商師要決定增強物的內容，或參加者可以得到的獎品。對個案來說，這些獎品得具有某種重要性或吸引力才行。如果個案喜歡看電視或吃糖果，即可用代幣兌換這些增強物。但不要只提供物質上的消耗品，應該要增加社會互動機會，因此獎項應包含某些個案可與他人交流的活動（如：跟老師一起吃午餐、15 分鐘的同儕遊戲時間、15 分鐘的親子同樂時間）。

　　接下來是設定「代價」，決定參加者得用多少代幣才能兌換獎品。實施代幣制前，負責人應實際操作試驗，確定代價合情合理：如果參加者無法贏取足夠的代幣兌換，就會喪失表現適當行為的誘因（Reid, 1999）。代幣數量可兌換的獎品範圍要廣，給參加者多一點的獎品選擇空間，如此一來方能鼓勵他們累積代幣，以得到更大的獎項（如：全家享受披薩之夜、棒球手套、在朋友家過夜），而不是立刻把代幣花在易取得的消耗品上（如：糖果、玩具）。

變化形式

　　代幣制的變化形式之一，就是搭配根據懲罰原理實施的反應代價。採用這個方法時，個案不只要表現正向行為以贏取代幣，表現不佳時（即：違反目標行為或規定），就得繳回一枚代幣，以遏阻個案未來再度表現不良行為，並增加他們表現適當行為的可能性（Murdock, 2009）。參加者的目標為留住一定數量的代幣，在時限截止前贏得獎勵（McGoey & DuPaul, 2000）。

另一個變化形式稱為「神秘獎品」（mystery motivator）。採用此法時，會故意不告訴參加者有哪些獎品，獎品被列為機密、無人知曉。這種情況會激勵參加者加把勁贏取代幣，一探獎品內容的究竟。在一項針對腦傷兒童的研究中，Mottram 與 Berger-Gross（2004）把神秘獎品放在兒童感興趣的箱子內，外面畫上一個大大的「？」。如果兒童累積一定數量的代幣，就給他們與之相對應的神秘寶箱，贏得裡面的獎品。隨著研究繼續進行，兌換神秘獎品的代幣數量亦漸次提高。神秘獎品改善行為的程度，甚至超越傳統的代幣制。

代幣制的第三種變化，是納入榮譽制度。除了基本的代幣制規則外，參加者要自行記錄違規的行為次數和狀況。具體的規則張貼出來後，參加者就能清楚地看到有無違反規定。在一項班級榮譽制度研究中（Zlomke & Zlomke, 2003），研究者給幾位不聽話的學生數張卡片，請他們記下自己違規的情況。課堂結束後，老師和每位學生核對卡片。如果老師和學生的紀錄一致，學生還能得到額外的代幣。比起單用代幣制，榮譽制度加上代幣制，更能大大減少問題行為。

代幣制還有另一個變化形式，就是團體制與個人制。對團體實施代幣制時，無論是班級、學校或監獄，應當多花時間審慎考慮、計畫周詳，執行者亦需耐住性子。Filcheck、McNeil、Greco 與 Bernard（2004）以全班為單位進行代幣制研究。每位學生分得一張大頭貼，貼在階梯圖（ladder chart）中央。如果兒童的表現良好，他的大頭貼就往上移，違反班規就往下移（和代幣制搭配反應代價雷同）。根據當天兒童的大頭貼在階梯上的位置給予獎勵。一天結束後，所有的大頭貼再次移回階梯圖中央，參加者明天重新開始。

208
範例

以下的範例是查理某次的諮商療程。查理，八歲，目前就讀小學三年級。他患有注意力缺陷過動症（ADHD）。查理的媽媽和老師也在場，大家一起來制定和瞭解代幣制的原理與做法。查理的老師希望他在

班上達到的目標行為是：

1. 坐在座位上。
2. 舉手，等老師叫名字。
3. 不可以拿別人的東西。
4. 發言要切中主題。
5. 立即聽從老師的指示。

查理的媽媽界定的目標行為有：

1. 保持房間乾淨整齊。
2. 立即聽從爸媽的指示。

注意：要用白紙黑字寫下具體的目標行為，欲增加的內容留待他日補充於後。如此一來，即可根據正增強原理，採用代幣制。查理在校時間約為六小時，達成每個目標行為可從老師那裡得到 6 點獎勵。每個目標行為同等重要。因此，在校期間有五個目標行為，每小時老師的獎勵從 1 點開始加起（換句話說，也可以扣 0 點、扣 1/2 點或扣 1 點）──查理在校時間每天約可得到 30 點。

查理的媽媽認為立即聽從爸媽的指示比保持房間乾淨整齊加倍重要。她決定查理若能每天保持房間乾淨整齊，最多可得到 3 點。她也決定若查理早上上學前一小時、下午和傍晚放學後回到家的五小時，總共這六個小時裡只要好好聽她的話，都可各贏得 1 點。這麼一來，查理在家裡還可額外贏得 9 點獎勵。不用上學的日子（如：週末、假日），查理的媽媽一樣可以因為查理保持房間乾淨整齊，給予 3 點的獎勵；因為查理立即聽從爸媽的指示，而給予 36 點的獎勵。

總之，查理每天總共可得到 39 點，或每週可贏得 273 點。每日檢查表可監控查理的進展，亦可當成家裡和學校間交流的介面（見圖 35.1）。

接下來就是設定獎品內容和兌換點數。增強物所需的點數需配合每日能賺取的點數。例如，假使要 30 點才能換到 15 分鐘的同儕遊戲

第＿＿＿天　日期：＿＿＿＿＿＿＿　　　姓名：<u>查理</u>

學校	1 2 3 4 5 6 總計

1. 坐在座位上。
2. 舉手，等老師叫名字。
3. 不可以拿別人的東西。
4. 發言要切中主題。
5. 立即聽從老師的指示。

家裡	

1. 保持房間乾淨整齊。　　　　　　0 1 2 3
2. 立即聽從爸媽的指示。　　0 1 2 3 4 5 6

今日合計：＿＿＿＿＿＿＿＿＿

圖 35.1　查理的每日進展表

時間，查理可能會興致缺缺、喪失鬥志。同樣地，如果同樣的活動只要1點，查理很快就會知道不用符合目標行為，他至少還是能得到許多點數。圖 35.2 列出大家同意的獎品內容。查理有決定獎品內容的權利，媽媽、老師和諮商師也可提供一些建議。對個案沒有誘因的獎品，不需要列在獎項裡面。

209

獎項	所需點數
15 分鐘的同儕遊戲時間	7
15 分鐘的親子同樂時間	7
全家享受披薩之夜	125
第一個棒球手套	1,000
全家一起觀賞電影	75
在朋友家過夜	250
15 分鐘的騎腳踏車時間	7
15 分鐘的電玩時間	10
自由點餐權	10
15 分鐘的電視時間	10
晚 30 分鐘睡覺	12
半天的出遊時間（到公園、動物園等等）	200

圖 35.2　查理的獎品內容

　　大家接著討論該如何監控代幣制，以及如何安排增強物。在家裡，查理得受媽媽的監控，把他得到的代幣記在集點卡上。當天結束後，查理可以把所得點數存進集點簿裡；若想兌換獎品，就拿點數出來交換。

　　最後，大家一起討論追蹤和評估的程序。查理的媽媽和老師會用每日檢查表密切聯繫，每星期五告訴諮商師查理每天贏得的點數、他兌換的獎品、這週碰到的困難等等。必要時，可以修正代幣制的條文，如：刪除某個都能持續做到的目標行為，或增列一個新的目標行為。一個月後，若所有的目標行為都表現得宜，代幣制就可功成身退了。

效果與評價

　　本書所介紹的技術中，代幣制無疑是效果研究文獻中，最被詳盡報導的技術。代幣制可以成功地改善不同場域內群體和個人的行為。可以說任何需被矯正的行為和對象，代幣制幾乎都能發揮某種程度的效果。

　　在教育場域實施代幣制時，教師可能早已注意到學生個人或整班同學的問題行為。代幣制可提升教師的班級經營效能，特別是當學生有破壞行為、ADHD、嚴重的情緒問題等行為（Filcheck et al., 2004; McGoey & DuPaul, 2000; Musser, Bray, Kehle, & Jenson, 2001）。代幣制亦可用來增加班級的向心力（Boniecki & Moore, 2003）或增加與偏差行為不能相容的正向行為（如：「懼學症、發脾氣、吸吮姆指、大小便失禁、打架等等」）（Wadsworth, 1970, p. 63）。評估班級的向心力時，Boniecki 與 Moore（2003）的研究報告指出，用代幣制作為獎勵，鼓勵學生正確回答問題，能增加學生正確回答問題的企圖心、提高班級討論的參與度，也讓學生更願意說出自己碰到的難題。

　　心理健康諮商師已成功運用代幣制治療許多心理疾病相關的問題行為，如：自閉症（Charlop-Christy & Haymes, 1998; Reinecke, Newman, & Meinberg, 1999）、飲食異常（Kahng, Boscoe, & Byrne, 2003; Okamoto et al., 2002）、摳皮膚的自我傷害行為（Toussaint & Tiger, 2012）、成癮（Boggs, Rozynko, & Flint, 1976; Silverman, Chutape,

Bigelow, & Stitzer, 1999）等。監獄的行為管理專家也採用代幣制，成功地協助罪犯學習出獄後適應社會必要的技能和行為（Stolz et al., 1975）。

代幣制最受人抨擊之處，即外在增強制度會減弱內在動機（Ford & Foster, 1976）。內在動機是指個體自願完成任務或目標。代幣制的批評者擔心，由於參加者受外在獎賞的代幣引誘，一旦終止發放獎勵代幣，表現行為的動機恐接著消失。當然，反駁這項批評的學者認為，如果個案早已具備持之以恆地完成任務的內在動機，哪裡需要用到外在的增強物。也就是說，代幣制和其他正增強策略的目的，都是為了利用外在的獎賞提升表現的動機，讓個案有經驗成功的機會，再慢慢撤除增強物，如此一來想要繼續成功的內在渴望就會維持下去，延伸行為改善的效果。例如，一項在教育場域進行的研究中，McGinnis、Friman 與 Carlyon（1999）測試代幣制是否能增強學生學習數學的內在動機。該研究顯示即使實驗結束，學生的數學表現依舊亮眼，可見代幣制真的有助於引發和提升學業成就，不至於阻礙或取代內在動機。

在教育場域使用代幣制的批評聲浪不絕，原因在於它要學生發展的是績效目標，而非學習目標。在一項實驗控制研究中，Self-Brown 與 Mathews（2003）發現採用代幣制組的學生，在課堂上發展的目標跟他們的行為績效表現有關，而不是為了增進他們的知識和學識。De Martini-Scully、Bray 與 Kehle（2000）回應這段批評時指出，服從是學生學習的先決條件，而他們的研究建議也發現行為改善後，學業成就也跟著提升。代幣制最後一個缺點是，個案的行為表現很少從既定情境類化到現實世界（Liberman, 2000）。即使代幣制有為人詬病之處，但它可以應用在不同的群體和個人身上，故研究結果仍一面倒的支持它的效果（Boniecki & Moore, 2003; Filcheck et al., 2004; Kahng et al., 2003; Reinecke et al., 1999）。

CHAPTER 36

行為契約

源起

　　行為契約（behavioral contracts），或稱「應變契約」（contingency contracts），是根據操作制約的正增強原理發展出來的技術，也是另類的普力馬原則。行為契約是兩位以上的個體簽名認可的文件，同意進行某一目標行為（Miltenberger, 2007）。此外，行為契約亦涵蓋執行目標行為發生（或沒發生）的後果（通常是正增強，偶爾會採行負增強）。行為契約詳述目標行為的所有細節，包括：行為發生的地點、行為的表現方式、何時該完成行為等。這份契約涉及到的人，都必須參與協商文件內容，同意接受契約的條件。

　　L. P. Homme 在 1966 年首度使用「應變」（contingency）一詞。他用契約的方式增強高中中輟生的學業表現（Cantrell, Cantrell, Huddleston, & Woolridge, 1969）。雖然行為和現實治療學派相當推崇行為契約，但如今也被其他理論取向採用（Hackney & Cormier, 2012），如動機式晤談（Enea & Dafinoiu, 2009）。

　　行為契約最大的優點是簽約者需恪守遵辦。因此，契約頗受兒童歡迎，他們可用它來要求父母和老師對契約的內容負責，不會讓兒童覺得被權威管控。相反地，他們也學習要對自己的行為負責（Gallagher, 1995）。行為契約讓簽約者（如：伴侶、親子或師生）間建立起互信互惠關係。契約的修訂或重新協商可以與時俱進，待目標行為習慣成自然後再逐步結束。

實施方式

　　當簡單、不會讓人心生反感的技術，如讚美和增強發揮不了作用時，只好採用行為契約這種較強勢的方法。行為契約較適用於個人，而非團體。簽訂行為契約前，要先界定目標行為。目標行為可為該被減少的不當行為，或想增加的適當行為（Miltenberger, 2007）。目標行為的寫法應盡可能採用正向句，例如：「坐在位子上做自己的事。」而不是「別人專心工作時不要去打擾他。」用正向的語詞陳述目標，在於它是一種正增強策略，因表現適當行為而贏得獎勵。所有的簽約者就像一個團隊，要一起討論決定處理哪種行為問題——通常是最惱人或沉痾已久的問題行為。主事者應先蒐集基準線資料，判定行為最近發生的場合、情況和頻率。這些訊息稍後將作為設定起點的參考資料。

212　　　行為契約內含數項要點（請見表 36.1）。界定目標行為後、寫下行為契約前，還必須先完成三個步驟。第一，判定該如何評量目標行為（Miltenberger, 2007）。例如：直接觀察行為或測量行為的效果。選定實施契約的場合和由誰評量目標行為。接下來，使用基準線資料暸解行為發生的頻率，訂定合理的行為期待和目標。明定目標行為多久表現一次才算成功。契約要有彈性，讓個案行有餘力漸次接近目標。也就是說，對個案的期待要慢慢提高，使其有向上進步的空間（James & Gilliland, 2003）。為了改變行為，必須觀察個案有無表現適當行為，才能獲得獎勵。因此，讓個案在第一週就體驗到成功的滋味是很重要的。設定行為目標後，接下來即是確定採用增強或懲罰方能奏效。

　　盡可能讓個案（特別是兒童）有選擇增強物的機會，獎品最好是物美價廉的東西。沒有達到目標的話，亦得決定是否要施加懲罰（負面的結果）。同樣地，還要決定由誰執行計畫和增強的時間表。一開始最好採用固定比率或固定間隔的增強方式，待熟悉目標行為後，再逐漸改成變動比率或變動間隔的增強方式鞏固行為。紅利加值條款亦可用來獎勵個案維持行為或加大進步的幅度。

表 36.1　行為契約的要點

1. 界定需被矯正的行為。
2. 介紹並討論行為契約的涵義。
3. 擬定契約，給所有的簽約者過目。契約的內容包含以下細節：
   a. 個案的姓名。
   b. 需改變的特定行為（從小處著手）。
   c. 如何得知個案成功做到。
   d. 表現良好的增強物。
   e. 違約的自然後果（可有可無）。
   f. 紅利加值條款（可有可無）。
   g. 後續追蹤時間和日期。
   h. 簽名。
4. 規劃後續追蹤的程序。
5. 開始進行。
6. 記錄進展和評估效果。
7. 必要時修正（注意：萬丈高樓平地起）。

　　確認行為計畫的細節後，即可撰寫契約。契約的內容包括：起始日期、目標行為、任務完成的標準與截止時間、有哪些增強物等等。和個案及相關人士一起討論契約的內容和具體的行為目標，確保在場的每個人都清楚瞭解（James & Gilliland, 2003）。看完沒問題後，請每個人簽名，各自拿走一份複本。最後，約定一或兩週後召開評估會議，監控契約的進展。進度表或記事本等視覺媒材皆可用來顯示目標改善與否的狀況。

　　監控進展時，應細細檢視契約的內容，確保設定的目標行為合情合理，個案也清楚瞭解。判定是否給予適當的時間完成任務。評估增強物：適當嗎？有效嗎？給予的時機合宜嗎？同樣地，契約上的期待是否實際、清楚，一步一步達成適當的目標（James & Gilliland, 2003）。

變化形式

行為契約的變化形式有數種。單方契約（one-party contracts），又稱單向契約（unilateral contracts），是個體主動想改變目標行為（Miltenberger, 2007），安排契約管理者來實施增強或懲罰機制。單向契約可增加適當行為，如：運動、學習、培養良好的飲食習慣，或減少飲食過量、咬指甲、沉迷電視、拖延等不當行為。另一方面，雙方契約（two-party contracts），或稱雙向契約（bilateral contracts），是由兩方共同界定目標行為，雙方互相履行契約事項。雙向契約通常由兩位重要關係人簽署（如：配偶、親子、手足、朋友、同事）。賠償（*Quid pro quo*）契約涉及目標行為之間的關係，以此物換彼物。不過，這類平行契約的特點在於個體要自己完成目標行為，不能仰賴旁人代勞。

另一種行為契約——自我契約（self-contracts），則是用來協助個體達成目標（Hackney & Cormier, 2012）。自我契約和其他的行為契約如出一轍，但獎勵部分則由個案自行執行。這類契約對兒童和青少年特別有用。清楚界定目標行為後，再拆解為可獎勵的小型任務。當個案的目標行為表現漸入佳境，傳統的行為契約常可轉換成自我契約。契約管理者逐漸釋出控制增強物的權利，接著不再確定任務完成與否，最後也不再要求目標行為出現的時間或頻率。

範例

派翠克，16 歲，高二生，由於經常曠課，被帶到諮商師面前。派翠克以往並沒有行為問題，學業成績維持中上水準。然而，這個學期開始，他的老師越來越擔心他再繼續曠課下去，恐怕會被留級。

諮商師（諮）：你說你一整天都沒有離開學校？你待在學校……只是沒去上某些課？

派翠克（派）：大概是吧。

諮：可以告訴我你這麼做的理由嗎？我打賭你一定有苦衷……

派：沒有啦，其實我也不知道為什麼。我的意思是……是有那麼一兩
　　次，因為我有些朋友喜歡到停車場或橄欖球場後面閒晃，不想去上
　　課。我雖然跟他們一起行動，但蹺課我的心裡也不好受啊。我躲老
　　師，是因為怕她會對我發火。我會一再曠課，你知道的嘛，一旦蹺
　　過一次課，上課就聽不懂、漏交作業或該預習的範圍。結果就像滾
　　雪球一樣，越滾越大。你懂我的意思嗎？

諮：派翠克，我懂，你的話很合理。

派：真的？

諮：當然。我很高興你今天過來這裡，很誠實地告訴我你的心情。我相
　　信事情的發展出乎你的意料。很多時候一件小事剛開始時看起來沒
　　什麼，但後來卻失控了。

派：對極了，沒錯。

諮：你擔心繼續曠課的話，恐怕會被留級，是嗎？

派：不會啦，我猜升級是沒問題，留級沒什麼大不了。我的爸媽聽到我
　　暑假得到學校補課，氣得都快瘋了。可是，那也沒什麼大不了的。
　　我大部分的朋友都是這樣，所以，隨便啦，我根本就不煩惱。

　　　　諮商師現在明白派翠克的行為動機，也瞭解留級這個後果對派
　　翠克來說，無助於改善他的出席狀況。最後，諮商師注意到派
　　翠克很看重諮商，說話也相當誠實。諮商師判斷行為契約或許
　　適用於派翠克的情況。諮商師首先界定需要矯正的行為。第二
　　步，介紹行為契約的理念。諮商師先試著蒐集擬定行為契約時
　　必要的資訊。

214

諮：你說「爸媽氣瘋了」也無關緊要嗎？

派：我是說……對……是沒錯，可是我來諮商了，我是那種「哼，我今
　　天不想去上英文課」或管它什麼課。蹺課很簡單，我不在乎爸媽的
　　心情或能不能升級。那些事情太遠了，爸媽也很快就會冷靜下來。

而且我剛才說過，暑假到校上課沒什麼大不了的。

諮：派翠克，你真的想改善你的出席率嗎……如果出現了一個你很看重的誘因，你真的願意乖乖去上課嗎？

派：當然，我想是吧。如果有什麼好誘因的話，我當然想好好上課。

諮：好，那麼我得知道像你這樣 16 歲青少年的喜好。你不時會試著跟爸媽、你自己或老師爭取什麼東西？

諮商師試圖釐清可用哪些增強物。

派：星期六睡晚一點！我爸媽連星期六都叫我八點半或九點起床……真是神經病，搞死我了！我好想睡到中午或睡到自然醒，可是他們很固執，把這點弄得像金科玉律似的，真是不可理喻。

諮：中午是嗎？非常好。還有哪些呢？

派：我一直想要一輛車。這樣可以嗎？

諮：嗯，我先告訴你我的想法，你可以判斷那兩項提議是否可行。你的爸媽和老師真的希望你在校好好表現，他們不希望你繼續蹺課。我知道你不在乎那些後果……留級或讓爸媽傷心等等……至少那不是你現在最擔心的事。當你跟朋友待在停車場或橄欖球場後面逍遙時，事實上，還是有些後果要承擔，例如沒交作業或讓老師失望，讓你更想蹺課了。（停頓了一會兒，讓派翠克消化這番話）你進退維谷、騎虎難下。

派：瞧你說的，沒錯。（沉默，點點頭，思考諮商師的話）我想是吧。

諮：如果我們能一起想個辦法，讓你、老師、我和你爸媽都認同，你也願意去上課，那不是很棒嗎？

派：我想不出來。

諮：嗯，你爸媽希望你不再蹺課。蹺課對你來說沒什麼，不過你希望星期六可以睡到中午，但你的爸媽不允許。到這裡聽得懂嗎？

派：可以。

諮：這就是「投桃報李，禮尚往來」的意思。有沒有什麼例子或重點是你想跟爸媽談判協商的？星期六睡到中午你爸媽似乎會答應。新車

不太可能，不過可以商量看看。

派：不用了，他們已經跟我說過不可能了。門禁時間很重要，我一直要求他們讓我晚點回家，但他們老是不答應。

諮：好，很好。我們有幾個選項了。接下來我會找時間跟你爸媽商量，充實契約的內容，多幫你爭取一些上課的紅利。這份契約會詳細記載對你的期待，以及如果你遵守或不遵守規定的話，會發生什麼結果。

派：你說：「如果我不遵守規定，會發生什麼結果。」這是什麼意思？　215

　　諮商師對派翠克說明不遵守規定的後果。

諮：你剛說了些話，我聽了很在意。你說蹺課的話老師會對你發火，你也知道蹺課會讓你的進度落後，是吧？這兩件事卻讓你更想蹺課了，不是嗎？

派：對。

諮：如果你的出席狀況改善，我們不知道會有什麼好事發生……我會找機會跟你爸媽談……但跟老師報告你蹺課的狀況，就是伴隨的壞處。如果你蹺課，就得找老師談補交作業或預習範圍的事。這麼一來，一想到必須當天找老師報到，希望會降低你蹺課的衝動。如果你硬要蹺課，找老師補交作業或詢問預習範圍，會讓你隔天不太敢蹺課了吧。你覺得怎樣？

派：哇，有點難，不過……聽起來是個好主意……值得一試……在我完全同意前，我可以先看過這份契約，瞭解它的具體內容嗎？

諮：可以。我們會用白紙黑字寫下來，你在簽名前可以仔細看過一遍。這麼說吧，我等會就跟你爸媽聯絡，請他們這週結束前約個時間見面，同時跟你的老師討論我們剛才談的選項。聽起來如何？

派：很酷。

　　接下來的對話是這週結束前，諮商師和派翠克，還有他的爸媽晤談。

諮：派翠克，你的老師都同意，如果你願意當天去找他們詢問該如何補交作業和預習範圍，他們就答應為你特別準備一張簽到表，我每天下午最後一節課會過去拿。這麼一來，我就可以掌握你每節課的出席狀況，直接跟你爸媽報告。這樣可以嗎？

派：好。也就是說，如果我蹺掉某堂課，我就必須在當天找那位老師報到，問他我該交的作業和預習範圍？

諮：對。

派：這樣老師就會知道我那天其實有在學校。

諮：派翠克，他們總有辦法知道的。你要勇敢地面對你該做的事，進度才不會一直落後……就像你說的，不會像滾雪球一樣越滾越大。

派：對，你說的沒錯。

諮：好的。爸爸媽媽，現在我要跟你們討論的，就是派翠克和我一起絞盡腦汁想出來的辦法，或許能提高他的出席率。我知道這正是你們的期待！

母親（母）：對，請繼續說。

諮：派翠克，何不由你來說……告訴你爸媽我們想到的兩個辦法。

派：嗯，我想到兩件事。如果你們願意讓我星期六睡到中午，或讓我星期五和星期六晚點回家的話，我就會好好地去上課。

父親（父）：真的嗎？晚起或晚歸比升級還重要？真厲害呀。

諮：爸爸，有時候的確如此。對我們來說很重要的事，對青少年而言根本無關緊要。

父：大概是吧（面向太太）。妳覺得怎樣？

母：所以，我們得想出一兩個嘉許他出席的獎勵？

諮：是的，就像我在電話中說明的一樣。我們要簽署一份行為契約，具體說明若派翠克的出席率達到某一水準，就可獲得的好處，以及他蹺課要承擔的惡果。我們目前談的情況大致如此。不管他蹺什麼課，他同意當天親自去找任課老師，一來證實他的確在校，二來要詢問老師該補交的作業或注意事項。這是派翠克極力避免的苦差事，也是嚇阻他隔天不要蹺課的手段。

母：可以，我覺得不錯。

諮：接下來，我要在契約裡聲明，派翠克每五天，不一定連續五天，而是累積滿五天都有乖乖去上每堂課的話，他就可以獲得應有的權利。他得到你們的允許，只要我們今天一決定下來，你們也要遵守……晚歸或晚起都好。這是他應得的特權。

母：我瞭解了。我投星期六讓他晚起一票。

父：我比較喜歡延長門禁時間。

母：延長門禁時間的後果不堪設想，更別說深夜在外危機重重。讓他睡晚一點有什麼關係？又不會受傷。

父：好吧，既然妳這麼說了，我對晚起沒意見。

派：你不知道我有多想去上課！

諮：很好，我們把這些事項和細節寫下來，讓每個人簽名。記住，一言既出，駟馬難追。就這麼說定了。

　　諮商師草擬大家都同意的事項作為契約，用正向的語句說明對派翠克的期待、諮商師追蹤派翠克出席狀況的方式、出席的好處或曉課的壞處、起始日期和終止日期。最後，約定兩星期後再晤談一次，評估派翠克是否按契約行事。為派翠克量身訂作的真實契約版請見圖 36.1。

效果與評價

　　四十多年來，記載行為契約的效果文獻不知凡幾。行為契約可用來教導新行為、減少不當行為或增加合宜行為（Downing, 1990）。行為契約可有效改善學業和社交技巧，普通教育與特殊教育的學生同等適用。Allen、Howard、Sweeney 與 McLaughlin（1993）的研究證實，行為契約即時且明顯地強化二年級和三年級學生的專注行為。此外，Kelley 與 Stokes（1982）指出，於完成指定工作的職業訓練方案中，用金錢報酬當作行為契約的獎賞，能增加年長、貧困學生的生產力。

216

行為契約

學生姓名：派翠克・丹尼爾   日期：2015 年 3 月 2 日

合約條款

派翠克同意出席星期一到星期五，就讀於培恩高中的每一堂課。派翠克瞭解除了生重病或家中發生緊急事故外，其餘時間不可無故曠課。班級課表包括：美國史、解剖學與生理學、初級英國文學、社會學、Excel 應用課程。

若連續五天出席五門課，派翠克的家長——愛琳與戴維斯・丹尼爾夫婦，同意讓派翠克在當週的星期六睡到中午，以嘉獎他的優良表現。這項獎勵貫徹於契約的有效期間。

若派翠克蹺課，他同意在當天親自去見該堂課的任課教師，詢問該如何補交作業和預習的範圍。在行為契約有效期間必須持續做到這一點。

諮商師——莫妮卡・里德，會記錄派翠克的上學出席狀況，向丹尼爾夫婦匯報他的進展。同樣地，追蹤出席狀況一事亦貫徹於契約的有效期間。

本契約內容自 3 月 5 日星期一開始。契約執行期間為這學期，終止時間為 5 月 18 日星期五。

我們同意上述之行為契約內容。

派翠克・丹尼爾（簽名）＿＿＿＿＿＿＿＿（日期）＿＿＿＿＿＿＿

愛琳・丹尼爾（簽名）＿＿＿＿＿＿＿＿（日期）＿＿＿＿＿＿＿

戴維斯・丹尼爾（簽名）＿＿＿＿＿＿＿＿（日期）＿＿＿＿＿＿＿

莫妮卡・里德（簽名）＿＿＿＿＿＿＿＿（日期）＿＿＿＿＿＿＿

圖 36.1　派翠克的行為契約

217

由家長設計的行為契約也可提升孩子的家庭作業表現（Miltenberger, 2007）。Miller 與 Kelley（1994）的研究發現，當家長和小學生每週針對行為契約內容進行協商，有 3/4 的學生家庭作業的正確度提高，1/2 的學生專注程度明顯改善許多。

除了教育場域外，監獄、精神醫院、中途之家等，皆可採用行為契約（Mikulas, 1978）。行為契約也適用於精神醫療的住院與門診病患。在長期照護機構中，最讓醫護人員頭疼的問題，就是住民不願意配合醫療政策、抗拒治療，甚或攻擊醫護人員。訂定行為契約是住民與照

護人員建構合作機制的方法之一（Hartz et al., 2010）。行為契約也常運用在婚姻與伴侶諮商（Miltenberger, 2007）與動機式晤談中（Enea & Dafinoiu, 2009）。行為契約亦可運用在體重管理、藥物與酒精戒治、戒菸和監控體適能狀態（James & Gilliland, 2003）。

第九部分

行為取向—懲罰技術

由第八部分的圖一可看出，懲罰為施加或移除某種物品，以減少或抑制對方的不良行為。當個案的目標為減少做某些行為的次數，懲罰能有效的協助個案達成此目標。不過，諮商師也應當明白，懲罰通常無法完全消弭不良行為。常見的情況是，懲罰雖然減少不良行為於外顯環境中出現，例如，處罰青少年在家抽菸的行為。或許青少年屋內吸煙的情況的確消失了，但在室外抽菸的行為並未減少。所以，為了徹底消滅不良行為，建議應在施行懲罰的同時，增強與不良行為相抗衡的良好行為。

懲罰，可以是強加刺激，或移除增強物。強加刺激的懲罰例子有：體罰、追加差事或家庭作業，或要求對方反覆練習。移除增強物的懲罰例子有：禁足、不准出去玩、禁用平日使用之物（如：汽車、腳踏車、電玩遊戲組），或任何能剝奪其特權的物品。

懲罰能有效抑制不良行為，它的效果有賴諸多因素成全。設計懲罰方案時，必須考量欲被處罰的行為類型、懲罰的形式、懲罰的時機、在懲罰前是否需先提出警告，以及是否可搭配其他正增強策略等。此外，這些懲罰技術應能在不良行為發生時立即實施、實施的強度適當，且懲罰的程序應始終如一，不可朝令夕改。

懲罰是頗受爭議的技術。一方面，它的有效應用範圍和對象極廣。懲罰可運用於智能障礙兒童、自閉症患者、思覺失調症兒童、精神病患者、自傷或攻擊性強的人，以及桀驁不馴的兒童。實施懲罰，例如反應代價時，可以有效減少愛哭、過動、違規和飲酒行為（Henington & Doggett, 2010）。隔離（time out）亦可有效降低兒童的破壞行為。另

220　一方面，有些學者則認為懲罰只能用在極端案例上，盡可能使用正增強為佳。但懲罰通常比增強更快立竿見影，因此懲罰或可用在威脅性命的行為上，如：鑽牛角尖或自傷行為。

懲罰的效果可能是短暫的，難以持久。若移除懲罰的後果，被處罰的行為恐捲土重來。由於效果短暫，懲罰通常只能抑制行為出現。懲罰也有不少副作用。懲罰有時會引發逃離、躲避或攻擊（Doyle, 1998），是一種不佳的社會學習對象，暗示兒童也可以用懲罰對待他人。最後，某些嫌惡刺激會導致負面的心理副作用，造成個案未蒙其利，反先受其害。

本書最後數章提及的幾種技術，是根據懲罰原理來協助個案減少目標行為出現。這些技術包括：消弱、隔離、反應代價和過度糾正（積極練習）。消弱（extinction）典型的做法是剝奪讓個案持續不良行為的正增強物。例如，若兒童在課堂上的吵鬧行為是為了引起教師的注意，為了消弱兒童的吵鬧行為，此時教師就絕對不關注該兒童，任由他去。若兒童不再表現吵鬧行為，教師即可關心或獎賞兒童的良好行為。

隔離（time out）是指將個案帶離富含獎賞的環境，把他安置在缺乏獎賞區域的懲罰技術。典型的隔離，是叫兒童坐在旁邊的隔離椅上一段時間。用時間來制止未來可能發生的不良行為。反應代價（response cost）和正增強恰恰相反。運用反應代價時，先給個案一定數量的代幣，若個案表現目標行為，即扣除一枚代幣。一段時間後，若個案還有剩餘的代幣，就可得到預先說好的獎勵。過度糾正（overcorrection）有時亦稱「積極練習」（positive practice），是一種有效的懲罰技術。它要求個案反覆（通常是 10 次）做出正確的行為，用以：(1) 教導個案該如何以適當的方式表現行為；(2) 嚇阻未來不良行為發生。所以，若兒童往常都以用力甩門的方式進屋，此時即可要求孩子反覆安靜地進出屋子 10 次。往後，兒童就比較容易記住該靜靜地關門。諮商師需謹記，若希望懲罰技術發揮效果，應同時採用正增強策略。

行為取向—懲罰技術的多元文化考量

請見第八部分的多元文化考量一節。

CHAPTER 37

消弱

源起

　　消弱（extinction）是指依據懲罰原理，撤除正增強物，以減少特定行為的經典行為改變技術。經過五十多年的發展與驗證，此技術常用於親職教育訓練和班級管理。消弱可減弱先前被增強（有時甚至隱而不顯）的行為。例如，班上有某位學生為了獲得老師的注意，常常大喊大叫，此時老師要做的，應是忽略該位學生，不要理會他。一直關注這名學生的反應，等於增強他大聲喊叫的行為。移除正增強物後，應能降低大聲喊叫的行為。

　　如同其他形式的懲罰一般，消弱結合正增強能提升行為改變的效果。以較合宜的行為代替不當行為的策略稱為「反制約」（counterconditioning）（George & Christiani, 1995）。在消弱發生作用前，常會見到目標行為突然增多的現象。此種負向行為增加的情形，稱為「變本加厲」（extinction burst）。此外，若單只使用消弱，行為減少的速度恐怕有如牛步，無法立即見效。然而，消弱若能持續搭配正增強，給予表現良好行為的選項（亦即相互制衡），形成的效果較為迅速持久。

實施方式

　　決定實施消弱前，諮商師必須考慮想令其消失的行為的本質。如果目標行為的破壞性過高，無法容許其沒完沒了的繼續下去，或對該行為

視而不見，恐會引發他人起而效尤，此時消弱並非是個好方法。

實施消弱的第一個步驟是辨識目標行為所有潛在的增強物。破壞行為常見的增強物有：博取成人的注意、想聽到成人的意見、想讓同儕刮目相看、逃避參與活動等。要認定行為的增強物為何，得進行長期的分析，研究良好行為和不良行為發生前的事件和情境，以及每種行為的後果。辨明所有的增強物後，接下來就是設計移除增強物的方法。如果無法移除所有的增強物，消弱就會功虧一簣。實施消弱前的最後一個步驟，是選擇一項可以正增強、與消弱搭配的替代行為。

採用消弱時，諮商師應有目標行為會突然增加的心理準備（即「變本加厲」）。當目標行為發生時，諮商師應撤除所有的增強物，但當良好行為（即：制衡行為）發生時，立即給予獎賞。諮商師亦可監控或繪製個案的行為曲線，判定消弱和正增強成功與否。

222

變化形式

消弱技術有數種經典的變化形式。內隱消弱法（covert extinction）是要求個案發揮想像力，將消弱的畫面深植腦海中（Ascher & Cautela, 1974）。認定目標行為並辨明維持該行為的前因後果之後，諮商師引導個案想像沒有出現增強物的場景（Cautela, 1971）。個案要反覆想像場景數次，直到現實生活中該行為消失為止。當現實環境中難以掌控的增強物出現時，內隱消弱法特別有用。它亦可搭配傳統的消弱法或私下增強。在實驗室研究中，Ascher 與 Cautela（1974）發現，無論外在環境是否適合消弱，內隱消弱法都能成功減少先前被增強的外顯行為。

範例

克瑞格，五歲，最近老是沒由來的亂發脾氣。事情發生在他去祖母的家度週末後。克瑞格三歲的堂弟是生氣高手，當時也有去祖母家。克瑞格的父母親對兒子的轉變措手不及、非常失望，但他們還不知道有什

麼對策能應付這種情況。

諮商師（諮）：好，爸爸媽媽，請你們詳述克瑞格最近的壞習慣。

母親（母）：（把克瑞格抱在大腿上）嗯，偶爾會每天哭鬧，通常是一天數次。他哭得很大聲，把頭貼在地上，好像生氣到要發狂的樣子。除非我們立刻舉雙手投降，不然他就會更生氣。唔，他會哭到大吼大叫……但不是特別針對我或我先生。我們被他搞得快神經衰弱，我甚至覺得我的血壓飆高。真希望這種行為立刻消失。

諮：真的很令人傷腦筋，是吧？

母：對呀。看到他趴在地上哭得昏天暗地，我心裡也不好受。看起來他真的很難過。我是他媽媽呀，我不希望他那麼痛苦，所以我跟自己說：「有必要這樣嗎？」你知道的，叫他現在上床睡覺，或叫他把玩具收好，或馬上去刷牙，又不是什麼大不了的事，實在沒必要搞得大家都不高興，所以我只好妥協了。

諮：所以妳會讓他多待在那裡一會兒，或把玩具散落一地，甚至不用刷牙，是嗎？

母：對。

諮：當你們讓步後，他的反應如何呢？

母：喔，他會很快地恢復正常，有時還會比亂發脾氣前更高興。

諮：妳的讓步增強了他的行為呀！啊，我想到了。當他鬧脾氣時，曾經做過傷害自己或他人的舉動嗎？

母：沒有，從來沒有。即使他真的惹得我很煩，但我知道他是故意的。有時候他甚至會停下來看看我們有沒有在注意他。

諮：喔，我懂了。好的，那爸爸你呢？可以請你說說你的想法嗎？

父親（父）：我覺得或許那是一個過渡期。一開始我以為只會持續一段時間，可是最近的狀況越來越糟，讓我不堪其擾。我們試盡了一切方法，但是都沒有用，越來越不像話。

諮：沒錯，說的沒錯。請你告訴我他發脾氣時，你都怎麼回應？

父：嗯，通常我會讓我太太去對付他，如果她不在，我會走過去跟他說

話，試圖讓他冷靜下來。我儘量耐住性子，溫和又不失堅定的跟他說，但似乎沒有效果。（克瑞格爬下媽媽的大腿，走向書架上的圖畫紙和蠟筆。他坐在諮商室的另一角，開始畫畫）

諮：好，讓我確定一下我聽到的對不對。克瑞格可能從堂弟那裡學到這個壞習慣。他看到堂弟用發脾氣的方式為所欲為，他也有樣學樣。至少，他大概是看到堂弟得到所有人的注意，因此克瑞格判定這是個好方法，他想要親自實驗看看。從奶奶那裡回來後，第一次得不到他想要的東西時，他總得試一試。你們兩位大概沒想到事情會一路演變成這樣，錯得離譜。想像一下當你們衝向他，順從他的要求，還安撫他不要哭，他會有多開心。

母：（笑）小孩都很聰明，不是嗎？

諮：他們的學習能力很強──這也是我們的利器。好，所以克瑞格欲罷不能，哭鬧的效果越來越好，他可以隨心所欲、恣意妄為。爸爸你或許不會事事讓步，但他還是得到你的關注，好事一樁。而媽媽呢，幾乎都會妥協，對他來說真是再好不過了。我敢說你們的孩子真是天才！

父：跟我一模一樣。

母：像極了！

諮：（笑）很好。我再問你們一兩個問題，讓我更瞭解狀況。看起來到目前為止，克瑞格用發脾氣哭鬧的方式獲得關注、任意妄為，藉此逃避不想做的事，或得到他想要的東西。請你們想想最近他發脾氣前後，有沒有發生什麼事導致他哭鬧呢？

母：（兩個人想了數分鐘後，媽媽先開口了）我想到的每個例子，都跟你說的大致相同。你說的沒錯。

父：（點點頭，表示同意）對，我也這麼認為，我贊成。

　　諮商師準備教導家長消弱的概念，也就是刻意的忽略。

諮：我想建議你們採用一個叫做「消弱」的技巧。它背後的原理是，如果希望某個行為保留下去，就要傾注心力在此行為上。但如果不希

望看到某個行為，就要忽略它。孩子越想得到某個增強物——以克瑞格為例，就是你們的關注和放任，他會越發抗拒你們要消弱的企圖。

父：喔，天呀。

諮：沒錯。你們必須瞭解這點，才能做好心理準備。事實上，剛開始實施時，他一定會比以前哭鬧得更凶。

　　這就是前面提到的「變本加厲」。

諮：你們會看電視嗎？

父：當我下班回家後會，大學橄欖球季的星期六也會看。

諮：好。嗯，想像星期六的下午，你坐在沙發上，想喝杯小酒、配點小菜，好好觀賞一場橄欖球比賽。你放鬆心情，蹺起二郎腿，握著酒杯，拿出遙控器準備按下電源鍵，打開電視收看節目，可是卻沒半點聲響。此時你會怎麼做？

父：再按一次遙控器！

諮：可能會一次又一次地嘗試吧。以前只要你按下遙控器的按鈕，電視機的畫面就會跑出來。你以為只要一直按遙控器，或許再按用力一點、調整一下角度，它就會順利打開電視。為什麼那時候不直接放下遙控器，走向電視機，用手去按開關呢？

父：因為我知道遙控器一定沒問題呀，而且我坐在沙發上正舒服著呢！

諮：正是如此。當你們開始採用消弱技術對付克瑞格的哭鬧時，這就是他的想法。他會竭盡所能地大哭特哭，因為他確信以前這麼做都會得逞。現在，我請問你，你最後會放棄用遙控器嗎？

224　父：會呀。

諮：克瑞格也會的，但你們可以做幾件事，讓情況順利進展。首先，要持之以恆。倘若消弱要做不做，使得他無法預測你們的反應，反而會增加他發脾氣的次數。第二，稍後再讓步反而比一開始就讓步還要糟。所以要事先決定是否要順從克瑞格的要求。如果不願妥協，就要堅持到底。如果知道到最後還是會讓步，不如就在他要脾氣前

順他的意。最後，只要他冷靜下來，表現出合宜的行為，馬上就關
注他、讚美他。你們對他哭鬧和冷靜時的反應要截然不同。記住，
忽視你們不想見到的行為，但要關注你們希望多看到的行為。

母：會有點難度，對吧？

諮：並不容易做到，但值得一試。如果我們對他哭鬧的目的推理得沒
　　錯，就必須鍥而不捨，不可輕言放棄。（停頓一下）這麼說吧，我
　　們何不現在就來試試？（直到此時，克瑞格仍坐在諮商室一角的地
　　板上畫畫）

父：你是說馬上進行？在這裡？怎麼做？

母：收走他的蠟筆。

諮：好主意，媽媽。我們可以要求他放下蠟筆，過來這裡。你們覺得如
　　何？

母：接下來要做什麼？

諮：我們要做的，恰好是你們今天離開這裡後要做的事。我們要假裝什
　　麼事都沒發生。不要看他、不要挑眉或叫他的名字。當他自己冷靜
　　下來以後，我們要對他的表現讚不絕口。

母：聽起來很不錯。好吧，我們來試試看。

諮：爸爸你呢？

父：當然，我沒意見。反正以前做的都以失敗收場。

諮：媽媽，可以請妳示範嗎？

母：好的。（走向克瑞格）克瑞格，請你把蠟筆放回書架上，到我這裡
　　來一下。

克瑞格（克）：我還想玩。

母：等我跟你說完後，你可以再回去玩。請你把把蠟筆放回書架上，到
　　我這裡來。

克：媽！我還要玩！（停頓）不要、不要（開始哭泣）、我不要啦！
　　（克瑞格越哭越大聲，用手遮住臉、蹲下來，把臉埋進手裡。克瑞
　　格的媽媽顯得很緊張）

諮：好，媽媽，看著我，盡可能以自然的態度跟我說話。什麼事都沒

有。我們是三個正在談話的大人，沒事的。告訴我，妳為什麼會這
麼緊張呢？告訴我妳現在的感受。

母：（媽媽看著地板好一會兒，或許是避免自己看向克瑞格）他好像很
　　失望不滿。（定睛看著啜泣的克瑞格）

諮：看這邊。記住，不要看他、不要有任何動作、不要有任何反應。

母：好的。（深呼吸一口氣）我有點想走過去把蠟筆拿給他，這樣他才
　　不會吵吵鬧鬧。

諮：（偷瞄克瑞格，見到他正抬頭看父母親有沒有注意他。接著又哭得
　　更大聲，但像爸媽說的一樣，哭聲沒那麼可怕，但一副氣沖沖的樣
　　子）哇，你們說的沒錯，但為了他好，讓我們繼續談話，很快就能
　　熬過去。

母：（看向爸爸，爸爸緊握她的手）對，不過很好玩……現在的情況都
　　在意料之中，我反而覺得好多了。如果這是老伎倆，還真是逼真
　　呢！你們不覺得嗎？（克瑞格哭得更聲嘶力竭。）你們覺得地獄的
　　人聽得到嗎？

225　諮：（在諮商師回答前，克瑞格突然停止哭泣，安靜無聲）哦，克瑞
　　格，我很高興看到你不哭了。非常好，過來一下好嗎？（克瑞格又
　　開始哭叫，彷彿樂此不疲）

諮：沒關係，不要管他。記得嗎？什麼事都沒發生。

母：但他怎麼又哭了？他通常哭過一次之後，就不會再哭了。

諮：那是因為你們以前都會滿足他的需求，所以他才不哭了。但這一次
　　不一樣，就算他再怎麼哭，我的要求始終如一，這就是我們之前談
　　到的「變本加厲」現象。（克瑞格再度停止哭泣。）媽媽，這次換
　　妳了。

母：很棒，克瑞格！我們希望你現在就過來這裡。（克瑞格乖乖聽話，
　　坐在媽媽的大腿上。媽媽緊緊地抱住他，爸爸也輕撫他的背）

諮：爸爸、媽媽、克瑞格，你們都做得很好。記住，不管他哭得多大聲
　　或多生氣，不管他哭或不哭，你們的反應都不能改變。你們看，我
　　們要他放下蠟筆，他還不是活得好好的。另外，我們要忽視他發脾

氣的行為，當他冷靜下來的時候，好好地讚美和擁抱他。這兩個反
應有很大的不同。

母：他現在看起來很好。

諮：沒錯，的確如此。

父：我覺得我們辦得到，這種現場示範的方法讓我們獲益良多。以前我
們只會落入惡性循環、束手無策。

諮：很好，很高興對你們有幫助。在你們離開前，還有什麼問題嗎？

母：有時候妥協也沒關係吧？只要一開始就妥協就好了？

諮：當然，但如果妳做出選擇，就要穩住立場。

母：好。

諮：如果你們能每天記下他發脾氣的次數，以及哭鬧持續的時間，效果
會更好，也可以用它來評估消弱的效果。

母：好。只要記錄何時發生及何時結束即可？

諮：對，就這麼辦，如果可以的話，請妳儘量詳細記錄下來。最重要的
是，注意接下來幾週的進展。喔，還有一件事……如果有任何人要
拜訪你們家或跟你們在一起時，要事先跟他們解釋你們正在進行消
弱克瑞格吵鬧行為的任務。要向他們強調你們的決心，請他們聽從
你們的指示，忽視克瑞格的行為。

父：祝我們好運！

效果與評價

　　消弱技術的效果研究幾乎集中在五十多年前，被視為經典的研究。
消弱的應用範圍很廣，只要目標行為不要太具破壞性，或引發模仿風潮
即可（Benoit & Mayer, 1974）。實施消弱前，諮商師要盡可能全面控
制住目標行為的增強物。如前所述，消弱若能持續搭配正增強，給予表
現良好行為的選項，通常能有效改善兒童不聽話和攻擊的行為（Groden
& Cautela, 1981）。Williams（1959）發現，消弱能有效減少兒童亂發
脾氣。當家長叫孩子上床睡覺，不再進入孩子的房間因而不再增強他們

的哭鬧行為後，孩子的哭鬧行為在 10 次以內就能完全消弭。實施消弱最大的挑戰在於父母親的動機：Borrego 與 Pemberton（2007）的調查顯示，消弱是六種行為改變策略中，最不受家長青睞的技術〔排名依序為：反應代價（最受歡迎）、代幣制、隔離、過度糾正和差別待遇〕。

CHAPTER 38

隔離

源起

　　被廣為使用的隔離（time out）技術，是根據操作制約的懲罰原理
所建構出的行為矯治策略。行為治療的擁護者堅稱所有的行為，不管
是良好行為或不良行為，都是透過操作制約和模仿的過程習得。懲罰
意指移開刺激，減少行為再度發生的可能性。由於隔離的效果良好，
此技術已成為教育場域中指正兒童行為的重要策略（Knoff, 2009）。
隔離是最常被用來減少兒童問題行為的行為改變策略（Evere, Hupp, &
Olmi, 2010），也是六種行為管理策略中，被家長評為滿意度第三名的
策略（Borrego & Pemberton, 2007）。隔離也是親職教育訓練常用的方
式（Eaves, Sheperis, Blanchard, Baylot, & Doggett, 2005），廣受社會大
眾青睞。

　　當兒童表現不良行為時，隔離是一種撤除正增強物的懲罰手段，希
望兒童藉此學到為了保有正增強物，以後不要再表現不當行為。隔離是
用來減少不當行為（即：處罰）和增加適當行為（即：增強）。因此，
可用隔離教育兒童該做什麼、不該做什麼（Knoff, 2009），它是針對當
下不良行為和預防未來不良行為的懲罰機制。

實施方式

　　隔離最常使用在兒童身上。實施隔離前，諮商師應先熟悉三種不同
的隔離類型。孤立式隔離（seclusionary time out）是指將兒童帶到另一

個房間去，也就是所謂的隔離間。排他式隔離（exclusionary time out）是指將兒童帶離他正在活動的場合，例如請兒童站在樓梯或走道上。非孤立式隔離（nonseclusionary time out）是指把兒童留在原地，但卻不准他繼續參加他喜愛的活動。

實施隔離時，成人應以清楚、明確的語言告訴兒童為什麼他要被隔離。隔離只能用在已糾正和警告兒童之後。依不良行為的類型，成人應據此選用隔離的形式。實施隔離時，成人應避免以外力限制身體活動、強迫兒童隔離，即使有些情況例外。唯有在兒童傷害自己或他人時，才需在受過專業訓練下，動用外力限制他們的身體活動。隔離的時間因人而異，通常在五分鐘左右。年紀越小的孩子，隔離的時間越短；年紀較大的孩子，隔離的時間要越長，才能有效阻絕未來的不當行為。隔離兒童時，成人應在旁監控。若隔離時間終了，就該讓兒童重新參與活動。亦即當兒童的隔離時間結束，成人應以尊重的心態對待兒童，讓他們重新加入原本進行的活動。千萬不可斥責兒童或強迫他們道歉。但若兒童自願道歉，能稱讚他更好。強迫兒童道歉幾近白費工夫。雖然可以要求兒童道歉，卻無法要他們對做出的不良行為心懷歉意。

選用隔離技術時，最好能先蒐集基準線資料，支持這項做法。資料紀錄應包括：概述實施隔離前兒童的行為、行為發生的時間、隔離持續的時間、隔離的類型、兒童被隔離時的行為表現等。經過兩週後，成人應檢視資料，評估隔離是否有效。一般說來，隔離常用於二或三歲的孩子（Spencer, 2000），大至青少年亦可。隔離甚至能有效用在成年智能障礙者。

隔離兒童時，Erford（1999, p. 208）建議可要求他遵守以下七個原則，增加其行為順從度：(1) 腳要踩在地板上；(2) 椅腳不能離開地面；(3) 手要放在大腿上；(4) 屁股要坐在椅子上；(5) 睜開眼睛，看著牆壁；(6) 不可以發出聲音；(7) 坐正，背靠椅子。在兒童的面前討論隔離的程序無妨，但若能請家長、老師或照顧者回答幾個問題，一起思考有哪些需要修正和可能引發爭端的地方更好。在兒童離開隔離椅前，需再次提醒兒童順從地表現出成人要求的行為（如：「你可以做到我要求的

事了嗎？或者你想再坐在這裡一段時間？由你決定。」）。

變化形式

Erford（1999）說明隔離的另一種變化形式——不定時延長隔離。決定對兒童實施隔離並使其瞭解上述隔離的七項原則後，就得要求兒童在隔離的這段期間確實遵守規範。如果違反任何一條規定，隔離的時間就得延長一分鐘（如：五分鐘加上額外處罰的時間）。無論由誰對兒童實施隔離，都必須嚴格執行延長的時間，否則兒童不會將隔離視為懲罰。

「坐在旁邊看」（sit and watch）則用於課堂上。如果學生被叫去「坐在旁邊看」，就請該名學生拿個沙漏（為時至少三分鐘），自行到教室角落去坐著計時。時間一到，學生方可重新參與活動。教師採用「坐在旁邊看」時，亦可加上不定時延長策略，例如：

> 「坐在旁邊看」一次，就失去當日的電玩遊戲時間；「坐在旁邊看」兩次，就失去每兩星期一次的自由活動時間；「坐在旁邊看」時還再搗蛋，就失去當天稍後的自由活動時間；「坐在旁邊看」時跟別人講話或高談闊論，就繼續「坐在旁邊看」。（White & Bailey, 1990, p. 356）

範例

以下的逐字稿範例，描述諮商師教導媽媽如何運用不定期延長隔離技術於八歲的凱文身上。諮商師首先評估凱文的行為，判定隔離是媽媽可用來減少凱文問題行為的適當介入策略。諮商師教導媽媽如何使用隔離技術。這次的療程中，諮商師先簡單地向凱文示範隔離的過程，接著協助媽媽照做一次。

228　　諮商師（諮）：好的，媽媽和凱文，我們現在要做的，就是演練一遍不
　　　　　　定時延長隔離所需的步驟和細節。媽媽，請你仔細看我做一次，我
　　　　　　會儘量不拖泥帶水，然後請你們跟著做一遍，這樣可以嗎？

　　　母親（母）：好。

　　　凱文（凱）：好，沒問題。

　　　諮：那就開始囉。「凱文，看電視的時間結束了，請你準備穿好睡衣、
　　　　　上床睡覺。」現在，凱文，請你假裝不聽我的話。媽媽，請記住，
　　　　　他有五秒鐘的緩衝時間。如果他說不要或不聽話，妳得警告他。

　　　凱：好，嗯……不！我不要！

　　　諮：「凱文，看你是要穿好睡衣上床睡覺，還是被隔離，由你決定。」
　　　　　媽媽，妳就這麼說，讓凱文做決定──要不穿好睡衣準備上床睡
　　　　　覺，或者接受處罰。這是他的選擇！

　　　母：好，我希望他能自己做決定。

　　　凱：（對諮商師吐吐舌頭，交叉雙臂）

　　　諮：沒錯。再說一次，他只有五秒鐘的時間。「凱文，請你過去坐在那
　　　　　張隔離椅上，直到我說可以才能起來。」（凱文低聲抱怨，但仍乖
　　　　　乖聽話，坐在隔離椅上。）媽媽，要記得，當他坐好後，妳要提醒
　　　　　他隔離的七條規則。妳也可以做成海報貼在隔離椅對面的牆上，當
　　　　　作提醒物。

　　　母：我知道，七條規則。

　　　諮：「凱文，請遵守隔離椅的七條規則：雙腳踩在地板上，椅腳也要穩
　　　　　穩地貼住地板。你的雙手要放在大腿上，屁股也要好好地坐在椅子
　　　　　上。你的後背要緊靠椅背，不可以發出任何聲音，而且要張開眼
　　　　　睛看著面前的牆壁。如果你打破規則，就要多留在隔離椅上一分
　　　　　鐘。」

　　　母：可以請你示範該如何處理他打破任何一條規則的情況嗎？

　　　諮：當然可以。凱文，請示範剛剛媽媽說的話，打破隔離椅的任何一條
　　　　　規則試試。

　　　凱：好。（凱文開始大聲地擺動雙腳、踩踏地板）

諮：（用堅定但溫和的語氣）「我說過，你的雙腳要好好地踩在地板上。凱文，你得多坐在上面一分鐘。」（停頓一會兒）媽媽，因為凱文違反了數條規則，原本該坐在隔離椅上五分鐘，現在得加上延長處罰的時間。妳要跟他一起待在原地，確定他遵守妳的要求。隔離時間結束，告訴他：「凱文，你的時間到了，你準備關掉電視上床睡覺，還是繼續坐在隔離椅上？由你決定。」

凱：我要去睡覺了。

諮：很好，凱文。我們已經完成隔離的練習，你做得非常好。謝謝你的協助。

凱：不客氣。這就是隔離的狀況嗎？

諮：是的，但在家裡會不太一樣。因為你會生氣，也可能不會。或許你會想出什麼點子，也不想要坐在角落裡。好，媽媽，輪到你了。凱文，換媽媽跟你練習。

到目前為止，諮商師已評估凱文的問題行為，教導媽媽該進行不定時延長隔離的步驟，並親身示範。接下來換媽媽跟凱文角色扮演，先在諮商師的辦公室裡，再類化到真正的家。

凱：我要過去坐在椅子上？

母：好，請你過來坐在這張椅子上，聽到了嗎？

諮：不錯。現在，請重述一遍隔離椅的七條規則。

母：「記住，把腳穩穩地踩在地板上，坐好。在這五分鐘內，你的眼睛要看著牆壁，不可以說話、不可以發出聲音或做任何事。」

諮：「還有，凱文，椅腳不可以離開地板，雙手要放在大腿上，屁股也要好好地坐在椅上子。」若妳覺得他瞭解規則了，就不需要每次重複一遍。但可以告訴他打破哪些規則，讓他知道為什麼會被延長處罰時間，才算公平。還有，我剛才提到，有些家長會把規則寫下來貼在隔離椅對面的牆上，白紙黑字就像契約一樣……好，媽媽，他在這五分鐘的情況如何？

母：他閉上眼睛了。

229

諮：走過去告訴他。

母：「凱文，請把眼睛睜開。」

諮：記住，如果他違反任何一條規則，就走過去告訴他處罰時間延長了。

母：「凱文，你把眼睛閉起來了，我要增加一分鐘，可以嗎？」

諮：我不知道妳現在下指令的方式，是否會跟在家裡一樣。不過這種下令的方式好像在詢問。不需要用問句，不要在句尾加上「可以嗎？」這幾個字。

母：好。

諮：他同不同意妳的指令並不重要，重要的是他要做到。詢問的語氣會讓凱文以為「我有選擇權」。他可能會回答：「不可以，媽媽，我不要。」妳問「可以嗎？」會讓他誤認為可以提出異議或回嘴，這樣不對。妳的指令就是命令，妳的句尾語氣要讓他無從反駁。

母：嗯，聽起來很合理。天啊，我不大會說。如果我能改進，效果一定很大。

諮：我同意。讓我們拭目以待吧。看來凱文做得不錯，隔離時間也差不多到了……

母：「凱文，可以請你過來這裡嗎？」

諮：（示範給媽媽看）「凱文，請過來這裡。」

母：好。「凱文，請過來這裡。你要聽我的話，去阿嬤家時不要惹麻煩，懂嗎？」我說「懂嗎」，可以嗎？

諮：沒關係，或者說：「了解了嗎？」這樣也可以。

母：「你知道我們出門買東西時該怎麼守規矩了吧？不可以無理取鬧或發牢騷。」

凱：「或許吧。」

諮：我不接受「或許吧」這種說法。

母：好。

諮：好，我只想聽到你說「是」或「不要」。

母：接下來該怎麼做？

諮：這時候我會跟他說：「凱文，我要你回答是或不要。『或許吧』不是我可以接受的回答。」

凱：「不要。」

母：喔⋯⋯

諮：「你可以跟我一起出門購物，或者坐在隔離椅上五分鐘。由你決定。」

凱：「我要跟妳一起去。」

諮：媽媽，做得非常好！他不想坐在隔離椅上，這就是他的回答。好，媽媽，妳覺得這個方法可以用在家裡嗎？妳準備好了嗎？

母：可以，雖然還有些疑問和挑戰。

諮：很好，有問題時我們可以再來討論。記得要繼續用我上次給妳的不聽話紀錄表，繼續記下凱文這週的行為表現。我們下次晤談時，就一起看看這張表，瞭解他的狀況是否改善。

230

> 凱文和媽媽回去實驗隔離的效果，約一個星期後，再來討論有無任何需要改進的地方。就算媽媽能在家裡對凱文實施隔離法，但凱文的反應和媽媽的情緒，仍有些問題需進一步探討。諮商師要能撥空接受此類諮詢。隔離最常失效的原因，在於無法持之以恆，或實施時出現突發狀況。以下是這次談話的摘錄。

諮：好，這就是我所謂的「故障排除」療程。讓我們來看看凱文的行為有沒有改善，也談談實施隔離的狀況。

母：嗯，我記下凱文這週的行為，跟之前的做比較。他的確改善很多，問題變少了，但還不夠⋯⋯

諮：並沒有像妳所想的那麼好，是嗎？

母：是呀，或許效果僅止於此吧⋯⋯

諮：妳認為隔離的效果應該要更好？

母：沒錯，我是這麼覺得。它也比我想像中的難實施。

諮：好。嗯，隔離可以有效減少像凱文那樣不聽話的行為，但隔離也可

能失效，不過並不用太擔心。請妳多告訴我實施過程中遇到的困難。妳說比想像中的難，是嗎？

母：是的……嗯，我先講容易的部分，再講棘手的地方。

諮：好主意。那麼，請先告訴我進行得還不錯的部分。

母：我記得你強調應該要讓隔離顯得無聊和乏味……我覺得這個部分我做得不錯，有讓凱文深切體會到被隔離和不被隔離的差異。唔，我是說，我很確信只要他的隔離時間結束，願意聽話，我就立刻讚美他的良好行為。我也確信他被隔離時沒有提供他正增強物。

諮：很棒，聽起來妳真的很用心。

母：我盡我所能。而且我也強調是他自己決定要隔離，所以是他自己選擇接受懲罰，所以我並不覺得難受。

諮：非常重要，對，很好。

母：有困難的地方是，他被隔離時很煩躁，沒有遵守所有的規則。

諮：當凱文沒有坐正或安靜地坐好，妳的情緒會受影響。

母：是的，我感覺他被隔離時，我們陷入了權力角力中。

諮：什麼意思呢？可以多說一點嗎？

母：嗯，他不肯把雙腳好好地踩在地板上，老是發出噪音。我提醒他不要這麼做，不然就要延長時間，他卻依然故我。我就說：「好吧，凱文，因為你沒有把腳放好，你必須再多待一分鐘。」結果他就開始跟我爭論不休。我很生氣，又再多加一分鐘，我覺得我一下子延長太多時間了，所以我試著跟他好好解釋，沒想到卻沒完沒了……這讓我認為隔離耗費太多時間，根本自討苦吃。

諮：好，我想我瞭解了。我認為最大的問題是只要妳繼續跟凱文纏鬥，情緒受他影響，隔離就不像處罰般的無聊。事實上，這樣還會讓凱文樂在其中。採用不定時延長隔離時，某些家長也有同樣的困擾，你們並非特例。我知道實行並不容易，但重要的是把跟他的對話降至最低。可以請妳和凱文示範一段這週實施隔離時典型的對話嗎？凱文，可以嗎？

凱：好呀。可以用這張椅子當隔離椅嗎？它看起來毛絨絨的很舒服！

231

諮：當然。

母：好。現在是隔離時間，很快地他就開始踢腳或動來動去，有時候還
　　會故意閉上眼睛。

諮：好，凱文，請你做一遍剛剛媽媽說的動作。（凱文緊緊閉上眼睛，
　　露齒而笑）

母：凱文，你應該睜開眼睛，看著牆壁。凱文，睜開眼睛，不然我要多
　　加一分鐘了……好，凱文，你的隔離時間延長一分鐘，因為你不睜
　　開眼睛。

諮：好，我懂了。接著凱文就會像妳說的，開始跟妳爭論、無理取鬧，
　　妳只好耐著性子跟他解釋，是嗎？

母：是的。

諮：好，謝謝你，凱文。（面向媽媽）容我再說一次，妳剛剛和凱文的
　　對話，對他來說很好玩，而且認為自己有選擇不要隔離的權利。我
　　會給妳一些修正做法的選項，妳可以看哪一個最適合妳。

母：好的。

諮：如果妳回想上星期我示範延長一分鐘的畫面，就會發現我只有簡單
　　的說：「凱文，把你的雙腳好好踩在地板上，你又多一分鐘了。」
　　像這樣，用非常堅定且精確的語言，不要鼓勵他跟妳討價還價，也
　　不需要像妳剛剛做的，還特別去警告他。隔離時不用警告。警告是
　　用在隔離前，一旦開始隔離後，他已曉得七條規則，不需要再警告
　　他。如果他違反規則，就延長一分鐘。如果他再違反另一條規則，
　　就再加一分鐘。

母：如果我說的比你還簡單，只告訴他你的時間再加一分鐘，這樣可以
　　嗎？

諮：怎麼說呢？

母：因為他可能已經知道為什麼要加這一分鐘了，就像你說的，他知道
　　規則是什麼。

諮：有道理。如果他不懂為什麼，可以隔離結束後再跟他討論。嗯，當
　　他被隔離時，妳好像很難不去跟他講話，所以隔離的效果才會降

低。或許接下來的建議會比較有幫助。其中一種是當凱文被隔離時，無論如何都不可跟他說話，如此一來情況將大為改觀。妳可以用煮蛋計時器或其他的計時器皆可，讓凱文可以清楚的看到。當他違反隔離的規定，妳不用說任何話，只要在計時器添上一分鐘。他看到就明白發生了什麼事，也知道為什麼會這樣。另一種方法叫做「手指法」。意思就是每當違反一條規則，妳一樣不用說話，只需舉起一根手指頭，讓他知道隔離時間又多了一分鐘。這麼一來，隔離期間就沒有對話，也毋需解釋和警告。

母：好，我喜歡用舉起一根手指頭代表增加一分鐘這個做法。

諮：我相信這麼做能避免你們陷入權力鬥爭中，減少挫敗感。我們何不再來練習一次呢？

　　凱文和媽媽過了兩週後再次求教於諮商師，評估他們的進展，
　　並提供其他的協助。

232　諮：從上次見你們到現在已經兩個禮拜了。上次我們談到隔離的程序，你們有點苦惱，媽媽妳談到希望隔離能對凱文發揮效果，而且容易實施。現在事情的進展如何？

母：凱文，你先說還是我來說？

凱：我做得很好！

母：沒錯。

諮：請告訴我「很好」的意思。

凱：我只有被隔離兩次！

諮：這兩個星期？這兩個星期只有兩次？開玩笑的吧？這兩個星期你只有被隔離兩次？真的嗎？

母：真令人難以置信，很了不起。

諮：多說一點。

母：嗯，首先，我們不再為此爭論不休。我下指令，他有權選擇要不要遵守。若選擇隔離，他就得遵守規則。如果違反規則，我就舉起手指頭，暗示他處罰時間延長一分鐘。我不用生氣，因為他知道規定

就是如此。隔離時間結束，就像所有事情都沒發生一樣，回歸正常，服從我原來的指示。可以說他現在極力避免被隔離。隔離真的很無趣，乖乖聽話還比較划算。

諮：看來隔離的確達到威嚇的效果了？

母：對。他被隔離的那兩次，都是因為他太累了，要做的事情太多。他比平時還要焦躁，堅持不聽話。但現在你看看，隔離的效果出現了。

諮：那麼，凱文，可以說隔離是你現在避免接受的處罰了嗎？請你明白的告訴我，隔離的壞處有哪些？

凱：要坐得直挺挺的。時間結束後，還是得做媽媽剛才要求的事。

諮：凱文，你這兩個星期都有乖乖聽話，有沒有以自己為榮呢？

凱：不要闖禍感覺還比較有趣。

母：事情的進展很順利，家裡的氣氛好多了。身為家長，我不得不說，奪回控制權的感覺真好。

效果與評價

　　隔離可用來減少各種行為，包括：亂發脾氣、吸吮手指和攻擊他人。從過去的文獻亦可看出，隔離亦可用於各種不同的對象，如：智能障礙且有破壞行為的兒童（Foxx & Shapiro, 1978）、特殊教育班級的兒童（Cuenin & Harris, 1986）、餐前會搗亂的智能障礙成人（Spindler Barton, Guess, Garcia, & Baer, 1970），或會自我傷害和借故生端者（Matson & Keyes, 1990）、患有注意力缺陷過動症的兒童（ADHD; Reid, 1999）、不聽話的兒童（Erford, 1999; Reitman & Drabman, 1999）、反抗心和攻擊性強的兒童（Sherburne, Utley, McConnell, & Gannon, 1988）。隔離可以成功應用於各種教育場域的兒童問題行為，普通教育和特殊教育一樣有效（Ryan, Peterson, & Rozalski, 2007）。隔離亦可作為大小規模親職訓練課程的一環。這些課程通常稱為親職教育訓練，循序漸進地教導家長少用侵略性的手段，多用限制性的措施

（Kazdin, 2005）。

　　有些因素會影響隔離的效果。執行者是隔離成功與否的關鍵。此外，Erford（1999）指出，幾乎所有的孩子都討厭無聊，他們會盡一切可能避開枯燥無味的事。因此，隔離的環境需剝奪視覺和聽覺刺激，這樣兒童在隔離時才不會接收到任何正增強。

　　多不勝數的實證研究都支持隔離能提升兒童的自我控制能力。研究者發現，將隔離納為治療計畫的一部分，能協助情緒障礙學生改善行為和工作表現（Ruth, 1994）。Barton、Brulle 與 Repp（1987）的研究發現，隔離能增強智能障礙學生的自制力。另一項研究發現，隔離能有效減少一位四歲兒童的不當反抗行為（Olmi, Sevier, & Nastasi, 1997）。隔離亦可大大降低手足間的紛爭（Olson & Roberts, 1987）。由於隔離能幫助兒童調節情緒，給兒童冷靜下來並學習管理困境的機會，因此它不但能改善兒童的行為，還能促進親子關係（Kazdin, 2005）。因此，隔離已然成為有效的親職紀律訓練方式（Morawska & Sanders, 2010）。Tingstrom（1990）調查教師認為有助於隔離程序發揮成效的行動，發現隔離是嚴重問題行為發生時普遍受到認可的做法。Erford（1999）建議隔離與正增強搭配運用，方為教導兒童合宜行為的上策。

　　隔離最大的問題之一，在於常被誤用（Betz, 1994）。Betz 建議隔離是處理嚴重問題的必要之惡，不到最後關頭不輕易使用。不贊成使用隔離的學者批評它是「處理不當行為的不當策略……只會衍生更多的兒童問題，影響兒童的健全發展，嚴重損害親子關係」（Haimann, 2005, p. 1）。若使用隔離無效，執行者應檢查隔離椅的位置或空間，不應比兒童要被帶離的環境還有趣。否則有些兒童還會故意搗蛋，想被送去隔離（Bacon, 1990）。

　　隔離對位於自閉症光譜功能低下端的兒童通常發揮不了作用，因為他們本來就不在意減少社交接觸。影響隔離效果的因素有：過度使用、延後隔離、沒有貫徹始終、對兒童大吼大叫等。隔離要合乎現實狀況，它並非萬靈丹，常常使用反而會失效（Spencer, 2000）。隔離應是用來防止未來不良行為發生。

　　實施隔離時，必須考量它的法律和倫理層面。若需在教育場域實施隔離，Yell（1994, p. 295）提供以下數個指導原則：留意地方或州政府對隔離的法規政策；明定實施隔離的程序；實施前先得到主管同意；和特殊教育兒童的個別化教育計畫（individualized educational plan, IEP）團隊成員一起決定採用隔離來減少不良行為；確保隔離具備合法的教育功能，以合理的態度為之，並詳細記錄完整的過程。

CHAPTER 39

反應代價

源起

反應代價（response cost）是一種根據懲罰原理、移除獎賞的操作制約方法，用以減少某特殊行為出現（Henington & Doggett, 2010）。反應代價，又稱「附加成本」（cost contingency），類似罰款、交通違規罰單和橄欖球的碼數罰踢等。當個體表現不當行為時，常採用反應代價扣除他的點數或代幣。當兒童表現良好行為時，即可獲得點數；但若表現不良行為，則扣除點數。在預定時間內，兒童可以贖回點數作為獎賞（Curtis, Pisecco, Hamilton, & Moore, 2006）。反應代價可用外部管理或自我管理的方式。採外部管理方式時，由教師、父母親或其他受過訓練的人員負責收回獎賞。採自我管理方式時，由個體自己負責收回獎賞。

反應代價能大大減少不當行為，若能結合獎賞、點數（代幣）、隔離等備案，效果更好。無論是家裡、教室或遊戲場所，都很容易實施反應代價（Keeney, Fisher, Adelinis, & Wilder, 2000）。調查美國父母親常用的六種行為管理技巧，Borrego 與 Pemberton（2007）發現反應代價是最受青睞的行為管理策略。單靠一個人即可監控反應代價的實施狀況，也不需要額外付出時間或金錢成本。

實施方式

反應代價通常用在學齡兒童身上。實施反應代價前，須先完成三個

步驟。首先，確認特定的目標行為，一次以一或兩種行為為主。其次，決定上述行為的罰則或代價。可能的話，代價應為自然或合理的後果，或可使用代幣為代替品或提醒物。第三，開始實施前，告訴個案代價是什麼。可以使用提醒單或行為契約。

　　反應代價的構想方案不勝枚舉，重點是當個體表現該被禁止的行為後，須因而失去獎賞。首先觀察並計算目標行為的基準線。接著，由諮商師決定個案一天開始時的點數數目、能夠賺取代幣的正增強過程，或撤除獎賞的形式，例如：縮短休息時間。接下來，開始實施反應代價方案，只要個案表現目標行為，即撤銷獎賞。最後，每隔一段時間、天數或週數結束時，即根據計算後的點數或代幣數給予獎賞。若個案有多餘的代幣，即從優獎勵；若代幣用罄，則不給予獎賞。

235

　　有幾個準則可讓反應代價的效果更好（Walker, Colvin, & Ramsey, 1995）。反應代價應結合增強制度，以鞏固期望行為，且經常嘉許個案的正向行為。同樣，每次目標行為出現時，應立刻實施反應代價，不可讓個案繼續「賴帳」，並掌握個案得失點數的比率。

　　剩餘代幣的數目必須受到監控。若個案連續三至五天得到獎賞，則可限縮獎賞標準。例如，若 15 個代幣是起始數目，但個案第一天還剩五個代幣、第二天還剩七個代幣、第三天還剩八個代幣，諮商師應在接下來的日子裡只給個案六或七個代幣，直到一天只給一個代幣為止。這代表行為改變的消弱過程已經發揮作用，反應代價的效果指日可待。當個案一整個星期都沒有損失任一個代幣（即：不再表現不當的目標行為），則可結束反應代價。

範例

　　珊曼莎，九歲，在諮商師和雙親的協助下，行為進步不少。到目前為止，珊曼莎的爸爸媽媽齊心合力，運用讚美與獎賞等正增強策略，成功地讓她學會整理床鋪、做功課、展現良好的餐桌禮儀等。他們也運用不定時延長隔離等懲罰技術，成功地改善珊曼莎不聽爸媽的話等不當行

為。在下面的晤談範例中，珊曼莎和父母親正討論一個往常的行為改變計畫似乎無法發揮作用的行為。

諮商師（諮）：媽媽，你們打電話來預約時談到，珊曼莎有一個讓你們非常想改變的行為，但隔離或正增強好像沒有效果。

母親（母）：是的，我聽說你能提供建議。希望行得通。

諮：只要我們合作無間，一定可以想出好辦法。

母：我就是想聽到這句話！嗯，首先，我要說的是，珊曼莎的表現不錯，但她愛無理取鬧的問題……實在讓人不敢恭維。

諮：無理取鬧啊……的確讓人很難接受，我們也不該放任她。若在外面也耍賴胡鬧，日子恐怕過不下去，我贊成注意這個問題，否則對珊曼莎沒有任何好處。

珊曼莎（珊）：還有尖叫。

母：尖叫是不像無理取鬧那麼嚴重、引人側目。

珊：（哽咽）可是我想處理尖叫的問題。

母：看吧。

諮：好，好，我知道了，那就處理無理取鬧的問題吧。珊曼莎，妳的看法呢？妳想處理無理取鬧的問題嗎？

珊：想啊，你問爸爸。

諮：爸爸你怎麼看？

父親（父）：無理取鬧或頂嘴吧。

諮：好的。我們可以處理其中一個，但最好是……

母：分開處理。

諮：對，分開處理。剛開始最好一次只針對一個簡單、你們最想處理的行為。所以，媽媽和爸爸，你們希望處理無理取鬧還是頂嘴呢？

父：無理取鬧是指不聽我們的話而做出的反應，還是一般的無理取鬧？我想搞清楚。

母：對不聽話的反應。沒錯，只要我們叫她聽話，她就無理取鬧。

父：不聽話，也可以算是頂嘴吧？

諮：你們可以任選一樣要求她服從或聽話的特定行為，把想要消除的行
　　為定義清楚。新的行為改變計畫針對她不聽話無理取鬧的反應，以
　　及對其他的無理取鬧一視同仁。我不確定這是否為你們的看法……
　　把一般的無理取鬧包括在內，這樣比較有效，也不會弄得我們一頭
　　霧水。任何無理取鬧，不管是不聽話之後的無理取鬧，還是其他的
　　無理取鬧，都包括在內，你們覺得如何呢？

母：幹嘛只限定她不聽話的無理取鬧呢？因為別的原因無理取鬧也可以
　　呀，我們希望界定的範圍大一點。

諮：爸爸你的意見呢？不要礙於壓力而同意，告訴我們你的想法。

父：讓我回想一下珊曼莎有沒有什麼特別的例子……她頂嘴的方式就是
　　無理取鬧，但也不是所有的無理取鬧就是頂嘴。好吧，我決定了，
　　所有的無理取鬧都算。

諮：好，那麼就泛指無理取鬧吧！接下來非常重要的事，是界定無理取
　　鬧的意思。當然，有些狀況顯而易見，但把它定義清楚，這樣爸爸
　　媽媽才不會各執一詞，連珊曼莎也有自己的一套說法。我們希望大
　　家對「無理取鬧」形成共識。

母：可以。

諮：我們現在要請媽媽舉例，告訴我們珊曼莎無理取鬧的模樣。請大家
　　注意聽。好，媽媽，請開始。

母：好的。例如我跟她說：「珊曼莎，我們要去旅行……」、「我們要
　　出門逛逛，帶妳到處玩玩。」她立刻回嘴說：「我不想去，我不要
　　去，我不要、我不要跟你們去！」不管當時是坐著還是站著，她可
　　以馬上變臉、聲嘶力竭，吵到屋頂掀開。

父：（笑）說得真好，演得非常逼真。

諮：非常好，爸爸媽媽，根據你們的回答，我猜這個例子很能說明你們
　　所定義的「無理取鬧」吧？

父：一點也沒錯。

諮：好，那麼，珊曼莎妳呢？可以請妳示範如何用無理取鬧回應媽媽要
　　帶妳去旅行的要求嗎？我想瞧瞧珊曼莎妳無理取鬧的模樣。

珊：很簡單。「媽！可是、可是、可是、我不想去旅行……我不喜歡旅行……」（噘起嘴巴，倒在地上，甚至裝出哭聲）

諮：哇，跟媽媽剛才示範的臉部表情和身體動作幾乎一模一樣。（媽媽點頭表示同意）好，珊曼莎，接著請妳示範不用無理取鬧的方式，告訴媽媽妳不想去旅行。

珊：我不知道該怎麼做。

諮：嗯，好吧，要不妳就假裝是我吧。假裝妳是我，回答妳媽媽要一起去旅行這件事。假設妳們都是成年人，妳會怎麼說呢？

珊：（咯咯的笑，端正坐姿，雙手放在大腿上。又咯咯的笑，清清喉嚨）「你們可以不用帶我去旅行。我寧願不要去。」

父：這樣很可愛，珊曼莎。妳可以一直保持這個模樣嗎？

237 諮：看得出來珊曼莎分得出什麼是無理取鬧，什麼不是……妳很清楚可以不用無理取鬧來回應爸爸媽媽。

珊：哎喲！被拆穿了！

諮：好的，看起來我們都同意無理取鬧是種懇求，是用不高興的聲調而非正常的對話表達不滿。無理取鬧的時候講話也拖泥帶水的。現在每個人都清楚無理取鬧的模樣了嗎？

母：珊曼莎，如果妳用剛剛那種方式回答我們的要求，我們就可以好好談談。

父：或者妳有其他的建議選項，妳可以用不那麼孩子氣的方式表達……不要老是無理取鬧。

珊：（深呼吸，發出低吟，把頭靠在椅背上）我可以、我不要；我行、我不行；我會、我不會……

諮：好，珊曼莎，妳懂了嗎？妳剛剛證明妳的確能夠用負責尊重的態度回應媽媽，不會瞎鬧放肆。

珊：（發出咕噥聲）

諮：一點也沒錯。妳完全懂我的意思，是吧？我們現在要協助妳以更穩重成熟的方式代替無理取鬧。

諮商師協助珊曼莎的爸媽選擇某一特定的目標行為。他們也用
大家都懂的方式一起定義這個行為。

諮：我們都同意無理取鬧是今天的重點，也瞭解無理取鬧的定義。今天
　　我要教你們的方法稱為「反應代價」，我相信它能有效地減少珊曼
　　莎的無理取鬧。反應代價恰恰跟正增強相反。你們都知道，正增強
　　就是每當珊曼莎表現良好或適當的行為時，就給她一個正面的刺
　　激。好消息是，我會告訴你們運用反應代價的訊息和方法。今天離
　　開這裡之後，你們得實施一個計畫。但在開始之前，你們要先記錄
　　她無理取鬧的行為幾天。我等一下會解釋記錄的理由。

母：你的意思是像之前那樣，記錄她無理取鬧的行為嗎？

諮：正是。記錄的重點是計算無理取鬧的頻率以及發生的時間。

母：好的，我明白了。

諮：很好，那麼……嗯……讓我們想想看該從哪裡開始。好，反應代價
　　就像在開學第一天，老師對學生說：「在這個班上，每個人的分數
　　都從 A+ 開始。可是你們得努力才能保住這個分數。」

珊：我喜歡這種老師！

諮：沒錯，這種做法相當振奮人心，讓學生有好的開始，激勵他們使盡
　　全力維持平均分數水準。

母：所以我們要讓珊曼莎從 A+ 開始？

諮：不盡然，但理念相似。等你們記錄幾天珊曼莎的無理取鬧情形後，
　　會發現一個平均值。她大概……爸爸媽媽，你們認為珊曼莎一天無
　　理取鬧的頻率大概幾次？

父：20 次！

珊：才沒有！

母：大概三到五次吧。

父：對，好吧。或許多於五次，應該滿多次的。（珊曼莎笑著輕戳爸爸
　　的手臂）

諮：好，等你們記錄幾天後，我們就能掌握更確切的數字。現在假設三

到五次吧。那麼，反應代價不是表現好就給獎賞，或表現不好就施以處罰，而是表現不好時就拿走獎賞。目前看來，無理取鬧就是不好的行為。每當無理取鬧發生時，就要拿走獎賞。我們暫時把獎賞稱做點數，待會我們要把它定義得更明確些。但現在，點數是珊曼莎要被取消的獎賞。到這裡都聽得懂嗎？

母：懂。

諮：爸爸你呢？

父：可以。

諮：好。實施反應代價前，決定無理取鬧的平均發生次數是很重要的，因為這個制度一開始對珊曼莎較有利，這樣珊曼莎才有成功的勝算。你們也不希望獎賞不良行為，或當孩子表現良好時，卻不給她獎賞，導致她自暴自棄，甚至越來越糟，是吧？噢，還有一件事，每天不要留下太多點數，或得鞠躬盡瘁才能賺到點數，這樣她反而認真不起來了。我的意思是，如果太容易得到數點，實施這個制度還有什麼意思呢？在實施過程中，點數和發生次數之間要取得平衡。

母：整個過程嗎？

諮：沒錯，隨著她的行為日益改善，你們得減少點數的數目。也就是說，假使她三到五天都沒有流失點數，你們就可據此減少點數數目。

母：嗯，了解。

諮：好。假設珊曼莎一天平均無理取鬧三到五次，第一天實施反應代價時，先給她五個點數。當天早上要提醒珊曼莎她有五個點數，如果她今天無理取鬧的次數越少，就可留下越多點數，保留到當天結束。她的目標——這天的獎勵，就是盡可能地留住點數。每天早上都是新的開始，但只要她一無理取鬧，就會失去點數。你們只要收走她的點數即可。

母：我們要趕緊決定實施內容嗎？

諮：對，如果你們願意的話，我們可以……

母：我一直有個想法，但首先可否請你舉些例子，告訴我們其他人都如
　　何使用點數呢？

諮：當然可以。點數本身就是獎賞，或是代表獎賞。例如你們可以用硬
　　幣代表點數。我們剛才說到，你們可以從……對了，五點開始。假
　　設珊曼莎某天無理取鬧的次數是四次，那天結束時，她就只剩下一
　　枚硬幣。硬幣本身就是獎勵，少無理取鬧就能保住硬幣，這是很
　　好的誘因。有些家長會用餅乾或糖果，例如果凍或口香糖。不管採
　　用哪種方式，點數本身就是獎勵。另一種方式是用別的東西當作點
　　數……例如代幣。你們可以用一塊錢，或憑證、冰棒棍等等，這些
　　東西本身對珊曼莎沒什麼價值，但假使我們決定代幣數目的意義，
　　就可建立獎賞制。我這樣解釋清楚嗎？

父：剛開始聽起來都會有點複雜，但其實很合理……

母：我聽得懂。

諮：很好。所以，媽媽妳對點數有什麼想法嗎？

母：是的，我想到可以用貼紙。

諮：喔，對，貼紙很適合當點數。這種點數用起來安全，珊曼莎也不太
　　可能偽造。我認為貼紙符合上述標準！

239

母：嗯，珊曼莎喜歡蒐集貼紙，我們可以把它當作獎勵，就像你舉的第
　　一個例子一樣。只不過，這些貼紙得夠漂亮，可不能只是星星或微
　　笑表情貼紙，她才願意蒐集。

諮：好的。

母：或者也可以用小星星貼紙當作代幣，換取獎賞。（停下來思考一會
　　兒）珊曼莎，妳比較喜歡哪一種？

珊：有時候妳給的貼紙我不喜歡。

母：的確，我聽到了……如果我拿來當作獎賞的貼紙不合她的意，她又
　　要無理取鬧了。好，那就用貼紙當作代幣吧。我可以做一張表給
　　她，讓她在一天結束後可以把貼紙貼在上面。蒐集足夠的貼紙後，
　　用這張表作為獎勵依據。這就是反應代價的做法嗎？

諮：沒錯。現在來談談她可以得到的獎賞吧。

父：我認為不該每次蒐集完一整張表後，就買東西給她。

母：我贊成。

諮：有沒有什麼活動或特權可代替？

母：啊，我想到了！我們可以列張選單，像是去公園野餐、睡衣派對、租影片吃爆米花等等，讓她自己選。妳覺得如何，珊曼莎？

珊：（很興奮）太棒了！我要 SPA 之夜！

諮：什麼是 SPA 之夜？

珊：我和媽媽會去做指甲彩繪、臉部保養等等。那是我的最愛！

諮：聽起來很棒，也讓珊曼莎有停止無理取鬧的動機……最重要的是……這些是她重視且願意努力贏得的獎勵，但只要她一無理取鬧，這些獎勵就會被沒收。所以，請你們列出一張正式的活動清單，每當珊曼莎蒐集一定的貼紙數目後，她就可以用它作為交易的籌碼。

母：就這麼說定了！

諮：反應代價還有一個重點，就是沒收代幣或貼紙的具體細節。稍早我提到，每天早晨要提醒珊曼莎：「珊曼莎，記住，妳現在有五張貼紙，如果妳無理取鬧，我們就要沒收妳一張貼紙。我們希望妳今天要努力保住妳手上的貼紙！」無論何時你們聽到她又在無理取鬧，就要立刻拿走貼紙，告訴她：「珊曼莎，妳剛剛違反不要無理取鬧的規定，妳要交出一張貼紙。現在妳只剩下四張貼紙了。」記住，你們得迅速、不帶感情、沒有討價還價餘地的沒收一張貼紙，並繼續記錄她無理取鬧的次數，還有當天剩多少貼紙。如果她的表現越來越好、剩餘的貼紙日漸增多，就要重新修正標準。接著只給她四張貼紙，逐次減少到三張貼紙，到最後只給一張貼紙，也就是她只能有犯一次錯的機會。若一整個禮拜她都沒有失去任何一張貼紙，表示這個禮拜她都沒有無理取鬧，這個制度就結束了。你們可以另外設定一個新的行為，像之前的做法一樣，重新定義行為和記錄。記住：好的開始是成功的一半。很多人會覺得這個行為改變方法行不通，是因為他們一開始就犯了錯，讓對方誤以為沒有成功的

機會、不可能贏得獎賞，導致他們失去信心、意興闌珊。這個人會
想：「我幹嘛要那麼認真去做沒有勝算的事情？」所以，如果你們
發現要珊曼莎一整天不無理取鬧五次太強人所難了，你們可以先從
早上五次開始，也就是起床到午餐這段時間。若她表現得不錯，再
延長到下午。幾天後，再漸次減少到四次，直到不用這個制度，她
一樣辦得到為止，此時行為改變計畫就可劃下句點了。我們希望所
有人都能在最少的外力監控下，每天自發地成功完成這個任務。我
希望他們瞭解，不需靠外力介入，他們一樣可以表現適當的行為，
為自己的行為負責。這就是我們的目標。

效果與評價

數十年來，反應代價已證實能有效管理個人、小團體和課堂行為。
Proctor 與 Morgan（1991）採用計票的反應代價方式處理青少年的干擾
行為。上課一開始，他們就給學生五張票券，一有干擾行為出現，即扣
除票券。課程結束後，將剩餘票券放入抽獎箱，抽中者可獲得獎品。此
一方案可以有效增加適當行為，降低不當的干擾行為。Salend 與 Allen
（1985）發現在減少學習障礙學生的不當課堂行為方面，外部管理與
自我管理的反應代價效果相同，反應代價能大幅減低學生們擅離座位的
行為和不雅言詞。

反應代價亦可運用在過動與反社會行為的兒童身上。Carlson、
Mann 與 Alexander（2000）測試獎賞和反應代價對注意力缺陷過動症
（ADHD）兒童的算術表現效果。雖然結果發現不管採用獎賞、反應代
價或控制情境，ADHD 兒童答對的題數皆比控制組的兒童少。但他們
也觀察到反應代價對 ADHD 兒童的效果比獎賞還要好。Walker 等學者
（1995）比較讚美、代幣增強和反應代價對降低小學男孩反抗性格的效
果。發現僅用讚美或讚美結合代幣增強，都無法有效控制這些小男孩的
負向攻擊行為或增加他們的正向社會互動行為。不過，若用反應代價抗
衡負向攻擊行為，這些小男孩的社會互動行為就與日俱增、突飛猛進。

　　也有學者將反應代價用在智能障礙者上。Keeney 等學者（2000）研究反應代價對成年智能障礙女性突發攻擊行為的效果。他們比較不定期增強、無視和不讓她們聽音樂三種策略，發現不讓她們聽音樂的反應代價更能減少破壞行為。

CHAPTER 40

過度糾正

源起

　　過度糾正（overcorrection）起初是 Foxx 與 Azrin 在 1970 年代早期發展出來的，用以消除偏差行為，同時亦重新教導個人何謂正確行為。因此，此一技術多數的經典文獻和效果研究年代均相當久遠。過度糾正包含兩個要素：重新教育（restitution）與積極練習（positive practice）。重新教育意指要求個體將被破壞的情境恢復原狀，甚至收拾得比之前更乾淨。積極練習則要求個體就同一情境，再三練習適當的行為（Henington & Doggett, 2010）。例如，若孩子大聲甩門，父母親可以要求孩子道歉，接著練習安靜地開門關門、進出房間各 10 次，或練習一段時間，如五分鐘。此種反覆練習的方式收到「輕罪重判」的懲罰效果。此種一次性學習（one-trial learning）常讓孩子吃足苦頭，永遠記得行為的後果，再也不敢大聲甩門了！

　　過度糾正是一種懲罰，但並非限於單一理論。更確切地說，過度糾正融合許多不同的技巧，包括：回饋、隔離、服從訓練、消弱和懲罰等（Henington & Doggett, 2010）。不像其他的懲罰形式，過度糾正並不專制武斷。相反地，它教導個體為個人的行動負責，瞭解自身的行動對他人的影響。重新教育教導的是不當行為的自然後果，而積極練習則教導適當的行為，就像採取預防措施一樣。

實施方式

使用過度糾正前，應先試著採用正增強策略，形塑個體的行為。但是，如果正增強無效，不妨採用過度糾正。過度糾正有四個步驟。首先，諮商師必須指明目標行為，以及欲透過積極練習教導的替代行為。若個案表現出目標行為，諮商師應立即告訴個案該行為並不恰當，指示個案停止。接著諮商師口頭訓練個案過度糾正的步驟，重新教育個案並積極練習一段時間或反覆數次。必要的話，諮商師可以稍微強迫個案寫下過度糾正的步驟。最後，才能允許個案繼續原先進行的活動。

在 Foxx 與 Azrin（1972）的經典研究中，他們對過度糾正的使用效果提出幾項建議。重新教育應與不當行為直接有關。此外，不當行為出現後，應立即進行重新教育，期能達到兩個效果。第一，根絕不當行為，不給個案時間享受表現不當行為的樂趣。第二，防止不當行為再度出現，立即的負面行為後果，較非立即的負面行為後果更迅速有效。同樣的，重新教育應持續一段時間。最後，個體應主動參與重新教育，在重新教育期間，不應隨便終止。

242

變化形式

Foxx 與 Azrin（1972）的建議並非毫無修正餘地。其後的研究顯示，毋須完全遵守他們的建議，一樣能使過度糾正發揮效用。即使過度糾正的行為和目標行為無關，依然可以達成過度糾正（Luiselli, 1980）。透過立即和長期的積極練習，即可達到類似過度糾正的效果。此外，無論實施過度糾正的時間為短期、中期和長期，都可看到成效。

雖然多數的過度糾正過程包含重新教育與積極練習兩個步驟，有些研究也建議將這兩個步驟分開使用亦可，兩者不同時進行也無妨（Matson, Horne, Ollendick, & Ollendick, 1979）。對學童進行研究時，Matson 等學者發現，重新教育可減少 89% 的目標行為，積極練習則可

減少 84%，顯示矯正兒童的不當課堂行為時，兩個步驟一樣有效。的確，某些情況只須簡單的道歉即可了事，縱使我們無法確知道歉是否出於真心的，但重新教育一樣帶來正向的行為改變。在這種情況下，反覆的積極練習成為主動的介入策略。

範例

肯，八歲，經常反抗父母親，讓家長頭痛不已。肯的雙親來參加這次的晤談，希望減少肯的作對行為，願意聽從父母親的指示。其中一個肯常常不聽話的地方就是隨地亂扔東西：他的外套、鞋子、衣服、課本、碗盤等等。諮商一開始，爸爸就說：「肯有把『停臥滾』三步驟放在心上（譯注：原為身上著火的緊急處理三步驟），他從來不會好好收拾東西！」注意，這個範例採用積極練習策略，並未重新教育個案。但範例最後還是建議加上重新教育。

諮商師（諮）：這個技術叫做「過度糾正」，是用來協助肯不要再把毛巾、外套、鞋子等東西隨他高興亂丟在地上、屋子裡，丟得到處都是。有時我們會把它叫做「積極練習」。因為它是一種懲罰，但積極練習比處罰好聽多了。過度糾正就是要求他做第一次就該做好的事，但重複好幾次。如此一來他會明白在被處罰前，早該第一次就把事情做好。多數的情況下，重做 10 次是最基本的。如果他走進家門，亂丟外套，接下來他就得走過去撿起來，把外套掛在衣架上，收進衣櫥裡。這是第一次。然後拿出來，丟在地板上，掛在衣架上，從頭來一遍。你們要叫他重複 10 次，可以嗎？所以我們今天要從哪一項開始練習？對了，你有穿鞋子，你有亂丟鞋子的毛病。（雙親點頭稱是，肯搖頭說不。）肯，現在請你把鞋子脫下來……

肯（肯）：我的襪子也要嗎？

諮：這雙襪子真可愛。

肯：它們太小了。

諮：這次先穿著襪子。好，無論何時回到家，你認為應該把鞋子放在哪裡呢？

肯：放進鞋櫃裡，我都有做到呀。（肯張嘴大笑，爸媽則嘀咕幾聲、翻白眼）

諮：好吧，當你回到家，你都會把鞋子放進鞋櫃裡。但假設你沒有做到好了（每個人都笑了），爸媽就會對你進行過度糾正。現在假裝你回到家，脫下鞋子，把它們……

肯：鞋子什麼的，放到櫃子裡。

諮：是放進鞋櫃裡。現在，我們假裝你才剛回到家，你把鞋子踢到旁邊。（肯做得輕而易舉。）媽媽，請妳告訴肯，他應該怎麼做才對。

母親（母）：肯，因為你沒有在一開始就放好鞋子，所以請你現在回去用正確的方法重做 10 次。請把你的鞋子放進鞋櫃裡 10 次。

諮：很好。請把鞋子撿起來，穿回去……（肯照諮商師的話去做）……綁好鞋帶……脫掉……把它們放進鞋櫃裡。這是第一次。

母：好，我們再來一次——重新把鞋子穿上去。

肯：10 次？！

母：沒錯。

肯：啊啊啊啊啊！（肯又開始大叫）

諮：對，訓練很辛苦；它讓你瞭解第一次就做好還比較輕鬆。（面向父母親）如同我們先前討論過的，它具有威嚇的效果。

母：（鼓勵的語氣）做得很好，肯。

諮：我通常會讓孩子自己一邊做一邊數。現在幾次了？

肯：五次。

母：不，才兩次而已。

肯：好吧，兩次。（肯繼續練習 10 次）

諮：非常好。看得出來做這些事有點討人厭……

母：（肯終於做完最後一次）好了，10 次做完了。

肯：好難，而且好無聊！

父親（父）：沒那麼難，肯。在外面玩時，我看過你做過更難的事。

諮：太棒了，很好。現在，肯，必須重做 10 次的感覺如何？

肯：很累。

諮：你想再重複一次嗎？

肯：不要！那會浪費我一天的時間！

諮：這個方法可以用在任何他能做、且應該做對，但卻亂來的行為上，
　　特別是不負責任的行為，像是把毛巾、衣服丟在地上，用力甩門等
　　等。這招對孩子很有效，它還有另一個名稱──「一次性學習」。
　　也就是說，只要做一次就記得，忘不了。從此以後，只要一進家
　　門，他就會記得鞋子該擺對地方。

父：如果你想運動，你大可把衣服丟在地上，然後撿起來放到洗衣籃
　　裡、再拿到地下室的洗衣機裡 10 次。這才叫運動！

肯：（肯使出他的拿手絕活──「眼神死」。）

> 注意，這個範例並未採用重新教育，但假使有的話，可以要求
> 孩子另外做出適當的行為，把環境恢復原狀，甚至比違規行為
> 發生前還要好。例如，為了重新教育肯，父母親可以要求他清
> 理鞋子亂丟一地的區域，或把鞋櫃裡的鞋子全拿出來，把鞋櫃
> 拿到外面徹底清潔一番，再把鞋櫃拿回去，將所有鞋子重新收
> 回鞋櫃裡放好。

效果與評價

　　過度糾正提出至今已數十年，相關效果研究的文獻稍嫌過時。過
度糾正原本是用來協助智能障礙者減少破壞財物、肢體攻擊、自我刺
激等動作，教導他們如廁訓練和正確的飲食行為（Axelrod, Brantner,
& Meddock, 1978），也有大規模的研究證實過度糾正在這些方面的成
效。Foxx 與 Azrin（1972）發現重新教育能有效降低干擾─攻擊行為，

如：亂丟東西、攻擊他人、尖叫吵鬧等，不但具有立即效果且能持續數月時間。Azrin 與 Wesolowski（1974）則發現過度糾正在短短三天內，就能減少智能障礙者收容機構 90% 的偷竊案件。

過度糾正的適用群體涵蓋正常人到重度障礙者，包括思覺失調症患者（Axelrod et al., 1978）。過度糾正可用來處理緊張習慣和擅離座位等行為，亦可作為教師的班級經營技巧（Smith & Misra, 1992）。即使是未受過正式的諮商訓練者，依然能輕鬆學會如何運用過度糾正步驟。

然而，過度糾正有幾個缺點。諮商師和個案都得付出相當龐大的時間成本（Clements & Dewey, 1979; Smith & Misra, 1992）。個體似乎無法將過度糾正習得的結果類化到其他行為上，或讓他人透過觀察而學習（Luiselli, 1980）。過度糾正的效果僅限於該被矯正的特定行為、特定情境，以及接受行為改變訓練的個體。因此，建議執行者應鼓勵個體將過度糾正習得的效果類化到不同情境。Borrego 與 Pemberton（2007）指出，家長執行過度糾正的意願並不高。評比家長對常見的六種行為管理策略的接受度，過度糾正僅排在第四順位。

結語

　　有效的諮商意指協助個案遠離（moving clients from）問題情境，順利達成目標。這句話的關鍵詞是前進（moving）。所有的諮商師都應知道如何設定諮商目標，並瞭解如何達成目標。諮商師亦應熟悉諮商歷程，無論是單一理論取向或整合模式皆可。若諮商歷程停滯不前、個案心生不滿或毫無進展、諮商關係面臨提早結束的危機時，又該怎麼辦呢？

　　在本書中，我們認為諮商應採取彈性策略，諮商師要根據特定的諮商目標，選擇實徵文獻中證實有效的技術來推動諮商歷程，這才是諮商得以成功的關鍵。我不是要諮商師胡亂挑選本書中的技術。這種做法不但不專業，而且違反倫理。但當你跟個案的談話陷入膠著時，希望你能稍加回想本書提供的知識與步驟，協助你繼續開展諮商歷程，更進一步邁向你和個案共同設定的諮商目標。諮商的確是門藝術，但熟練的專業技術才能讓藝術家大展長才，創作出色的作品。

參考文獻

Abdullah, M. (2002). *Bibliotherapy* (Report No. EDO-CS-02-08). Washington, DC: Office of Educational Research and Improvement. (ERIC Document Reproduction Service No. ED00036)

Abramowitz, J. S., Moore, E. L., Braddock, A. E., & Harrington, D. L. (2009). Self-help cognitive-behavioral therapy with minimal therapist contact for social phobia: A controlled trial. *Journal of Behavior Therapy and Experimental Psychiatry, 40*(1), 98–105.

Abrams, M., & Ellis, A. (1994). Rational emotive behavior therapy in the treatment of stress. *British Journal of Guidance and Counseling, 22*(1), 39–51.

Akerblad, A., Bengtsson, F., von Knorring, L., & Ekselius, L. (2006). Response, remission and relapse in relation to adherence in primary care treatment of depression: A 2-year study. *International Clinical Psychopharmacology, 21*, 117–124.

Allanson, S. (2002). Jeffrey the dog: A search for shared meaning. In A. Cattanach (Ed.), *The story so far: Play therapy narratives* (pp. 59–81). Philadelphia, PA: Jessica Kingsley Publishers.

Allen, L. J., Howard, V. F., Sweeney, W. J., & McLaughlin, T. F. (1993). Use of contingency contracting to increase on-task behavior with primary students. *Psychological Reports, 72*, 905–906.

Alvord, M. K., & Grados, J. J. (2005). Enhancing resilience in children: A proactive approach. *Professional Psychology: Research and Practice, 36*, 238–245. doi: 10.1037/07357028.36.3.238

Ameli, M., & Dattilio, F. M. (2013). Enhancing cognitive behavior therapy with logotherapy: Techniques for clinical practice. *Psychotherapy, 50*, 387–391. doi: 10.1037/a0033394

Ansari, F., Molavi, H., & Neshatdoost, H. T. (2010). Effect of stress inoculation training on general health of hypertensive patients. *Psychological Research, 12*, 81–96.

Ansbacher, H. L., & Ansbacher, R. R. (1956). *The individual psychology of Alfred Adler: A systematic presentation in selections from his writings.* New York, NY: Basic Books.

Apadoca, T. R., Magill, M., Longabaugh, R., Jackson, K. M., & Monti, P. M. (2013). Effect of a significant other on client change talk in motivational interviewing. *Journal of Counseling and Clinical Psychology, 81*, 35–46. doi: 10.1037/a0030881

Arad, D. (2004). If your mother were an animal, what animal would she be? Creating play stories in family therapy: The animal attribution story-telling technique (AASTT). *Family Process, 43*, 249–263.

Arbuthnott, K. D., Arbuthnott, D. W., & Rossiter, L. (2001). Guided imagery and memory: Implications for psychotherapists. *Journal of Counseling Psychology, 48*, 123–132.

Arenofsky, J. (2001). Control your anger before it controls you! *Current Health 1, 24*(7), 6.

Armitage, C. J. (2012). Evidence that self-affirmation reduces body dissatisfaction by basing self-esteem on domains other than body weight and shape. *Journal of Child Psychology and Psychiatry, 53*(1), 81–88.

Aron, L. (1996). *A meeting of minds: Mutuality in psychoanalysis.* Hillsdale, NJ: Analytic Press.

Ascher, L. M., & Cautela, J. R. (1974). An experimental study of covert extinction. *Journal of Behavior Therapy and Experimental Psychiatry, 5*, 233–238.

Atkinson, C. (2007). Using solution-focused approaches in motivational interviewing with young people. *Pastoral Care in Education, 25*(2), 31–37.

Audet, C. T., & Everall, R. D. (2010). Therapist self-disclosure and the therapeutic relationship: A phenomenological study from the client perspective. *British Journal of Guidance & Counselling, 38*, 327–342. doi: 10.1080/03069885.2010 .482450

Austin, S. J., & Partridge, E. (1995). Prevent school failure: Treat test anxiety. *Preventing School Failure, 40*, 10–14.

Axelrod, S., Brantner, J. P., & Meddock, T. D. (1978). Overcorrection: A review and critical analysis. *The Journal of Special Education, 12*, 367–391.

Azrin, N. H., Vinas, V., & Ehle, C. T. (2007). Physical activity as reinforcement for classroom calmness of ADHD children: A preliminary study. *Child & Family Behavior Therapy, Vol. 29*(2), 1–8.

Azrin, N. H., & Wesolowski, M. D. (1974). Theft reversal: An overcorrection procedure for eliminating stealing by retarded persons. *Journal of Applied Behavior Analysis, 7*, 577–581.

Bacon, E. H. (1990). Using negative consequences effectively. *Academic Therapy, 25*, 599–610.

Baer, J. S., & Peterson, P. (2002). Motivational interviewing with adolescents and young adults. In W. R. Miller & S. Rollnick (Eds.), *Motivational interviewing: Preparing people for change* (2nd ed., pp. 320–331). New York, NY: Guilford Press.

Bakker, G. M. (2009). In defense of thought stopping. *Clinical Psychologist, 13*(2), 59–68.

Bandura, A. (2006). *Psychological modeling: Conflicting theories.* Piscataway, NJ: Aldine Transaction.

Banks, T. (2006). Teaching rational emotive behavior therapy to adolescents in an alternative urban educational setting. Unpublished doctoral dissertation, Kent State University, OH.

Barber, J., Liese, B., & Abrams, M. (2003). Development of cognitive therapy adherence and competence scale. *Psychotherapy Research, 13*, 205–221.

Barnett, J. E. (2011). Psychotherapist self-disclosure: Ethical and clinical considerations. *Psychotherapy, 48*, 315–321. doi: 10.1037/a0026056

Barton, L. E., Brulle, A. R., & Repp, A. C. (1987). Effects of differential scheduling of timeout to reduce maladaptive responding. *Exceptional Children, 53*, 351–356.

Başpinar Can, P., Dereboy, Ç., & Eskin, M. (2012). Comparison of the effectiveness of cognitive restructuring and systematic desensitization in reducing high-stakes test anxiety. *Türk Psikiyatri Dergisi, 23*(1), 9–17.

Beamish, P. M., Granello, D. H., & Belcastro, A. L. (2002). Treatment of panic disorder: Practical guidelines. *Journal of Mental Health Counseling, 24,* 224–246.

Beck, A., Berchick, R., Clark, D., Solkol, L., & Wright, F. (1992). A cross over study of focused cognitive therapy for panic disorder. *The American Journal of Psychiatry, 149,* 778–783.

Beck, A. T., & Weishaar, M. (2007). Cognitive therapy. In R. J. Corsini & D. Weddings (Eds.), *Current psychotherapies* (8th ed., pp. 263–294). Belmont, CA: Brooks-Cole.

Becvar, D. S., & Becvar, R. J. (1993). *Family therapy: A systemic integration* (2nd ed.). Needham Heights, MA: Allyn & Bacon.

Benjamin, J. (1988). *The bonds of love: Psychoanalysis, feminism, and the problem of domination.* New York, NY: Pantheon Books.

Benoit, R. B., & Mayer, G. R. (1974). Extinction: Guidelines for its selection and use. *The Personnel and Guidance Journal, 52,* 290–295.

Berg, I. K., & Miller, S. (1992). *Working with the problem drinker.* New York, NY: Norton.

Betz, C. (1994). Beyond time-out. *Young Children, 49*(3), 10–14.

Boardman, T., Catley, D., Grobe, J. E., Little, T. D., & Ahluwalia, J. S. (2006). Using motivational interviewing with smokers: Do therapist behaviors relate to engagement and therapeutic alliance? *Journal of Substance Abuse Treatment, 31,* 329–339.

Boelen, P., Kip, H., Voorsluijs, J., & van den Bout, J. (2004). Irrational beliefs and basic assumptions in bereaved students: A comparison study. *Journal of Rational-Emotive & Cognitive-Behavior Therapy, 22,* 111–129.

Boggs, L. J., Rozynko, V., & Flint, G. A. (1976). Some effects of reduction in reinforcement magnitude in a monetary economy with hospitalized alcoholics. *Behaviour Research and Therapy, 14,* 455–461.

Bombardier, C. H., Ehde, D. M., Gibbons, L. E., Wadhwani, R., Sullivan, M. D., Rosenberg, D. E., & Kraft, G. H. (2013). Telephone-based physical activity counseling for major depression in people with multiple sclerosis. *Journal of Consulting and Clinical Psychology, 81,* 89–99.

Boniecki, K. A., & Moore, S. (2003). Breaking the silence: Using a token economy to reinforce classroom participation. *Teaching of Psychology, 30,* 224–227.

Bootzin, R. R. (1975). *Behavior modification and therapy: An introduction.* Cambridge, MA: Winthrop Publishers.

Borders, S., & Paisley, P. (1992). Children's literature as a resource for classroom guidance. *Elementary School Guidance and Counseling, 27,* 131–139.

Bornmann, B. A., Mitelman, S. A., & Beer, D. A. (2007). Psychotherapeutic relaxation: How it relates to levels of aggression in a school within inpatient child psychiatry: A pilot study. *The Arts in Psychotherapy, 34,* 216–222.

Borrego, J. Jr., & Pemberton, J. R. (2007). Increasing acceptance of behavioral child management techniques: What do parents say? *Child & Family Behavior Therapy, 29*(2), 27–45.

Borton, J., Markowitz, L., & Dieterich, J. (2005). Effects of suppressing negative self-referent thoughts on mood and self-esteem. *Journal of Social and Clinical Psychology, 24,* 172–190.

Bowles, N., Mackintosh, C., & Torn, A. (2001). Nurses' communication skills: An evaluation of the impact of solution focused communication training. *Journal of Advanced Nursing, 36,* 347–354.

Bratter, T. E., Esparat, D., Kaufman, A., & Sinsheimer, L. (2008). Confrontational psychotherapy: A compassionate and potent psychotherapeutic orientation for gifted adolescents who are self-destructive and engage in dangerous behavior. *International Journal of Reality Therapy, 27*(2), 13–25.

Brewster, L. (2008). The reading remedy: Bibliotherapy in practice. *Aplis, 21,* 172–176.

Brown, J. F., Spencer, K., & Swift, S. (2002). A parent training programme for chronic food refusal: A case study. *British Journal of Learning Disabilities, 30,* 118–121.

Brown, Z. A., & Uehara, D. L. (1999, November). Coping with teacher stress: A research synthesis for Pacific educators. *Pacific Resources for Education and Learning,* 2–22.

Browning, S., Collins, J. S., & Nelson, B. (2008). Creating families. *Marriage & Family Review, 38*(4), 1–19.

Bryant, R. A., Moulds, M. L., Guthrie, R. M., Dang, S. T., Mastrodomenico, J. N., Reginald, D. V., . . . Creamer, M. (2008). A randomized controlled trial of exposure therapy and cognitive restructuring for posttraumatic stress disorder. *Journal of Consulting and Clinical Psychology, 76,* 695–703.

Bucknell, D. (2000). Practice teaching: Problem to solution. *Social Work Education, 19,* 125–144.

Budman, S. H., & Gurman, A. S. (2002). *Theory and practice of brief therapy.* New York, NY: Guilford Press.

Bugental, J. F. T. (1987). *The art of the psychotherapist.* New York, NY: W. W. Norton.

Buggey, T. (2005). Video self-modeling application with students with autism spectrum disorder in a small private school setting. *Focus on Autism and Other Developmental Disabilities, 20*(1), 52–63.

Burnett, P., & McCrindle, A. (1999). The relationship between significant others' positive and negative statements, self talk, and self-esteem. *Child Study Journal, 29,* 39–44.

Burr, W. R. (1990). Beyond I-statements in family communication. *Family Relations, 39,* 266–273.

Burwell, R., & Chen, C. P. (2006). Applying the principles and techniques of solution-focused therapy to career counseling. *Counseling Psychology Quarterly, 19,* 189–203.

Byrne, N., Regan, C., & Livingston, G. (2006). Adherence to treatment in mood disorders. *Current Opinion in Psychiatry, 19,* 44–49.

Cantrell, R. P., Cantrell, M. L., Huddleston, C. M., & Woolridge, R. L. (1969). Contingency contracting with school problems. *Journal of Applied Behavior Analysis, 2,* 215–220.

Carlbring, P., Maurin, T., Sjömark, J., Maurin, L., Westling, B. E., Ekselius, L., Cuijpers, P., & Andersson, G. (2011). All at once or one at a time? A randomized controlled trial comparing two ways to deliver bibliotherapy for panic disorder. *Cognitive Behaviour Therapy, 40,* 228–235.

Carlson, C., & Hoyle, R. (1993). Efficacy of abbreviated progressive muscle relaxation training: A quantitative review of behavioral medicine research. *Journal of Consulting and Clinical Psychology, 61,* 1059–1067.

Carlson, C. L., Mann, M., & Alexander, D. K. (2000). Effects of reward and response cost on the performance and motivation of children with ADHD. *Cognitive Therapy and Research, 24,* 87–98.

Carlson, J., Watts, R. E., & Maniacci, M. (2006). *Adlerian theory and practice.* Washington, DC: American Psychological Association.

Carroll, M., Bates, M., & Johnson, C. (1997). *Group leadership: Strategies for group counseling leaders* (3rd ed.). Denver, CO: Love Publishing.

Cautela, J. R. (1971). Covert extinction. *Behavior Therapy, 2,*

192–200.

Chafouleas, S. M., Riley-Tillman, T. C., & McDougal, J. L. (2002). Good, bad, or in-between: How does the daily behavior report card rate? *Psychology in the Schools, 39,* 157–169.

Chan, K. M., & Horneffer, K. (2006). Emotional expression and psychological symptoms: A comparison of writing and drawing. *The Arts in Psychotherapy, 33*(1), 26–36.

Charlop-Christy, M. H., & Haymes, L. K. (1998). Using objects of obsession as token reinforcers for children with autism. *Journal of Autism and Developmental Disorders, 28,* 189–199.

Chaves, J. (1994). Recent advances in the application of hypnosis to pain management. *American Journal of Clinical Hypnosis, 37,* 117–129.

Cheung, M., & Nguyen, P. V. (2013). Connecting the strengths of gestalt chairs to Asian clients. *Smith College Studies in Social Work, 82*(1), 51–62. doi: 10.1080/00377317.2012.638895

Cheung, S., & Kwok, S. Y. C. (2003). How do Hong Kong children react to maternal I-messages and inductive reasoning? *The Hong Kong Journal of Social Work, 37,* 3–14.

Christenbury, L., & Beale, A. (1996). Interactive bibliocounseling: Recent fiction and nonfiction for adolescents and their counselors. *School Counselor, 44,* 133–145.

Clance, P. R., Thompson, M. B., Simerly, D. E., & Weiss, A. (1993). The effects of the Gestalt approach on body image. *The Gestalt Journal, 17,* 95–114.

Clements, J., & Dewey, M. (1979). The effects of overcorrection: A case study. *Behaviour Research & Therapy, 17,* 515–518.

Cohen, J. J., & Fish, M. C. (1993). *Handbook of school-based interventions: Resolving student problems and promoting healthy educational environments.* San Francisco, CA: Jossey-Bass.

Coker, J. K. (2010). Using Gestalt counseling in a school setting. In B. T. Erford (Ed.), *Professional school counseling: A handbook of theories, programs, and practices* (2nd ed., pp. 381–390). Austin, TX: Pro-Ed.

Comaty, J. E., Stasio, M., & Advokat, C. (2001). Analysis of outcome variables of a token economy system in a state psychiatric hospital: A program evaluation. *Research in Developmental Disabilities, 22,* 233–253.

Cook-Vienot, R., & Taylor, R. J. (2012). Comparison of eye movement desensitization and reprocessing and biofeedback/stress inoculation training in treating test anxiety. *Journal of EMDR Practice & Research, 6,* 62–72. doi: 10.1891/1933-3196.6.2.62

Cooley, K., Szczurko, O., Perri, D., Mills, E. J., Bernhardt, B., Zhou, Q., & Seely, D. (2009). Naturopathic care for anxiety: A randomized controlled Trial ISRCTN78958974. *Plos Clinical Trials, 6*(8), 1–10. doi: 10.1371/journal.pone.0006628

Corcoran, J. (1997). A solution-oriented approach to working with juvenile offenders. *Child and Adolescent Social Work Journal, 14,* 277–288.

Corcoran, J. (1998). Solution-focused practice with middle and high school at-risk youths. *Social Work in Education, 20,* 232–244.

Corcoran, J. (1999). Solution-focused interviewing with child protective services clients. *Child Welfare, 78,* 461–479.

Corey, G. (2015). *Theory and practice of counseling and psychotherapy* (10th ed.). Belmont, CA: Cengage.

Corey, M. S., & Corey, G. (2013). *Groups: Process and practice* (9th ed.). Belmont, CA: Cengage.

Corsini, R. J. (1982). The relapse technique in counseling and psychotherapy. *Individual Psychology, 38,* 380–386.

Couser, G. (2008). Challenges and opportunities for preventing depression in the workplace: A review of the evidence supporting workplace factors and interventions. *Journal of Occupational and Environmental Medicine, 50,* 411–427.

Crawford, R. M. (1998). Facilitating a reading anxiety treatment program for preservice teachers. *Reading Improvement, 35,* 11–14.

Crose, R. (1990). Reviewing the past in the here and now: Using Gestalt therapy techniques with life review. *Journal of Mental Health Counseling, 12,* 279–287.

Cuenin, L. H., & Harris, K. R. (1986). Planning, implementing, and evaluating timeout interventions with exceptional students. *Teaching Exceptional Children, 18,* 272–276.

Cupal, D., & Brewer, B. (2001). Effects of relaxation and guided imagery on knee strength, re-injury anxiety, and pain following anterior cruciate ligament reconstruction. *Rehabilitation Psychology, 46,* 28–43.

Curtis, D. F., Pisecco, S., Hamilton, R. J., & Moore, D. W. (2006). Teacher perceptions of classroom interventions for children with ADHD: A cross-cultural comparison of teachers in the United States and New Zealand. *School Psychology Quarterly, 21,* 171–196.

Dattilio, F. M. (2010). *Cognitive behavior therapy with couples and families.* New York, NY: Guilford Press.

Davidson, A., & Horvath, O. (1997). Three sessions of brief couples therapy: A clinical trial. *Journal of Family Psychology, 11,* 435–442.

Davidson, K., & Fristad, M. (2006). The Treatment Beliefs Questionnaire (TBQ): An instrument to assess beliefs about children's mood disorders and concomitant treatment needs. *Psychological Services, 31,* 1–15.

Davies, M. F. (2006). Irrational beliefs and unconditional self-acceptance. Correlational evidence linking two key features of REBT. *Journal of Rational-Emotive & Cognitive Behavior Therapy, 2,* 113–126.

Davis, M., Robbins-Eshelman, E., & McKay, M. (2009). *The relaxation and stress reduction workbook* (6th ed.). Oakland, CA: New Harbinger Publications.

Deacon, B. J., Fawzy, T. I., Lickel, J. J., & Wolitzky-Taylor, K. B. (2011). Cognitive defusion versus cognitive restructuring in the treatment of negative self-referential thoughts: An investigation of process and outcome. *Journal of Cognitive Psychotherapy, 25,* 218–232.

DeBord, J. B. (1989). Paradoxical interventions: A review of the literature. *Journal of Counseling & Development, 67,* 394–398.

De Jong, P., & Miller, S. D. (1995). How to interview for client strengths. *Social Work, 40,* 729–736.

De Martini-Scully, D., Bray, M. A., & Kehle, T. J. (2000). A packaged intervention to reduce disruptive behaviors in general education students. *Psychology in the Schools, 37,* 149–156.

deShazer, S. (1988). *Clues: Investigating solutions in brief therapy.* New York: W. W. Norton.

deShazer, S. (1991). *Putting difference to work.* New York: W. W. Norton.

Diamond, G. M., Rochman, D., & Amir, O. (2010). Arousing primary vulnerable emotions in the context of unresolved anger: "Speaking about" versus "speaking to." *Journal of Counseling Psychology, 57,* 402–410.

Dixon, C., Mansell, W., Rawlinson, E., & Gibson, A. (2011). A transdiagnostic self-help guide for anxiety: Two preliminary controlled trials in subclinical student samples. *The Cognitive Behaviour Therapist, 4*(1), 1–15.

Dombeck, M., & Well-Mora, J. (2014). Applying learning principles to thought: Cognitive restructuring. Retrieved from http://www.sevencounties.org/poc/view_doc.php?type=doc&id=9746&cn=353

Downing, J. A. (1990). Contingency contracts: A step-by-step format. *Intervention in School & Clinic, 26,* 111–113.

Doyle, J. S., & Bauer, S. K. (1989). Post-traumatic stress disorder in children: Its identification and treatment in a residential setting for emotionally disturbed youth. *Journal of Traumatic Stress, 2,* 275–288.

Doyle, R. E. (1998). *Essential skills and strategies in the helping process* (2nd ed.). Pacific Grove, CA: Brooks/Cole.

Dreyer, S. S. (1997). *The book finder.* Circle Pines, MN: American Guidance Services.

Dryden, W. (1995). *Brief rational emotive behaviour therapy.* New York, NY: John Wiley & Sons.

Dryden, W. (2002). *Fundamentals of rational emotive behavior therapy: A training manual.* New York, NY: Wiley.

Dryden, W., & David, D. (2008). Rational emotive behavior therapy: Current status. *Journal of Cognitive Psychotherapy: An International Quarterly, 22,* 195–209. doi: 10.1891/08898391.22.3.195

Dryden, W., David, D., & Ellis, A. (2010). Rational emotive behavior therapy. In K. Dobson (Ed.), *Handbook of cognitive-behavioral therapies* (pp. 226–276). New York, NY: Guilford Press.

Dwyer, S. C., Piquette, N., Buckle, J. L., & McCaslin, E. (2013). Women gamblers write a voice: Exploring journaling as an effective counseling and research tool. *Journal of Groups in Addiction & Recovery, 8*(1), 36–50.

Eaves, S. H., Sheperis, C. J., Blanchard, T., Baylot, L., & Doggett, R. A. (2005). Teaching time out and job card grounding to parents: A primer for family counselors. *The Family Journal: Counseling and Therapy for Couples and Families, 13,* 252–258.

Eckstein, D. (1997). Reframing as a specific interpretive counseling technique. *Individual Psychology, 53,* 418–428.

Egan, G. (2010). *The skilled helper* (9th ed.). Belmont, CA: Cengage.

Egbochukuand, E. O., & Obodo, B. O. (2005). Effects of systematic desensitisation (SD) therapy on the reduction of test anxiety among adolescents in Nigerian schools. *Journal of Instructional Psychology, 32,* 298–304.

Elias, M. J. (1983). Improving coping skills of emotionally disturbed boys through television-based social problem solving. *American Journal of Orthopsychiatry, 53,* 61–71.

Ellis, A. (1969). A weekend of rational encounter. In A. Burton (Ed.), *Encounter* (pp. 112–127). San Francisco, CA: Jossey-Bass.

Ellis, A. (1971). An experiment in emotional education. *Educational Technology, 11*(7), 61–63.

Ellis, A. (1993). Reflections on rational-emotive therapy. *Journal of Consulting and Clinical Psychology, 61,* 199–201.

Ellis, A. (1996). *Better, deeper, and more enduring brief therapy: The rational emotive behavior therapy approach.* New York, NY: Brunner/Mazel Inc.

Ellis, A. (1997a). Must musterbation and demandingness lead to emotional disorders? *Psychotherapy: Theory, Research, Practice, Training, 34,* 95–98.

Ellis, A. (1997b). Using rational emotive behavior therapy techniques to cope with disability. *Professional Psychology: Research and Practice, 28,* 17–22.

Ellis, A. (1999). Why rational-emotive therapy to rational emotive behavior therapy? *Psychotherapy: Theory, Research,*

Practice, Training, 36, 154–159.

Ellis, A. (2001). *Overcoming destructive beliefs, feelings and behaviors: New directions for rational emotive behavior therapy.* New York, NY: Prometheus Books.

Ellis, A. (2003). Reasons why rational emotive behavior therapy is relatively neglected in the professional and scientific literature. *Journal of Rational-Emotive & Cognitive-Behavior Therapy, 21,* 245–252.

Ellis, A., & Dryden, W. (2007). *The practice of rational emotive behavior therapy* (2nd ed.). New York, NY: Springer Publishing Company.

Ellis, A., Shaughnessy, M., & Mahan, V. (2002). An interview with Albert Ellis about rational emotive behavior therapy. *North American Journal of Psychology, 4,* 355–362.

Ellis, A., & Wilde, J. (2002). *Case studies in rational emotive behavior therapy with children and adolescents.* Upper Saddle River NJ: Merrill Prentice Hall.

Emlyn-Jones, R. (2007). Think about it till it hurts: Targeting intensive services to facilitate behavior change—two examples from the field of substance misuse. *Criminal Behavior & Mental Health, 17,* 234–241.

Enea, V., & Dafinoiu, I. (2009). Motivational/solution-focused intervention for reducing school truancy among adolescents. *Journal of Cognitive & Behavioral Psychotherapies, 9,* 185–198.

Eonta, A. M., Christon, L. M., Hourigan, S. E., Ravindran, N., Vrana, S. R., & Southam-Gerow, M. A. (2011). Using everyday technology to enhance evidence-based treatments. *Professional Psychology: Research and Practice, 42,* 513–520.

Epstein, R. (2001). The prince of reason. *Psychology Today, 34,* 66–76.

Erford, B. T. (1999). A modified time-out procedure for children with noncompliant or defiant behaviors. *Professional School Counseling, 2,* 205–210.

Erford, B. T. (2000). *The mutual storytelling game CD-ROM.* Alexandria, VA: American Counseling Association.

Erford, B. T. (2001). *Stressbuster relaxation exercises* (Vol. 1). Alexandria, VA: American Counseling Association.

Erford, B. T. (2010). *Professional school counseling: A handbook of theories, programs, and practices* (2nd ed.). Austin, TX: Pro-Ed.

Erford, B. T. (Ed.). (2014a). *Research and evaluation in counseling* (2nd ed.). Boston, MA: Cengage.

Erford, B. T. (Ed.). (2014b). *Orientation to the counseling profession* (2nd ed.). Columbus, OH: Pearson Merrill.

Erford, B. T. (Ed.). (2015). *Transforming the school counseling profession* (4th ed.). Columbus, OH: Pearson Merrill.

Evans, J. R., Velsor, P. V., & Schumacher, J. E. (2002). Addressing adolescent depression: A role for school counselors. *Professional School Counseling, 5,* 211–219.

Evere, G. E., Hupp, S. D., & Olmi, D. J. (2010). Time-out with parents: A descriptive analysis of 30 years of research. *Education and Treatment of Children, 33,* 235–259.

Fabry, D. D. S. (2010). Evidence base for paradoxical intention: Reviewing clinical outcome studies. *The International Forum for Logotherapy, 33,* 21–29.

Faelton, S., & Diamond, D. (1990). *Tension turnaround.* Emmaus, PA: Rodale Press.

Farber, B. A. (2003). Self-disclosure in psychotherapy practice and supervision: An introduction. *Journal of Clinical Psychology, 59,* 525–528. doi: 10.1002/jclp.10156

Farber, B. A. (2006). *Self-disclosure in psychotherapy.* New York,

NY: Guilford Press.

Fearrington, J. Y., McCallum, R., & Skinner, C. H. (2011). Increasing math assignment completion using solution-focused brief counseling. *Education and Treatment of Children, 34*(1), 61–80.

Filcheck, H. A., McNeil, C. B., Greco, L. A., & Bernard, R. S. (2004). Using a whole-class token economy and coaching of teacher skills in a preschool classroom to manage disruptive behavior. *Psychology in the Schools, 41*, 351–361.

Fisher, G., & Harrison, T. (2013). *Substance abuse: Information for school counselors, social workers, therapists and counselors* (5th ed.). Upper Saddle River, NJ: Pearson.

Flaxman, A. E., & Bond, F. W. (2010). A randomized worksite comparison of acceptance and commitment therapy and stress inoculation training. *Behaviour Research and Therapy, 48*, 816–820. doi: 10.1016/j.brat.2010.05.004

Fleming, M. F., Balousek, S. L., Grossberg, P. M., Mundt, M. P., Brown, D., Wiegel, J. R., Zakletskaia, L. I., & Saewyc, E. M. (2010). Brief physician advice for heavy drinking college students: A randomized controlled trial in college health clinics. *Journal of Studies on Alcohol and Drugs, 71*, 23–31.

Flowers, J. V. (1991). A behavioural method of increasing self confidence in elementary school children: Treatment and modeling results. *British Journal of Educational Psychology, 61*, 13–18.

Foa, E. B., Dancu, C. V., Hembree, E. A., Jaycox, L. H., Meadows, E. A., & Street, G. P. (1999). A comparison of exposure therapy, stress inoculation training, and their combination in reducing posttraumatic stress disorder in female assault victims. *Journal of Consulting and Clinical Psychology, 67*, 194–200.

Foa, E. B., Hembree, E. A., Cahill, S. P., Rauch, S. A. M., Riggs, D. S., Feeny, N. C., & Yadin, E. (2005). Randomized trial of prolonged exposure for posttraumatic stress disorder with and without cognitive restructuring: Outcome at academic and community clinics. *Journal of Consulting and Clinical Psychology, 73*, 953–964.

Fontaine, K. L. (2010). *Complementary & alternative therapies for nursing practice* (3rd ed.). Upper Saddle River, NJ: Pearson/Prentice Hall.

Ford, J. D., & Foster, S. L. (1976, January). Extrinsic incentives and token-based programs: A reevaluation. *American Psychologist, 31*, 87–90.

Foxx, R. M., & Azrin, N. H. (1972). Restitution: A method of eliminating aggressive-disruptive behavior of retarded and brain damaged patients. *Behaviour Research & Therapy, 10*, 15–27.

Foxx, R. M., & Shapiro, S. T. (1978). The timeout ribbon: A nonexclusionary timeout procedure. *Journal of Applied Behavior Analysis, 11*, 125–136.

Frain, M. P., Berven, N. L., Tschopp, M. K., Lee, G. K., Tansey, T., & Chronister, J. (2007). Use of the resiliency model of family stress, adjustment and adaptation by rehabilitation counselors. *Journal of Rehabilitation, 73*(3), 18–25.

Frankl, V. E. (2006). *Man's search for meaning*. Boston, MA: Beacon Press.

Franklin, C., Biever, J., Moore, K., Demons, D., & Scamardo, M. (2001). The effectiveness of solution focused therapy with children in a school setting. *Research on Social Work Practice, 11*, 411–434.

Franklin, C., Streeter, C. L., Kim, J. S., & Tripodi, S. J. (2007). The effectiveness of a solution-focused, public alternative

school for dropout prevention and retrieval. *Children & Schools, 29*, 133–144.

Frey, A. J., & Doyle, H. D. (2001). Classroom meetings: A program model. *Children & Schools, 23*, 212–223.

Furmark, T., Carlbring, P., Hedman, E., Sonnenstein, A., Clevberger, P., Bohman, B., . . . Andersson, G. (2009). Guided and unguided self-help for social anxiety disorder: Randomised controlled trial. *The British Journal of Psychiatry, 195*, 440–447.

Gallagher, P. A. (1995). *Teaching students with behavior disorders: Techniques and activities for classroom instruction* (2nd ed.). Denver, CO: Love.

Gardner, R. A. (1974). The mutual storytelling technique in the treatment of psychogenic problems secondary to minimal brain dysfunction. *Journal of Learning Disabilities, 7*, 135–143.

Gardner, R. A. (1986). *The psychotherapeutic techniques of Richard A. Gardner*. Cresskill, NJ: Creative Therapeutics.

George, E., Iveson, C., & Ratner, H. (1999). *Problem to solution: Brief therapy with individuals and families* (rev. ed.). London, UK: BT Press.

George, R. L., & Christiani, T. S. (1995). *Counseling: Theory and practice* (4th ed.). Boston, MA: Allyn & Bacon.

Gitlin-Weiner, K., Sandgrund, A., & Schaefer, C. (Eds.). (2000). *Play diagnosis and assessment* (2nd ed.). New York, NY: John Wiley & Sons.

Gladding, S., & Gladding, C. (1991). The ABCs of bibliotherapy for school counselors. *School Counselor, 39*, 7–11.

Gold, J. M., & Hartnett, L. (2004). Confronting the hierarchy of a child-focused family: Implications for family counselors. *The Family Journal, 12*, 271–274. doi: 10.1177/1066480704264429

Gonsalkorale, W. (1996). The use of hypnosis in medicine: The possible pathways involved. *European Journal of Gastroenterology & Hepatology, 8*, 520–524.

Gonzalez, J., Nelson, J., Gutkin, T., Saunders, A., Galloway, A., & Shwery, C. (2004). Rational emotive therapy with children and adolescents: A meta-analysis. *Journal of Emotional and Behavioral Disorders, 12*, 222–235.

Gordon, T. (1975). *P.E.T., Parent effectiveness training: The tested new way to raise responsible children*. New York, NY: Plume.

Grainger, R. (1991). The use and abuse of negative thinking. *American Journal of Nursing, 8*, 13–14.

Graziano, A. M., Degiovanni, I. S., & Garcia, K. A. (1979). Behavioral treatment of children's fears: A review. *Psychological Bulletin, 86*, 804–830.

Green, V. A., Drysdale, H., Boelema, T., Smart, E., Van der Meer, L., Achmadi, D., . . . Lancioni, G. (2013). Use of video modeling to increase positive peer interactions of four preschool children with social skills difficulties. *Education and Treatment of Children, 36*(2), 59–85.

Greenberg, L. J., Warwar, S. H., & Malcolm, W. M. (2008). Differential effects of emotion-focused therapy and psychoeducation in facilitating forgiveness and letting go of emotional injuries. *Journal of Counseling Psychology, 55*, 185–196.

Greenberg, L. S., & Higgins, H. M. (1980). Effects of two-chair dialogue and focusing on conflict resolution. *Journal of Counseling Psychology, 27*, 221–224.

Gregory, R., Canning, S., Lee, T., & Wise, J. (2004). Cognitive bibliotherapy for depression: A meta-analysis. *Professional Psychology: Research and Practice, 35*, 275–280.

Groden, G., & Cautela, J. R. (1981). Behavior therapy: A survey of procedures for counselors. *The Personnel and Guidance Journal, 60,* 175–180.

Groeneveld, I. F., Proper, K. I., van der Beek, A. J., & van Mechelen, W. (2010). Sustained body weight reduction by an individual-based lifestyle intervention for workers in the construction industry at risk for cardiovascular disease: Results of a randomized controlled trial. *Preventive Medicine: An International Journal Devoted to Practice and Theory, 51,* 240–246.

Hackney, H., & Cormier, L. (2012). *The professional counselor: A process guide to helping* (7th ed.). Upper Saddle River, NJ: Pearson Merrill.

Haiman, P. E. (2005). Time out to correct misbehavior may aggravate it instead. *Brown University Child & Adolescent Behavior, 14,* 1–5.

Hains, A. A., & Szyjakowski, M. (1990). A cognitive stress-reduction intervention program for adolescents. *Journal of Counseling Psychology, 37,* 79–84.

Hajzler, D. J., & Bernard, M. E. (1991). A review of rational-emotive education outcome studies. *School Psychology Quarterly, 6,* 27–49.

Hallenbeck, B. A., & Kauffman, J. M. (1995). How does observational learning affect the behavior of students with emotional or behavioral disorders? A review of research. *Journal of Special Education, 29,* 45–71.

Hammond, J. M. (1981). *When my dad died.* Ann Arbor, MI: Cranbrook Publishing.

Hardcastle, S. J., Taylor, A. H., Bailey, M. P., Harley, R. A., & Haggar, M. S. (2013). Effectiveness of a motivational interviewing intervention on weight loss, physical activity and cardiovascular disease risk factors: A randomised controlled trial with a 12-month post-intervention follow-up. *The International Journal of Behavioral Nutrition and Physical Activity, 10,* 40.

Hardy, J., Oliver, E., & Tod, D. (2008). A framework for the study and application of self-talk in sport. In S. D. Mellalieu & S. Hanton (Eds.), *Advances in applied sport psychology: A review* (pp. 37–74). London, UK: Routledge.

Harman, R. L. (1974). Techniques of Gestalt therapy. *Professional Psychology, 12,* 257–263.

Harris, G. E. (2003). Progressive muscle relaxation: Highly effective but often neglected. *Guidance and Counseling, 18,* 142–148.

Harrison, R. (2001). Application of Adlerian principles in counseling survivors of sexual abuse. *The Journal of Individual Psychology, 57*(1), 91–101.

Hartz, G. W., Brennan, P. L., Aulakh, J. S., & Estrin, M. T. (2010). Behavioral contracting with psychiatric residents in long-term care: An exploratory study. *The Journal of Aging and Mental Health, 33,* 347–362.

Hayes, S. C., Strosahl, K. D., & Wilson, K. G. (1999). *Acceptance and commitment therapy: An experiential approach to behavior change.* New York, NY: Guilford Press.

Hays, D. G., & Erford, B. T. (Eds.). (2014). *Developing multicultural counseling competency: A systems approach* (2nd ed.). Columbus, OH: Pearson Merrill.

Hayward, M., Overton, J., Dorey, T., & Denney, J. (2009). Relating therapy for people who hear voices: A case series. *Clinical Psychology & Psychotherapy, 16*(3), 216–227.

Healy, C. C. (1974). Furthering career education through counseling. *Personnel and Guidance Journal, 52,* 653–658.

Hebert, T., & Furner, J. (1997). Helping high ability students overcome math anxiety through bibliotherapy. *Journal of Secondary Gifted Education, 8,* 164–178.

Henington, C., & Doggett, R. A. (2010). Setting up and managing a classroom. In B. T. Erford (Ed.), *Professional school counseling: A handbook of theories, programs, & practices* (2nd ed., pp. 233–250). Austin, TX: Pro-Ed.

Hensel-Dittmann, D., Schauer, M., Ruf, M., Catani, C., Odenwald, M., Elbert, T., & Neuner, F. (2011). Treatment of traumatized victims of war and torture: A randomized controlled comparison of narrative exposure therapy and stress inoculation training. *Psychotherapy and Psychosomatics, 80,* 345–352.

Herring, R. D., & Runion, K. B. (1994). Counseling ethnic children and youth from an Adlerian perspective. *Journal of Multicultural Counseling & Development, 22,* 215–226.

Hofmann, S. G., & Asmundson, G. J. (2008). Acceptance and mindfulness-based therapy: New wave or old hat? *Clinical Psychology Review, 28*(1), 1–16.

Hogg, V., & Wheeler, J. (2004). Miracles R them: Solution focused practice in a social services duty team. *Practice, 16,* 299–314.

Hollandsworth, J. G., Jr. (1977). Differentiating assertion and aggression: Some behavioral guidelines. *Behavior Therapy, 8,* 347–352.

Hopp, M. A., Horn, C. L., McGraw, K., & Meyer, J. (2000). *Improving students' ability to problem solve through social skills instruction.* Chicago, IL: St. Xavier University.

Horan, J. J. (1996). Effects of computer-based cognitive restructuring on rationally mediated self-esteem. *Journal of Counseling Psychology, 43,* 371–375.

Horton, A. M., Jr., & Johnson, C. H. (1977). The treatment of homicidal obsessional ruminations by thought-stopping and covert assertion. *Journal of Behavioral Therapy & Experimental Psychiatry, 8,* 339–340.

Houram, L. L., Kizakevich, P. N., Hubal, R., Spira, J., Strange, L. B., Holiday, D. B., Bryant, S., & McLean, A. N. (2011). Predeployment stress inoculation training for primary prevention of combat-related stress disorders. *Journal of CyberTherapy and Rehabilitation, 4*(1), 101–116.

Howard, K. I., Kopta, S. M., Krause, M. S., & Orlinsky, D. E. (1986). The dose-effect relationship in psychotherapy [Special issue: Psychotherapy research]. *American Psychologist, 41,* 159–164.

Iskander, J. M., & Rosales, R. (2013). An evaluation of the components of a Social Stories™ intervention package. *Research in Autism Spectrum Disorders, 7*(1), 1–8. doi: 10.1016/j.rasd.2012.06.004

Ivey, A. E., & Ivey, M. B. (2007). *Intentional interviewing and counseling: Facilitating client development in a multicultural society.* Belmont, CA: Brooks/Cole–Thomson Learning.

Ivey, A. E., Ivey, M. B., & Zalaquett, C. P. (2014). *Intentional interviewing and counseling.* Belmont, CA: Brooks/Cole.

Jackson, S. (2001). Using bibliotherapy with clients. *Journal of Individual Psychology, 57,* 289–297.

Jacobson, E. (1977). The origins and development of progressive relaxation. *Journal of Behavior Therapy & Experimental Psychiatry, 8,* 119–123.

Jacobson, E. (1987). Progressive relaxation. *American Journal of Psychology, 100,* 522–537.

Jallo, N., Bourguignon, C., Taylor, A., & Utz, S. W. (2008). Stress management during pregnancy: Designing and evaluating a mind-body intervention. *Family & Community Health: The Journal of Health Promotion & Maintenance, 31,* 190–203.

James, R. K., & Gilliland, B. E. (2003). *Theories and strategies in counseling and psychotherapy* (5th ed.). Boston, MA: Allyn & Bacon.

Jeffcoat, T., & Hayes, S. C. (2012). A randomized trial of ACT bibliotherapy on the mental health of K–12 teachers and staff. *Behaviour Research and Therapy, 50*, 571–579.

Jessee, E. H., Jurkovic, G. J., Wilkie, J., & Chiglinsky, M. (1982). Positive reframing with children: Conceptual and clinical considerations. *American Journal of Orthopsychiatry, 52*, 314–322.

Johnco, C., Wuthrich, V. M., & Rapee, R. M. (2012). The role of cognitive flexibility in cognitive restructuring skill acquisition among older adults. *Journal of Anxiety Disorders.* doi: 10.1016/j.janxdis.2012.10.004

Johns, K. (1992). Lowering beginning teacher anxiety about parent-teacher conferences through role-playing. *School Counselor, 40*, 146–153.

Johnson, C., Wan, G., Templeton, R., Graham, L., & Sattler, J. (2000). *"Booking it" to peace: Bibliotherapy guidelines for teachers.* (ERIC Document Reproduction Service No. ED451622)

Joling, K. J., van Hout, H. P. J., van't Veer-Tazelaar, P. J., van der Horst, H. E., Cuijpers, P., van de Ven, P. M., & van Marwijk, H. W. J. (2011). How effective is bibliotherapy for very old adults with subthreshold depression? A randomized controlled trial. *The American Journal of Geriatric Psychiatry, 19*, 256–265.

Jourard, S. M. (1971). *The transparent self.* Princeton, NJ: Van Nostrand.

Jung, K., & Steil, R. (2012). The feeling of being contaminated in adult survivors of childhood sexual abuse and its treatment via a two-session program of cognitive restructuring and imagery modification: A case study. *Behavior Modification, 36*(1), 67–86.

Kabat-Zinn, J. (2006). *Coming to our senses: Healing ourselves and the world through mindfulness.* New York, NY: Hyperion.

Kahng, S. W., Boscoe, J. H., & Byrne, S. (2003, Fall). The use of an escape contingency and a token economy to increase food acceptance. *Journal of Applied Behavior Analysis, 36*, 249–353.

Kammerer, A. (1998). *Conflict management: Action research.* Greensboro, NC: ERIC-CASS (ERIC Document Reproduction Services No. ED422100).

Kantor, L., & Shomer, H. (1997). Lifestyle changes following a stress management programme: An evaluation. *South African Journal of Psychology, 27*, 81–246.

Kaplan, D. M., & Smith, T. (1995). A validity study of Subjective Unit of Discomfort (SUD) score. *Measurement & Evaluation in Counseling & Development, 27*, 195–199.

Kaplan, S., Engle, B., Austin, A., & Wagner, E. F. (2011). Applications in schools. In S. Naar-King & M. Suarez (Eds.) *Motivational interviewing with adolescents and young adults* (pp. 158–164). New York, NY: Guilford Press.

Kapoor, V., Bray, M. A., & Kehle, T. J. (2010). School-based intervention: Relaxation and guided imagery for students with asthma and anxiety disorder. *Canadian Journal of School Psychology, 25*, 311–327. doi: 10.1177/0829573510375551

Katofsky, I., Backhaus, J., Junghanns, K., Rumpf, H. -J., Hüppe, M., von Eitzen, U., & Hohagen, F. (2012). Effectiveness of a cognitive behavioral self-help program for patients with primary insomnia in general practice—a pilot study. *Sleep Medicine, 13*, 463–468. doi: 10.1016/j.sleep.2011.12.008

Kazdin, A. E. (2005). *Parent management training: Treatment for oppositional, aggressive, and antisocial behavior in children and adolescents.* New York, NY: Oxford University Press.

Keeling, M. L., & Bermudez, M. (2006). Externalizing problems through art and writing: Experiences of process and helpfulness. *Journal of Marital and Family Therapy, 32*, 405–419.

Keeney, K. M., Fisher, W. W., Adelinis, J. D., & Wilder, D. A. (2000). The effects of response cost in the treatment of aberrant behavior maintained by negative reinforcement. *Journal of Applied Behavior Analysis, 33*, 255–258.

Kehle-Forbes, S. M., Polusny, M. A., MacDonald, R., Murdoch, M., Meis, L. A., & Wilt, T. J. (2013). A systematic review of the efficacy of adding nonexposure components to exposure therapy for posttraumatic stress disorder. *Psychological Trauma: Theory, Research, Practice, and Policy, 5*, 317–322.

Kelley, M. L., & Stokes, T. F. (1982). Contingency contracting with disadvantaged youths: Improving classroom performance. *Journal of Applied Behavior Analysis, 15*, 447–454.

Kerner, E. A., & Fitzpatrick, M. R. (2007). Integrating writing into psychotherapy practice: A matrix of change processes and structural dimensions. *Psychotherapy: Theory, Research, Practice, and Training, 44*, 333–346. doi: 10.1037/0033-3204.44.3.333

Kilfedder, C., Power, K., Karatzias, T., McCafferty, A., Niven, K., Chouliara, Z., Galloway, L., & Sharp, S. (2010). A randomized trial of face-to-face counselling versus telephone counselling versus bibliotherapy for occupational stress. *Psychology and Psychotherapy: Theory, Research and Practice, 83*, 223–242.

Kim, B. K., Hill, C. E., Gelso, C. J., Goates, M. K., Asay, P. A., & Harbin, J. M. (2003). Counselor self-disclosure, East Asian American client adherence to Asian cultural values, and counseling process. *Journal of Counseling Psychology, 50*, 324–332. doi: 10.1037/0022-0167.50.3.324

Kiselica, M., & Baker, S. (1992). Progressive muscle relaxation and cognitive restructuring: Potential problems and proposed solutions. *Journal of Mental Health Counseling, 14*, 149–165.

Kleinpeter, C. B., Brocato, J., Fischer, R., & Ireland, C. (2009). Specialty groups for drug court participants. *Journal of Groups in Addiction & Recovery, 4*, 265–287.

Knoff, H. M. (2009). Time-out in the schools: Punitive or educative? Evidence based or poorly conceived? *Communiqué, 37*, 6.

Koken, J., Outlaw, A., & Green-Jones, M. (2011). Sexual risk reduction. In S. Naar-King & M. Suarez (Eds.), *Motivational interviewing with adolescents and young adults* (pp. 106–111). New York, NY: Guilford Press.

Kolko, D. J., & Milan, M. A. (1983). Reframing and paradoxical instruction to overcome "resistance" in the treatment of delinquent youth: A multiple baseline analysis. *Journal of Consulting and Clinical Psychology, 51*, 655–660.

Konarski, E. A., Jr., Johnson, M. R., Crowell, C. R., & Whitman, T. L. (1981). An alternative approach to reinforcement for applied researchers: Response deprivation. *Behavior Therapy, 12*, 653–666.

Kottler, J. A., & Chen, D. D. (2011). *Stress management and prevention* (2nd ed.). New York, NY: Routledge.

Kottman, T. (1990). Counseling middle school students: Techniques that work. *Elementary School Guidance & Counseling, 25*, 216–224.

Kottman, T. (1999). Integrating the crucial C's into Adlerian play therapy. *The Journal of Individual Psychology, 55*, 288–297.

Kottman, T., & Stiles, K. (1990). The mutual storytelling technique: An Adlerian application in child therapy. *Individual Psychology, 46*, 148–156.

Kotz, D., Huibers, M. H., West, R. J., Wesseling, G., & van Schayck, O. P. (2009). What mediates the effect of confrontational counselling on smoking cessation in smokers with COPD? *Patient Education and Counseling, 76*(1), 16–24. doi: 10.1016/j.pec.2008.11.017

Koziey, P. W., & Andersen, T. (1990). Phenomenal patterning and guided imagery in counseling: A methodological pilot. *Journal of Counseling & Development, 68*, 664–667.

Kraft, R. G., Claiborn, C. D., & Dowd, T. E. (1985). Effects of positive reframing and paradoxical directives in counseling for negative emotions. *Journal of Counseling Psychology, 32*, 617–621.

Kress, V. E., Adamson, N., DeMarco, C., Paylo, M. J., & Zoldan, C. A. (2013). The use of guided imagery as an intervention in addressing nonsuicidal self-injury. *Journal of Creativity in Mental Health, 8*(1), 35–47.

Kronner, H. W. (2013). Use of self-disclosure for the gay male therapist: The impact on gay males in therapy. *Journal of Social Service Research, 39*(1), 78–94. doi: 10.1080/01488376.2012.686732

Kubany, E. S., & Richard, D. C. (1992). Verbalized anger and accusatory "you" messages as cues for anger and antagonism among adolescents. *Adolescence, 27*, 505–516.

Kubany, E. S., Richard, D. C., Bauer, G. B., & Muraoka, M. Y. (1992). Impact of assertive and accusatory communication of distress and anger: A verbal component analysis. *Aggressive Behavior, 18*, 337–347.

LaClave, L. J., & Brack, G. (1989). Reframing to deal with patient resistance: Practical application. *American Journal of Psychotherapy, 43*, 68–76.

Lamb, C. S. (1980). The use of paradoxical intention: Self-management through laughter. *The Personnel and Guidance Journal, 59*, 217–219.

Lannin, D. G., Guyll, M., Vogel, D. L., & Madon, S. (2013). Reducing the stigma associated with seeking psychotherapy through self-affirmation. *Journal of Counseling Psychology*. doi: 10.1037/a0033789

Laselle, K. M., & Russell, T. T. (1993). To what extent are school counselors using meditation and relaxation techniques? *School Counselor, 40*, 178–184.

Lee, M. (1997). A study of solution-focused brief family therapy: Outcomes and issues. *The American Journal of Family Therapy, 25*, 3–17.

Lega, L., & Ellis, A. (2001). Rational emotive behavior therapy in the new millennium: A cross-cultural approach. *Journal of Rational-Emotive & Cognitive-Behavior Therapy, 19*, 201–222.

Leger, L. A. (1979). An outcome measure for thought-stopping examined in three case studies. *Journal of Behavior Therapy & Experimental Psychiatry, 10*, 115–120.

Lent, J. (2009). Journaling enters the 21st century: The use of therapeutic blogs in counseling. *Journal of Creativity in Mental Health, 4*, 68–73. doi: 10.1080/15401380802705391

Lethem, J. (2002). Brief solution-focused therapy. *Child and Adolescent Mental Heath, 7*, 189–192.

Lewis, T. (2014). *Substance abuse and addiction treatment: Practical application of counseling theory.* Upper Saddle River, NJ: Pearson.

Liberman, R. P. (2000, September). Images in psychiatry: The token economy. *The American Journal of Psychiatry, 157*, 1398.

Lindforss, L., & Magnusson, D. (1997). Solution-focused therapy in prison. *Contemporary Family Therapy, 19*, 89–104.

Linehan, M. M. (1993). *Cognitive behavioral therapy for borderline personality disorder.* New York, NY: Guilford Press.

Linton, J. M. (2005). Mental health counselors and substance abuse treatment: Advantages, difficulties, and practical issues to solution-focused interventions. *Journal of Mental Health Counseling, 27*, 297–310.

Littrell, J. M., Malia, J. A., & Vanderwood, M. (1995). Single-session brief counseling in a high school. *Journal of Counseling & Development, 13*, 451–458.

Lowe, R. (2004). *Family therapy: A constructive framework.* Thousand Oaks, CA: Sage Publications.

Luiselli, J. K. (1980). Programming overcorrection with children: What do the data indicate? *Journal of Clinical Child Psychology, 9*, 224–228.

Luskin, F., & Pelletier, K. R. (2005). *Stress free for good.* San Francisco, CA: Harper Collins.

Lynch, R. (2006). Coercion and social exclusion: The case of motivating change in drug-using offenders. *British Journal of Community Justice, 4*(1), 33–48.

MacCluskie, K. (2010). *Acquiring counseling skills: Integrating theory, multiculturalism, and self-awareness.* Columbus, OH: Merrill.

Macrae, C. N., Bodenhasen, G. V., Milne, A. B., & Jetten, J. (1994). Out of mind but back in sight: Stereotypes on the rebound. *Journal of Personality and Social Psychology, 67*, 808–817.

Madu, V. N., & Adadu, P. M. A. (2011). Counseling students with depressive tendencies for better educational and personal-social adjustment: The cognitive restructuring approach. *Global Journal of Educational Research, 10*(1), 29–33.

Mahalik, J., & Kivlighan, D. (1988). Self-help treatment for depression: Who succeeds? *Journal of Counseling Psychology, 35*, 237–242.

Marcus, D. M. (1998). Self-disclosure: The wrong issue. *Psychoanalytic Inquiry, 18*, 566–579. doi: 10.1080/07351699809534212

Martin, J. (1994). *The construction and understanding of psychotherapeutic change: Conversation, memories, and theories.* New York, NY: Teachers College Press.

Martinez, C. R. (1986). *Classroom observations of three behavior management programs.* Greensboro, NC: ERIC-CASS (EDRS No. ED269164).

Matson, J. L., Horne, A. M., Ollendick, D. G., & Ollendick, T. H. (1979). Overcorrection: A further evaluation of restitution and positive practice. *Journal of Behavior Therapy & Experimental Psychiatry, 10*, 295–298.

Matson, J. L., & Keyes, J. B. (1990). A comparison of DRO to movement suppression time-out and DRO with two self-injurious and aggressive mentally retarded adults. *Research in Developmental Disabilities, 11*, 111–120.

Maultsby, M., Jr. (1984). *Rational behavior therapy.* Englewood Cliffs, NJ: Prentice-Hall.

McGinnis, J. C., Friman, P. C., & Carlyon, W. D. (1999, Fall). The effect of token rewards on "intrinsic" motivation for doing math. *Journal of Applied Behavior Analysis, 32,* 375–379.

McGoey, K. E., & DuPaul, G. J. (2000, Fall). Token reinforcement and response cost procedures: Reducing the disruptive behavior of preschool children with attention-deficit/hyperactivity disorder. *School Psychology Quarterly, 15,* 330–343.

McManus, F., Van Doorn, K., & Yiend, J. (2012). Examining the effects of thought records and behavioral experiments in instigating belief change. *Journal of Behavior Therapy and Experimental Psychiatry, 43,* 540–547. doi: 10.1016/j.jbtep.2011.07.003

McWhirter, B. T., & Ishikawa, M. I. (2005). Individual counseling: Traditional approaches. In D. Capuzzi & D. R. Gross (Eds.), *Introduction to the counseling profession* (4th ed., pp. 155–172). Upper Saddle River, NJ: Prentice-Hall.

Meichenbaum, D. (1995). *A clinical handbook/practical therapist manual for assessing and treating adults with post-traumatic stress disorder.* Ontario, Canada: Institute Press.

Meichenbaum, D. H., & Deffenbacher, J. L. (1988). Stress inoculation training. *The Counseling Psychologist, 16,* 69–90.

Menzies, V., & Kim, S. (2008). Relaxation and guided imagery in Hispanic persons diagnosed with fibromyalgia: A pilot study. *Family & Community Health: The Journal of Health Promotion & Maintenance, 31,* 204–212.

Messling, P. A., III, & Dermer, M. L. (2009). Increasing students' attendance at lecture and preparation for lecture by allowing students to use their notes during tests. *Behavior Analyst Today, 10,* 381–390.

Meyer, D. D., & Cottone, R. (2013). Solution-focused therapy as a culturally acknowledging approach with American Indians. *Journal of Multicultural Counseling and Development, 41*(1), 47–55.

Mikulas, W. L. (1978). *Behavior modification.* New York, NY: Harper & Row.

Miller, D. L., & Kelley, M. L. (1994). The use of goal setting and contingency contracting for improving children's homework performance. *Journal of Applied Behavior Analysis, 27,* 73–84.

Miller, M., Kelly, W., Tobacyk, J., Thomas, A., & Cowger, E. (2001). A review of client compliancy with suggestions for counselors. *College Student Journal, 35,* 504–513.

Miller, N. E., & Dollard, J. (1941). *Social learning and imitation.* London, UK: Oxford University Press.

Miller, W. R., & Rollnick, S. (2002). *Motivational interviewing: Preparing people for change* (2nd ed.). New York, NY: Guilford Press.

Miltenberger, R. G. (2007). *Behavior modification: Principles and procedures* (4th ed.). Pacific Grove, CA: Brooks/Cole.

Morawska, A., & Sanders, M. (2010). Parental use of time out revisited: A useful or harmful parenting strategy? *Journal of Child Family Studies 20,* 1–8. doi 10.1007/s10826-010-9371-x

Morgenstern, J., Amrhein, P., Kuerbis, A., Hail, L., Lynch, K., & McKay, J. R. (2012). Motivational interviewing: A pilot test of active ingredients and mechanisms of change. *Psychology of Addictive Behaviors, 26,* 859–869. doi: 10.1037/a0029674

Mottram, L., & Berger-Gross, P. (2004). An intervention to reduce disruptive behaviours in children with brain injury.

Pediatric Rehabilitation, 7, 133–143.

Murdock, N. L. (2009). *Theories of counseling and psychotherapy* (2nd ed.). Upper Saddle River, NJ: Pearson Education.

Murphy, J. J. (2008). *Solution-focused counseling in schools* (2nd ed.). Alexandria, VA: American Counseling Association.

Musser, E. H., Bray, M. A., Kehle, T. J., & Jenson, W. R. (2001). Reducing disruptive behaviors in students with serious emotional disturbance. *School Psychology Review, 30,* 294–305.

Myers, D., & Hayes, J. A. (2006). Effects of therapist general self-disclosure and countertransference disclosure on ratings of the therapist and session. *Psychotherapy: Theory, Research, Practice, Training, 43,* 173–185. doi: 10.1037/0033-3204.43.2.173

Myrick, R. D., & Myrick, L. S. (1993). Guided imagery: From mystical to practical. *Elementary School Guidance & Counseling, 28,* 62–70.

Naar-King, S., & Suarez, M. (Eds.). (2011). *Motivational interviewing with adolescents and young adults.* New York, NY: Guilford Press.

Naugle, A. E., & Maher, S. (2008). Modeling and behavioral rehearsal. In W. O'Donohue, J. E. Fisher, & S. C. Hayes (Eds.), *Cognitive behavior therapy: Applying empirically supported techniques in your practice* (2nd ed.). New York, NY: John Wiley & Sons.

Newsome, W. S. (2004). Solution-focused brief therapy (SFBT) groupwork with at-risk junior high school students: Enhancing the bottom-line. *Research on Social Work Practice, 14,* 336–343.

Nock, M., & Kazdin, A. (2005). Randomized control trial of a brief intervention for increasing participation in parent management training. *Journal of Consulting and Clinical Psychology, 73,* 872–879.

Noggle, J. J., Steiner, N. J., Minami, T., & Khalsa, S. B. S. (2012). Benefits of yoga for psychosocial well-being in a U.S. high school curriculum: A preliminary randomized controlled trial. *Journal of Developmental and Behavioral Pediatrics, 33*(3), 193–201.

Nordin, S., Carlbring, P., Cuijpers, P., & Andersson, G. (2010). Expanding the limits of bibliotherapy for panic disorder: Randomized trial of self-help without support but with a clear deadline. *Behavior Therapy, 41,* 267–276.

Nuernberger, P. (2007). *Freedom from stress: A holistic approach.* Honesdale, PA: Himalayan International Institute.

Oberst, E., & Stewart, A. E. (2003). *Adlerian psychotherapy: An advanced approach to individual psychology.* New York, NY: Brunner-Routledge.

O'Brien, J. D. (1992). Children with ADHD and their parents. In J. D. O'Brien, D. J. Pilowsky, & O. W. Lewis (Eds.), *Psychotherapies with children and adolescents: Adapting the psychodynamic process* (pp. 109–124). Washington, DC: American Psychiatric Press.

Ockene, J. (2001). Strategies to increase adherence to treatment. *Compliance in Healthcare and Research, 43*–55.

O'Hanlon, W. H., & Weiner-Davis, M. (2004). *In search of solutions: A new direction in psychotherapy* (rev. ed.). New York, NY: Norton.

Okamoto, A., Yamashita, T., Nagohshi, Y., Masui, Y., Wada, Y., Kashima, A., et al. (2002). A behavior therapy program combined with liquid nutrition designed for anorexia nervosa. *Psychiatry and Clinical Neurosciences, 56,* 515–520.

Olmi, D. J., Sevier, R. C., & Nastasi, D. F. (1997). Time in/time-out as a response to noncompliance and inappropriate behavior with children with developmental disabilities: Two case studies. *Psychology in the Schools, 34*, 31–39.

Olson, R. L., & Roberts, M. W. (1987). Alternative treatments for sibling aggression. *Behavior Therapy, 18*, 243–250.

Orr, J. (2014). Counseling theories: Traditional and alternative approaches. In D. G. Hays & B. T. Erford (Eds.), *Developing multicultural counseling competency: A systems approach* (2nd ed., pp. 476–498). Columbus, OH: Pearson Merrill Prentice Hall.

Osborn, D., & Costas, L. (2013). Role-playing in counselor student development. *Journal of Creativity in Mental Health, 8*, 92–103. doi: 10.1080/15401383.2013.763689

Ost, L.-G. (1989). One-session treatment for specific phobias. *Behavior Research and Therapy, 27*, 1–7.

Overholser, J. (2000). Cognitive-behavioral treatment of panic disorder. *Psychotherapy: Theory, Research, Practice & Training, 37*, 247–256.

Oxman, E. B., & Chambliss, C. (2003). *Reducing psychiatric inpatient violence through solution-focused group therapy* (ERIC Doc No. ED475586). Retrieved from http://www.eric.ed.gov/ERICDocs/data/ericdocs2sql/content_storage_01/0000019b/80/1a/f9/e3.pdf

Pagoto, S. L., Kozak, A. T., Spates, C. R., & Spring, B. (2006). Systematic desensitization for an older woman with a severe specific phobia: An application of evidenced-based practice. *Clinical Gerontologist: The Journal of Aging and Mental Health, 30*(1), 89–98.

Paivio, S. C., & Greenberg, L. S. (1995). Resolving "unfinished business": Efficacy of experimental therapy using empty chair dialogue. *Journal of Consulting and Clinical Psychology, 63*, 419–425.

Paladino, D. A., Barrio Minton, C. A., & Kern, C. W. (2011). Interactive training model: Enhancing beginning counseling student development. *Counselor Education & Supervision, 50*, 189 206.

Papadopoulou, M. (2012). The ecology of role play: Intentionality and cultural evolution. *British Educational Research Journal, 28*, 575–592.

Patton, M., & Kivlighan, D. (1997). Relevance of the supervisory alliance to the counseling alliance and to treatment adherence in counselor training. *Journal of Counseling Psychology, 44*, 108–115.

Paul, N. A., Stanton, S. J., Greeson, J. M., Smoski, M. J., & Wang, L. (2013). Psychological and neural mechanisms of trait mindfulness in reducing depression vulnerability. *Social Cognitive and Affective Neuroscience, 8*, 56–64.

Pearlman, M. Y., D'Angelo Schwalbe, K., & Cloltre, M. (2010). *Grief in childhood: Fundamentals of treatment in clinical practice.* Washington, DC: American Psychological Association.

Pearson, J. (2000). *Develop the habit of healthy self-talk.* Retrieved from http://www.healthyhabits.com/selftalk.asp

Pearson, Q. M. (1994). Treatment techniques for adult female survivors of childhood sexual abuse. *Journal of Counseling & Development, 73*, 32–37.

Peck, H. L., Bray, M. A., & Kehle, T. J. (2003). Relaxation and guided imagery: A school-based intervention for children with asthma. *Psychology in the Schools, 40*, 657–675.

Peden, A. R., Rayens, M. K., Hall, L. A., & Beebe, L. H. (2001).

Preventing depression in high-risk college women: A report of an 18-month follow-up. *Journal of American College Health, 49*, 299–306.

Penzien, D., & Holroyd, K. (1994). Psychological interventions in the management of recurrent headache disorders 2: Description of treatment techniques. *Behavioral Medicine, 20*, 64–74.

Peterson, R. F., Loveless, S. E., Knapp, T. J., Loveless, B. W., Basta, S. M., & Anderson, S. (1979). The effects of teacher use of I-messages on student disruptive and study behavior. *Psychological Record, 29*, 187–199.

Phillips-Hershey, E., & Kanagy, B. (1996). Teaching students to manage personal anger constructively. *Elementary School Guidance & Counseling, 30*, 229–234.

Piccinin, S. (1992). Impact of treatment adherence intervention on a social skills program targeting criticism behaviours. *Canadian Journal of Counseling, 26*, 107–121.

Plummer, D. L., & Tukufu, D. S. (2001). Enlarging the field: African-American adolescents in a Gestalt context. In M. McConville, & G. Wheeler (Eds.), *The heart of development: Vol II. Adolescence: Gestalt approaches to working with children, adolescents and their worlds* (pp. 54–71). New York, NY: Analytic Press/Taylor & Francis Group.

Polcin, D. L., Galloway, G. P., Bond, J., Korcha, R., & Greenfield, T. K. (2010). How do residents of recovery homes experience confrontation between entry and 12-month follow-up? *Journal of Psychoactive Drugs, 42*(1), 49–62. doi: 10.1080/02791072.2010.10399785

Ponniah, K., & Hollon, S. D. (2009). Empirically supported psychological treatments for adult acute stress disorder and posttraumatic stress disorder: A review. *Depression & Anxiety, 26*, 1086–1109. doi: 10.1002/da.20635

Popadiuk, N., Young, R. A., & Valach, L. (2008). Clinician perspectives on the therapeutic use of the self-confrontation procedure with suicidal clients. *Journal of Mental Health Counseling, 30*(1), 14–30.

Premack, D. (1962). Reversibility of the reinforcement relation. *Science, 136*, 255–257.

Presbury, J. H., Echterling, L. G., & McKee, J. E. (2002). *Ideas and tools for brief counseling.* Upper Saddle River, NJ: Pearson Education.

Prins, P., & Hanewald, G. (1999). Coping self-talk and cognitive interference in anxious children. *Journal of Consulting and Clinical Psychology, 67*, 435–439.

Proctor, M. A., & Morgan, D. (1991). Effectiveness of a response cost raffle procedure on the disruptive classroom behavior of adolescents with behavior problems. *School Psychology Review, 20*, 97–109.

Purdon, C., & Clark, D. A. (2001). Suppression of obsession-like thoughts in nonclinical individuals: Impact on thought frequency, appraisal and mood state. *Behaviour Research and Therapy, 39*, 1163–1181.

Quigney, T. A., & Studer, J. R. (1999). Using solution-focused intervention for behavioral problems in an inclusive classroom. *American Secondary Education, 28*(1), 10–18.

Quillman, T. (2012). Neuroscience and therapist self-disclosure: Deepening right brain to right brain communication between therapist and patient. *Clinical Social Work Journal, 40*(1), 1–9. doi: 10.1007/s10615-011-0315-8

Rapee, R. M., Abbott, M. J., & Lyneham, H. J. (2006). Bibliotherapy for children with anxiety disorders using written materials for parents: A randomized controlled trial. *Journal of Consulting & Clinical Psychology, 74,* 436–444.

Rapisarda, C., Jencius, M., & McGlothlin, J. (2011). Master's students' experiences in a multicultural counseling role-play. *International Journal for the Advancement of Counselling, 33,* 361–375.

Rasmussen, P. R. (2002). Resistance: The fear behind it and tactics for reducing it. *The Journal of Individual Psychology, 58,* 148–159.

Rasmussen, P. R., & Dover, G. J. (2006). The purposefulness of anxiety and depression: Adlerian and evolutionary views. *The Journal of Individual Psychology, 62,* 366–396.

Reid, R. (1999). Attention deficit hyperactivity disorder: Effective methods for the classroom. *Focus on Exceptional Children, 32*(4), 1–20.

Reinecke, D. R., Newman, B., & Meinberg, D. L. (1999, Spring). Self-management of sharing in three pre-schoolers with autism. *Education and Training in Mental Retardation and Developmental Disabilities, 34,* 312–317.

Reiter, M. D. (2004). The surprise task: A solution-focused formula task for families. *Journal of Family Psychotherapy, 14*(3), 37–45.

Reitman, D., & Drabman, R. S. (1999). Multifaceted uses of a simple timeout record in the treatment of a noncompliant 8-year-old boy. *Education & Treatment of Children, 22,* 136–146.

Remer, R. (1984). The effects of interpersonal confrontation on males. *American Mental Health Counselors Association Journal, 6,* 56–70.

Richmond, R. L. (2013). *Systematic desensitization.* Retrieved from http://www.guidetopsychology.com/sysden.htm

Riordan, R., & Wilson, L. (1989). Bibliotherapy: Does it work? *Journal of Counseling & Development, 67,* 506–508.

Robbins, M. S., Alexander, J. F., & Turner, C. W. (2000). Disrupting defensive family interactions in family therapy with delinquent youth. *Journal of Family Psychology, 14,* 688–701.

Roemer, L., & Burkovec, T. D. (1994). Effect of suppressing thoughts about emotional material. *Journal of Abnormal Psychology, 103,* 467–474.

Rogers, C. (1951). *Client-centered therapy.* Boston, MA: Houghton Mifflin.

Rogers, C. R. (1957). The necessary and sufficient conditions of therapeutic personality change. *Journal of Consulting Psychology, 21,* 95–103. doi: 10.1037/h0045357

Roome, J., & Romney, D. (1985). Reducing anxiety in gifted children by inducing relaxation. *Roeper Review, 7,* 177–179.

Rosenberg, H. J., Jankowski, M. K., Fortuna, L. R., Rosenberg, S. D., & Mueser, K. T. (2011). A pilot study of a cognitive restructuring program for treating posttraumatic disorders in adolescents. *Psychological Trauma: Theory, Research, Practice, and Policy, 3,* 94–99.

Ross, M., & Berger, R. (1996). Effects of stress inoculation training on athletes' post-surgical pain and rehabilitation after orthopedic injury. *Journal of Consulting and Clinical Psychology, 64,* 406–410.

Ruth, W. J. (1994). Goal setting, responsibility training, and fixed ratio reinforcement: Ten-month application to students with emotional disturbance in a public school setting. *Psychology in the Schools, 31,* 146–154.

Rutledge, P. C. (1998). Obsessionality and the attempted suppression of unpleasant personal intrusive thoughts. *Behaviour Research and Therapy, 36,* 403–416.

Ryan, J. B., Peterson, R. L., & Rozalski, M. (2007). State policies concerning the use of seclusion timeout in schools. *Education and Treatment of Children, 30,* 215–239.

Ryder, B. E. (2003). Counseling theory as a tool for vocational counselors: Implications for facilitating clients' informed decision making. *Journal of Visual Impairment & Blindness, 97*(3), 149–156.

Salend, S. J., & Allen, E. M. (1985). Comparative effects of externally managed and self-managed response-cost systems on inappropriate classroom behavior. *Journal of School Psychology, 23,* 59–67.

Saltzberg, J., & Dattilio, F. (1996). Cognitive techniques in clinical practice. *Guidance & Counseling, 11,* 27–31.

Samaan, M. (1975). Thought-stopping and flooding in a case of hallucinations, obsessions, and homicidal-suicidal behavior. *Journal of Behavioral Therapy & Experimental Psychiatry, 6,* 65–67.

Sam Houston State University Counseling Center. (2014). *Breathing techniques.* Retrieved from http://www.shsu.edu/~counsel/hs/breathtech.html

Schaefer, C. E. (2011). *Foundations of play therapy* (2nd ed.). New York, NY: John Wiley & Sons.

Schafer, W. (1998). *Stress management for wellness* (4th ed.). Fort Worth, TX: Harcourt Brace Jovanovich College Publishers.

Scheel, M. J., Davis, C. K., & Henderson, J. D. (2013). Therapist use of client strengths: A qualitative study of positive processes. *The Counseling Psychologist, 41,* 392–427.

Schoettle, U. C. (1980). Guided imagery: A tool in child psychotherapy. *American Journal of Psychotherapy, 34,* 220–227.

Schuler, K., Gilner, F., Austrin, H., & Davenport, G. (1982). Contribution of the education phase to stress-inoculation training. *Psychological Reports, 51,* 611–617.

Schumacher, R., & Wantz, R. (1995). Constructing and using interactive workbooks to promote therapeutic goals. *Elementary School Guidance and Counseling, 29,* 303–310.

Schure, M. B., Christopher, J., & Christopher, S. (2008). Mind-body medicine and the art of self-care: Teaching mindfulness to counseling students through yoga, meditation, and Qigong. *Journal of Counseling & Development, 86,* 47–56.

Scorzelli, J. F., & Gold, J. (1999). The mutual storytelling writing game. *Journal of Mental Health Counseling, 21,* 113–123.

Seal, K. H., Abadjian, L., McCamish, N., Shi, Y., Tarasovsky, G., & Weingardt, K. (2012). A randomized controlled trial of telephone motivational interviewing to enhance mental health treatment engagement in Iraq and Afghanistan veterans. *General Hospital Psychiatry, 34,* 450–459.

Segal, Z. V., Williams, J. M. G., & Teasdale, J. D. (2002). *Mindfulness-based cognitive therapy for depression: A new approach to preventing relapse.* New York, NY: Guilford.

Seiverling, L., Kokitus, A., & Williams, K. (2012). A clinical demonstration of a treatment package for food selectivity. *Behavior Analyst Today, 13*(2), 11–16.

Self-Brown, S. R., & Mathews, S. (2003, November/December). Effects of classroom structure on student achievement goal orientation. *The Journal of Educational Research, 97,* 106–111.

Seligman, L., & Reichenberg, L. R. (2013). *Theories of counseling and psychotherapy: Systems, strategies, and skills of counseling and psychotherapy* (4th ed.). Upper Saddle River, NJ: Pearson Merrill.

Shapiro, F. (2001). *Eye movement desensitization and reprocessing:*

Basic principles, protocols, and procedures (2nd ed.). New York, NY: Guilford Press.

Shapiro, L. (1994). 101 *Tricks of the trade*. Plainview, NY: Childswork/Childsplay.

Shapiro, S. L., Astin, J. A., Bishop, S. R., & Cordova, M. (2005). Mindfulness-based stress reduction for health care professionals: Results from a randomized trial. *International Journal of Stress Management, 12*, 164–176.

Sharry, J. (2004). *Counseling children, adolescents and families. A strengths-based approach*. Thousand Oaks, CA: Sage Publications.

Shechtman, Z. (2000). An innovative intervention for treatment of child and adolescent aggression: An outcome study. *Psychology in the Schools, 37*, 157–167.

Shechtman, Z., & Yanov, H. (2001). Interpretives (confrontation, interpretation, and feedback) in preadolescent counseling groups. *Group Dynamics: Theory, Research, and Practice, 5*(2), 124–135. doi: 10.1037/1089-2699.5.2.124

Sheely, R., & Horan, J. J. (2004). Effects of stress inoculation training for 1st-year law students. *International Journal of Stress Management, 11*, 41–55.

Shepard, D. (1992). Using screenwriting techniques to create realistic and ethical role plays. *Counselor Education & Supervision, 42*, 145–158.

Sherburne, S., Utley, B., McConnell, S., & Gannon, J. (1988). Decreasing violent or aggressive theme play among preschool children with behavior disorders. *Exceptional Children, 55*, 166–173.

Sherman, D. K., Hartson, K. A., Binning, K. R., Purdie-Vaughns, V., Garcia, J., Taborsky-Barba, S., . . . Cohen, G. L. (2013). Deflecting the trajectory and changing the narrative: How self-affirmation affects academic performance and motivation under identity threat. *Journal of Personality and Social Psychology, 104*, 591–618. doi: 10.1037/a0031495

Shurick, A. A., Hamilton, J. R., Harris, L. T., Roy, A. K., Gross, J. J., & Phelps, E. A. (2012). Durable effects of cognitive restructuring on conditioned fear. *Emotion, 12*, 1393–1397.

Silverman, K., Chutuape, M. A., Bigelow, G. E., & Stitzer, M. L. (1999). Voucher-based reinforcement of cocaine abstinence in treatment-resistant methadone patients: Effects of reinforcement magnitude. *Psychopharmacology, 146*, 128–138.

Simi, N. L., & Mahalik, J. R. (1997). Comparison of feminist versus psychoanalytic/dynamic and other therapists on self-disclosure. *Psychology of Women Quarterly, 21*, 465–483. doi: 10.1111/j.1471-6402.1997.tb00125.x

Singer, E. (1977). The fiction of analytic anonymity. In K. A. Frank (Ed.), *The human dimension in psychoanalytic practice* (pp. 181–192). New York, NY: Grune & Stratton.

Sklare, G. B. (2005). *Brief counseling that works: A solution-focused approach for school counselors* (2nd ed.). Thousand Oaks, CA: Corwin Press.

Smith, G., & Celano, M. (2000). Revenge of the mutant cockroach: Culturally adapted storytelling in the treatment of a low-income African-American boy. *Cultural Diversity and Ethnic Minority Psychology, 6*, 220–227.

Smith, I. C. (2005). Solution-focused brief therapy with people with learning disabilities: A case study. *British Journal of Learning Disabilities, 33*, 102–105.

Smith, J. E., Richardson, J., Hoffman, C., & Pilkington, K. (2005). Mindfulness-based stress reduction as supportive therapy in cancer care: Systematic review. *Journal of*

Advanced Nursing, 52, 315–327.

Smith, M. A., & Misra, A. (1992). A comprehensive management system for students in regular classrooms. *The Elementary School Journal, 92*, 353–371.

Smith, S. (2002). *Applying cognitive-behavioral techniques to social skills instruction* (Report No. EDO-EC-02-08). Arlington, VA: ERIC Clearinghouse on Disabilities and Gifted Education. (ERIC Document Reproduction Service No. ED469279).

Smokowski, P. R. (2003). Beyond role-playing: Using technology to enhance modeling and behavioral rehearsal in group work practice. *Journal for Specialists in Group Work, 28*, 9–22.

Smyth, J. M., Hockemeyer, J. R., & Tulloch, H. (2008). Expressive writing and post-traumatic stress disorder: Effects on trauma symptoms, mood states, and cortisol reactivity. *British Journal of Health Psychology, 13*, 85–93. doi: 10.1348/135910708X250866

Songprakun, W., & McCann, T. V. (2012). Evaluation of a bibliotherapy manual for reducing psychological distress in people with depression: A randomized controlled trial. *Journal of Advanced Nursing, 68*, 2674–2684.

Southam-Gerow, M. A., & Kendall, P. C. (2000). Cognitive behavior therapy with youth: Advances, challenges, and future directions. *Clinical Psychology and Psychotherapy, 7*, 343–366.

Spencer, P. (2000). The truth about time-outs. *Parenting, 14*(8), 116–121.

Spiegler, M. D., & Guevremont, D. C. (2003). *Contemporary behavior therapy* (4th ed.). Pacific Grove, CA: Brooks/Cole.

Spindler Barton, E., Guess, D., Garcia, E., & Baer, D. (1970). Improvement of retardates' mealtime behaviors by timeout procedures using multiple baseline techniques. *Journal of Applied Behavior Analysis, 3*, 77–84.

Springer, D., Lynch, C., & Rubin, A. (2000). Effects of a solution-focused mutual aid group for Hispanic children of incarcerated parents. *Child & Adolescent Social Work Journal, 17*, 431–442.

Steele, C. M. (1988). The psychology of self-affirmation: Sustaining the integrity of the self. In L. Berkowitz (Ed.), *Advances in experimental social psychology, Vol. 21: Social psychological studies of the self: Perspectives and programs* (pp. 261–302). San Diego, CA: Academic Press.

Stevens, S. E., Hynan, M. T., Allen, M., Beaun, M. M., & McCart, M. R. (2007). Are complex psychotherapies more effective than biofeedback, progresssive muscle relaxation, or both? A meta-analysis. *Psychological Reports, 100*, 303–324. doi: 10.2466/PR0.100.1.303-324

Stice, E., Rohde, P., Gau, J. M., & Wade, E. (2010). Efficacy trial of a brief cognitive–behavioral depression prevention program for high-risk adolescents: Effects at 1- and 2-year follow-up. *Journal of Consulting and Clinical Psychology, 78*, 856–867.

Stice, E., Rohde, P., Seeley, J. R., & Gau, J. M. (2008). Brief cognitive-behavioral depression prevention program for high-risk adolescents outperforms two alternative interventions: A randomized efficacy trial. *Journal of Consulting and Clinical Psychology, 76*, 595–606.

Stiles, K., & Kottman, T. (1990). Mutual storytelling: An intervention for depressed and suicidal children. *School Counselor, 37*, 337–342.

Stith, S. M., Miller, M., Boyle, J., Swinton, J., Ratcliffe, G., & McCollum, E. (2012). Making a difference in making miracles: Common roadblocks to miracle question effectiveness.

Journal of Marital and Family Therapy, 38, 380–393.

Stolz, S. B., Wienckowski, L. A., & Brown, B. S. (1975, November). Behavior modification: A perspective on critical issues. *American Psychologist, 30*, 1027–1048.

Stricker, G., & Fisher, M. (Eds.). (1990). *Self-disclosure in the therapeutic relationship.* New York, NY: Plenum Press.

Strong, T., & Zeman, D. (2010). Dialogic considerations of confrontation as a counseling activity: An examination of Allen Ivey's use of confronting as a microskill. *Journal of Counseling & Development, 88*, 332–339. doi: 10.1002/j.1556-6678. 2010.tb00030.x

Strumpfel, U., & Goldman, R. (2002). Contacting Gestalt therapy. In D. J. Cain & J. Seeman (Eds.), *Humanistic psychotherapies: Handbook of research and practice* (pp. 189–219). Washington, DC: American Psychological Association.

Sussman, S., Sun, P., Rohrbach, L. A., & Spruijt-Metz, D. (2011). One-year outcomes of a drug abuse prevention program for older teens and emerging adults: Evaluating a motivational interviewing booster component. *Health Psychology, 31*, 476–485. doi: 10.1037/a0025756

Swoboda, J. S., Dowd, E. T., & Wise, S. L. (1990). Reframing and restraining directives in the treatment of clinical depression. *Journal of Counseling Psychology, 37*, 254–260.

Szabo, Z., & Marian, M. (2012). Stress inoculation training in adolescents: Classroom intervention benefits. *Journal of Cognitive & Behavioral Psychotherapies, 12*, 175–188.

Tahan, H., & Sminkey, P. (2012). Motivational interviewing: Building rapport with clients to encourage desirable behavioral and lifestyle changes. *Professional Case Management, 17*, 164–172. doi: 10.1097/NCM.0b013e3182 53f029

Tanaka-Matsumi, J., Higginbotham, H. N., & Chang, R. (2007). Cognitive-behavioral approaches to counseling across cultures: A functional analytic approach for clinical applications. In P. B. Pedersen, J. G. Draguns, W. J. Lonner, & J. E. Trimble (Eds.), *Counseling across cultures* (6th ed., pp. 337–379). Thousand Oaks, CA: Sage.

Taylor, P. J., Russ-Eft, D. F., & Chan, D. W. (2005). A meta-analytic review of behavior modeling training. *Journal of Applied Psychology, 90*, 692–709.

Thomas, M. B. (1992). *An introduction to marital and family therapy.* New York, NY: Macmillan.

Thompson, C. L., Rudolph, L. B., & Henderson, D. (2011). *Counseling children* (8th ed.). Belmont, CA: Brooks/Cole.

Thompson, K., & Bundy, K. (1996). Social skill training for young adolescents: Cognitive and performance components. *Adolescence, 31*, 505–521.

Thompson, S., Sobolew-Shubin, A., Galbraith, M., Schwankovsky, L., & Cruzen, D. (1993). Maintaining perceptions of control: Finding perceived control in low-control circumstances. *Journal of Personality and Social Psychology, 64*, 293–304.

Thorpe, G. L., & Olson, S. L. (1997). *Behavior therapy: Concepts, procedures, and applications* (2nd ed.). Boston, MA: Allyn & Bacon.

Tingstrom, D. H. (1990). Acceptability of time-out: The influence of problem behavior severity, interventionist, and reported effectiveness. *Journal of School Psychology, 28*, 165–169.

Toth, M., Wolsko, P. M., Foreman, J., Davis, R. B., Delbanco, T., Phillips, R. S., & Huddleston, P. (2007). A pilot study for a randomized, controlled trial on the effect of guided imagery

in hospitalized medical patients. *The Journal of Alternative and Complementary Medicine, 13*, 194–197.

Toussaint, K. A., & Tiger, J. H. (2012). Reducing covert self-injurious behavior maintained by automatic reinforcement through a variable momentary DRO procedure. *Journal of Applied Behavior Analysis, 45*, 179–184.

Town, J. M., Hardy, G. E., McCullough, L., & Stride, C. (2012). Patient affect experiencing following therapist interventions in short-term dynamic psychotherapy. *Psychotherapy Research, 22*, 208–219.

Tracey, T. J. (1986). The stages of influence in counseling and psychotherapy. In F. Dorn (Ed.), *The social influence process in counseling and psychotherapy* (pp. 107–116). Springfield, IL: Charles C Thomas.

Treadwell, K., & Kendall, P. (1996). Self-talk in youth with anxiety disorders: States of mind, content specificity, and treatment outcome. *Journal of Consulting and Clinical Psychology, 64*, 941–950.

Treyger, S., Ehlers, N., Zajicek, L., & Trepper, T. (2008). Helping spouses cope with partners coming out: A solution-focused approach. *American Journal of Family Therapy, 36*(3), 30–47.

Triscari, M. T., Faraci, P., D'Angelo, V., Urso, V., & Catalisano, D. (2011). Two treatments for fear of flying compared: Cognitive behavioral therapy combined with systematic desensitization or eye movement desensitization and reprocessing (EMDR). *Aviation Psychology and Applied Human Factors, 1*, 9–14.

Turner, S. M., Calhoun, K. S., & Adams, H. E. (1992). *Handbook of clinical behavior therapy* (2nd ed.). New York, NY: John Wiley & Sons.

Upright, R. (2002). To tell a tale: Use of moral dilemmas to increase empathy in the elementary school child. *Early Childhood Education Journal, 30*, 15–20.

Utley, A., & Garza, Y. (2011). The therapeutic use of journaling with adolescents. *Journal of Creativity in Mental Health, 6*, 29–41. doi: 10.1080/15401383.2011.557312

Van Dixhorn, J. (1988). Breathing awareness as a relaxation method in cardiac rehabilitation. In F. J. McGuigan, W. E. Sime, & J. M. Wallace (Eds.), *Stress and tension control 3: Stress management* (pp. 19–36). New York, NY: Plenum Press.

Vare, J., & Norton, T. (2004). Bibliotherapy for gay and lesbian youth overcoming the structure of silence. *Clearing House, 77*, 190–194.

Velting, O. N., Setzer, N. J., & Albano, A. M. (2004). Update on advances in assessment and cognitive-behavioral treatment of anxiety disorders in children and adolescents. *Professional Psychology: Research and Practice, 35*, 42–54.

Vernon, A. (1993). *Developmental assessment and intervention with children and adolescents.* Alexandria, VA: American Counseling Association.

Vernon, A., & Clemente, R. (2004). *Assessment and intervention with children and adolescents: Developmental and cultural considerations.* Alexandria, VA: American Counseling Association.

Vickerman, K. A., & Margolin, G. (2009). Rape treatment outcome research: Empirical findings and state of the literature. *Clinical Psychology Review, 29*, 431–448.

Wadsworth, H. G. (1970, July). Initiating a preventive-corrective approach in an elementary school system. *Social Work, 15*(3), 54–59.

Walker, H. M., Colvin, G., & Ramsey, E. (1995). *Antisocial behavior in school: Strategies and best practices.* Pacific Grove,

CA: Brooks/Cole.

Walsh, J. (2002). Shyness and social phobia. *Health & Social Work, 27,* 137–144.

Walter, J. L., & Peller, J. E. (1992). *Becoming solution-focused in brief therapy.* New York, NY: Brunner/Mazel.

Warnemuende, C. (2000). The art of working with parents. *Montessori Life, 12,* 20–21.

Watson, J. (2011). Resistance is futile? Exploring the potential of motivational interviewing. *Journal of Social Work Practice, 25,* 465–479. doi: 10.1080/02650533.2011.626653

Watts, R. E. (2003). Reflecting "as if": An integrative process in couples counseling. *The Family Journal: Counseling and Therapy for Couples and Families, 11,* 73–75. doi: 10.1177/1066480702238817

Watts, R. E., & Garza, Y. (2008). Using children's drawings to facilitate the acting "as if" technique. *The Journal of Individual Psychology, 64,* 113–118.

Watts, R. E., Peluso, P. R., & Lewis, T. F. (2005). Expanding the acting as if technique: An Adlerian/constructive integration. *The Journal of Individual Psychology, 61,* 380–387.

Watts, R. E., & Trusty, J. (2003). Using imaginary team members in reflecting "as if." *Journal of Constructivist Psychology, 16,* 335–340.

Webb, N. B. (Ed.). (2007). *Play therapy with children in crisis: A casebook for practitioners* (3rd ed.). New York, NY: Guilford Press.

Wegner, D. M., Schneider, D. J., Carter, S. R., & White, T. L. (1987). Paradoxical effects of thought suppression. *Journal of Personality and Social Psychology, 53,* 5–13.

Weikle, J. (1993). *Self-talk and self-health* (Report No. EDO CS-93-07). Bloomington, IN: ERIC Clearinghouse on Reading, English, and Communication. (ERIC Document Reproduction Service No. ED361814).

Weinrach, S., Ellis, A., MacLaren, C., Di Giuseppe, R., Vernon, A., Wolfe, J., Malkinson, R., & Backx, W. (2001). Rational emotive behavior therapy successes and failures: Eight personal perspectives. *Journal of Counseling & Development, 79,* 259–269.

Wenzlaff, R. M., Wegner, D. M., & Roper, D. W. (1988). Depression and mental control: The resurgence of unwanted negative thoughts. *Journal of Personality and Social Psychology, 55,* 882–892.

White, A. G., & Bailey, J. S. (1990). Reducing disruptive behaviors of elementary physical education students with sit and watch. *Journal of Applied Behavior Analysis, 23,* 353–359.

Wicks, R. J., & Buck, T. C. (2011). Reframing for change: The use of cognitive behavioral therapy and native psychology in pastoral ministry and formation. *Human Development, 32*(3), 8–14.

Williams, C. D. (1959). Case report: The elimination of tantrum behavior by extinction procedures. *Journal of Abnormal & Social Psychology, 59,* 269.

Williams, M. H. (1997). Boundary violations: Do some contended standards of care fail to encompass commonplace procedures of humanistic, behavioral, and eclectic psychotherapies? *Psychotherapy, 34,* 238–249.

Williams, M. H. (2009). How self-disclosure got a bad name. *Professional Psychology: Research and Practice, 40,* 26–28.

Wolfert, R., & Cook, C. A. (1999). Gestalt therapy in action. In D. J. Wener (Ed.), *Beyond talk therapy: Using movement and expressive techniques in clinical practices* (pp. 3–27). Washington, DC: American Psychological Association.

Wolpe, J. (1958). *Psychotherapy by reciprocal inhibition.* Stanford,

CA: Stanford University Press.

Wolpe, J. (1990). *The practice of behavior therapy* (4th ed.). New York, NY: Pergamon Press.

Wolters, C. (1999). The relation between high school students' motivational regulation and their use of learning strategies, effort, and classroom performance. *Journal of Learning & Individual Differences, 11,* 281–293.

Worling, J. (2012). The assessment and treatment of deviant sexual arousal with adolescents who have offended sexually. *Journal of Sexual Aggression, 18,* 36–63. doi: 10.1080/13552600.2011.630152

Wubbolding, R., & Brickell, J. (2004). Role play and the art of teaching choice theory, reality therapy, and lead management. *International Journal of Reality Therapy, 23,* 41–43.

Wynd, C. A. (2005). Guided health imagery for smoking cessation and long-term abstinence. *Journal of Nursing Scholarship, 37,* 245–250.

Yalom, I. D. (2002). *The gift of therapy: An open letter to a new generation of therapists and their patients.* New York, NY: HarperCollins.

Yankura, J., & Dryden, W. (Ed.). (1997). *Special applications of REBT: A therapist's casebook.* New York, NY: Springer.

Yauman, B. (1991). School-based group counseling for children of divorce: A review of the literature. *Elementary School Guidance and Counseling, 26,* 130–138.

Yell, M. L. (1994). Timeout and students with behavior disorders: A legal analysis. *Education and Treatment of Children, 17,* 257–271.

Yonfer, G. M. (1999). Gestalt therapy. In A. S. Gurman & S. B. Messer (Eds.), *Essential psychotherapies: Theory and practice* (pp. 261–303). New York, NY: Guilford Press.

Young, M. E. (2013). *Learning the art of helping: Building blocks and techniques* (5th ed.). Columbus, OH: Pearson Merrill.

Young, T. (2013). Using motivational interviewing within the early stages of group development. *The Journal for Specialists in Group Work, 38,* 169–181. doi: 10.1080/01933922.2013.764369

Zimmerman, T. S., Prest, L. A., & Wetzel, B. E. (1997). Solution-focused couples therapy groups: An empirical study. *Journal of Family Therapy, 19,* 125–144.

Zinbarg, R. E., Barlow, D. H., Brown, T. A., & Hertz, R. M. (1992). Cognitive-behavioral approaches to the nature and treatment of anxiety disorders. *Annual Review of Psychology, 43,* 235–267.

Ziv-Beiman, S. (2013). Therapist self-disclosure as an integrative intervention. *Journal of Psychotherapy Integration, 23*(1), 59–74. doi: 10.1037/a0031783

Zlomke, K., & Zlomke, L. (2003). Token economy plus self-monitoring to reduce disruptive classroom behaviors. *The Behavior Analyst Today, 4,* 177–182.

Zourbanos, N., Hatzigeorgiadis, A., & Theodorakis, Y. (2007). A preliminary investigation of the relationship between athletes' self-talk and coaches' behavior and statements. *International Journal of Sports Science and Coaching, 2,* 57–66.

Zourbanos, N., Theodorakis, Y., & Hatzigeorgiadis, A. (2006). Coaches' behaviour, social support and athletes' self-talk. *Hellenic Journal of Psychology, 3,* 150–163.

索引

（條目後的頁碼係原文書頁碼，檢索時請查正文側邊的頁碼）

名詞部分

A

國家圖書館出版品預行編目（CIP）資料

40 個諮商師必知的諮商技術／Bradley T. Erford 著；
陳增穎譯. --初版.-- 新北市：心理, 2017.06
　　　面；　公分. --（輔導諮商系列；21117）
譯自：40 techniques every counselor should know
ISBN　978-986-191-771-9（平裝）

1.諮商技巧

178.4　　　　　　　　　　　　　　　　　106007526

輔導諮商系列 21117

40 個諮商師必知的諮商技術

作　　者：Bradley T. Erford
譯　　者：陳增穎
執行編輯：高碧嶸
總 編 輯：林敬堯
發 行 人：洪有義
出 版 者：心理出版社股份有限公司
地　　址：231026新北市新店區光明街 288 號 7 樓
電　　話：(02) 29150566
傳　　真：(02) 29152928
郵撥帳號：19293172　心理出版社股份有限公司
網　　址：https://www.psy.com.tw
電子信箱：psychoco@ms15.hinet.net
排 版 者：鄭珮瑩
印 刷 者：竹陞印刷企業有限公司
初版一刷：2017 年 6 月
初版五刷：2023 年 8 月
I S B N：978-986-191-771-9
定　　價：新台幣 450 元